轨道交通电气设备装调职业技能等级证书培训教材
专 家 委 员 会

主　　任：楼齐良

副 主 任：魏　东　吴新林

委　　员：王松文　张洪权　曾金传　张　莹　沙　淼
　　　　　梁建英　高殿柱　王　卫　陈　亮　曲天威

办公室主任：曾金传

成　　员：娄树国　李彦坤　曹炜洲　方　雁

本 书 编 委 会

主　　编：罗昭强　段树华

参　　编：刘　陆　黄召明　张　健　张　华　谢光明
　　　　　李华柏　钟　卒　刘红兵

“十四五”职业教育国家规划教材

“1＋X”职业技能等级证书培训教材

轨道交通电气设备装调（中级）

中国中车集团有限公司◎编

中国铁道出版社有限公司
CHINA RAILWAY PUBLISHING HOUSE CO., LTD.

内 容 简 介

本书结合轨道交通科技发展前景和实际工作需求，以培养国内高质量、高技能、高水平的“轨道交通电气设备装调工”为目标进行编写，具有前瞻性和实用性。全书共分五个模块，模块一为通用基础职业素养，模块二为常用低压电器与高压电器的选用、拆装与检测，模块三为常用电气控制电路的设计、安装与调试，模块四为常用电子电路的安装与调试，模块五为常用电气设备的检查与调试。

本书可作为中等职业院校、高等职业院校的轨道装备类、铁道运输类、城市轨道交通类、机电设备类相关专业“1+X”轨道交通电气设备装调职业技能等级证书考证用书，也可以作为相关领域教学人员、工程技术人员的参考用书。

图书在版编目(CIP)数据

轨道交通电气设备装调：中级/中国中车集团有限公司编. —北京：中国铁道出版社有限公司，2021.11(2025.12 重印)
“1+X”职业技能等级证书培训教材
ISBN 978-7-113-28653-8

Ⅰ.①轨… Ⅱ.①中… Ⅲ.①轨道交通-电气化铁道-电气设备-设备安装-技术培训-教材②轨道交通-电气化铁道-电气设备-调试方法-技术培训-教材 Ⅳ.①U223.6

中国版本图书馆 CIP 数据核字(2021)第 262452 号

书　　名：轨道交通电气设备装调(中级)
GUIDAO JIAOTONG DIANQI SHEBEI ZHUANGTIAO(ZHONGJI)
作　　者：中国中车集团有限公司

责任编辑：张松涛　绳　超　　　**编辑部电话：**(010)83527746
封面设计：高博越
责任校对：孙　玫
责任印制：赵星辰

出版发行：中国铁道出版社有限公司(100054，北京市西城区右安门西街 8 号)
网　　址：https://www.tdpress.com/51eds
印　　刷：三河市兴博印务有限公司
版　　次：2021 年 11 月第 1 版　2025 年 12 月第 4 次印刷
开　　本：787 mm×1 092 mm 1/16　**印张：**19.75　**字数：**490 千
书　　号：ISBN 978-7-113-28653-8
定　　价：68.00 元

序

在推动经济高质量发展和产业转型升级的背景下，我国出台了《国家职业教育改革实施方案》(职教 20 条)，提出“在职业院校、应用型本科高校启动‘学历证书+若干职业技能等级证书’制度试点工作”。推动“1+X”证书制度实施，是深化复合型技术技能人才培养培训模式改革的重要举措，需要职业院校、行业企业及各类社会力量的广泛参与。

中国中车集团有限公司(简称中国中车)是国务院国资委监管的中央企业，国家高端装备制造业的排头兵。以高铁为代表的轨道交通装备制造，已成为享誉世界的“国家名片”。发展先进轨道交通装备制造，迫切需要造就一大批能够担当建设制造强国使命的技术技能人才。中国中车发挥央企使命担当，聚焦以先进轨道交通装备为代表的高端装备制造技术技能人才培育，积极参与“1+X”证书制度试点，已成为轨道交通电气设备装调、轨道交通装备焊接、轨道交通装备无损检测三项职业技能等级证书的培训评价机构。中国中车三项 X 证书，是基于轨道交通装备行业企业的产品技术和人才需求而开发的，具有在多行业广泛应用的价值。

教材是职业培训教学的重要工具。“1+X”职业技能等级证书培训教材，是确保证书质量水平的关键载体。中国中车组织编写了轨道交通电气设备装调、轨道交通装备焊接、轨道交通装备无损检测三项职业技能等级证书的培训教材。为保证教材的质量，中国中车与职业院校教育专家、出版社联手，发挥具有丰富实践经验的一线高层次人才优势，集聚中华技能大奖获得者、内部科学家、首席专家、资深专家等 60 余人参与编写。在编写过程中，始终把教材的内容和质量放在头等重要位置，以职业技能等级标准为纲，充分吸收新技术、新工艺、新规范、新要求等内容，有效体现了教材的实践性、实用性和先进性。

教材开发是一项过程复杂、科学性要求高的活动。中国中车三项证书培训教材的出版，是参与职业教育教材开发的初步探索。教材中的疏漏和不足在所难免。我们将在“1+X”证书制度试点的实践中，不断优化完善，尤其是在活页式、手册式、立体化等新形态教材开发方面，加大研发力度，为推进与“1+X”证书制度实施贡献“中车力量”。

中国中车集团有限公司总经理

2020 年 12 月

教学视频资源

模块	项目	训练	资源名称
模块二	项目一	训练	万能转换开关的拆装
	项目二	训练	高压隔离开关检查
模块三	项目一	训练一	星-三角降压起动控制电路安装与调试
		训练二	自动往返控制电路安装与调试
		训练三	双速控制电路安装与调试
		训练四	能耗制动控制电路安装与调试
	项目二	训练一	PLC 控制的正反转电路安装与调试
		训练二	PLC 控制的星-三角起动电路安装与调试
		训练三	PLC 控制的 3 台电动机顺序起动电路安装与调试
		训练四	PLC 控制的高低速电路安装与调试
		训练五	PLC 控制的能耗制动电路安装与调试
	项目三	训练一	变频器的基本操作与运行
		训练二	变频器的外部运行操作
		训练三	变频器的模拟信号操作控制
		训练四	变频器的多段速运行与操作
模块四	元器件识别与筛选;元器件引脚清洁;元器件成形		
	项目一	训练一	串联型稳压电源电路安装
			串联型稳压电源调试
		训练二	音频电路安装
			音频放大器调试
	项目二	训练一	555 定时器电路安装
			555 延时电路调试
		训练二	脉搏监测电路安装
			脉搏监测电路调试
	项目三	训练一	调光灯电路元器件安装
			调光灯电路调试(万用表)
			调光灯电路调试(示波器)
		训练二	直流电动机调速电路安装
			直流电动机调速电路调试
模块五	项目一	训练	Z3050 摇臂钻床控制
			X62W 万能铣床控制
			10T 天车控制
	项目二	训练一	受电弓控制电路的检查与调试
		训练二	城轨车辆车门监视电路的检查与调试

前　言

轨道交通电气设备装调“1＋X”职业技能等级证书系列教材是根据《国家职业教育改革实施方案》(职教20条)关于“1＋X”证书制度试点工作要求，以及教育部公布的第三批中国中车集团有限公司(简称中国中车)轨道交通电气设备装调职业技能等级标准，结合高等职业教育的人才培养目标和专业毕业生就业岗位需求，基于中国中车内部技能人才岗位职业能力规范而开发的。教材以项目为载体，对技能考评内容按照知识点、技能点的方式分模块、分项目进行，同时融知识、技能和素养于一体。通过“学、做、练、考、评”培养学生的职业能力，使之养成良好的职业态度及规范的职业习惯。

“学”是指相关知识学习。针对项目所涉及相关理论知识进行学习，使学生对制作的项目形成理性认识，掌握相关知识点和相关方法。

“做”是指项目制作。利用相关知识和技能完成项目的制作，并将安全生产、现场“6S”(整理、整顿、清扫、清洁、素养、安全)管理融入项目制作的过程中，培养学生的动手能力。

“练”是指技能训练。针对项目要求掌握的技能、必备的态度(敬业态度、团队协作、安全生产、“6S”管理等)，进行强化训练，让学生熟练掌握生产工艺。

“考”是指模拟考核。一是针对证书涉及的理论知识进行模拟考核，掌握理论考核内容和模式；二是针对证书涉及的操作技能进行模拟考核，掌握操作考核内容和模式。

“评”是指考核评价。针对学生技能操作进行考核评价。不仅要考核学生对相关知识、技能的掌握情况，着重考核电气设备装调工艺技能，同时考核学生安全生产、现场“6S”管理等职业习惯及协作能力。

轨道交通电气设备装调“1＋X”职业技能等级证书系列教材理论分析适度，重在实践应用及学生能力的培养，并在知识点和技能点内容选取、考核评价、习题练习方面做了较大的努力。书中图形符号、文字符号、量和单位及相关标准、型号均采用国家最新标准。本系列教材共分初级、中级、高级三册，本书为中级证书培训教材。全书共分五个模块，其中模块一为通用基础职业素养，模块二为常用低压电器与高压电器的选用、拆装与检测，模块三为常用电气控制电路的设计、安装与调试，模块四为常用电子电路的安装与调试，模块五为常用电气设备的检查与调试。

书中部分模块技能训练含有二维码视频资源。本书在使用过程中可访问中国铁道出版社教育资源数字化平台 http://www.tdpress.com/51eds 按书名搜索下载相关视频资源。

本书适合作为中等职业院校、高等职业院校的轨道装备类、铁道运输类、城市轨道交通类、机电设备类等专业“1+X”轨道交通电气设备装调职业技能等级证书考证用书,也可作为相关领域教学人员、工程技术人员的参考用书。

本书由中车长春轨道客车股份有限公司罗昭强、湖南铁道职业技术学院段树华担任主编。中车长春轨道客车股份有限公司刘陆、中车青岛四方机车车辆股份有限公司黄召明、中车唐山机车车辆有限公司张健、常州铁道高等职业技术学校张华、中车株洲电力机车有限公司谢光明、湖南铁道职业技术学院李华柏、中车株洲电力机车研究所有限公司钟卒、湖南铁道职业技术学院刘红兵参与编写。其中,黄召明编写了模块一的项目一、项目二,段树华编写了模块二的项目一,张健编写了模块二的项目二,张华编写了模块三的项目一、项目二,罗昭强编写了模块三的项目三,谢光明编写了模块四的项目一、项目二,李华柏编写了模块四的项目三,钟卒编写了模块五的项目一,刘红兵编写了模块五的项目二,刘陆编写了附录B、附录C。罗昭强、段树华负责了全书的编写思路与总体策划,并指导全书的编写。本书由专家委员会主审,在此表示感谢。

本书在编写过程中得到了湖南铁道职业技术学院张莹、熊异,中车株洲电力机车有限公司周柳清,中车时代电动汽车股份有限公司肖乾亮等同志的鼎力相助,在此对各位同仁表示由衷的感谢。

由于编者水平有限,书中难免存在疏漏与不妥之处,恳请读者批评指正。

编　者

2021 年 4 月

目　录

模块一　通用基础职业素养

模块二　常用低压电器与高压电器的选用、拆装与检测

模块三　常用电气控制电路的设计、安装与调试

附　录

模块一

通用基础职业素养

项目一　职业安全与环保知识

学习目标

应知	1. 掌握轨道交通电气设备装调中的职业安全与环保基础知识。 2. 熟悉轨道交通电气设备装调中的职业安全与环保基本要求。
应会	1. 掌握核心价值观、职业道德相关要求。 2. 掌握职业安全和健康保障有关要求。 3. 掌握环境保护和节能处理相关知识。

建议学时

理论教学 2 学时。

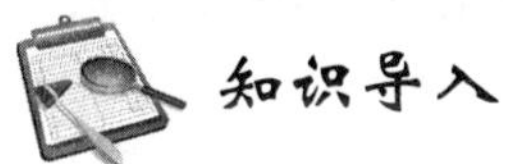

知识导入

知识点一　核心价值观

一、社会主义核心价值观

社会主义核心价值观是社会主义核心价值体系的内核，体现社会主义核心价值体系的根本性质和基本特征，反映社会主义核心价值体系的丰富内涵和实践要求，是社会主义核心价值体系的高度凝练和集中表达。

我们倡导富强、民主、文明、和谐，倡导自由、平等、公正、法治，倡导爱国、敬业、诚信、友善，积极培育和践行社会主义核心价值观。富强、民主、文明、和谐是国家层面的价值目标，自由、平等、公正、法治是社会层面的价值取向，爱国、敬业、诚信、友善是公民个人层面的价值准则，这 24 个字是社会主义核心价值观的基本内容。

培育和践行社会主义核心价值观要坚持以下原则：坚持以人为本，尊重群众主体地位，关注人们利益诉求和价值愿望，促进人的全面发展；坚持以理想信念为核心，抓住世界观、人生观、价值观这个总开关，在全社会牢固树立中国特色社会主义共同理想，着力筑牢人们的精神支柱；坚持联系实际，区分层次和对象，加强分类指导，找准与人们思想的共鸣点、与群众利益的交汇点，做到贴近性、对象化、接地气；坚持改进创新，善于运用群众喜闻乐见的方式，搭建群众便于参与的平台，开辟群众乐于参与的渠道，积极推进理念创新、手段创新和基层工作创新，增强工作的吸引力、感染力。

党的二十大报告提出“广泛践行社会主义核心价值观”“深入开展社会主义核心价值观宣传教育”，从而推进文化自信自强，铸就社会主义文化新辉煌。

二、职业道德

职业道德的概念有广义和狭义之分。广义的职业道德是指从业人员在职业活动中应该遵循的行为准则，涵盖了从业人员与服务对象、职业与职工、职业与职业之间的关系。狭义的职业道德是指在一定职业活动中应遵循的、体现一定职业特征的、调整一定职业关系的职业行为准则和规范。不同的职业人员在特定的职业活动中形成了特殊的职业关系，包括了职业主体与职业服务对象之间的关系、职业团体之间的关系、同一职业团体内部人与人之间的关系，以及职业劳动者、职业团体与国家之间的关系。

社会主义职业道德是社会主义社会各行各业的劳动者在职业活动中必须共同遵守的基本行为准则。它是判断人们职业行为优劣的具体标准，也是社会主义道德在职业生活中的反映。因为集体主义贯穿于社会主义职业道德规范的始终，是正确处理国家、集体、个人关系的最根本的准则，也是衡量个人职业行为和职业品质的基本准则，是社会主义社会的客观要求，是社会主义职业活动获得成功的保证。

社会主义职业道德的基本规范：

1. 爱岗敬业

爱岗敬业是社会主义职业道德最基本、最起码、最普通的要求。爱岗敬业作为最基本的职业道德规范，是对人们工作态度的一种普遍要求。爱岗就是热爱自己的工作岗位，热爱本职工作，敬业就是要用一种恭敬严肃的态度对待自己的工作。

2. 诚实守信

诚实守信是做人的基本准则，也是社会道德和职业道德的一个基本规范。诚实就是表里如一，说老实话，办老实事，做老实人。守信就是信守诺言，讲信誉，重信用，忠实履行自己承担的义务。诚实守信是各行各业的行为准则，也是做人做事的基本准则，是社会主义最基本的道德规范之一。

3. 办事公道

办事公道是指对于人和事的一种态度，也是千百年来人们所称道的职业道德。它要求人们待人处世要公正、公平。

4. 服务群众

服务群众就是为人民群众服务，是社会全体从业者通过互相服务，促进社会发展，实现共同幸福。服务群众是一种现实的生活方式，也是职业道德要求的一个基本内容。服务群众是社会主义职业道德的核心，它是贯穿于社会共同的职业道德之中的基本精神。

5. 奉献社会

奉献社会就是积极自觉地为社会做贡献。这是社会主义职业道德的本质特征。奉献社会自始至终体现在爱岗敬业、诚实守信、办事公道和服务群众的各种要求之中。奉献社会并不意味着不要个人的正当利益，不要个人的幸福。恰恰相反，一个自觉奉献社会的人，才真正找到了个人幸福的支撑点。奉献和个人利益是辩证统一的。

知识点二　职业安全和健康保障

一、职业安全

1. 安全生产的定义

“安全生产”这个概念，一般意义上讲，是指在社会生产活动中，通过人、机、物料、环境、方法的和谐运作，使生产过程中潜在的各种事故风险和伤害因素始终处于有效控制状态，切实保护劳动者的生命安全和身体健康。也就是说，为了使劳动过程在符合安全要求的物质条件和工作秩序下进行，防止人身伤亡、财产损失等生产事故，消除或控制危险、有害因素，保障劳动者的安全健康和设备设施免受损坏、环境免受破坏的一切行为。

安全生产是安全与生产的统一，其宗旨是安全促进生产，生产必须安全。搞好安全工作，改善劳动条件，可以调动职工的生产积极性；减少职工伤亡，可以减少劳动力的损失；减少财产损失，可以增加企业效益，无疑会促进生产的发展。而生产必须安全，则是因为安全是生产的前提条件，没有安全就无法生产。

2. 安全生产基础知识

1)三级安全教育

三级安全教育是指新入厂职员、工人的厂级安全教育、车间级安全教育和岗位(工段、班组)安全教育。三级安全教育制度是企业安全教育的基本教育制度，受教育者，经考试合格后，方可上岗操作。

2)四不放过

四不放过是指事故原因未查清不放过、责任人员未处理不放过、责任人和群众未受教育不放过、整改措施未落实不放过。事故处理的“四不放过”原则是，要求对安全生产工伤事故必须进行严肃认真的调查处理，接受教训，防止同类事故重复发生。

3)三知

知生产特性、知火灾危险性、知技术防范措施。

4)四会

会报警，会操作消防设施、器材，会扑救初期火灾，会逃生自救方法。

5)四不伤害

为减少人为事故而采取的在作业中作业人员的一个互相监督原则，具体为：不伤害自己、不伤害他人、不被他人伤害、保护他人不被伤害。

6)三违

违章指挥、违规作业、违反劳动纪律。

7)三无

个人无违章、岗位无隐患、班组无事故。

8)安全色与安全标志

安全色和安全标志广泛应用于生产经营单位和有关场所，从业者应熟悉安全色和安全标志，预防发生意外事故。

安全色表示安全信息的颜色。颜色常被用作为加强安全和预防事故而设置的标志。安全色要求醒目,容易识别,其作用在于迅速指示危险,或指示在安全方面有着重要意义的器材和设备的位置。安全色应该有统一的规定,国家标准《安全色》(GB 2893—2008)规定红、黄、蓝、绿四种颜色为安全色,如图 1-1-1 所示。其含义和用途如下:

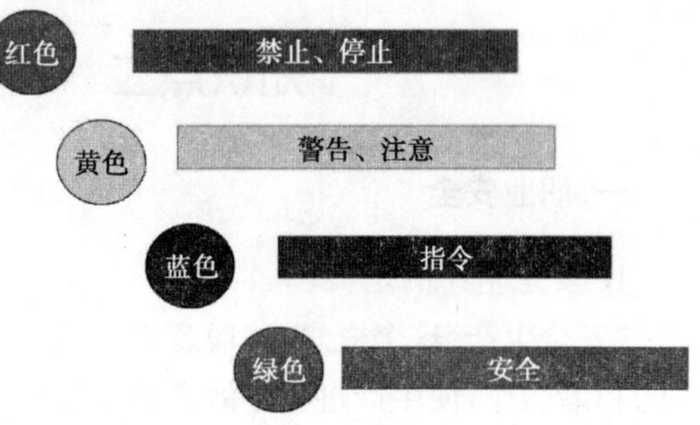

图 1-1-1　安全色

(1)红色传递禁止、停止、危险或提示消防设备设施的信息。

(2)黄色传递注意、警告的信息。

(3)蓝色传递必须遵守规定的指令性信息。

(4)绿色传递安全的提示性信息。

安全标志根据国家标准《安全标志》(GB 2894—1996)规定,安全标志是用以表达特定安全信息的标志,由图形符号、安全色、几何形状(边框)或文字构成,如图 1-1-2 所示。根据《安全标志及其使用导则》,国家规定了四类传递安全信息的安全标志:

(1)禁止标志的含义是禁止人们不安全行为的图形标志。

(2)警告标志基本含义是提醒人们对周围环境引起注意,以避免发生危险的图形标志。

(3)指令标志的含义是强制人们必须做出某种动作或采用防范措施的图形标志。

(4)提示标志的含义是向人们提供某种信息(如标明安全设施或场所等)的图形标志。

图 1-1-2　安全标志

3. 安全生产守则

(1)贯彻“安全第一、预防为主、综合治理”的方针,遵守国家劳动保护、安全生产法律、法规;严格执行公司安全生产的规章制度,保障广大员工的安全与健康。

(2)各级各岗位人员,应认真执行安全生产责任制,正确处理安全与生产经营、安全与经济

效益的辩证关系；员工对各自的作业场所和所存在的危险因素有知情权，并有权拒绝违章指挥和强令冒险作业。

(3)在生产作业活动中，在不能确保自身安全的情况下，不得从事明知危险但没有安全保证措施的各类作业。

(4)遵守各类、各工种的安全操作规程，自觉克服“三违”行为(即违章指挥、违章作业、违反劳动纪律)，力求做到“四不伤害”(即不伤害自己、不伤害他人、不被他人伤害、监督他人不被伤害)。

(5)加强自我保护意识，不断提高安全操作技能，新入厂员工应通过三级安全教育，方能进入工作现场；特种作业人员应持证上岗，各类人员应自觉接受各级安全管理人员的监督和检查。

(6)员工工作时间不准喝酒；酒后不准进入生产场所；不准带小孩进入生产场所；不准带无关人员进入生产场所；不得擅自离岗或睡觉；不得东游西逛、聚集闲谈、嬉戏打闹；不得干私活、办私事以及从事与本职工作无关的活动。

(7)在生产作业活动中，应按规定正确穿戴和使用劳动防护用品，防护服上衣应“三紧”(领口、袖口、下摆)。女工的长发应罩在工作帽内。在生产作业过程中不准穿拖鞋、凉鞋、高跟鞋、裙子、短裤、喇叭裤，系围巾等。禁止赤脚、赤背、敞怀进入工作场地。

(8)作业前，应检查工具是否安全可靠。禁止使用有裂纹、带毛刺、手柄松动等带缺陷的工具，以免造成伤害。

(9)不得以拼设备、拼体力来抢时间、赶速度、冒险蛮干，或不按工艺以及操作规程要求操作设备，使设备超负荷运行。

(10)必须熟悉所用设备、设施的构造、性能、保养方法；严格按操作规程、工艺要求操作设备；未经批准严禁动用非本人操作的设备和车辆。

(11)不得在机器运转时进行加油、修理、检查、调整、焊接、清扫和排除故障等工作。

(12)发现设备或安全防护装置缺损，应及时向领导反映，不得继续操作，不得自作主张擅自将安全防护装置拆除或弃之不用。

(13)在生产现场行走及上下楼梯时，应注意力集中，不得将双手放入口袋中。在厂内交通道路上行走，应注意观察，避免来往车辆伤害。

(14)不得忽视安全、忽视警告，不得冒险进入危险区域、场所，攀、坐不安全位置(如平台护栏、汽车挡板、吊篮等)。

(15)公司内行走严禁吸烟，不得乱扔烟头、烟盒，避免火灾事故。

(16)禁止在道心或枕木上行走和随意停留。严禁攀爬停放在铁路上的机车车辆，严禁在车下乘凉和休息；严禁从机动车上爬上跳下。

(17)搬运物件尽量采取蹲式，不宜采取弯腰式，凡质量超过 20 kg 的工作物，不准一个人搬运。

(18)起重机械吊运物件时，应注意起重机械电铃警示，严禁行人从吊物下通过。

(19)要注意安全用电，任何电器设施在未验电的前提下，一律应视为有电。非专业人员一律不准擅自拆除、安装和维修电气设备、设施。

(20)及时清理作业现场，清除废料、垃圾并向规定地点倾倒；工件和附件不得任意摆放，堵塞通道。

(21)发生生产安全事故时，现场人员应当立即报告本单位负责人。单位负责人接到事故报告后，应迅速采取有效措施，组织抢救，防止事故扩大，减少伤亡和损失，并实事求是上报事故,做到不隐瞒、不谎报、不拖延,积极配合,妥善处理。

(22)生产作业人员和办公室工作人员工作完毕后,应及时做到"人走电断"和熄灭火种,避免触电事故和火灾事故。

二、健康保障

1. 基本概念

职业健康是研究并预防因工作导致的疾病,防止原有疾病的恶化。主要表现为工作中因环境及接触有害因素引起人体生理机能的变化。职业健康应以促进并维持各行业职工的生理、心理及社交处在最好状态为目的;并防止职工的健康受工作环境影响;保护职工不受健康危害因素伤害,并将职工安排在适合他们的生理和心理的工作环境中。

职业健康的影响因素有化学因素、物理因素、环境危害因素。

1)职业安全卫生

为了保护劳动者在劳动、生产过程中的安全、健康,在改善劳动条件、预防工伤事故及职业病,实现劳逸结合和女职工、未成年工的特殊保护等方面所采取的各种组织措施和技术措施的总称。以保障职工在职业活动过程中的安全与健康为目的的工作领域及在法律、技术、设备、组织制度和教育等方面所采取的相应措施。

职业安全卫生针对的对象是人的防护,而不是环境的保护。

2)职业病

《中华人民共和国职业病防治法》(简称《职业病防治法》)规定:职业病是指企业、事业单位和个体经济组织等用人单位的劳动者在职业活动中,因接触粉尘、放射性物质和其他有毒、有害物质等因素而引起的疾病。各国法律都有对于职业病预防方面的规定,一般来说,凡是符合法律规定的疾病才能称为职业病。在生产劳动中,接触生产中使用或产生的有毒化学物质、粉尘气雾、异常的气象条件、高低气压、噪声、振动、微波、X 射线、γ 射线、细菌、霉菌;长期强迫体位操作,局部组织器官持续受压等,均可引起职业病,一般将这类职业病称为广义的职业病。对其中某些危害性较大,诊断标准明确,结合国情,由政府有关部门审定公布的职业病,称为狭义的职业病,或称法定(规定)职业病。

诊断为法定(规定)职业病的,需由诊断部门向卫生主管部门报告;职业病患者,在治疗休息期间,以及确定为伤残或治疗无效而死亡时,按照国家有关规定,享受工伤保险待遇或职业病待遇。有的国家对职业病患者给予经济赔偿,因此,也有称这类疾病为需赔偿的疾病。《职业病防治法》规定职业病的诊断应当由省级卫生行政部门批准的医疗卫生机构承担。

3)职业禁忌证

职业禁忌证是指劳动者从事特定职业或者接触特定职业病危害因素时,比一般职业人群更易于遭受职业病危害和罹患职业病或者可能导致原有自身疾病病情加重,或者在作业过程中诱发可能导致对他人生命健康构成危险的疾病的个人特殊生理或者病理状态。

4)职业健康检查

《职业病防治法》规定,对从事接触职业病危害的作业的劳动者,用人单位应当按照国务院卫生行政部门的规定组织上岗前、在岗期间和离岗时的职业健康检查,并将检查结果如实告知劳动者。

职业健康检查费用由用人单位承担。用人单位不得安排未经上岗前职业健康检查的劳动

者从事接触职业病危害的作业;不得安排有职业禁忌的劳动者从事其所禁忌的作业;对在职业健康检查中发现有与从事的职业相关的健康损害的劳动者,应当调离原工作岗位,并妥善安置;对未进行离岗前职业健康检查的劳动者不得解除或者终止与其订立的劳动合同。职业健康检查应当由省级以上人民政府卫生行政部门批准的医疗卫生机构承担。

2. 职业卫生防护

职业卫生防护措施包括职业病危害防护设施、个人使用的职业病防护用品以及职业病防治管理措施等。

职业病危害防护设施是以预防、消除或者降低工作场所的职业病危害;减少职业病危害因素对劳动者健康的损害,达到保护劳动者健康目的的设施、装置或用品。

用人单位应当优先采用有利于防治职业病和保护劳动者健康的新技术、新工艺、新设备、新材料,逐步替代职业病危害严重的技术、工艺、设备、材料;必须采用有效的职业病防护设施,并为劳动者提供个人使用的符合防治职业病要求的防护用品。

产生职业病危害的用人单位,应当在醒目位置设置公告栏,公布有关职业病防治的规章制度、操作规程、职业病危害事故应急救援措施和工作场所职业病危害因素检测结果。对产生严重职业病危害的作业岗位,应当在其醒目位置,设置警示标识和中文警示说明。警示说明应当表明产生职业病危害的种类、后果、预防以及应急救治措施等内容。

3. 劳保用品

劳保用品是指保护劳动者在生产过程中的人身安全与健康所必备的一种防御性装备,对于减少职业危害起着相当重要的作用,如工作帽、工作服、防护服、工作手套、棉纱手套、乳胶手套、电焊手套、帆布手套、白棉布手套、微波炉手套、劳保鞋、工作围裙、口罩、防护镜、护膝、头盔等。

知识点三　环境保护和节能处理

一、环境保护

1. 基本概念

环境保护是指人类为解决现实或潜在的环境问题,协调人类与环境的关系,保护人类的生存环境、保障经济社会的可持续发展而采取的各种行动的总称。其方法和手段有工程技术的、行政管理的,也有经济的、宣传教育的等。

环境保护涉及的范围广、综合性强,它涉及自然科学和社会科学的许多领域等,还有其独特的研究对象。环境保护方式包括:采取行政、法律、经济、科学技术、民间自发环保组织等,合理利用自然资源,防止环境的污染和破坏,以求自然环境同人文环境、经济环境共同平衡可持续发展,扩大有用资源的再生产,保证社会的发展。

世界环境日为每年的 6 月 5 日,它反映了世界各国人民对环境问题的认识和态度,表达了人类对美好环境的向往和追求。它是联合国促进全球环境意识、提高政府对环境问题的重视并采取行动的主要媒介之一。

2. 环境保护规定

1)总则

企业应当严格遵守国家环境保护法律法规和有关政策,坚持“保护优先、预防为主、综合治

理、公众参与、损害担责”的原则和“谁使用、谁控制，谁污染、谁治理，谁开发、谁保护”的原则，坚持“绿水青山就是金山银山”的理念，坚持“生态优先、绿色发展”的道路。

企业应制订节能减排规划并纳入企业发展规划和年度计划，建立健全环境保护规章制度，落实环境保护责任制。

企业员工都有保护和改善环境的责任和义务。

2)监督管理

企业应建立环境保护责任制，明确各级领导、部门及所属企业承担的环保职责，并对环境保护工作实施分级管理。

所属企业的第一管理者必须依法履行环境保护职责，对本单位产生的环境影响负责，对环境保护工作负总责。所属企业应有一名公司级管理者具体负责环境保护的领导工作，并对环境保护工作负分管领导责任。

企业应设置环境保护日常管理机构，对本单位的环境保护工作实施策划、组织、监督、管理、考核。

企业应将环境保护工作纳入企业发展战略、长期规划、年度经营计划和日常经营管理各个环节之中。

企业应建立、实施并保持 ISO 14001 环境管理标准体系，提高环境管理水平与环境绩效。

企业应推进清洁生产，发展循环经济，建立废料回收和循环利用制度。应当建立环境保护和资源节约的监控制度，开展清洁生产审核工作，创建资源节约、环境友好企业。

企业应开展环境保护宣传、教育培训工作，普及环境保护科学知识，提高员工环境保护意识和能力，改善环境行为。

3)污染防治

企业建设项目应当符合国家产业政策和节能环保标准，严格执行环境影响评价法律法规和防治污染设施与其主体工程同时设计、同时施工、同时投产的环境保护“三同时”制度。

引进技术和设备应符合国家环境保护有关规定和要求，防止污染转移。国内无成熟的污染治理技术时，应同时引进污染治理技术。

企业技术改造应当采用技术先进、资源利用率高、污染物排放量少、经济合理的清洁生产设备和工艺，合理利用资源、能源，有效控制环境污染。严禁新上、转移、生产和采用国家明令淘汰的能耗高、污染重的落后产业、生产工艺装置和产品。

企业应将污染防治设施纳入设备管理范围，保持其完好率和运行率，污染防治设施不得擅自拆除或无故停用，确需停用、封存或拆除的，应报当地环境保护部门审批。

企业废水、废气、噪声、固体废弃物等各种污染物的产生与排放，实行源头和过程控制，从源头减少产生量和排放量，污染物排放应符合国家或地方规定的排放标准，主要污染物的排放应同时满足总量控制要求。

企业应对污染物排放超过国家标准和总量控制指标的生产工艺和设施，进行技术改造与更新，实施污染提效治理，满足国家污染物排放标准和总量控制指标要求。纳入重点排污单位名录的所属企业，应通过改进工艺或制订污染治理计划，逐年减少或控制污染物排放量。

固体废物应按照减量化、资源化、无害化原则，实施分类管理、综合利用、依法储存、安全转移与处置，不得随意堆放、弃置。

产生放射性污染、电磁污染和热污染的，所属企业应按国家规定进行控制和管理，完善射

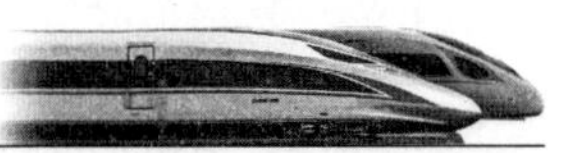

线作业场所管理制度，开展辐射环境安全管理，防止发生污染事故。

企业应建立健全环境污染应急管理体系，编制突发环境事件应急预案。企业应编制突发环境事件应急预案和专项应急处置方案。应做好突发环境事件的风险控制、应急准备、应急处置和事后恢复等工作，做好应急与救援物资储备，定期开展应急演练。

企业一旦发生突发环境事件，应立即启动突发环境事件应急预案，及时、有效地开展应急处置，及时通报可能受到危害的单位和居民，同时应立即按应急响应程序按规定时间逐级向地方政府环境保护主管部门报告。重大及以上突发环境事件在 2 h 内上报，较大和一般突发环境事件在 4 h 内上报，书面报告必须在 24 h 内完成。

二、节能处理

节能处理是为了深入贯彻习近平生态文明思想，全面落实“创新、协调、绿色、开放、共享”的五大发展理念，坚持节约优先、保护优先、自然恢复为主的方针，践行资源节约和环境保护基本国策，履行节能减排社会责任。

企业的发展战略、规划应当与节约资源和环境保护相协调，自觉推动绿色、循环、低碳发展；积极优化企业、产业、产品结构和能源消费结构；大力发展绿色节能、高新技术产业；科学有序推进风能、太阳能、生物质能等可再生能源的开发与利用，提高能源综合利用效率。

企业应推广应用节能减排新技术、新材料、新工艺、新产品和高效清洁能源，以及铸造、锻造、热处理等业务的专业化配套以及污染物第三方治理和运营管理。应优化生产工艺和流程，淘汰高污染、高耗能生产技术、工艺。依据国家和地方政府规定目录，淘汰高耗能变压器、电动机等机电产品。

企业技术改造应当采用技术先进、能源资源利用率高、污染物排放量少、经济合理的高效清洁生产设备和工艺。严禁新上、转移、生产和采用国家明令淘汰的能耗高、污染重的落后产业、生产工艺、装备和产品。

固体废物应按照减量化、资源化、无害化原则，实施分类管理、综合利用、依法安全转移与处置，不得随意堆放、弃置。

测评题

一、单选题

1. 社会主义核心价值观是社会主义核心价值体系的(　　)。

(A)内核　(B)中心　(C)标准　(D)纲领

2. 爱国、敬业、诚信、友善是(　　)的价值准则。

(A)国家层面　(B)社会层面　(C)集体层面　(D)公民个人层面

3. (　　)是社会主义社会各行各业的劳动者在职业活动中必须共同遵守的基本行为准则。

(A)诚实守信　(B)职业道德　(C)爱岗敬业　(D)遵纪守法

4. 安全色和(　　)广泛应用于生产经营单位和有关场所，从业者应熟悉安全色和安全标志，预防发生意外事故。

(A)安全符号　(B)安全指示　(C)安全规定　(D)安全标志

5. 根据《安全标志及其使用导则》,国家规定了(　　)传递安全信息的安全标志。

(A)三类　(B)四类　(C)五类　(D)六类

6.(　　)表示必须遵守,用来强制或限制人们的行为。

(A)禁止标志　(B)警告标志　(C)指令标志　(D)提示标志

7. 国家标准 GB 2893—2008 规定红、(　　)、黄、绿四种颜色为安全色。

(A)蓝　(B)青　(C)白　(D)黑

8.(　　)人员应持证上岗,各类人员应自觉接受各级安全管理人员的监督和检查。

(A)工作　(B)技术　(C)技能　(D)特种作业

9. 搬运物件尽量采取蹲式,不宜采取弯腰式,凡质量超过(　　)的工作物,不准一个人搬运。

(A)10 kg　(B)15 kg　(C)18 kg　(D)20 kg

10.《中华人民共和国职业病防治法》规定职业病的诊断应当由(　　)卫生行政部门批准的医疗卫生机构承担。

(A)县级　(B)市级　(C)省级　(D)国家级

11. 世界环境日为每年的(　　)。

(A)6 月 5 日　(B)6 月 15 日　(C)6 月 25 日　(D)7 月 15 日

12. 企业应建立、实施并保持(　　)环境管理标准体系,提高环境管理水平与环境绩效。

(A)ISO 9001　(B)ISO 14001　(C)OHSAS 18001　(D)ISO/TS 22163

13. 重大及以上突发环境事件在(　　)h 内上报,较大和一般突发环境事件在 4 h 内上报,书面报告必须在 24 h 内完成。

(A)0.5　(B)1　(C)2　(D)3

14. 发展绿色节能、高新技术产业,推广应用节能减排新技术、新材料、(　　)、新产品。

(A)新装备　(B)新工具　(C)新工艺　(D)新技巧

15."四不伤害",即不伤害自己、不伤害他人、不被他人伤害(　　)。

(A)监督他人不被伤害　(B)不伤害设备

(C)不伤害产品　(D)不伤害工具

16.(　　)是指保护劳动者在生产过程中的人身安全与健康所必备的一种防御性装备,对于减少职业危害起着相当重要的作用。

(A)劳保用品　(B)劳动工具　(C)劳动保护　(D)劳动监护

二、多选题

1. 社会主义核心价值观中国家层面的价值目标是(　　)。

(A)富强　(B)民主　(C)文明　(D)和谐

2.(　　)是社会主义职业道德的基本规范。

(A)爱岗敬业　(B)诚实守信　(C)办事公道　(D)服务群众

3. 三级安全教育是指新入厂职员、工人的(　　)。

(A)厂级安全教育　(B)车间级安全教育

(C)岗位(工段、班组)安全教育　(D)个人安全教育

4. 安全生产中的“三违”指(　　)。

(A)违章指挥　(B)违章作业　(C)违反命令　(D)违反劳动纪律

5. 职业健康的影响因素有(　　)。

(A)化学因素　(B)物理因素　(C)环境危害因素　(D)自然因素

6. 企业应将环境保护工作纳入(　　)各个环节之中。

(A)企业发展战略　(B)长期规划　(C)年度经营计划　(D)日常经营管理

7. 企业(　　)等各种污染物的产生与排放实行源头控制和过程管理,从源头减少产生量和排放量。

(A)废水　(B)废气　(C)噪声　(D)固体废物

8. 按照国家产业发展规划,科学有序推进(　　)等可再生能源的开发与利用,提高能源综合利用效率。

(A)风能　(B)太阳能　(C)生物质能　(D)电能

9. 固体废物应按照(　　)原则,实施分类管理、综合利用、依法储存、安全转移与处置,不得随意堆放、弃置。

(A)优先化　(B)减量化　(C)资源化　(D)无害化

三、判断题

(　　)1. 爱岗敬业是社会主义职业道德最基本、最起码、最普通的要求。

(　　)2. 办事公道是做人的基本准则,也是社会道德和职业道德的一个基本规范。

(　　)3. 安全生产是安全与生产的统一,其宗旨是安全促进生产,生产必须安全。

(　　)4. 警告标志表示不准或制止人们的某种行为。

(　　)5. 安全标志根据国家标准规定,安全标志由安全色、几何图形和图形、符号构成。

(　　)6. 在生产作业活动中,在不能确保自身安全的情况下,不得从事明知危险但没有安全保证措施的各类作业。

(　　)7. 在生产作业活动中,根据作业环境决定是否穿戴和使用劳动防护用品。

(　　)8. 在机器运转时进行加油、修理、检查、调整、焊接、清扫和排除故障等工作。

(　　)9. 起重机械吊运物件时,应注意起重机械电铃警示,行人可以从吊物下通过。

(　　)10. 生产作业人员和办公室工作人员工作完毕后,应及时做到“人走电断”和熄灭火种,避免触电事故和火灾事故。

(　　)11. 职业安全卫生针对的对象是人的防护,也是环境的保护。

(　　)12. 企业员工都有保护和改善环境的责任和义务。

(　　)13. 企业应开展环境保护宣传、教育培训工作,普及环境保护科学知识,提高员工环境保护意识和能力,改善环境行为。

(　　)14. 为了节约成本,企业可以新上、转移、生产和采用国家明令淘汰的能耗高、污染重的落后产业、生产工艺、装备和产品。

(　　)15. 环境保护“三同时”制度是指同时设计、同时施工、同时投产。

项目二　岗位基本技能

应知	1. 掌握轨道交通电气设备装调中的基本办公处理。 2. 熟悉轨道交通电气设备装调中的质量分析方法。
应会	1. 掌握基本办公处理的内容和相关要求。 2. 掌握质量分析方法内容和相关要求。

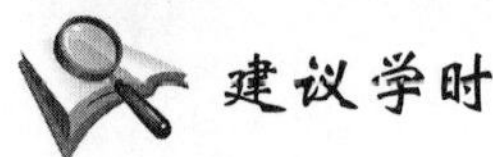

理论教学 2 学时。

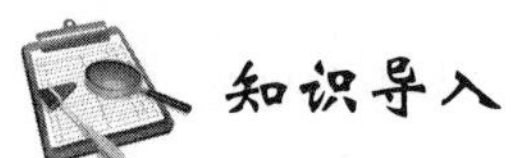

知识点一　基本办公处理

一、基本办公的能力

办公技能是指一个人在工作中所必备的内涵素养和才华，它包括一些基本工作需要会的技术、能力。一般包含以下几点：

1. 文字表达能力

文字表达能力是运用语言文字阐明自己的观点、意见或抒发思想、感情的能力，是将自己的实践经验和决策思想，运用文字表达方式，使其系统化、科学化、条理化的一种能力，这是保证自己工作方向的基础，也是提升自身能力和地位的一大法宝。表达体裁主要包括书信、计划、通知、报告、总结、论文等。

2. 计算机应用能力

应能独立操作计算机，熟练操作 Word、Excel、PowerPoint、Outlook 等办公自动化软件，掌握 Internet 邮件收发和处理技巧。

3. 设备应用能力

能熟练运用各类办公自动化设备，如打印机、复印机、传真机、扫描仪、刻录机等。

4. 沟通协调能力

在日常工作中妥善处理好上级、同级、下级等各种关系，减少摩擦，能够调动各方面的工作积极性。

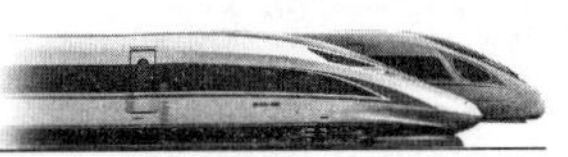

5. 其他能力

其他能力如具有一定的英语知识、较好的记忆力、时间分配能力等综合能力。

二、基本办公处理

1. 文字表达

文字表达能力的提高，不是一蹴而就的，但也不是高不可攀的。只要下决心、有毅力、勤读书，坚持不懈，不断努力，就会达到成效。

要写出高水平的文章，最重要的是经过实践，对研究的对象有精确的认识，能够提出富有新意的观点。要做到这一点就要在实际工作中深入生活，深入实践，做些调查研究，总结观察事物本身变化和其周围的环境联系，在调查研究、观察的基础上还必须进行思考，这样才能透过现象抓住本质，揭示各种事物的内在联系和客观规律，使思想上升到有条理的严密的逻辑性。

一篇好的文章，必须以充实的材料为基础，没有丰富的材料，写文章如无米之炊。材料要靠平时的积累，包括各种会议记录、总结、演讲、对话、读书笔记、计划等，要随时积累、记录，然后分门别类，归纳综合。勤于动脑研究分析，使之用时信手拈来，运用自如。

要提高写作能力必须要加强写作基本功训练。常用的文体，如演讲、总结、计划、通知、论文等，其观点都是通过语言文字来表达的，因此，要加强文字的修养，学一些写作、语法、修辞知识。要多写、多练，当确认选题和积累了足够的材料之后，就应动手多写文章。

2. 计算机应用

一般的企业员工现在需要掌握常用的办公软件，常用的图形软件，系统管理、查杀毒软件及驱动程序管理等计算机软件。

(1)常用的办公软件。Word、Excel、PowerPoint 三种都是常用的办公用软件，应尽量做到熟练使用。如果熟练掌握国产软件 WPS，同样可以替代 Word，WPS 表格、WPS 演示两者同样是 Excel 和 PowerPoint 的替代软件。

(2)常用的图形软件。Photoshop、美图秀秀等，可做一些基本的图形图像处理，应了解一些图形图像的原理。

(3)系统管理、查杀毒软件。控制面板的一些常用项要学会自己设置；查杀管理软件，如 360 安全卫士、QQ 电脑管理、金山毒霸的一些基本查杀毒操作、电脑优化操作等都需要了解并掌握。

要学会基础的软件安装、卸载等一般操作。

驱动程序管理。包括主板、显卡、打印机、键盘、鼠标等驱动程序的安装、卸载等管理。

3. 设备应用

设备应用包括复印机、打印机、扫描仪、刻录机、摄像机、照相机、录像机、影碟机、投影仪、传真机、视频展示仪、碎纸机等设备的使用和基本操作。

4. 沟通协调

(1)积极沟通。重视且乐于沟通，愿意与人建立联系；在遇到沟通障碍时，能够以积极心态和不懈的努力对待冲突和矛盾，而不是强权或回避。

(2)换位思考。能够打破自我中心的思维模式，尝试从对方的角度和立场考虑问题，体察对方感受，促进相互理解。

(3)及时反馈。重视信息的分享,用心倾听各方的意见,并根据实际情况及时做出调整和回应。

(4)机制保证。能够有意识地在组织中搭建沟通平台,通过机制建设确保沟通渠道的顺畅。

5. 其他

俗话说"艺多不压身"。有一技之长的人,社会生存能力就强,多一种能力就多一分竞争优势。在日常工作学习中要不断学习、提升,结合自身特点有目的地学习一些项目管理、精益生产、外语知识等。

知识点二　质量分析方法

质量分析是对成品质量达到技术标准的要求和符合使用需要的程度所做的技术经济分析。目的是了解和掌握产品质量的情况和质量变动的规律,为制订提高产品质量计划和采取相应措施提供依据。质量情报是反映产品质量的有关信息。质量情报的来源有三方面:一是企业外部质量信息反馈,是通过在产品使用过程中,对工程使用情况的回访调查或收集用户的意见得到的;二是企业内部的质量情报,是通过各种记录,收集到有关工作质量的信息;三是从国内外同行业搜集的有关质量情报,反映出质量发展的水平、新技术和发展趋势。

质量管理分析常用的七种方法为:关联(系)图、KJ法(亲和图法)、系统图、矩阵图、矩阵数据分析法、过程决策程序图法(PDPC法)、矢线图法。

一、关联(系)图

1. 关联(系)图的含义

所谓关联(系)图,就是把一个或若干个存在的问题及其因素间的因果关系用箭头连接起来的一种图,便于直观地找出各因素之间的因果关系。

2. 关联(系)图的作用

关联(系)图适合于整理因素间有交叉关系的较复杂的问题,同时应用关联(系)图从计划阶段开始就能够以广阔的视野把握问题,同时准确地抓住重点并协调各方的意见,让每个人都可不拘形式自由发表意见,有利于探索问题的因果关系,能打破成见和解决问题。

其具体应用于以下环节:

(1)制订、展开质量保证和质量管理方针。

(2)制订质量管理的推进计划。

(3)分析制造过程中不良品的原因,尤其是潜在原因的分析。

(4)提出解决市场投诉的措施。

(5)有效地推进质量分析(QC)小组活动。

(6)促进采购原辅材料、外购件的质量管理。

(7)改进各职能管理工作的质量。

3. 关联(系)图的绘制步骤

(1)提出认为与问题有关的一切相关原因(因素)。

(2)用简明通俗的语言表示原因。

(3)用箭头表示原因之间、原因与问题之间的逻辑关系。

(4)了解问题因果关系的全貌,原因应深入分析直至找出末端原因。

(5)进一步归纳出重点项目,用双圈标出。

4. 关联(系)图应用注意事项

(1)关联(系)图中的因素间必须是有交叉关系的。

(2)用因果分析关联(系)图时,“要因”必出自末端因素并做出“标识”。

(3)分析关联(系)图时,其要因必须是对所有末端原因逐一现场验证后得到的。

二、KJ法(亲和图法、A型图解法)

1. KJ法(亲和图法、A型图解法)的含义

所谓KJ法,就是针对某一问题,充分收集各种经验、知识、想法和意见等语言、文字资料,通过A型图解(是将收集到的大量有关某一特定主题的意见、观点、想法和问题,按它们相互亲近程度加以归类、汇总的一种图)进行汇总,并按其相互亲和性归纳整理这些资料,使问题明确起来,求得统一认识,以利于问题解决的一种方法。

2. KJ法的用途

(1)归纳思想、认识事物。

(2)打破现状。

(3)计划组织。

(4)贯彻方针。

三、系统图

1. 系统图的含义

系统图又称树形图,是表示某个质量问题与其组成要求之间的关系,从而明确问题的重点,寻求实现目的与需要采取的措施或手段,系统地展开并绘制成图,以明确问题的重点。

2. 系统图的作用

系统图一般用于计划决策。通过系统图可把要达到的目的和所需的手段按顺序层层展开,直到可以采取措施为止,以便对问题有一个全貌的认识,并从图形中找出问题的重点,提出实现预定目标的最理想途径。

系统图的具体作用如下:

(1)新产品研制过程中设计质量管理方针的展开。

(2)制订质量保证计划,对质量保证活动进行展开。

(3)与因果图结合使用。

(4)目标、方针、实施事项的展开。

(5)明确部门职能或管理职能。

(6)对解决企业有关质量、成本、交货期等问题的创意进行展开。

(7)机构组织设置展开。

3. 系统图的制作步骤

(1)确定具体的目的和目标(主题),确定主题的主类别,根据主类别确定组成要素及主要素。

(2)对末端要素进行确认分析,确定主要要素并提出相应手段和措施进行评价。

(3)绘制手段、措施卡片形成目标手段的系统展开图。

(4)确认目标是否能够充分实现,制订相应的实施计划。

四、矩 阵 图

1. 矩阵图的含义

矩阵图是把与问题有对应关系的各个因素、现象放在图中行或列的位置,而把它们之间的相互关系放在行和列的交点处,并用不同符号表示它们相关的程度。列成一个矩阵图,然后,根据矩阵图的特点进行分析,从中确定关键点(或着眼点)。

矩阵图有多种表现形式:

(1)L 形矩阵图:是最基本、较常用的形式,一般有两个对应项。

(2)T 形矩阵图:由两个 L 形矩阵图组成。

(3)Y 形矩阵图:一般有三个对应项,由三个 L 形矩阵图组成。

(4)X 形矩阵图:由四个 L 形矩阵图组成,适用面较窄。

(5)C 形矩阵图:有三个事项,是立体的模式,元素交点是三维空间点。

2. 矩阵图的作用

(1)找出研制新产品或改进老产品的切入点。

(2)明确应保证的产品质量特性及其与管理机构或保证部门的关系。

(3)明确产品的质量特性与试验测定项目、试验测定仪器之间的关系。

(4)分析生产工序中不良现象及其产生的原因。

(5)在进行多变量分析时,研究从何处入手以及以什么方式收集数据。

3. 制作矩阵图的步骤

(1)列出质量因素;判定其层次的多与少。把成对因素排列成行和列,表示其对应关系;选择合适的矩阵图类型,并对其因素进行设计。

(2)在成对因素交点处表示其关系程度,一般凭经验进行定性判断,可分为三种:关系密切、关系较密切、关系一般(或可能有关系),并用不同符号表示。

(3)根据关系程度确定必须控制的重点因素。

(4)针对重点因素作对策表。

(5)一般在设计开发、可研报告及可行性分析、创新方案选择等方面进行使用,效果突出。

五、矩阵数据分析法

1. 矩阵数据分析法的含义

矩阵数据分析法主要是利用原始数据获得许多有益的情报,将多个变量化为少数综合变量的一种多元统计方法。它是一种能用数据表示的矩阵图,因此称为矩阵数据分析法。它区别于矩阵图法的是:不是在矩阵图上填符号,而是填数据,以形成一个分析数据的矩阵。

2. 矩阵数据分析法的主要用途

(1)分析含有复杂因素的工序。

(2)从大量数据中分析不良品的原因。

(3)从市场调查的数据中把握质量要求,进行产品市场定位分析。

(4)感官特性的分类系统化。

(5)复杂的质量评价。

六、过程决策程序图法(PDPC法)

1. 过程决策程序图法的含义

过程决策程序图法又称PDPC法，是指为了完成某个任务或达到某个目标，在制订行动计划或进行方案设计时，预测可能出现的障碍和结果，并相应地提出多种应变计划的一种方法。通过过程决策程序图法分析在计划执行过程中遇到的不利情况时，分析如何仍能保证按第二、第三或其他计划方案进行，以便达到预定的计划目标。

2. 过程决策程序图法的作用

(1)从全局、整体掌握系统的状态，因而可做出全局性判断。

(2)可按时间先后顺序掌握系统的进展情况。

(3)密切注意系统进程的动向，掌握系统输入与输出之间的关系。

(4)情报及时，计划、措施可被不断补充、修订。

3. 过程决策程序图法的绘图方法

(1)召集有关人员讨论所要解决的课题。

(2)从自由讨论中提出达到理想状态的手段、措施。

(3)针对提出的措施，列举出预测的结果及遇到困难时应采取的措施和方案。

(4)将各研究措施按紧迫程度、所需工时、实施的可能性及难易程度予以分类。

(5)决定各项措施实施的先后顺序，并用箭条按理想状态方向连接起来。

(6)落实实施负责人及实施期限。

(7)不断修订过程决策程序图。

七、矢线图法

1. 矢线图法的含义

矢线图法又称箭条图和网络计划技术法，是把推进计划所必需的各项工作，按其时间顺序和从属关系，用网络形式表示的一种图示法。在我国又称统筹法，它是安排和编制日程计划，有效地实施管理进度的一种科学管理方法，其工具是箭条图。

2. 矢线图的关键路线

矢线图是一张有向无环图，顶点表示事件，弧表示活动，弧上的权值表示活动持续的时间。在箭条图中，路径最长的称为关键路线，又称主要矛盾线，它的长度代表完成整个工程的最短时间，称为总工期。关键路线上的作业称为关键作业。

还有在日常工作中常常使用的甘特图(横道图)，也是箭条图的一种。

3. 矢线图的作用

(1)可用于制订详细的且环节复杂的工作及项目计划。

(2)可以在计划阶段对方案进行仔细推敲，从而保证计划的严密性。

(3)进入计划实施阶段后，对于情况的变化和计划的变更都可以做出适当的调整。

(4)能够具体而迅速地了解某项工作工期延误对总体工作的影响，从而及早采取措施；工作计划规模越大，越能反映出该方法的作用。

测评题

一、单选题

1.( )包括主板、显卡、打印机、键盘、鼠标等驱动程序的安装、卸载等管理。

(A)办公软件 (B)驱动程序管理 (C)图形软件 (D)杀毒软件

2. PDPC 法是指( )。

(A)因果分析图 (B)质量功能展开 (C)矩阵数据分析法 (D)过程决策程序图法

3. 矩阵图有多种表现形式,其中最基本、较常用的形式是( )。

(A)X 形矩阵图 (B)Y 形矩阵图 (C)L 形矩阵图 (D)T 形矩阵图

4. T 形矩阵图由( )个 L 形矩阵图组成。

(A)二 (B)三 (C)四 (D)五

5.( )主要用途:分析含有复杂因素的工序;从大量数据中分析不良品的原因;从市场调查的数据中把握质量要求,进行产品市场定位分析;感官特性的分类系统化;复杂的质量评价。

(A)矢线图法 (B)系统图

(C)过程决策程序图法 (D)矩阵数据分析法

二、多选题

1. 基本办公的能力包括( )。

(A)文字表达能力 (B)计算机应用能力 (C)设备应用能力 (D)沟通协调能力

2. 沟通协调能力包括( )。

(A)积极沟通 (B)换位思考 (C)及时反馈 (D)机制保证

3. 矢线图法又称( ),是把推进计划所必需的各项工作,按其时间顺序和从属关系,用网络形式表示的一种图示法。

(A)横道图 (B)箭条图 (C)统筹法 (D)网络计划技术法

4. 与关联(系)图拥有相同效用的还有( )。

(A)控制图 (B)散布图 (C)系统图 (D)因果分析法

5. KJ 法的用途是( )。

(A)归纳思想、认识事物 (B)打破现状

(C)计划组织 (D)贯彻方针

三、判断题

( )1. 办公技能是指一个人在工作中所必备的内涵素养和才华,它包括一些基本工作需要会的技术、能力。

( )2. 矢线图的作用可用于从全局、整体掌握系统的状态,因而可做出全局性判断。

( )3. 有效地推进 QC 小组活动,可应用系统图。

( )4. 矩阵图法可用于分析生产工序中不良现象及其产生的原因。

( )5. 矢线图的作用可用于制订详细的且环节复杂的工作及项目计划。

模块二

常用低压电器与高压电器的选用、拆装与检测

项目一　常用低压电器的选用、拆装与检测

学习目标

应知	1. 掌握轨道交通电气设备万能转换开关的结构、种类、使用与注意事项。 2. 掌握轨道交通电气设备万能转换开关的用途与应用。 3. 熟悉常用接近开关的分类与工作原理。 4. 掌握常用接近开关接线原理与接线方法。
应会	1. 能正确拆卸万能转换开关。 2. 能按要求正确组装万能转换开关，达到控制要求。 3. 能读懂接近开关说明书，会对常用接近开关进行正确接线。

建议学时

理论教学 2 学时，技能训练 2 学时。

知识导入

知识点一　万能转换开关

一、概　　述

万能转换开关（文字符号 SA）用于不频繁接通与断开的电路，是一种多挡位、多段式、控制多回路的主令电器。当操作手柄转动时，带动开关内部的凸轮转动，从而使触点按规定顺序闭合或断开，实现换接电源或负载。其类型有多种，有电流转换开关、电压转换开关、电容转换开关等。

二、结构组成

万能转换开关是由多组相同结构的触点组件叠装而成的多回路控制电器，如图 2-1-1 所示。万能转换开关由转轴、凸轮、触头、触头弹簧、定位机构、螺杠和手柄等组成。当将手柄转动到不同的挡位时，转轴带着凸轮随之转动，使一些触头接通，另一些触头断开。它具有使用寿命长、使用可靠、结构简单等优点。

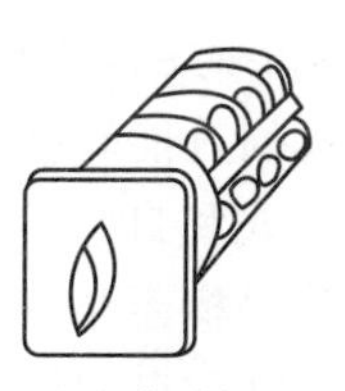

（a）外形图

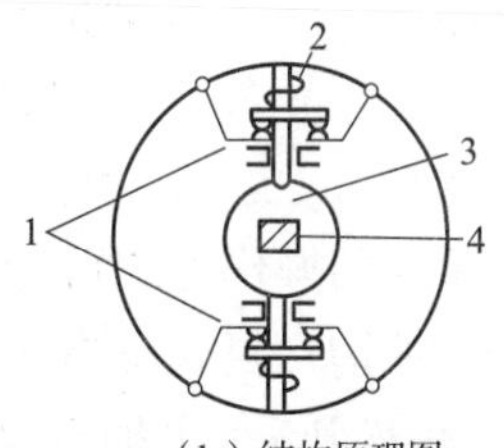

（b）结构原理图

图 2-1-1　万能转换开关结构组成

1—触头；2—触头弹簧；3—凸轮；4—转轴

三、操作过程

万能转换开关是用手柄带动转轴和凸轮推动触头接通或断开。由于凸轮的形状不同,当手柄处在不同位置时,触头的分合情况不同,从而达到转换电路的目的。

万能转换开关的图形符号如图 2-1-2(a)所示。

图 2-1-2(b)显示了开关的挡位、触头数目及接通状态,其中用"×"表示触头接通,否则为断开。由图 2-1-2(b)才可画出其图形符号。具体画法是:用虚线表示操作手柄的位置,用有无"·"表示触头的闭合和断开状态。比如,在触头图形符号下方的虚线位置上画"·",则表示当操作手柄处于该位置时,该触头处于闭合状态;若在虚线位置上未画"·",则表示该触头处于断开状态。

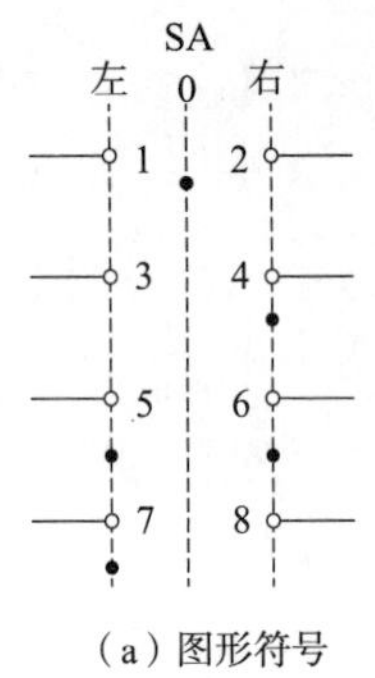

(a)图形符号

项目	位置		
触头	左	0	右
1-2		×	
3-4			×
5-6	×		×
7-8	×		

(b)触头分合表

图 2-1-2 万能转换开关

万能转换开关 SA 的手柄操作位置是以角度表示的。不同型号的万能转换开关的手柄有不同万能转换开关的触头,但由于其触头的分合状态与操作手柄的位置有关,所以,除在电路图中画出触头图形符号外,还应画出操作手柄与触头分合状态的关系。图中当万能转换开关打向左 45°时,触头 1-2、3-4 断开,触头 5-6、7-8 闭合;打向 0°时,只有触头 1-2 闭合;打向右 45°时,触头 3-4、5-6 闭合,其余断开。

注意:此触头图不是固定的,具体各厂家都有样本,甚至可以定制。这里举例是最常用的。

四、主要用途

万能转换开关主要用于各种控制线路的转换、电压表和电流表的换相测量控制、配电装置线路的转换和遥控等。常用产品有 LW5 和 LW6 系列,如图 2-1-3 所示。LW5 系列可控制 5.5 kW 及以下的小容量电动机;LW6 系列万能转换开关只能控制 2.2 kW 及以下的小容量电动机。用于可逆运行控制时,只有在电动机停车后才允许反向起动,但每小时的转换次数不宜超过 15～20 次。LW5 系列万能转换开关按手柄的操作方式可分为自复式和自定位式两种。所谓自复式是指用手拨动手柄于某一挡位时,手松开后,手柄自动返回原位;自定位式则是指手柄被置于某挡位时,不能自动返回原位而停在该挡位。

(a)LW5系列　(b)LW6系列

图 2-1-3 万能转换开关

万能转换开关的型号及含义(LW5 系列)如下：

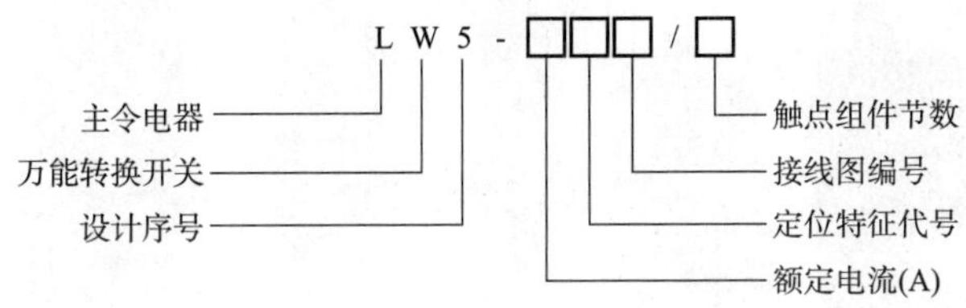

例如：LW15-16D0724/3。

LW 表示主令电器万能转换开关；15 表示设计序号；16 表示额定电流为 16 A；D 表示产品为定位型；0724 表示接线图编号，3 表示产品有三节(层)接触胶木。

五、实际应用

手动控制和远程控制之间的转换原理如图 2-1-4 所示。这里看“实心点”的位置，有两种控制方式：一种是手动控制，即箱体上的按钮控制；另一种是远程 DDC(直接数字控制)控制。

当 SA1 开关打到手动控制位置时，DDC 控制失效；

当 SA1 开关打到远程控制位置时，手动控制失效；

当 SA1 开关打到中间位置时，手动控制和远程控制均失效，因为其不接通任何点。

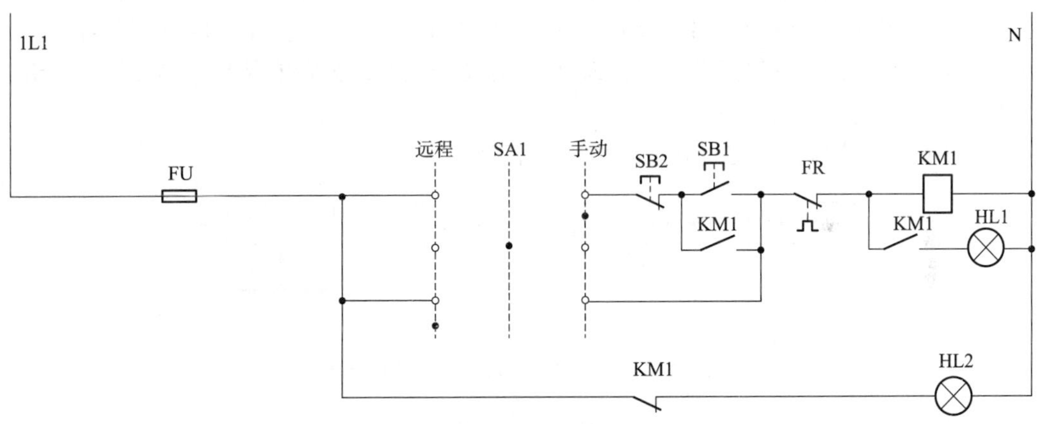

图 2-1-4　手动控制和远程控制之间的转换原理

知识点二　接 近 开 关

接近开关又称无触头位置开关，是一种非接触型检测开关，其外形如图 2-1-5 所示。它通过其感应头与被测物体间介质能量的变化来取得信号，其功能是当物体接近开关的一定距离时就能发出“动作”信号，达到行程控制、计数及自动控制的作用。不需要机械式行程开关所必须施加的机械外力。采用了无触头电子结构形式，克服了有触头位置开关可靠性差、使用寿命短和操作频率低的缺点。

图 2-1-5　接近开关外形

一、分　　类

接近开关的种类很多,按工作原理可分为高频振荡型(检测各种金属)、电磁感应型(检测导磁或非导磁性金属)、电容型(检测各种导电或不导电的固体和液体)、永磁型及磁敏元件型(检测磁场或磁性金属)、光电型(检测不透光的所有物体)、超声波型(检测不透超声波的所有物体)等。

二、工作原理

接近开关具有体积小、可靠性高、使用寿命长、动作速度快以及无机械、电气磨损等优点。因此可替代行程开关,并已在设备自动控制系统中得到广泛应用。其中,高频振荡型接近开关使用最频繁。高频振荡型接近开关是由振荡器、检测器以及晶体管或晶闸管输出等部分组成,封装在一个较小的外壳内。

图 2-1-6 所示为振荡型接近开关工作原理框图。

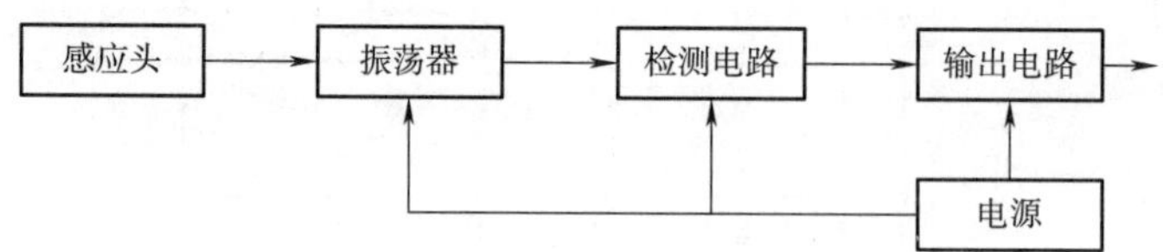

图 2-1-6　振荡型接近开关工作原理框图

当接通电源后,振荡器开始振荡,检测电路输出低电位,晶体管截止,负载中只有维持振荡的电流通过,负载不动作;当有金属物体靠近一个以一定频率稳定振荡的高频振荡器的感应头附近时,由于感应作用,该物体内部会产生涡流及磁滞损耗,使振荡回路因电阻增大、能耗增加而使振荡减弱,直至停止振荡。检测电路根据振荡器的工作状态控制输出电路的工作,输出控制继电器或其他电器,以达到控制目的。

三、接 线 图

接近开关可以说是一种不需要运动部件,就可以因为机械的直接接触而操作的位置开关。当相关的物体在接近开关附近的时候,可以感应到动作距离,从而驱动直流电器或者给计算机提供一个控制指令,是非常理想的电子开关量传感器。其常用的几种接法如图 2-1-7 所示。

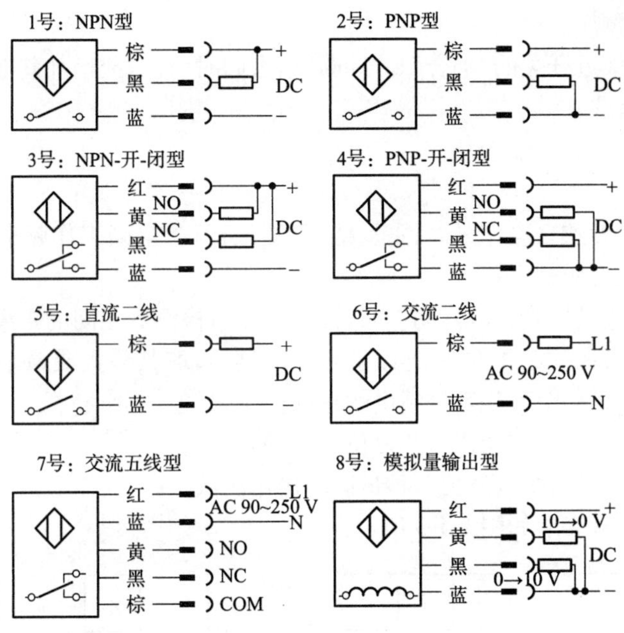

图 2-1-7　接近开关常用的几种接法

（1）接近开关有两线制和三线制的区别。三线制接近开关又分为 NPN 型和 PNP 型，它们的接线是不同的。两线制接近开关的接线比较简单，接近开关与负载串联后接到电源即可。三线制接近开关的接线：红（棕）线接电源正端；蓝线接电源 0 V 端；黄（黑）线为信号，应接负载。负载的另一端是这样接的：对于 NPN 型接近开关，应接到电源正端；对于 PNP 型接近开关，则应接到电源 0 V 端。具体如图 2-1-8 所示。接近开关的负载可以是信号灯、继电器线圈或可编程控制器 PLC 的数字量输入模块。

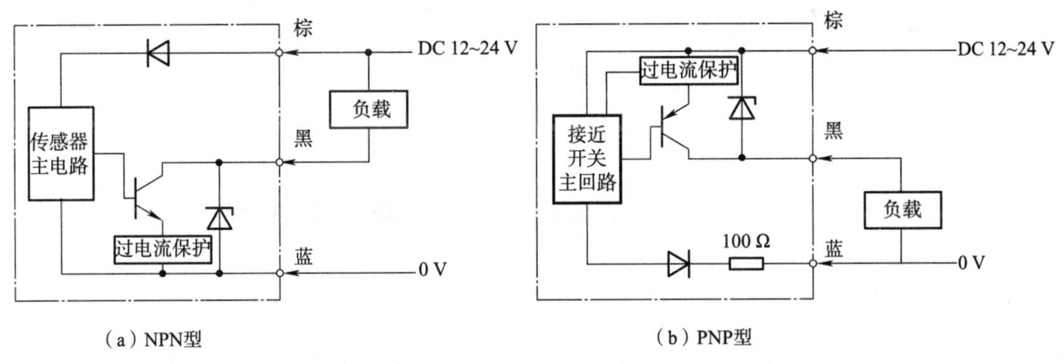

（a）NPN型　　（b）PNP型

图 2-1-8　三线制接近开关内部结构及接线图

（2）需要特别注意接到 PLC 数字量输入模块的三线制接近开关的类型选择。PLC 数字量输入模块一般可分为两类：一类的公共输入端为电源正极，电流从输入模块流出，此时，一定要选用 NPN 型接近开关；另一类的公共输入端为电源负极，电流流入输入模块，此时，一定要选用 PNP 型接近开关。

（3）两线制接近开关受工作条件的限制，导通时开关本身产生一定压降，截止时又有一定的剩余电流流过，选用时应予考虑。三线制接近开关虽多了一根线，但不受剩余电流等不利因素的困扰,工作更为可靠。

(4)有的厂商将接近开关的“动合”和“动断”信号同时引出,或增加其他功能,此种情况,请按产品说明书具体接线。

四、技术参数

接近开关的技术参数有动作距离、重复精度、复位行程、最高工作频率、工作电压、输出电流等。其中部分参数说明如下:

(1)动作距离一般是指开关刚好动作时,被检测体与检测头之间的距离。

(2)重复精度是指在一定条件下,连续进行十次试验,取其最大或最小值与平均值之差为开关的重复精度。这是一个反映定位精度的指标。

(3)复位行程是指开关从“动作”到“复位”位置的距离。

(4)最高工作频率是指接近开关每秒最高的操作次数。

接近开关通常型号表示如图 2-1-9 所示。

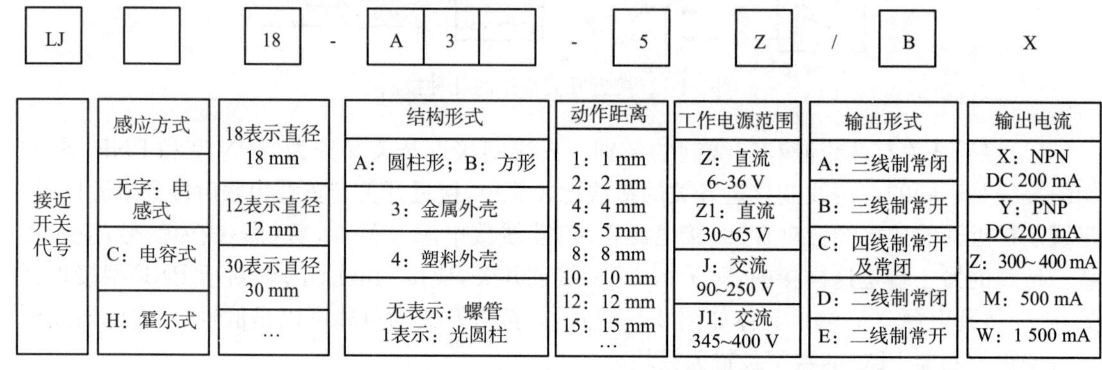

图 2-1-9　接近开关通常型号表示

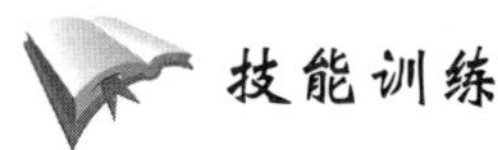

技能训练

训练　万能转换开关的拆装、检测与调试

扫一扫

万能转换开关的拆装

一、训练目的

(1)熟悉万能转换开关的拆卸与装配工艺,并能对常见故障进行正确检修。

(2)万能转换开关的校验和调整方法。

二、训练工器具与材料(见表 2-1-1)

表 2-1-1　实训工具仪表

序　号	工器具名称	单　位	数　量	备　注
1	一字螺丝刀	把	1	
2	十字螺丝刀	把	1	

续上表

序　号	工器具名称	单　位	数　量	备　注
3	开口扳手	把	1	M5-M6 双头扳手
4	尖嘴钳	把	1	
5	镊子	把	1	
6	110 V 直流电源	台	1	
7	万用表	块	1	

图 2-1-10 所示为训练所用的工具及仪表。

三、训练内容

1. 万能转换开关的拆卸、检修与装配

1)拆卸

(1)拆卸手柄、正面板、防尘罩，如图 2-1-11、图 2-1-12 所示。

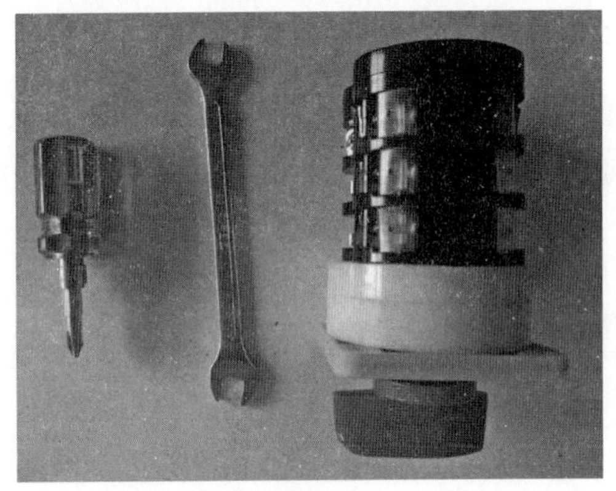

图 2-1-10　训练所用的工具及仪表

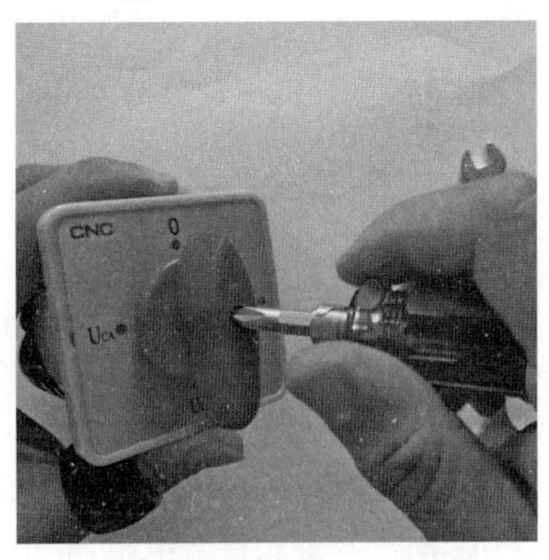

图 2-1-11　拆卸手柄

(2)取下后侧紧固螺钉、铭牌、面板，如图 2-1-13 所示。

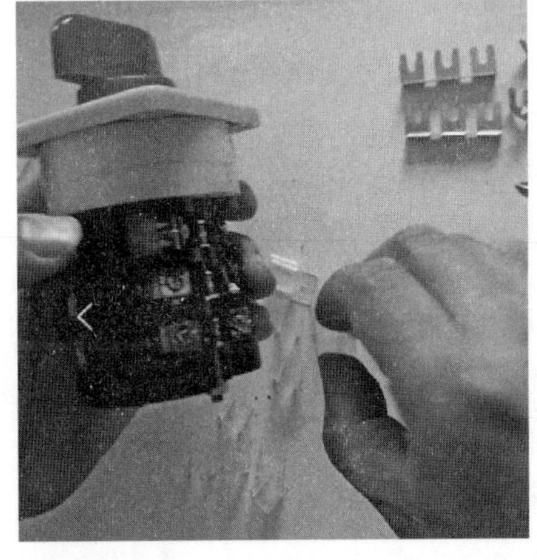

图 2-1-12　拆卸防尘罩等

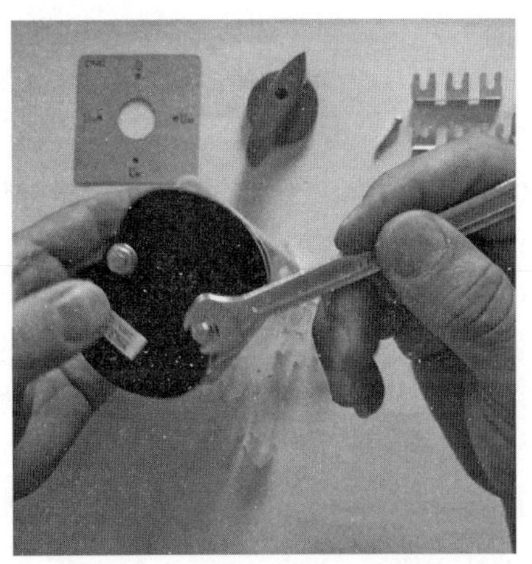

图 2-1-13　取下后侧紧固螺钉等

(3)取下凸轮,静、动触头,反作用弹簧等,如图 2-1-14 所示。

(4)每层依次按上面操作,如图 2-1-15 所示。

图 2-1-14　取下凸轮等

图 2-1-15　依次操作每层

(5)解体完毕。

2)检修

(1)检查触头磨损程度,磨损严重时应更换触头。若不需要更换,则清除触头表面上电弧喷溅的颗粒。

(2)清除凸轮端面的油垢,检查凸轮有无变形及是否平整。

(3)检查触头压力弹簧及反作用弹簧是否变形或弹力不足。如有,则更换弹簧。

3)装配

(1)检查开关芯杆灵活度,按拆卸的逆顺序进行装配。

(2)测量静、动触头接触电阻,应小于 50 mΩ。

4)自检

(1)用万用表欧姆挡检测各触头是否良好;用手按住触头检查运动部分是否灵活,以防接触不良、振动和噪声。

(2)万能转换开关的校验:

①将装配好的万能转换开关各组触头按图 2-1-16 所示接入校验电路。

②调整电压源电压调整旋钮,记录电压值、电流值并计算出接触电阻值。

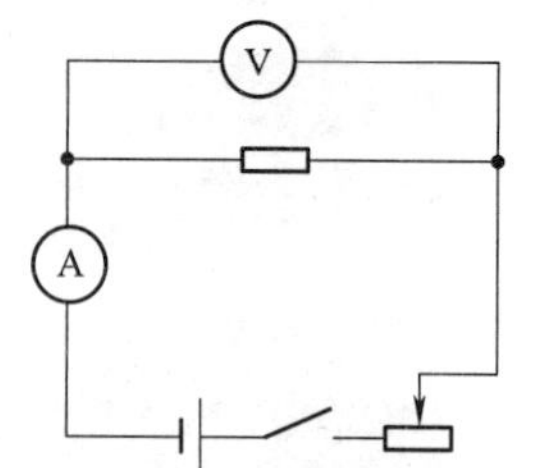

图 2-1-16　万能转换开关接入校验电路连接图

(3)触头压力的测量与调整。用纸条凭经验判断触头压力是否合适。将一张厚约 0.1 mm,比触头稍宽的纸条夹在 CJ10-20 型接触器触头间,使触头处于闭合位置,用手拉动纸条,若触头压力合适,稍用力纸条即可拉出;若纸条很容易被拉出,即说明触头压力不够;若纸条被拉断,说明触头压力太大,可调整触头弹簧或更换弹簧,直至符合要求。

2. 注意事项

(1)在拆卸过程中,应备有盛放零件的容器,以免零件丢失。

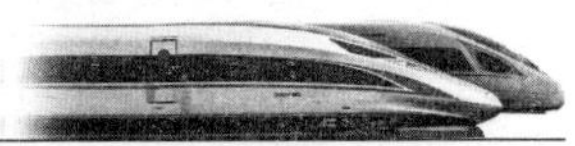

(2)拆卸过程中不允许硬撬,以免损坏电器。装配辅助静触头时,要防止卡住动触头。

(3)通电校验时,万能转换开关应固定在控制板上,并有指导教师监护,以确保用电安全。

(4)通电校验过程中,要均匀、缓慢地改变电压源的输出电压,以使测量结果尽量准确。

(5)调整触头压力时,注意不得损坏触头。

四、考核评价

考核评价表见表 2-1-2。

表 2-1-2　考核评价表(工时:2 h)

项目内容	配　分	评分标准	扣　分	得　分
根据题目内容作出原理图及触头通断状态表	25 分	(1)题意理解不清楚,扣 5 分。 (2)画不出组合后控制原理图,每处错误扣 3 分。 (3)画不出触头通断状态表,每处错误扣 2 分		
万能转换开关的拆卸	10 分	(1)步骤、方法不正确,每处扣 1 分。 (2)未全部解体,扣 2 分。 (3)零件丢失,每件扣 3 分		
万能转换开关的装配	25 分	(1)步骤、方法不正确,每处扣 2 分。 (2)零件丢失,每件扣 3 分。 (3)参数达不到技术要求,每处扣 3 分。 (4)不符合触头通断表,每处扣 2 分		
万能转换开关接线与调试	30 分	(1)接线错误,不符合工艺要求,每处扣 3 分。 (2)定位不准,扣 5 分。 (3)装配不正确,每件扣 3 分。 (4)不能实现控制功能,扣 5 分		
安全文明生产	10 分	(1)违反安全操作者扣 10 分,发生事故者取消考核资格。 (2)工具仪表乱丢乱放扣 5 分,损坏仪表扣 10 分。 (3)考核结束场地不清洁扣 5 分		

测评题

一、单选题

1. 万能转换开关的文字符号是(　　)。

(A)SQ　　(B)SA　　(C)SB　　(D)QS

2. 万能转换开关在触头图形符号下方的虚线位置上画(　　),则表示当操作手柄处于该位置时,该触头处于闭合状态。

(A)“。”　　(B)“ • ”　　(C)“×”　　(D)“√”

3. 万能转换开关型号为 LW5-16D0724/3,其中“16”表示(　　)。

(A)设计序号　　(B)定位特征代码　　(C)电流等级　　(D)接线图编号

4. 万能转换开关型号为 LW5-16D0724/3,其中“3”表示(　　)。

(A)设计序号　　(B)定位特征代码　　(C)接线图编号　　(D)节(层)

5. 接近开关型号为 LJ18A3-8-J/EZ,其中“8”表示(　　)。

(A)直径 8 mm　　(B)圆柱螺纹型代码
(C)金属外壳　　(D)感应距离 8 mm

6. 接近开关型号为 LJ18A3-8-J/EZ,其中“A”表示(　　)。
(A)圆柱螺纹型　　(B)方型　　(C)槽型　　(D)贯穿型

7. 光电型接近开关主要检测(　　)。
(A)各种金属　　(B)导磁或非导磁性金属
(C)不透光的所有物体　　(D)磁场或磁性金属

二、多选题

1. 下列表示万能转换开关型号中为定位型的字母是(　　)。
(A)B　　(B)C　　(C)D　　(D)F

2. 下列表示万能转换开关型号中为复位型的字母是(　　)。
(A)B　　(B)C　　(C)D　　(D)A

3. 万能转换开关主要用于(　　)等。
(A)各种控制线路的转换　　(B)电压表的换相测量控制
(C)电流表的换相测量控制　　(D)配电装置线路的转换和遥控

4. 万能转换开关按手柄的操作方式有(　　)。
(A)自复式　　(B)自定位式　　(C)手动控制式　　(D)远程控制式

5. 接近开关的种类很多,按工作原理可分为(　　)等。
(A)高频振荡型　　(B)电磁感应型　　(C)电容型　　(D)光电型

6. 下列(　　)属于三线制接近开关的接法。
(A)NPN 型　　(B)PNP 型　　(C)模拟量输出型　　(D)NPN-开-闭型

三、判断题

(　　)1. 万能转换开关用于频繁接通与断开的电路。

(　　)2. 万能转换开关常用产品有 LW5 和 LW6 系列。其中,LW5 系列可控制 2.2 kW 及以下的小容量电动机;LW6 系列只能控制 5.5 kW 及以下的小容量电动机。

(　　)3. 万能转换开关由转轴、凸轮、触头、触头弹簧、定位机构、螺杠和手柄等组成。

(　　)4. LW5 系列万能转换开关按手柄的操作方式可分为自复式和自定位式两种。其中自复式是指用手拨动手柄于某一挡位时,手松开后,手柄自动返回原位。

(　　)5. LW6 系列万能转换开关用于可逆运行控制时,只有在电动机停车后才允许反向起动,但每小时的转换次数不宜超过 15～20 次。

(　　)6. 接近开关具有体积小、可靠性高、使用寿命长、动作速度快以及电气磨损小等优点。

(　　)7. 三线制接近开关的接线:红(棕)线接电源正端;蓝线接电源 0 V 端;黄(黑)线为信号,应接负载。负载的另一端是这样接的:对于 NPN 型接近开关,应接到电源正端;对于 PNP 型接近开关,则应接到电源 0 V 端。

(　　)8. 万能转换开关组装后,测量静、动触头接触电阻,应小于 100 mΩ。

项目二　常用高压电器的选用、拆装与检测

学习目标

应知	1. 熟悉高压电器与轨道交通列车高压系统基础知识。 2. 掌握互感器的作用、工作原理、种类及电气参数等。 3. 掌握高压隔离开关的作用、性能参数、结构组成及动作原理等。 4. 熟悉轨道交通高压断路器电气装置的作用、性能参数、结构组成及动作原理等。 5. 熟悉轨道交通受电弓电气装置的作用、结构组成及工作原理等。
应会	1. 掌握受电弓拆装、检测与调试。 2. 掌握高压隔离开关拆装、检测与调试。 3. 能正确地操作和使用高压电器并进行维护保养。

建议学时

理论教学 4 学时，技能训练 8 学时。

知识导入

知识点一　高压电器与轨道交通列车高压系统基础知识

一、高压电器概述

高压电器是电力系统中使用比较广泛的一种设备，但在我国由于缺乏明确的标准化定义，因此各种场合使用的这一术语，其含义有一定的出入。这里介绍的是高等专科学校教材中介绍的并为多数人认同的概念。

1. 高压电器的定义

国际上公认的高低压电器的分界线交流是 1 kV（直流则为 1 500 V）。交流 1 kV 以上为高压电器，1 kV 及以下为低压电器。高压电器是在高压线路中用来实现关合、开断、保护、控制、调节、量测的设备。一般的高压电器包括开关电器、量测电器和限流电器、限压电器。但有时也把变压器列入高压电器。

2. 高压电器的分类及功能

1）开关电器

主要用来关合与开断正常电路和故障电路，或用来隔离电源、实现安全接地的一种高压电

器设备。

(1)高压断路器:不仅能关合、开断正常的负荷电流(包括空变、空线、空缆等),也用来开合故障电流,且当发生短路故障(或其他异常运行状态、欠电压、过电流等)时可以实现自动分闸、自动重合闸。因此,高压断路器是一种多功能的自动开关。

(2)熔断器:俗称保险。当负荷电流过载到一定值,或出现故障电流时,能自动熔断。分为限流熔断器及喷射式熔断器。

(3)负荷开关:能开合负荷电流(含容性、感性负载电流),有时能关合短路电流但不能开断短路电流。

(4)接触器:只有一个休止位置,非手动操作就能关合、开断及承载正常电流及规定的过载电流的开断、关合。一般用来频繁控制大型用电设备(如大电动机等)。

(5)隔离开关:用来隔离电路或电源。在闭合位置时能承载正常电流及规定的短路电流,有时能开断很小的电容电流及容量不大的变压器的空载电流,有时能开合母线转换电流。

(6)接地开关:用来对设备或被检修线路实现保护接地。

(7)重合器:能够按照预定的顺序,在导电回路中进行开断和重合操作,并在其后自动复位、分闸闭锁或合闸闭锁的自具(不需要外加能源)控制保护功能的开关设备。

(8)分段器:一种与电源侧前级开关配合,在失电压或无电流的情况下自动分闸的开关设备。当发生永久性故障时,分段器在预定次数的分合操作后闭锁于分闸状态,从而达到隔离故障线路区段的目的。若分段器未完成预定次数的分合操作,故障被其他设备切除了,则其将保持合闸状态,并经一段延时后恢复到预先的整定状态,为下一次故障做好准备。分段器一般不能断开短路故障电流。

分段器的关键部件是故障检测继电器(Fault Detecting Relay,FDR)。根据判断故障方式的不同,分段器可分为电压-时间型分段器和过电流脉冲计数型分段器两类。

2)量测电器

(1)电流互感器:用来转换和测量线路、母线的电流供计量与保护之用。

(2)电压互感器:用来测量线路、母线电压,以供计量和继电保护之用。传统电压互感器是油纸绝缘电磁式。

3)限流与限压电器

(1)电抗器:这是一个扼流线圈,用来限制故障电流,用包裹绝缘导线绕制。目前也有用环氧浇注法制作的,其体积小,绝缘强度和机械强度比较高。

(2)阻波器:这是一种电感线圈,主要用于载波通信,限制高频载波进入变电所。

(3)避雷器:用来限制过电压,使电力系统中的电器设备免受大气过电压和内部过电压的危害,是一种泄能装置。最简单的有保护间隙,还有管形避雷器、阀式避雷器、磁吹避雷器。保护特性比较好的有氧化锌避雷器。

限流熔断器也是一种快速限流(幅值)的保护电器。

3. 高压电器基本性能要求

处于电力系统中的各种户内、户外高压电器,应能承受正常和异常电压、电流作用,以及各种环境因素作用而不损坏。因而要求其具备的各种性能如下:

1)电气性能方面要求

(1)电压。高压电器绝缘应能经受规定的长期最大工作电压、短时过电压、内部过电压和

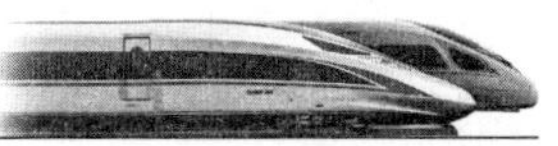

大气过电压作用而不损坏。标志这些作用电压的性能参数是：最大工作电压、短时工频试验电压、操作波试验电压和雷电冲击波试验电压。

(2)电流。高压电器应能经受长期正常工作电流，温升不超过规定值。在短时异常和故障电流作用下也不允许因电动力、触点熔焊、电磁干扰等影响继续工作。

这方面的标志参数有：额定电流、额定短时耐受电流、额定峰值耐受电流、额定短路关合电流、电动机和电容器关合涌流等。

(3)其他要求。如高压断路器要求关合、开断短路电流，自动重合闸、开合空载线路充电电流(过电压不超过规定值)，开合负荷电流以及连续开断各种电流能力的电寿命等。

2)自然环境因素

这类因素很多，例如：

(1)海拔：影响外绝缘和额定电流。外绝缘耐压能力随海拔提高而降低；电器的散热能力随海拔提高而降低。

(2)环境温度：影响额定电流、机械可靠性和电气可靠性。

(3)湿度：影响绝缘及金属零件锈蚀。

(4)风速：影响户外产品机械强度。

(5)污秽：影响外绝缘的绝缘强度。

其他，如雨、地震、湿热、干热等因素也影响绝缘强度和机械可靠性。

4. 高压电器发展趋势

随着科技进步，高压电器采用了高新技术，采用了新原理、新工艺、新介质，正在酝酿新一代高压电器，其发展趋势如下：

1)组合化、成套化

为满足尺寸小、占地少、高性能、高可靠性需要，出现了各种各样的组合电器和成套电器。

2)大容量、高参数

由于现代生活用电量迅速增长，工农业用电量提高，高电压大容量电网形成，要求高压电器容量及各种参数迅速提升。

3)机电一体化(智能化)

由于计算机、传感器技术发展及电网自动化的提高，对高压电器智能化功能的需求更为迫切。

4)少、免维护产品

随着高压电器产品大量采用 SF6 和真空等优良绝缘介质和灭弧介质，以及建立在先进高科技(如 CAM 等)基础上的生产工艺实施，产品的检修周期可以延长到 10 年，甚至产品终身免维护检修。

5)选相分、合闸断路器

随着高电压、大容量电网发展，系统过高的合闸过电压和大短路电流对电力系统安全性和可靠性是不利的。断路器选相分、合闸空载线，在电子控制技术迅速发展的今天有可能实现。

二、时速 350 公里中国标准动车组高压系统概述

1. 系统构成及设备分布

高压系统由受电弓、真空断路器＋接地保护开关、避雷器、高压隔离开关、电压互感器、电流互感器、高压接头、高压电缆等组成。

高压设备连接采用高压箱整体密封结构,除受电弓和网侧避雷器外的其他高压设备均安装在车顶高压箱内,车顶高压电缆采用内绝缘直接电缆跨接。

高压系统设备布置图如图 2-2-1 所示。

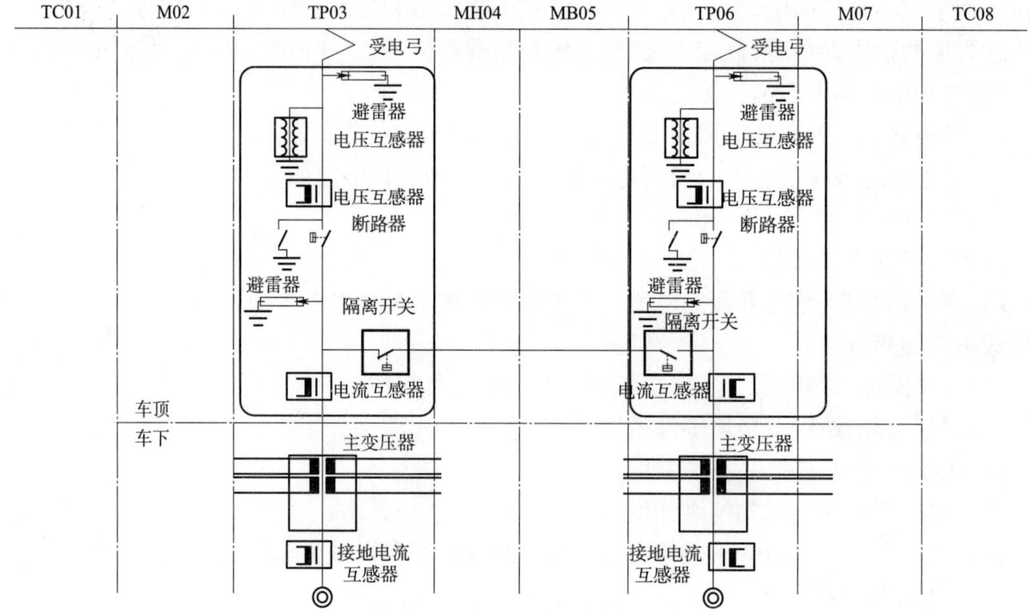

图 2-2-1 高压系统设备布置图

真空断路器置于受电弓后级,受电弓故障时可通过真空断路器隔离。真空断路器可控制两个高压单元,工作时仅需一个真空断路器动作,受电弓侧故障可通过断路器隔离,主干路故障可通过真空断路器保护,某一个高压单元故障可通过隔离开关切除。

高压连接设备构成见表 2-2-1。

表 2-2-1 高压连接设备构成

高压设备位置	设备名称	3 号车	4 号车	5 号车	6 号车
车顶设备	受电弓	1 架			1 架
	避雷器	1 个			1 个
	支撑绝缘子	3 个			3 个
	电缆接头	1 个	2 个	2 个	1 个
高压箱内设备	高压隔离开关	1 个			1 个
	高压互感器	1 个			1 个
	接地开关	1 个			1 个
	电缆接头	3 个			3 个
	避雷器	1 个			1 个
	真空断路器	1 个			1 个
	电流互感器	2 个			2 个

高压设备及其高压电缆主要分布在 3～6 号车,具体分布如下:

1)TP03 车

本车设置受电弓、支撑绝缘子和高压箱。受电弓受流后需将电能输送到本车以及其他车

辆，车顶贯穿特高压电缆。

本车二位端设置电缆接头，将本车车顶铺设的特高压电缆通过过桥线与临近的 MH04 车电缆贯通，并将本车车顶铺设的特高压电缆由二位端侧墙处下拉到车底给本车牵引变压器供电。

2）MH04 车

本车一位端、二位端分别设置电缆接头，车顶铺设的特高压电缆通过过桥线与临近的 TP03 车与 MB05 车电缆贯通。

3）MB05 车

本车一位端、二位端分别设置电缆接头，车顶铺设的特高压电缆通过过桥线与临近的 MH04 车与 TP06 车电缆贯通。

4）TP06 车

本车设置受电弓、支撑绝缘子和高压箱。受电弓受流后需将电能输送到本车以及其他车辆，车顶贯穿特高压电缆。

本车二位端设置电缆接头，将本车车顶铺设的特高压电缆通过过桥线与临近的 MB05 车电缆贯通，并将本车车顶铺设的特高压电缆由二位端侧墙处下拉到车底给本车牵引变压器供电。

2. 系统原理

TP03 车和 TP06 车各设置 1 个基本高压单元，每个高压单元的设置相同。

隔离开关可隔离对应的高压单元。

通过真空断路器可对故障受电弓、电压互感器、电流互感器等进行隔离。

每个高压单元通过电流、电压互感器进行检测，实施过电压、过电流保护。

每个高压单元设置 2 个避雷器，实现高压回路过电压两级保护。

高压系统原理图如图 2-2-2 所示。

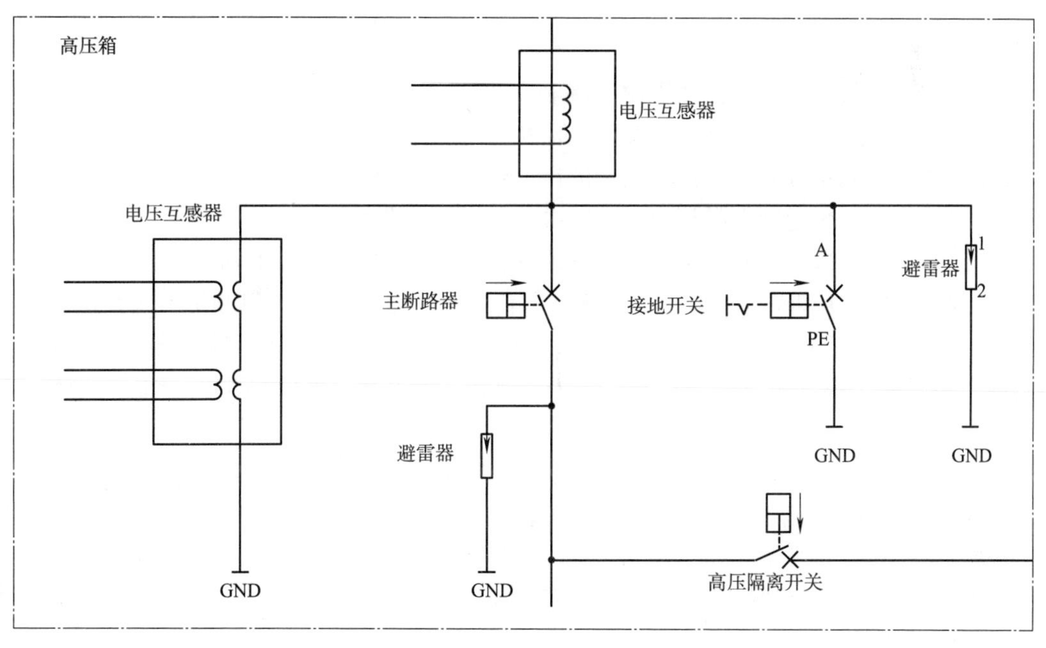

图 2-2-2　高压系统原理图

知识点二　互　感　器

一、概　　述

互感器(instrument transformer)又称仪用变压器，是按比例变换电压或电流的设备及电流互感器和电压互感器的统称。其功能主要是将高电压或大电流按比例变换成标准低电压(100 V)或标准小电流(5 A或1 A，均指额定值)，以便实现测量仪表、保护设备及自动控制设备的标准化、小型化。同时，互感器还可用来隔开高电压系统，以保证人身和设备的安全。

1. 工作原理

在供电用电的线路中，电流、电压大大小小相差悬殊，从几安到几万安都有。为便于二次仪表测量，应转换为比较统一的电流，另外线路上的电压都比较高，如果直接测量是非常危险的。电流互感器可起到变流和电气隔离的作用。显示仪表大部分是指针式的电流表或电压表，所以电流互感器的二次电流大多数是安培级的。随着时代发展，电量测量大多已经实现数字化，而计算机的采样信号一般为毫安级(0～5 V、4～20 mA等)。微型电流互感器二次电流为毫安级，主要起大互感器与采样信号之间的桥梁作用。微型电流互感器又称仪用电流互感器。仪用电流互感器有一层含义是在实验室使用的精密电流互感器，一般用于扩大仪表量程。

微型电流互感器与变压器类似，也是根据电磁感应原理工作的。变压器变换的是电压而电流互感器变换的是电流。绕组 N_1 接被测电流，称为一次绕组(或原绕组、初级绕组)；绕组 N_2 接测量仪表，称为二次绕组(或副绕组、次级绕组)。

微型电流互感器一次绕组电流 I_1 与二次绕组电流 I_2 的比值，称为实际电流比 K。微型电流互感器在额定工作电流下工作时的电流比称为电流互感器的额定电流比，用 K_I 表示，即 $K_I=I_{1N}/I_{2N}$。

2. 主要作用

电力系统为了传输电能，往往采用交流电压、大电流回路把电力送往用户，无法用仪表进行直接测量。互感器的作用，就是将交流电压和大电流按比例降到可以用仪表直接测量的数值，便于仪表直接测量，同时为继电保护和自动装置提供电源。电力系统用互感器是将电网高电压、大电流的信息传递到低电压、小电流二次侧的计量、测量仪表及继电保护、自动装置的一种特殊变压器，是一次系统和二次系统的联络元件，其一次绕组接入电网，二次绕组分别与测量仪表、保护装置等互相连接。互感器与测量仪表和计量装置配合，可以测量一次系统的电压、电流和电能；与继电保护和自动装置配合，可以构成对电网各种故障的电气保护和自动控制。互感器性能的好坏，直接影响到电力系统测量、计量的准确性和继电器保护装置动作的可靠性。

3. 主要分类

互感器分为电压互感器和电流互感器两大类。电压互感器可在高压和超高压的电力系统中用于电压的测量；电流互感器可用于交流电流的测量。

二、电流互感器

1. 原理与特点

电流互感器利用变压器一、二次电流成比例的特点制成。其工作原理、等值电路也与

一般变压器相同，只是其一次绕组串联在被测电路中，且匝数很少；二次绕组接电流表、继电器电流线圈等低阻抗负载，近似短路。一次电流（即被测电流）和二次电流取决于被测线路的负载，而与电流互感器的二次负载无关。由于二次侧接近于短路，所以一、二次电压很小，励磁电流也很小。电流互感器运行时，二次侧不允许开路。因为一旦开路，一次电流均成为励磁电流，使磁通和二次电压大大超过正常值而危及人身和设备安全。因此，电流互感器二次回路中不允许接熔断器，也不允许在运行时未经旁路就拆下电流表、继电器等设备。电流互感器的接线方式按其所接负载的运行要求确定。最常用的接线方式为单相、三相星形和不完全星形。

电流互感器在使用时，必须注意：

(1)电流互感器的二次绕组绝对不允许开路。

(2)必须将电流互感器的外壳和二次绕组的一端可靠接地，以防一、二次绕组间绝缘损坏，一次电压窜入二次侧，引起触点和仪表损坏。

2. 电气参数

电流互感器用于动车组高压回路总电流值的检测。全列车共配置 2 个电流互感器。

电流互感器如图 2-2-3 所示。

其技术参数如下：

(1)额定工作电压为 25 kV。

(2)电流比为 600/1。

(3)额定频率为 50 Hz。

(4)额定负荷为 10 V·A。

(5)质量为 8 kg。

图 2-2-3　电流互感器

三、电压互感器

1. 原理与特点

电压互感器工作时，一次侧直接接到被测的高压电路，二次侧接电压表或功率表的电压线圈。由于电压表和功率表的电压线圈内阻抗很大，所以电压互感器的运行情况相当于变压器的空载情况。忽略漏阻抗压降时，其一、二次绕组之比就等于一、二次绕组的电压之比，而电压互感器在设计时，为了保证其准确度，一般都采用高性能的硅钢片，以减小励磁电流和一、二次侧的漏电抗。

电压互感器在使用时，必须注意：

(1)电压互感器二次侧绝对不能短路。

(2)电压互感器的二次绕组连同铁芯一起，必须可靠接地。

(3)电压互感器有一定的额定容量，使用时二次侧不宜接过多的仪表。

线路电压互感器的接线如图 2-2-4 所示。

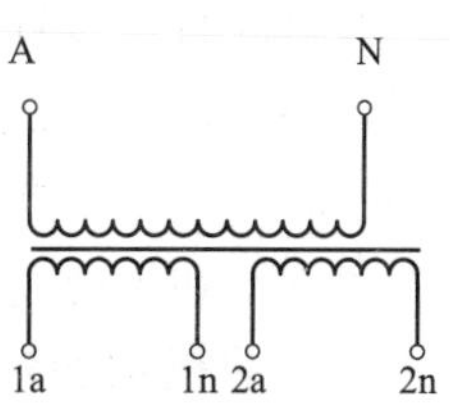

图 2-2-4　线路电压互感器的接线

2. 电气参数

标准动车组采用 LOCO3 高压电压互感器检测接触网电压。全列车共配置 2 个电压互感器，其外观尺寸如图 2-2-5 所示。

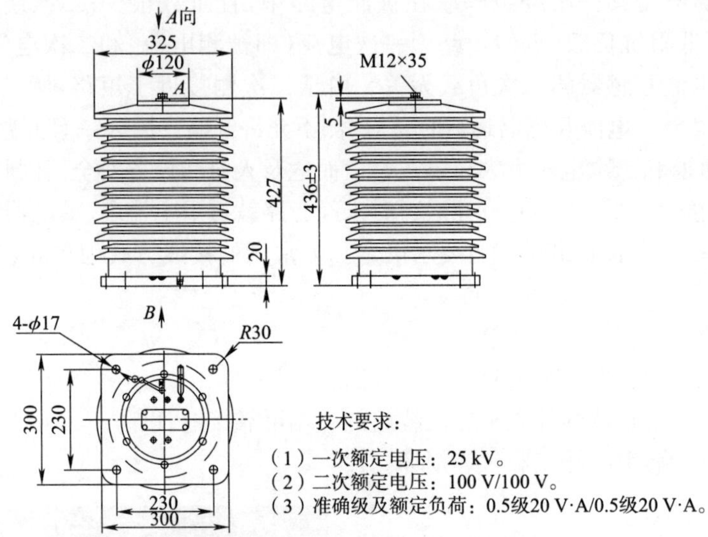

图 2-2-5　电压互感器外观尺寸

其技术参数如下：

(1)电压互感器电压比为 25 kV/100 V。

(2)额定负荷为 20/20 V·A(双绕组)。

(3)输出精度为 0.5 级。

知识点三　高压隔离开关

一、概　　述

高压隔离开关属于高压保护电器。它的主要作用是优化配置 25 kV 电路内高压设备的运行工况,当高压设备发生故障时,能将故障高压单元隔离,维持动车组运行。

二、主要构造

高压隔离开关通过高隔底架 1 安装在高压箱内,如图 2-2-6 所示。它装有两个刀闸板 2,一端固定在固定座 3 上,另一端延伸到接触头 4 上。刀闸板通过拉杆 5 与下面的传动机构相连,传动机构采用长槽滑块机构,采用电控、气动的控制方式。在高隔底架两侧,分别固定安装电磁阀 6 和传动气缸 7、传动轴 8,保证了刀闸板与传动机构的转动。转轴末端上的凸轮是用来控制安装在高隔底架上的辅助触头开关 9,辅助触头开关用于检测开关状态并将信号传输到司机室。

图 2-2-6　高压隔离开关的结构图

三、性能参数

高压隔离开关的性能见表 2-2-2。

表 2-2-2　高压隔离开关的性能

项　目	数　值
额定电压	31 kV
额定电流	700 A
额定频率	50 Hz
控制电压	DC 110 V
最小动作电压	DC 77 V
动作电压范围	DC 77～137.5 V
额定工作气压	400 kPa～1 000 kPa
最小动作气压	350 kPa
短时耐受电流	16 kA/1 s
工频耐受电压	100 kV(有效值)/1 min
雷电冲击电压	185 kV(1.2/50 μs)
机械寿命	20 000 次
工作环境温度	－40～＋70 ℃
质量	≤60 kg

四、动作原理

(1)分闸:当高压隔离开关处于合闸状态时,电磁阀得到分闸信号,得电动作,打开气路,压缩空气经电磁阀进入压力气缸,推动操纵杆,使转轴旋转 60°,隔离开关分断。转轴转动的同时,固定在主轴上的凸轮驱动低压联锁改变为分闸状态,并将信号传到司机室。

(2)合闸:当高压隔离开关处于分闸状态时,电磁阀得到合闸信号,得电动作,打开气路,压缩空气经电磁阀进入压力气缸,推动操纵杆,使转轴旋转 60°,隔离开关闭合。转轴转动的同时,固定在主轴上的凸轮驱动低压联锁改变为合闸状态,并将信号传到司机室。

(3)高压隔离开关不带灭弧装置,不具有开断电流的能力。因此,它的所有动作都必须在主断路器处于分断状态时进行。

知识点四　高压断路器

一、概　　述

高压断路器(又称高压开关)不仅可以开断或关合高压电路中的空载电流和负荷电流,而且当系统发生故障时通过继电器保护装置的作用,切断过负荷电流和短路电流,具有相当完善的灭弧结构和足够的断流能力,可分为断路器(多油断路器、少油断路器)、六氟化硫断路器(SF_6 断路器)、压缩空气断路器、真空断路器。

真空断路器是当牵引变压器在二次侧以后的电路中发生故障时,为迅速、安全、确实地断开过电流为目的安装的。同时,它也是平常开闭主回路的一种开关,兼具断路器和开关两种功能。

真空断路器(通称 VCB)在被封闭的真空容器中配置动、静触头,通过动、静触头,利用真空中有高的耐绝缘能力和电弧的扩散作用来断开电流。VCB 配置在车底部的高压箱内。

接地保护开关属于安全保护装置,当操作人员进行检查或维修时,操作接地保护开关可使机车上断路器两侧的主回路接地,使机车主回路处于无电状态,从而保证操作人员的人身安全。

二、性能参数

真空断路器与接地保护开关的性能分别见表 2-2-3、表 2-2-4。

表 2-2-3 真空断路器的性能

项 目	数 值
额定电压	AC 30 kV
额定电流	1 000 A
额定频率	50 Hz
额定断路容量	660 MV·A
额定投入电流	20 000 A
额定短时电流	25 000 A/1 s
额定断路电流	20 000 A
无负荷投入时间	0.1 s以下
额定开极时间	0.06 s以下
额定操作电压	DC 110 V(变动范围为 77~137.5 V)
额定操作压力	7 kgf/m^2(变动范围为 4.5~10 kgf/m^2,1 kgf/m^2=9.806 65 Pa)
动作次数	30 万次

表 2-2-4 接地保护开关的性能

项 目	数 据
额定电压	31.5 kV
额定电流	400 A
峰值耐受电流	40 kA
短时耐受电流	16 kA/1 s
主回路电阻	不超过 1 000 μΩ
工作气压限值范围	450 kPa~1 000 kPa
机械寿命	≥2 万次

三、构 造

真空断路器有三个主要的组成部分:上面是高压部分(灭弧室部分);中间是隔离绝缘部分(支持绝缘子部分);下面是低压部分(低压操作机构部分)。

图 2-2-7 所示为真空断路器+接地保护开关结构图。

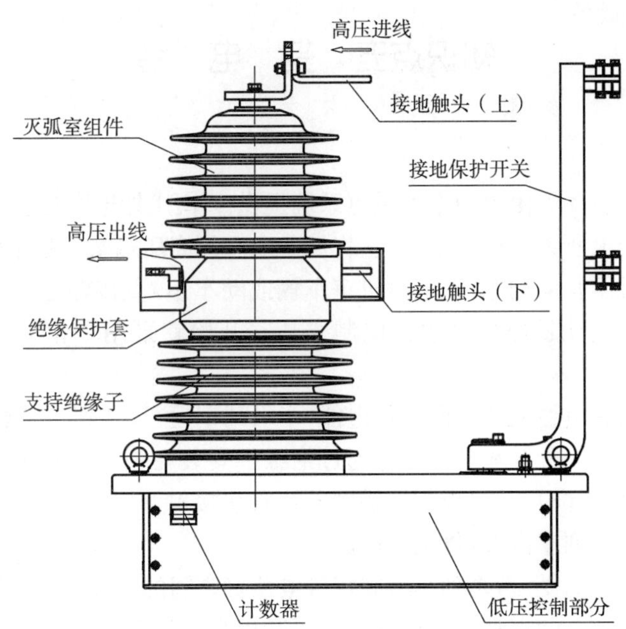

图 2-2-7 真空断路器+接地保护开关结构图

1. 高压部分

灭弧室组件内安装有真空开关管，真空开关管内有两个主触头：一个是静触头，另一个是动触头，其触头通过波纹管密封和大气隔离，动触头的操作是由机械装置传动来完成的。

2. 隔离绝缘部分

支持绝缘子主要是保证高压部分与低压部分之间的绝缘，通过绝缘子内腔，绝缘推杆连接机械装置和动触头。

3. 低压部分

低压部分通过安装底板固定在高压箱内断路器安装架上，低压部分主要是机械操作部分，用于操作灭弧室内的动触头。

四、动作原理

(1)合闸：当断路器处于分闸状态需要合闸时，机车的合闸指令通过主断插座和控制线路，使电磁阀线圈得电，控制电磁阀阀芯动作，接通合闸气路，同时闭锁排气口，此时储风缸的压缩空气迅速进入传动气缸，驱动活塞运动，通过绝缘推杆传递，实现灭弧室机构闭锁，完成断路器的合闸过程。

(2)分闸：当断路器处于合闸状态需要分闸时，机车的分闸指令(断电)，使电磁阀圈断电，控制电磁阀在内部弹簧动作下关闭合闸气路，接通排气口，此时工作气缸中的气从快排阀排出，在分闸弹簧的作用力下，带动灭弧室动触头动作，完成断路器的分闸过程。

(3)采用电空控制，接地转臂固定在摆动气缸输出轴上，通过摆动气缸驱动接地开关转臂转动，动触头组件与上、下接地触头合闸或断开，实现真空断路器的主回路“接地”或“运行”。

知识点五 受 电 弓

一、概　　述

电气化铁路的牵引动力由电力牵引供电系统提供。牵引供电系统主要是指牵引变电所和接触网两大部分。变电所设在铁道附近,它将从发电厂经高压输电线送来的电流,送到铁路上空的接触网上。接触网是向列车(即电力机车车辆或动车组)直接输送电能的设备,是电气化铁路的动脉。我国电气化铁路的牵引供电制式从一开始就采用单相工频(50 Hz)25 kV 交流制。

列车利用车顶的受电弓从接触网获得电能,牵引列车运行。因此,受电弓是列车从接触网接触导线上受取电流的一种受流装置。它通过绝缘子安装在列车的车顶上,是一种铰接式的机械构件。当受电弓升起时,其滑板与接触网导线直接接触,从接触网导线上受取电流,并将其通过车顶母线传送至列车内部,供机车使用。

受电弓靠滑动接触而受流,是列车与固定供电装置之间的连接环节,其性能的优劣直接影响到列车工作的可靠性。随着列车运行速度的不断提高,对其受流性能也提出了越来越高的要求。

其基本要求是:滑板与接触导线接触可靠;磨耗小;升、降弓时不产生过分冲击;运行中受电弓动作轻巧、平稳、动态稳定性好。

为此,在接触导线高度允许变化的范围内,要求受电弓滑板对接触导线有一定的接触压力,且升、降弓过程具有先快后慢的特点,即升弓时滑板离开底架要快,贴近接触导线要慢,以防弹跳(弹跳会产生弓网间的拉弧造成弓网的烧损);降弓时滑板脱离接触导线要快(以防拉弧造成烧损),落在底架上要慢(防止对底架有过分的机械冲击)。

列车上安装有两台受电弓,正常运行时一般只升后弓,前弓备用。按结构形式分,受电弓分为双臂受电弓和单臂受电弓两种。双臂受电弓结构对称,侧向稳定性好,但结构复杂,调整困难。单臂受电弓结构简单,尺寸小,质量小,调整容易,具有良好的动特性,高速时动态跟随性及受流特性较好,故而被现代列车(即电力机车车辆或动车组)广泛采用。

二、中国标准化动车组受电弓

受电弓是利用车顶接触网获取和传递电流的机械组成。CX-GI 型和 DSA380 型受电弓与 25 kV 电压接触网接触并将电流传输到车顶电路中。上述两种受电弓用于 350 中国标准化动车组上。

受电弓的升降是由气囊组成的平衡系统控制。气囊的压缩空气由气动控制单元提供,在压缩空气作用下气囊伸长产生扭矩,通过凸轮及弹性连接轴作用在下臂铰链处,从而使受电弓升起。

电子控制单元接收来自车辆的控制信号,通过内部运算,调整输出至气囊的压力,使弓头和接触网之间保持设定的接触力。

如果压缩空气供应中断或者低压电源供应发生故障,受电弓会自动降弓,降弓是随着气囊内的压缩空气排空后由重力作用自动实现的。

自动紧急降弓是当碳滑板磨损到极限或者弓头受撞击破损时，受电弓通过紧急降弓阀快速排空气囊中的压力从而实现弓头快速脱网。该装置能够保护接触网不受损害。

受电弓的结构组成如图 2-2-8 所示。

三、DSA-200 型受电弓

SS9 型电力机车上安装有两台 DSA-200 型受电弓，如图 2-2-9 所示，它是一种采用气囊驱动升弓的单臂式受电弓，主要应用于干线电力机车上。该受电弓装有阻尼器和 ADD 自动降弓装置。

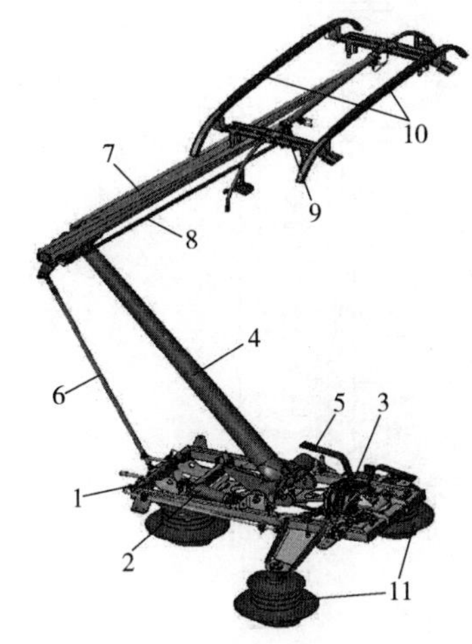

图 2-2-8　受电弓的结构组成

1—底架组件；2—阻尼器；3—气囊；4—下臂杆；
5—弓装配；6—拉杆；7—上臂杆；8—平衡杆；
9—弓头；10—碳滑板；11—绝缘子

图 2-2-9　DSA-200 型受电弓外形

1. 主要技术参数

(1)额定工作电压为 25 kV。

(2)额定工作电流为 1 000 A。

(3)设计速度为 200 km/h。

(4)静态接触压力为(70±10)N，可调。

(5)最低工作高度(包括绝缘子)为 888 mm。

(6)最高工作高度(包括绝缘子)为 2 800 mm。

(7)最大升弓高度(包括绝缘子)为 3 000 mm。

(8)折叠高度(包括绝缘子)为 588 mm。

(9)集电头总长度为 1 950 mm。

(10)集电头宽度为 580 mm。

(11)滑板总长度为 1 576 mm。

(12)碳滑板长度为 1 250 mm。

(13)输入空气压力为 0.4 MPa～1 MPa。

(14)接触压力为 70 N 时的空气压力为 0.36 MPa～0.38 MPa。

2. 结构及作用

DSA-200 型受电弓的结构如图 2-2-10 所示(包括阀板,在机车内,图中未标出)。

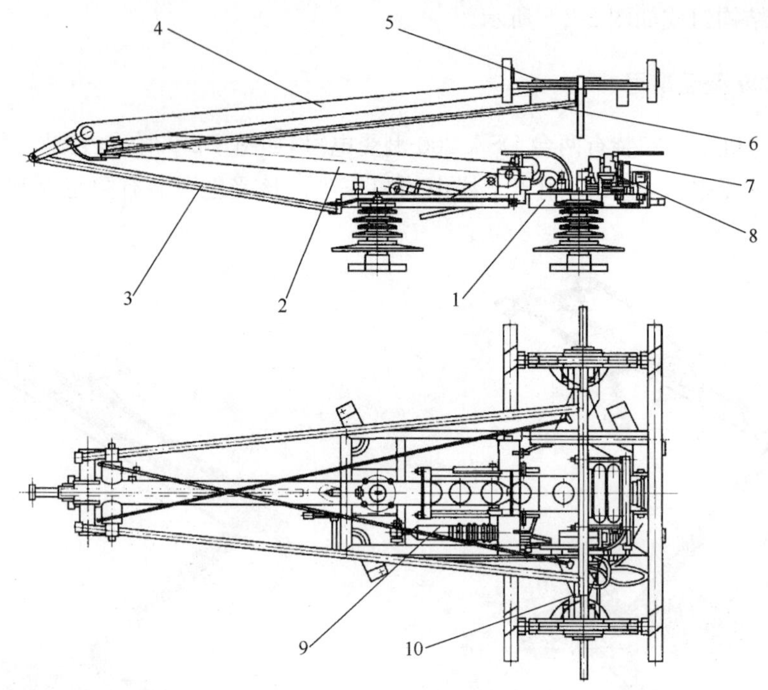

图 2-2-10　DSA-200 型受电弓的结构

1—底架;2—下臂杆;3—拉杆;4—上部框架;5—集电头;

6—平衡杆;7—气囊;8—ADD 阀;9—阻尼器;10—导流线

1)底架部分

底架由型材(钢材)组焊而成,它是整个受电弓的基座部分,并通过绝缘子固定在机车车顶上。底架上装有升弓气囊、一套铰链机构和一副受电弓的阻尼器等。升弓气囊和阻尼器一端安装在底架上,另一端均安装在铰链机构中的下臂杆上。

2)铰链机构

铰链机构是实现集电头升降运动的机构,包括上部框架、下臂杆、拉杆和平衡杆等,它们通过各种铰链座铰接。上部框架是由压型铝合金型材和板材焊接而成,下臂杆是由管材组焊而成,拉杆和平衡杆为不锈钢材料。各铰接处都装有滚动轴承并采用金属软编织线进行短接,以防止电流对轴承的烧损。平衡杆的作用是保证集电头滑板面在受电弓整个工作高度范围内,始终保持基本水平状态。

3)集电头部分

集电头部分包括集电头支撑和集电头。集电头是直接与接触导线接触受流的部分,其上装有碳滑板。集电头支撑垂悬在 4 个拉簧下方,2 个扭簧安装在集电头和上臂间,克服横向偏移,这种结构使滑板在机车运行方向上移动灵活,而且能够吸收横向方向上的冲击,达到保护滑板的目的。

动态接触压力(随速度的变化增加或减少)可以通过安装集电头翼片来对不同速度等级的机车进行调节(如用户需要)。

滑板中有气腔，通有压缩空气，如果滑板出现磨损到极限或断裂时，受电弓会迅速自动降下，更换滑板后，自动降弓装置重新启动。

4)升弓装置和气路组件

升弓装置传递、实现对受电弓升降运动的控制。升弓装置由气囊和与其连接的矩形管、支架组焊、螺杆、四联体等附属部件组成。升弓装置一端安装在底架上，另一端通过钢丝绳与螺栓固定在下臂杆的调整板上。

气路组件是由阀板和提供压缩气体的管路组成的。阀板安装于机车内，通过调节节流阀开口的大小来控制升降弓时间，管路一端和升弓装置的气囊连接，另一端与绝缘软管连接，由机车供风和断风，从而实现升降弓控制。

3. 动作原理

带自动降弓装置的气囊驱动式受电弓的气路原理图如图 2-2-11 所示，包括空气过滤器、单向调速阀(升弓)、调压阀、气压表、单向调速阀(降弓)、稳压阀、气囊、气控快排阀、截止阀、试验阀、碳滑板及管路。

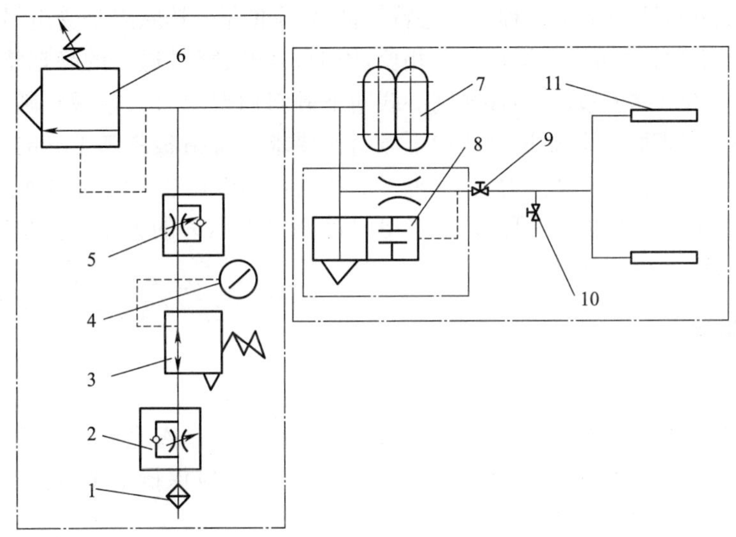

图 2-2-11　带自动降弓装置的气囊驱动式受电弓的气路原理图

1—空气过滤器；2—单向调速阀(升弓)；3—调压阀；4—气压表；5—单向调速阀(降弓)；6—稳压阀；7—气囊；8—气控快排阀；9—截止阀；10—试验阀；11—碳滑板(两件)

DSA-200 型受电弓由空气回路进行控制。升弓时电磁阀得电，气路打开，压缩空气通过空气过滤器 1、单向调速阀(升弓)2、调压阀 3、气压表 4、单向调速阀(降弓)5、稳压阀 6，进入气囊 7，同时压缩空气通过管路经气控快排阀 8 向具有气腔的受电弓碳滑板 11 供气，从而由压缩空气管路及气囊中的压缩空气驱动实现升弓。

当受电弓正常降弓时，启动装置在压缩空气输入端前端的电控排气阀进行排气，受电弓靠自重落弓。

当受电弓滑板破裂、磨损到极限或管路发生泄漏时，则换向阀打开，气囊 7 及管路中的压缩空气经过换向阀的排气口排放到大气中。同时，带有触点开关的空气压力继电器将动作，通过电器信号通知机车在管路系统中出现压力下降，在受电弓与接触网脱离之前，主断路器可以先切断，从而保证受电弓不会在带电负载的情况下从接触网线脱开。

四、受电弓静特性

在静止状态下,受电弓滑板在工作高度范围内对接触网导线的压力称为受电弓的静态接触压力。该值的大小直接影响受电弓受流的质量。静态接触压力偏小,则接触电阻增大,功率损耗增加,机车运行时易产生离线和电弧,从而导致接触导线和滑板的电磨损增加;压力偏大,则机械磨损增加,甚至造成滑板局部拉槽,进而造成接触导线弹跳拉弧,以致刮弓。因此,要求受电弓在其工作高度范围内有一个较为合适的、基本不变的接触压力,这个接触压力由受电弓机械结构和各部分参数决定。适当的静态接触压力可以使受电弓与接触网导线正常接触,减少离线,克服风和高速气流及轮轨传来的机械振动的影响,保证良好的受流特性。

受电弓的静态接触压力与工作高度之间的关系称为受电弓的静特性,它可以用受电弓的静态特性曲线来表示。主要表现为以下三点:

(1)在工作高度范围内,受电弓的静态接触压力变化不大。这是因为产生接触压力的升弓弹簧在升弓高度变化时变形不大和弧形调整板的作用所致。

(2)受电弓上升过程与下降过程的静态特性曲线不重合。其原因是受电弓活动关节存在着摩擦力。由于该摩擦力始终与运动方向相反,因此,在升、降弓过程的静态特性曲线之间的接触压力差约为两倍的摩擦力。当接触网导线向下倾斜而要求弓头滑板跟随下降时,该摩擦力使接触压力增加;同理,当接触网导线向上倾斜而要求弓头滑板跟随上升时,该摩擦力使接触压力减小。所以,为了减小摩擦力,在受电弓的各铰接部分均装有滚动轴承。

(3)调整弧形调整板的倾角,可以改变受电弓静态接触压力的大小。倾角减小,静态特性曲线的下端左移;反之,则右移。

五、维护与调整

1. 维护

使用前,应检查所有的紧固件状态是否良好;软编织导线是否完整,有断股严重的应及时更换;绝缘子不允许有裂痕,并应保持其干净清洁;弓头滑板应保持平整,连接平滑,对已磨耗到极限的滑板和润滑剂应及时更换。

2. 调整

调整必须由两个人来进行(一人在司机室,另一人在车顶部)。在进行调整工作之前,受电弓应进行两三次升弓和降弓操作。使用专用的受电弓试验台或用测量范围在 0~100 N 的弹簧秤进行测试。

1)静态接触压力的调整

一般调整时,在受电弓弓头上加挂一 90 N 的重物,正常情况下,弓头在任意工作高度上应能停留。若弓头在工作高度的上限段不能停留,则应调整升弓弹簧调节螺钉,即改变升弓弹簧的变形量,加大或减小升弓力;然后检查弓头在工作高度的下限段,若弓头在工作高度的下限段不能停留,则调整倾角调节螺栓,改变弧形调整板的倾角,也就是通过改变升弓弹簧组的工作高度之间的变形量来使其满足要求。

上述只是粗略进行调整,精细地对静态接触压力的调整必须采用专用的试验台进行。

2)升、降弓时间的调整

升、降弓时间是指在额定工作气压下,以落弓位滑板的顶部为参考点,受电弓由 0 mm 升

到 1 800 mm 或由 1 800 mm 降到 0 mm 所需要的时间。

一般先调升弓时间，调整节流阀调节螺钉，通过改变节流阀口大小就可初步调整升弓时间；然后再调整快排阀调节螺钉，通过调节快排阀弹簧的压缩量，改变快排的时间长短，从而调整降弓时间。这种调试过程要反复进行多次，相互兼顾，以便满足受电弓的升、降弓时间和先快后慢的动作要求。

3）弓头的调整

受电弓弓头的调整包括弓头平衡的调整和弹簧盒的调整。检查弓头在工作范围内任一高度的前后摆动量，若不为水平对称，则应调整平衡杆，通过改变平衡杆的长度，保持弓头滑板面的水平。弓头弹簧盒内装有弹簧盒杆和弓头弹簧。弹簧盒杆应上下活动自如，无阻滞现象，否则应对弓头进行详细的检查，找出影响盒杆运动的原因。因为弓头受到来自接触网的冲击，常伴随有弓头的变形，所以此项调整较为复杂。

技能训练

扫一扫

高压隔离开关检查

训练　高压隔离开关拆装、检测与调试

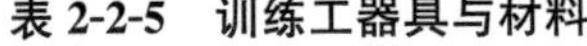

一、训练目的

（1）熟悉高压隔离开关的检修工艺流程、工艺要求及质量标准。

（2）能对常见故障进行正确检修。

（3）掌握高压隔离开关的校验和调整方法。

二、训练工器具与材料（见表 2-2-5）

表 2-2-5　训练工器具与材料

序　号	工器具名称	单　位	数　量	备　注
1	高压隔离开关试验台	台	1	
2	耐压试验台	台	1	
3	回路电阻测试仪	台	1	
4	万用表	块	1	
5	轴用卡簧钳	把	1	
6	力矩套筒扳手	把	1	
7	棘轮扳手	把	1	
8	开口扳手	把	1	
9	内六角扳手	套	1	
10	游标卡尺	把	1	
11	塞尺	把	1	
12	剥线钳	把	1	
13	压线钳	把	1	

续上表

序 号	工器具名称	单 位	数 量	备 注
14	剪线钳	把	1	
15	注射器	个	1	
16	白布	块	1	
17	酒精	瓶	1	
18	中性清洁剂	瓶	1	
19	AVENTICS 气动油脂	支	1	
20	乐泰 8104 有机硅润滑脂	瓶	1	
21	Molykote G-n Plus Paste 油膏	支	1	

三、训练内容

1. 熟悉高压隔离开关各项参数

高压隔离开关的技术参数见表 2-2-6。

表 2-2-6　高压隔离开关的技术参数

尺寸(长×宽×高)	800 mm×316 mm×544 mm
额定电压	30 kV
额定电流	500 A
额定频率	50 Hz
短时耐受电流	16 kA/1 s
控制电压	DC 110 V
最小动作电压	DC 77 V
额定工作气压	400 kPa～1 000 kPa
最小动作气压	350 kPa
切断闸刀旋转角	58°±2°
机械寿命	20 000 次
质量	约 50 kg
底板接口	4×ϕ14
温度	－40～＋70℃
安装尺寸	600 mm×224 mm
气路接口	G3/8 内螺纹

2. 熟悉高压隔离开关相关力矩

高压隔离开关相关力矩参照见表 2-2-7。

表 2-2-7　高压隔离开关相关力矩

螺纹公称尺寸	拧紧转矩/(N·m)	扳手尺寸/mm
M12	74(绝缘子处)	19
M12	55(凸轮处)	19

续上表

螺纹公称尺寸	拧紧转矩/(N·m)	扳手尺寸/mm
M10	32	17
M8	16	13
M6	12	10

3. 操作流程

(1)清洁:用干燥压缩空气吹扫灰尘后用白布、温水调和中性洗涤剂将高压隔离开关表面擦拭干净。

(2)目视检查绝缘子表面,单个缺陷面积大于 25 mm^2,深度大于 1 mm,应更换绝缘子。

(3)检查安装螺钉。应安装牢固、无松动,防缓件齐全。

(4)检查连接线。应安装牢固、无松动,防缓件齐全。

(5)将隔离闸刀打开,测量静触头及固定块与闸刀接触处厚度≥20.5 mm;闸刀与静触头接触处厚度≥5.5 mm;将闸刀置于闭合位,闸刀和静触头的接触长度≥20 mm;将闸刀置于打开位,闸刀和闸刀座接触长度≥25 mm。

(6)辅助联锁的检查(质量安全风险点):

①辅助联锁各零部件须齐全完整,动作灵活可靠,滚轮与滚轮架侧边不允许有摩擦。

②触头的接触电阻值不大于 200 mΩ,否则应更换。

③有严重电蚀或动作不灵活现象的须更换整个联锁触头盒。

④图 2-2-12 为凸轮与辅助联锁示意图。闸刀闭合状态下,辅助联锁在自由状态时,触头滑轮与凸轮间隙≥0.5 mm;触头压缩分断时触头滚轮距触头盒底平面的间隙为 13～15 mm。检查辅助联锁触头,如果触头磨损 1.5 mm 或更少,必须更换。

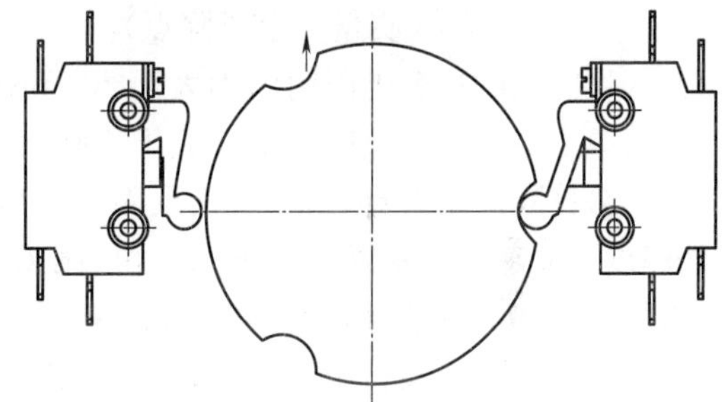

图 2-2-12　凸轮与辅助联锁示意图

(7)测试主电路接触电阻,电阻值应不大于 400 μΩ。

(8)解体:

①辅助联锁拆解(必要时):用 4 mm 内六角

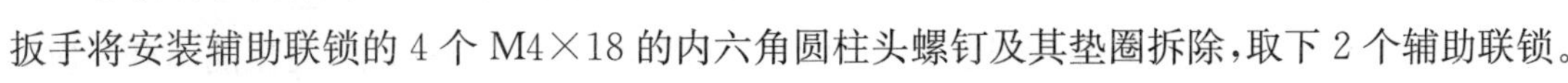

扳手将安装辅助联锁的 4 个 M4×18 的内六角圆柱头螺钉及其垫圈拆除,取下 2 个辅助联锁。

②拉杆与操纵杆解体:

a. 用 30 mm、24 mm 开口扳手将操纵杆的安装固定螺栓进行拆解。

b. 拆解风缸风管路连接。

c. 用开口扳手拆解风缸安装固定螺栓,取下风缸组成。

③气缸解体:用 17 mm 开口扳手将安装传动气缸的 4 个 M10×30 的六角螺栓及其垫圈、螺母拆卸,取下传动气缸。

(9)气缸清洁润滑:

①更新气缸内密封圈。

②用蘸有酒精的白布擦洗气缸内壁,并用高压干燥风进行吹扫,全部气缸内无杂物。

③用 AVENTICS 气动油脂围绕气缸内壁涂抹一圈,注油量为 10 g,油可自然流下,并来回动作活塞 10 次,使其内壁充分润滑。

(10)组装:

①气缸组装。用 17 mm 开口扳手将安装传动气缸的 4 个 M10×30 的六角螺栓及其垫圈、螺母进行组装。

②拉杆与操纵杆组装:

a. 用 30 mm、24 mm 开口扳手将操纵杆的安装固定螺栓进行组装。

b. 组装风缸风管路连接。

c. 在轴衬的内孔和拉杆表面均匀涂抹低温润滑脂后套入检查,来回滑动灵活无阻滞。

(11)传动机构:检查气缸和电磁阀是否动作正常,动作不正常的必须更换。电磁阀线圈电阻值为(2 015±142)Ω(20℃)。检查含油轴衬对拉杆动作是否有阻碍,拉杆动作卡滞需更换轴衬。

(12)清洁接触闸刀和隔离开关的连接处并紧固,同时要涂一些油脂。这些操作应在机车与电网断开并且整个回路接地的安全前提下进行。用乐泰 8104 硅脂来润滑滑动套筒,用 Molykote G-n Plus Paste 油膏来润滑簧片。

(13)调压阀检修:

①在通气时,拧开调压阀的翼形螺钉(PA)充分排放积水。

②气流停止,重新拧紧调压阀的翼形螺钉(PA)不允许有漏气。

(14)气密性试验。气缸及电磁阀动作正常,对气动部分进行气密性性能试验。充以 600 kPa 气压,再切断气源,10 min 后气压下降不大于 150 kPa。

4. 测量、试验(质量安全风险点)

(1)触头的接触电阻阻值不大于 200 mΩ。

(2)主电路接触电阻阻值不大于 400 μΩ。

(3)将隔离闸刀打开,静触头及固定块与闸刀接触处厚度≥20.5 mm;闸刀与静触头接触处厚度≥5.5 mm;将闸刀置于闭合位,闸刀和静触头的接触长度≥20 mm;将闸刀置于打开位,闸刀和闸刀座接触长度≥25 mm。

(4)辅助联锁在自由状态时,触头滑轮与凸轮间隙≥0.5 mm;触头压缩分断时触头滚轮距触头盒底平面的间隙为 13~15 mm。

(5)用万用表测量电磁阀线圈电阻值为(2 015±142)Ω(20℃)。

(6)动作性能试验:

①最低动作气压试验。在控制电压为 110 V、气压为 350 kPa 条件下,高压隔离开关应能可靠分合动作,无异常现象。

②最低动作电压试验。在控制电压为 77 V、气压为 1 000 kPa 条件下,高压隔离开关应能可靠分合动作,无异常现象。

③动作稳定性能试验。在控制电压为 110 V、控制气压分别为 400 kPa、600 kPa、1 000 kPa 条件下,高压隔离开关应能可靠分合动作 20 个循环,无异常现象。

(7)气密性试验。对气动部分进行气密性能试验,对气动部分充以 600 kPa 气压后切断气源。保压 10 min 后,泄漏量≤150 kPa。

(8)耐压试验:

①控制电路对地 1.125 kV/min,无击穿和闪络现象。

②主电路对地 56 kV/min,无击穿和闪络现象。

5. 技术安全及注意事项

(1)易燃品应存放好,工作场地严禁烟火。

(2)使用仪器与设备时,实验人员应熟悉其性能,否则不能使用。

(3)在对高压隔离开关或其他车顶设备进行任何工作之前,必须确保机车没有在有电接触网之下。如有可能,应在没有接触网的情况下进行维护和修理。

四、考核评价

考核评价表见表 2-2-8。

表 2-2-8 考核评价表(工时:3 h)

项目内容	配 分	评分标准	扣 分	得 分
高压隔离开关拆卸	15 分	(1)拆卸步骤、方法不正确,每处扣 3 分。 (2)未全部解体,扣 5 分。 (3)零件丢失,每件扣 3 分。 (4)使用工具不正确,每次扣 3 分		
高压隔离开关部件检查	15 分	(1)辅助联锁及触头未检查好坏,每处扣 3 分。 (2)传动机构未检查好坏,每处扣 3 分。 (3)气缸未清洁、润滑,扣 3 分。 (4)调压阀和气密性试验未完成,每处扣 3 分。 (5)检修工具选取、使用不正确,每次扣 3 分		
高压隔离开关装配	25 分	(1)装配步骤、方法不正确,每处扣 3 分。 (2)零件丢失,每件扣 3 分。 (3)装配后零件缺失,每处扣 3 分。 (4)使用工具不正确,每次扣 3 分		
高压隔离开关调试	35 分	(1)不能正确使用工具、仪表进行调试,扣 3 分。 (2)接触电阻不符合工艺要求,每处扣 3 分。 (3)接触行程达不到要求,每处扣 5 分。 (4)接触片的夹紧力不符合工艺要求,每处扣 3 分。 (5)电磁阀线圈电阻值测量错误,扣 3 分。 (6)动作性能未测试或测试错误,每项扣 3 分。 (7)气密性未测试或测试错误,每项扣 3 分。 (8)耐压未测试或测试错误,每项扣 3 分		
安全文明生产	10 分	(1)违反安全操作者扣 10 分,发生事故者取消考核资格。 (2)工具仪表乱丢、乱放扣 5 分,损坏仪表扣 10 分。 (3)考核结束场地不清洁扣 5 分		

测评题

一、单选题

1. 隔离开关不可以拉、合(　　)电路。

(A)电压互感器　　(B)电流互感器　　(C)避雷器

2. 断路器的额定电流决定了断路器的(　　)。

(A)绝缘水平　　(B)允许通过的最大工作电流
(C)灭弧能力

3. 电弧电流的本质是(　　)。
(A)原子导电　　(B)分子导电　　(C)离子导电

4. 相与地之间通过金属导体、电弧或其他较小阻抗连接而形成的短路称为(　　)。
(A)单相短路　　(B)两相短路　　(C)三相短路

5. 对断路器的正常维护包括(　　)等。
(A)对操动机构的检修　　(B)对控制回路的检查
(C)对不带电部分的定期清扫

6. 断路器用于在故障情况下,在继电保护装置的作用下(　　)。
(A)发出故障信号　　(B)迅速断开电路
(C)不切断电路　　(D)限制故障电流的大小

7. 目前我国电气化铁路的牵引供电制式采用(　　)交流制。
(A)单相工频(25 kV,50 Hz)　　(B)单相工频(25 kV,60 Hz)
(C)三相工频(2.5 kV,50 Hz)　　(D)三相工频(2.5 kV,60 Hz)

二、多选题

1. 交流电路中,电弧电流瞬时过零时电弧消失,此后若触点间(　　),则电弧将重燃。
(A)介质击穿电压＜恢复电压　　(B)介质击穿电压＝恢复电压
(C)介质击穿电压＞恢复电压　　(D)以上答案皆不对

2. 电路中的负荷为(　　)时,恢复电压不等于电源电压,不利于电弧熄灭。
(A)电阻性负载　　(B)电感性负载
(C)电容性负载　　(D)电阻性负载和电感性负载

3. 在电力系统中,进行无功补偿可提高功率因数,起到(　　)的作用。
(A)延长设备使用寿命　　(B)降低线损
(C)节约电能　　(D)提高设备利用效率

4. 断路器的操作机构是用来控制断路器(　　)的设备。
(A)分闸　　(B)合闸　　(C)维持分闸状态　　(D)维持合闸状态

5. 电气设备的状态可分为(　　)。
(A)运行　　(B)试验　　(C)备用　　(D)检修

6. 时速350公里中国标准动车组高压系统中,下列属于车顶设备器件的是(　　)。
(A)受电弓　　(B)避雷器　　(C)接地开关　　(D)支撑绝缘子

7. 时速350公里中国标准动车组采用的受电弓是(　　)。
(A)CX-GI型　　(B)TSG3-630/25型
(C)DSA200型　　(D)DSA380型

三、判断题

(　　)1. 负荷开关有灭弧装置,可以切断短路电流。

(　　)2. 隔离开关只能分断额定电流,不能分断短路电流。

(　　)3. 合格的高压开关柜必须具有“五防”功能。

(　　)4. 真空断路器可以频繁操作。

(　　)5. 断路器的分闸时间越短越好。

(　　)6. 受电弓基本要求是滑板与接触导线接触可靠，磨耗小，升、降弓时不产生过分冲击，运行中受电弓动作轻巧、平稳、动态稳定性好。

模块三

常用电气控制电路的设计、安装与调试

项目一　常用继电电气控制电路设计、安装与调试

学习目标

<table>
<tr><td>应知</td><td>1. 了解低压电器设备的结构、工作原理。
2. 能根据电路控制要求进行电路的分析和设计，掌握电路的安装工艺要求。
3. 掌握电气控制线路调试与检修方法。</td></tr>
<tr><td>应会</td><td>1. 能按图纸、工艺要求、安全规范和设备要求，安装元器件，按图接线，实现控制电路的正确连接。
2. 能按照安全操作规程正确通电试车。
3. 能根据故障现象和电气原理图，分析故障范围，查找故障点，最终排除故障。</td></tr>
</table>

建议学时

理论教学 6 学时，技能训练 14 学时。

知识导入

知识点一　继电电气控制电路设计知识

一、电气控制电路设计的一般原则

1. 设计方案合理

设计的电气控制电路应能满足生产机械和生产工艺对电气控制系统的要求，具有安全、可靠、维护方便的特点。在满足控制要求的前提下，设计方案应力求简单、经济、便于操作和维修，不要盲目追求高指标和自动化。设计的电气控制电路一般人员经过短期培训就能掌握操作，能进行维修。

2. 有工程实践观念

设计出的电气控制系统所采用的元器件应为标准化、系列化的产品，不用或少用非标准化、非系列化产品。若采用非标准化、非系列化产品，应是结构简单、设计制造较容易的元器件。此外，所用元器件应便于安装和调整，还应注意经济性。正确、合理地选用元器件，严禁使用国家已明令禁止和淘汰的产品，应优先选用技术先进的新产品，确保使用安全。尽量缩短连

接导线的数量和长度。设计控制线路时,应考虑各个元件之间的实际接线,特别注意控制柜、操作台和按钮、限位开关等元件之间的连接线,如按钮一般均安装在控制柜或操作台上,而接触器则安装在控制柜内。

3. 机械设计与电气设计应相互配合

一项电气控制系统的设计,应根据机电一体化工程项目提出的技术要求、工艺要求,拟订总体技术方案,并与机械结构设计协调,才能开始进行设计工作。设计的先进性和实用性,是由机电设备的结构性能及其电气自动化程度共同决定的。

4. 确保控制系统安全可靠地工作

5. 设计时,应以行业技术设计规范或国家标准技术设计规范为依据

二、电气控制系统设计的一般程序

(1)拟订电气设计任务书。

(2)选择电力拖动方案与控制方式。

(3)选择电动机。

(4)选择控制方式。

(5)设计电气控制原理图。

(6)设计电气施工图。

(7)设计电气工艺。

(8)编写设计说明书。

三、电气控制电路设计的基本方法

1. 经验设计法

经验设计法就是根据生产工艺要求直接设计出控制电路。基本步骤如下:

(1)主电路设计。

(2)辅助电路设计。

(3)反复审核电路是否满足设计原则。

2. 逻辑分析设计法

逻辑分析设计法是根据生产工艺的要求,利用逻辑代数来分析、化简、设计线路的方法。基本步骤如下:

(1)将电气控制系统的工作过程及控制要求用文字的形式叙述出来,或以图形的方式示意清楚。

(2)根据电气控制系统的工作过程及控制要求绘制逻辑关系图。

(3)写出各运算元件和执行元件的逻辑表达式。

(4)根据各运算元件和执行元件的逻辑表达式绘制电气控制线路图。

(5)检查并进一步完善设计线路。

四、电气线路设计图的绘制原则

电气线路设计图是一种统一的工程语言,采用统一的图形符号和文字符号来表达电气设备控制系统的组成结构、工作原理及安装、调试和检修等技术要求。一般包括电气原理图、电气布

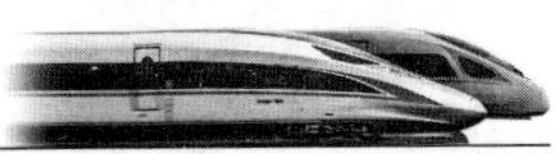

置图和电气接线图。

1. 电气原理图

电气原理图是采用图形符号和项目代号并按工作顺序排列，详细表明设备或成套装置的组成和连接关系及电气工作原理，而不考虑其实际位置的一种简图。电气原理图一般由主电路、控制电路、辅助电路、保护及联锁环节、特殊控制电路等部分组成，如图 3-1-1 所示。

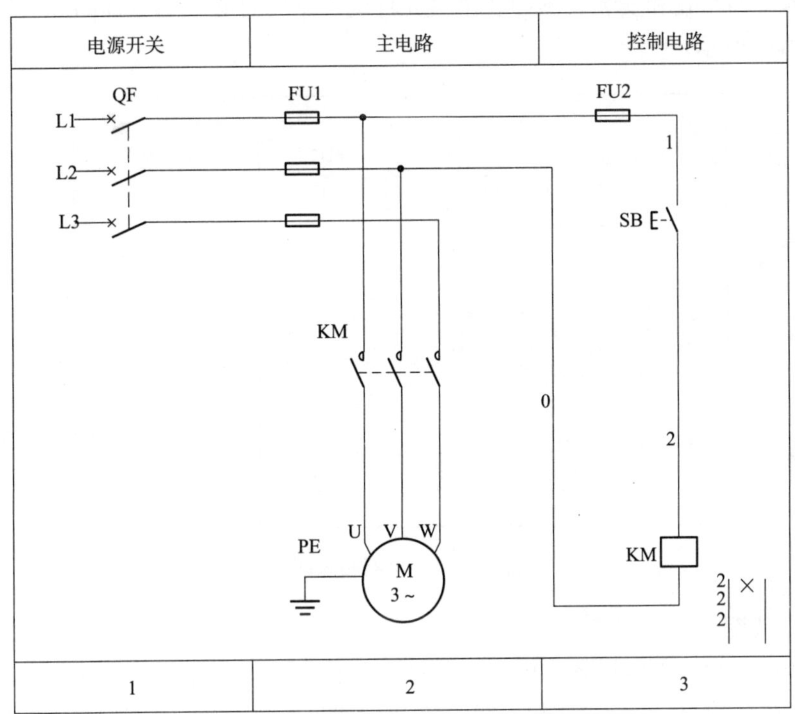

图 3-1-1　电动机控制电路电气原理图

其绘图原则可以概括为：

(1)通常习惯将主电路放在电路图的左边(或上部)，而将控制电路放在右边(或下部)。

(2)主电路(动力电路)中电源电路水平绘制，受电的动力设备(如电动机等)及其他保护电器支路，应垂直于电源电路绘制。

(3)控制和辅助电路应垂直绘于两条水平电源线之间，耗能元件(如接触器线圈、电磁铁线圈、信号灯等)应直接连接在接地或下方的水平电源线上，各种控制触点连接在上方水平线与耗能元件之间。

(4)在电路图中，各个电器并不按照它实际的布置情况绘制，而是采用同一电器的各部件分别绘在它们完成作用的地方。

(5)无论是主电路还是控制电路，各元件一般按照动作顺序自上而下、从左到右依次排列。

(6)为区别控制线路中各电器的类型和作用，每个电器及它们的部件用规定的图形符号表示，且每个电器都有一个文字符号，属于同一个电器的各个部件(如接触器的线圈和触点)都用同一个文字符号表示。而作用相同的电器用规定的文字符号加数字序号表示。

(7)因为各个电器在不同的工作阶段分别做不同的动作，触点时闭时开，而在电路图内只能表示一种情况。因此，规定所有电器的触点均表示成在(线圈)没有通电或机械外力未作用时的位置;对于接触器和电磁式继电器为电磁铁未吸合的位置;对于行程开关、按钮等则为未压合的位置。

2. 电器布置图

布置图是根据电气元件在控制板上的实际安装位置,采用简化的外形符号(如正方形、矩形等)而绘制的一种简图。它不表达各电气元件的具体结构、作用、接线情况以及工作原理,主要用于电气元件的布置和安装。图中各电气元件的文字符号必须与原理图和接线图的标志相一致,如图 3-1-2 所示。

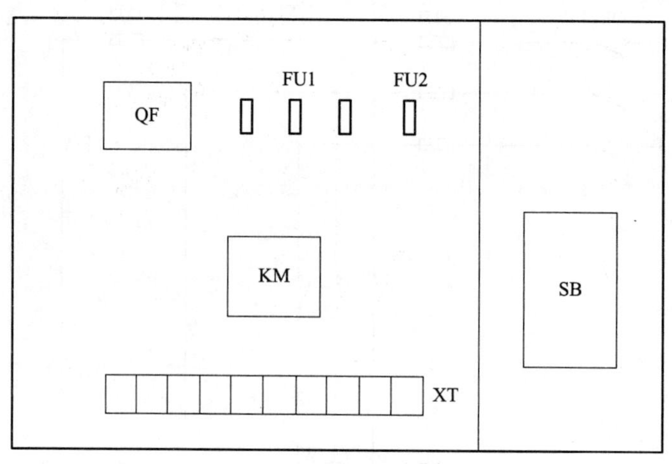

图 3-1-2 电器布置图

3. 电气接线图

电气接线图是根据电气设备和电气元件的实际位置和安装情况绘制的,只用来表示电气设备和电气元件的位置、配线方式和接线方式,而不明显表示电气动作原理,主要用于安装接线、电路的检查维修和故障处理,如图 3-1-3 所示。

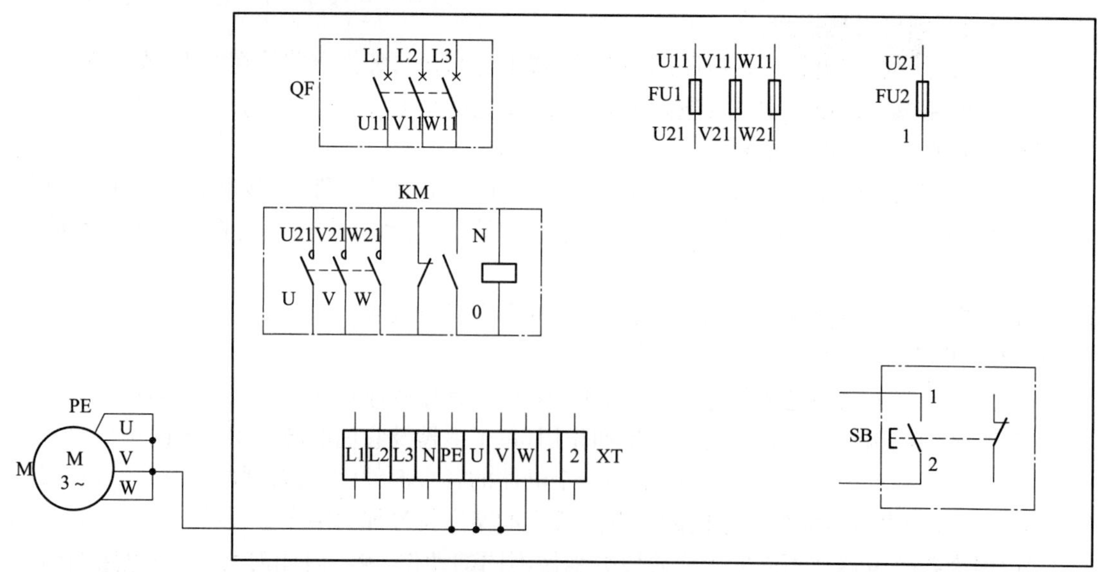

图 3-1-3 电气接线图

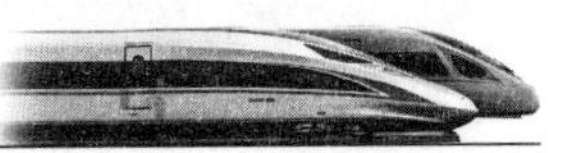

知识点二　时间控制电路

一、时间继电器

时间继电器是一种利用电磁原理或机械动作实现触点延时接通或断开的自动控制电器。根据触点延时的特点，可以分为通电延时和断电延时两种。通电延时是指时间继电器的电磁线圈通电后，其触点延时动作；断电延时是指电磁线圈断电后，其触点延时复位。时间继电器种类很多，常用的有空气阻尼式、电磁式、电动式和电子式等。

空气阻尼式时间继电器由电磁机构、延时机构、触点系统三部分组成。它的动作时间由空气通过小孔节流的原理来控制。

电子式时间继电器采用晶体管或集成电路和电子元器件等构成。电子式时间继电器具有体积小、质量小、延时精度高、延时范围广、抗干扰性强、可靠性好、寿命长等特点，适用于各种高精度、高可靠性的自动控制场合。

1. 外形、符号

时间继电器外形如图 3-1-4 所示，文字符号为 KT，图形符号如图 3-1-5 所示。

（a）电子式时间继电器

（b）空气阻尼式时间继电器

图 3-1-4　时间继电器外形

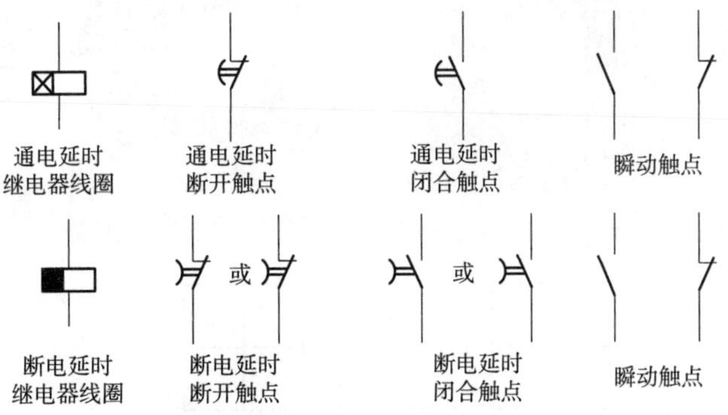

图 3-1-5　时间继电器的图形符号

2. 电子式时间继电器接线

图 3-1-6 是电子式时间继电器接线示意图,其中②和⑦为电源输入端,①和④、⑧和⑤为动断触点,①和③、⑧和⑥为动合触点。电子式时间继电器需配底座使用,底座如图 3-1-7 所示。

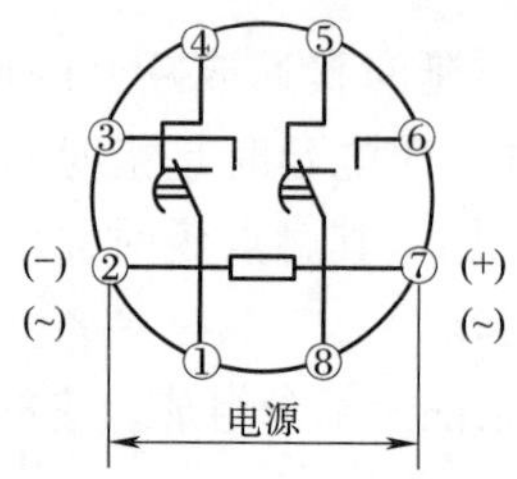

图 3-1-6 电子式时间继电器接线示意图

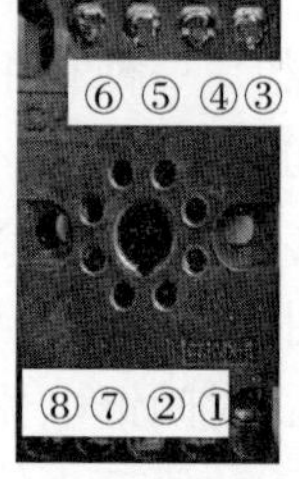

图 3-1-7 电子式时间继电器底座

3. 电子式时间继电器时间整定

例如,要定时 6 s,则按照图 3-1-8 所示步骤进行时间整定。

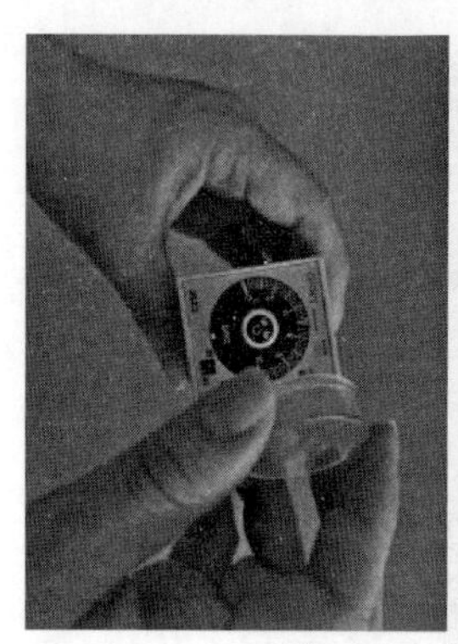
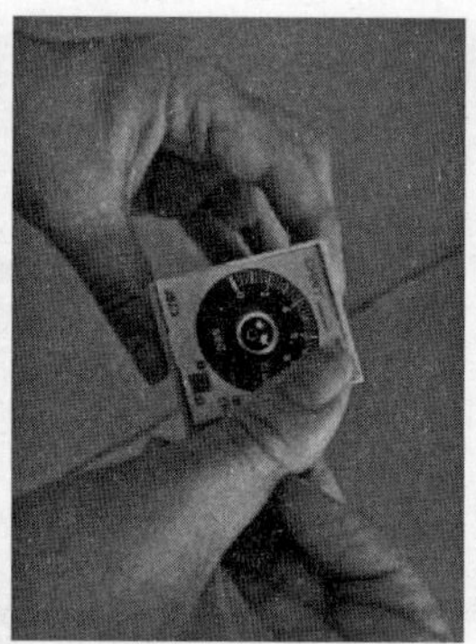

图 3-1-8 时间继电器的时间整定

不同时间范围内所对应的拨码开关位置及时间刻度片如图 3-1-9 所示。

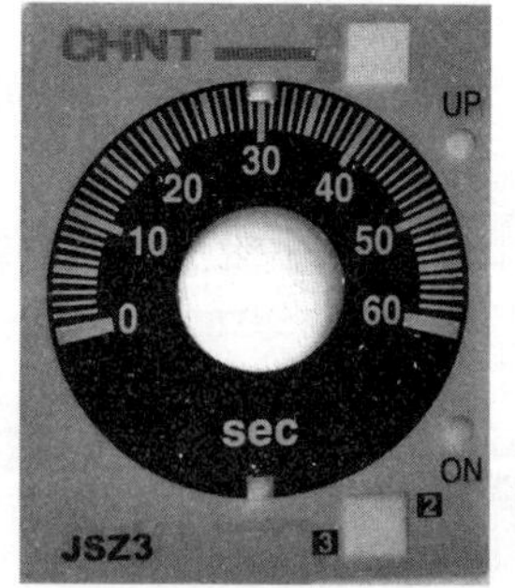

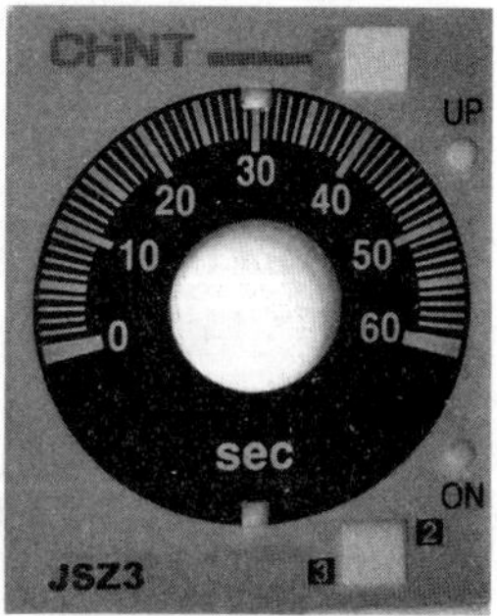

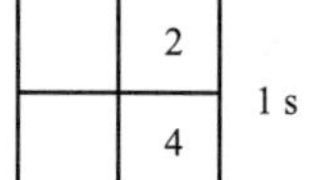

1 s

1	
	4

10 s

	2
3	

60 s

1	
3	

6 min

图 3-1-9 时间继电器的时间范围调整

二、识读电气系统图

1. 电气原理图

电动机的延时起动控制电路电气原理图如图 3-1-10 所示。

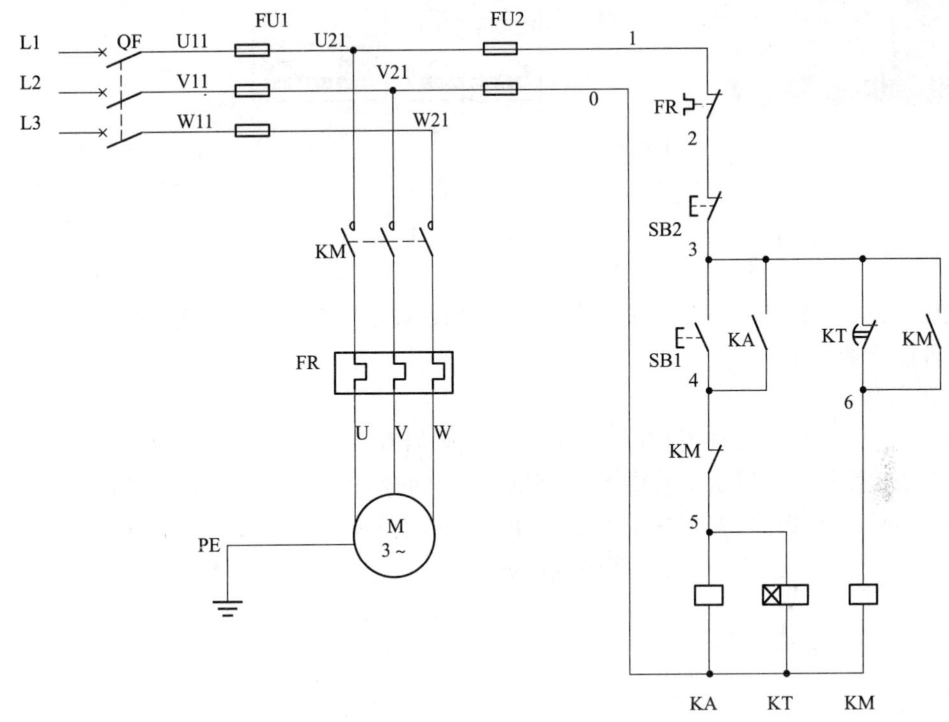

图 3-1 10　电动机的延时起动控制电路电气原理图

2. 线路的工作原理

起动时，按下起动按钮 SB1，KA、KT 线圈得电，KA 动合触点闭合，KT 整定时间到，KT 延时动合触点闭合，KM 线圈得电，KM 动合主触点闭合，KM 动合辅助触点闭合，电动机 M 延时起动，并连续运行。按下停止按钮 SB2，电动机 M 停止运行。

知识点三　行程控制电路

一、行程开关

行程开关又称位置开关或限位开关。它的作用与按钮相同，只是其触点的动作不是靠手动操作，而是利用生产机械某些运动部件上的挡铁碰撞其滚轮使触点动作来实现接通或分断电路的。

行程开关的结构分为 3 部分：操作机构、触点系统和外壳。行程开关的外形、结构示意图如图 3-1-11 所示，图形符号如图 3-1-12 所示。

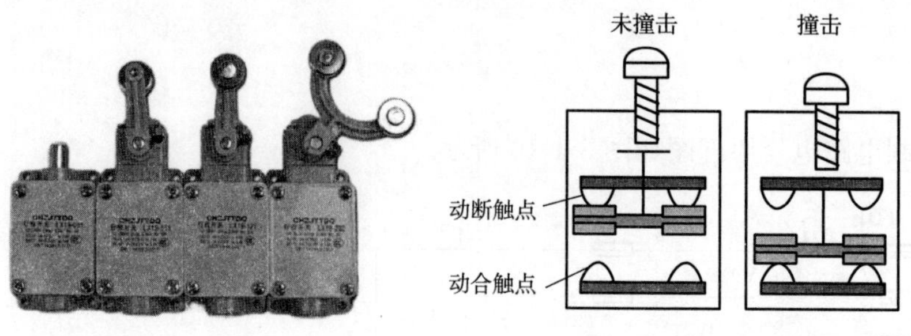

图 3-1-11　行程开关的外形、结构示意图

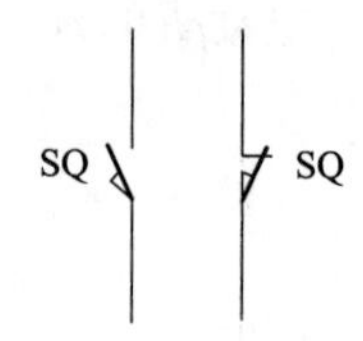

图 3-1-12　行程开关的图形符号

二、识读电气系统图

机械设备中如铣床和磨床的工作台、高炉的加料设备等都需要在一定距离内能自动往返，以使工件能连续加工。

1. 电气原理图

用行程开关进行自动往返控制，是在按钮-接触器双重联锁控制电路的基础上，增加 4 个行程开关，如图 3-1-13 所示。其中 SQ1、SQ2 使用动合、动断触点，用来发出到位返回信号；SQ3、SQ4 使用动断触点，安装在运动部件两个方向的极限位置上，进行限位保护，只在 SQ1、SQ2 失去作用，造成电路失控时才起限位保护作用。

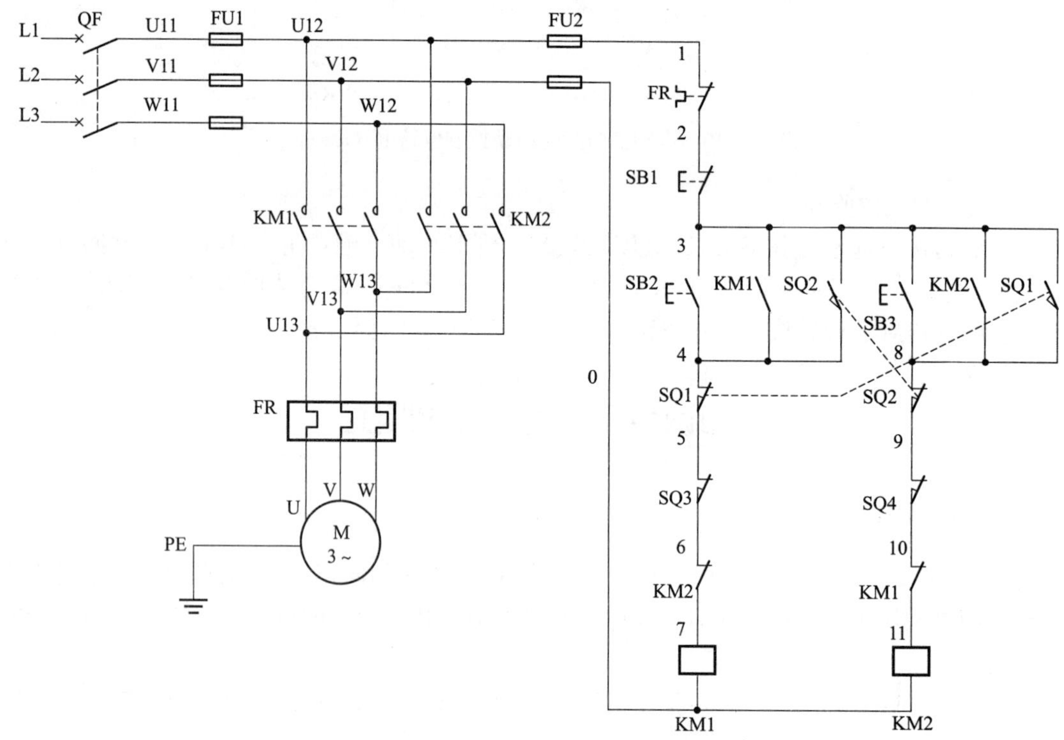

图 3-1-13　工作台自动往返控制电路

2. 线路的工作原理

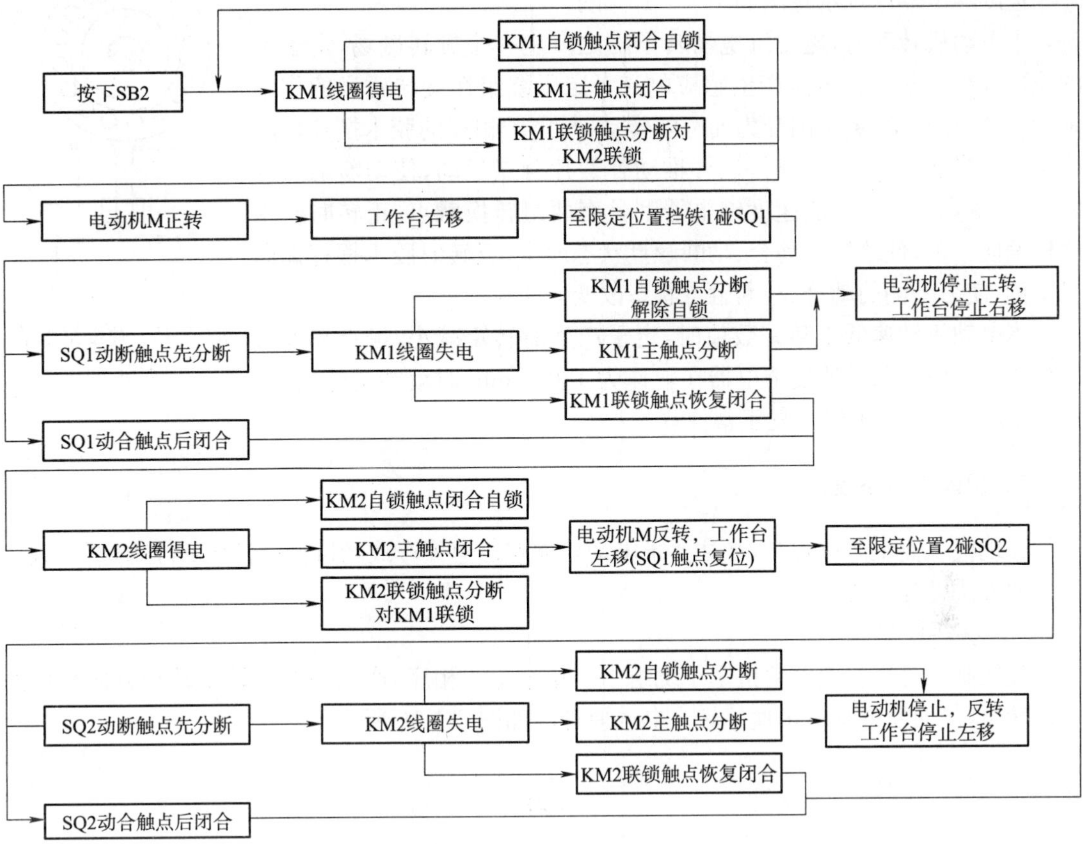

按下SB2 → KM1线圈得电 → KM1自锁触点闭合自锁；KM1主触点闭合；KM1联锁触点分断对KM2联锁

→ 电动机M正转 → 工作台右移 → 至限定位置挡铁1碰SQ1

→ SQ1动断触点先分断 → KM1线圈失电 → KM1自锁触点分断解除自锁；KM1主触点分断 → 电动机停止正转，工作台停止右移；KM1联锁触点恢复闭合

→ SQ1动合触点后闭合

→ KM2线圈得电 → KM2自锁触点闭合自锁；KM2主触点闭合；KM2联锁触点分断对KM1联锁 → 电动机M反转，工作台左移(SQ1触点复位) → 至限定位置2碰SQ2

→ SQ2动断触点先分断 → KM2线圈失电 → KM2自锁触点分断；KM2主触点分断 → 电动机停止，反转工作台停止左移；KM2联锁触点恢复闭合

→ SQ2动合触点后闭合 →（返回KM1线圈得电）

知识点四　速度控制电路

一、速度继电器

速度继电器是利用转轴的转速来切换电路的自动电器，它主要用作笼型异步电动机的反接制动控制中，故又称反接制动继电器。

1. 外形、结构及符号

速度继电器主要由定子、转子和触点 3 部分组成。速度继电器的转子是一个圆柱形永久磁铁，转子的轴与电动机的轴通过联轴器相连，随电动机旋转而旋转。定子是一个笼形空心圆环，由硅钢片叠成，并装有笼形绕组。其外形、结构及图形符号如图 3-1-14 所示。

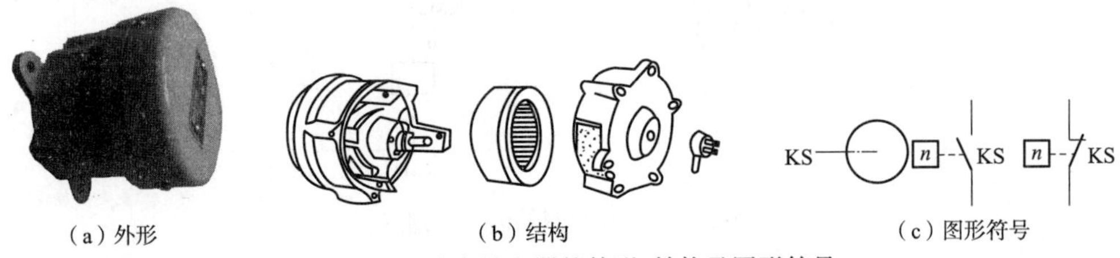

（a）外形　（b）结构　（c）图形符号

图 3-1-14　速度继电器的外形、结构及图形符号

2. 速度继电器的工作原理

速度继电器原理示意图如图 3-1-15 所示。

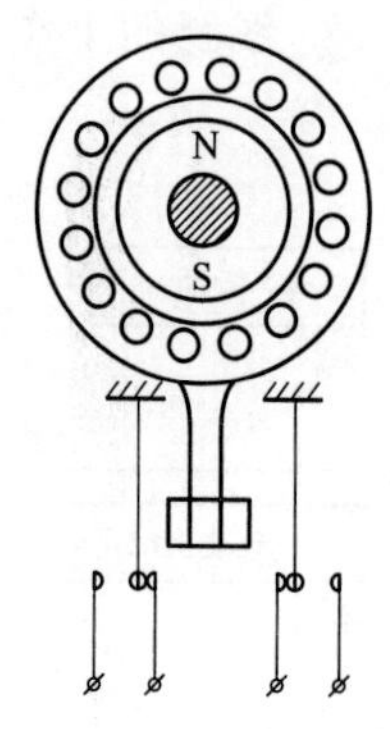

图 3-1-15　速度继电器原理示意图

当电动机转动时,速度继电器转子随之产生一个旋转磁场,定子中的笼形绕组切割磁感线而产生感应电流。定子绕组在旋转磁场的作用下,产生电磁转矩,定子因受力而跟随转动,与定子相连的胶木摆杆也随之偏转。当达到一定转速时,摆杆推动弹簧片触点运动,使动断触点分断,动合触点闭合。一般速度继电器都具有两组转换触点,正转时胶木摆杆偏向一侧,使该侧的动合、动断触点状态改变,反转时胶木摆杆偏向另一侧,使另一侧的动合、动断触点状态改变。

当电动机转速低于某一数值时,定子产生的转矩减小,触点在弹簧片作用下复位。通常速度继电器在转速为 120 r/min 时就能动作,转速约在 100 r/min 以下时恢复正常位置。

二、识读电气系统图

在现代工业生产过程中,往往要求电动机能够迅速停车或者机械设备能够准确定位,因此制动的方法尤为重要。

1. 电路原理图

反接制动是靠改变电动机定子绕组中三相电源的相序,产生一个与转子转动方向相反的电磁转矩,从而使电动机迅速停转。电气原理图如图 3-1-16 所示。

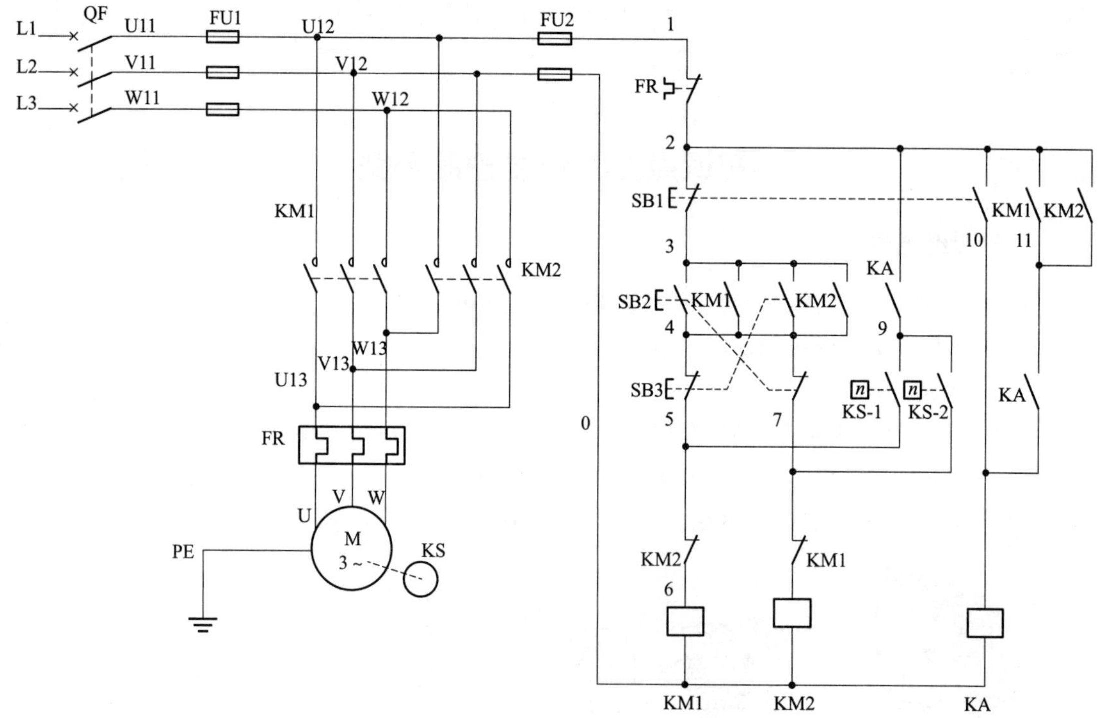

图 3-1-16　反接制动电气原理图

2. 线路工作原理(以正转为例,反转时的反接制动可以参照正转分析)

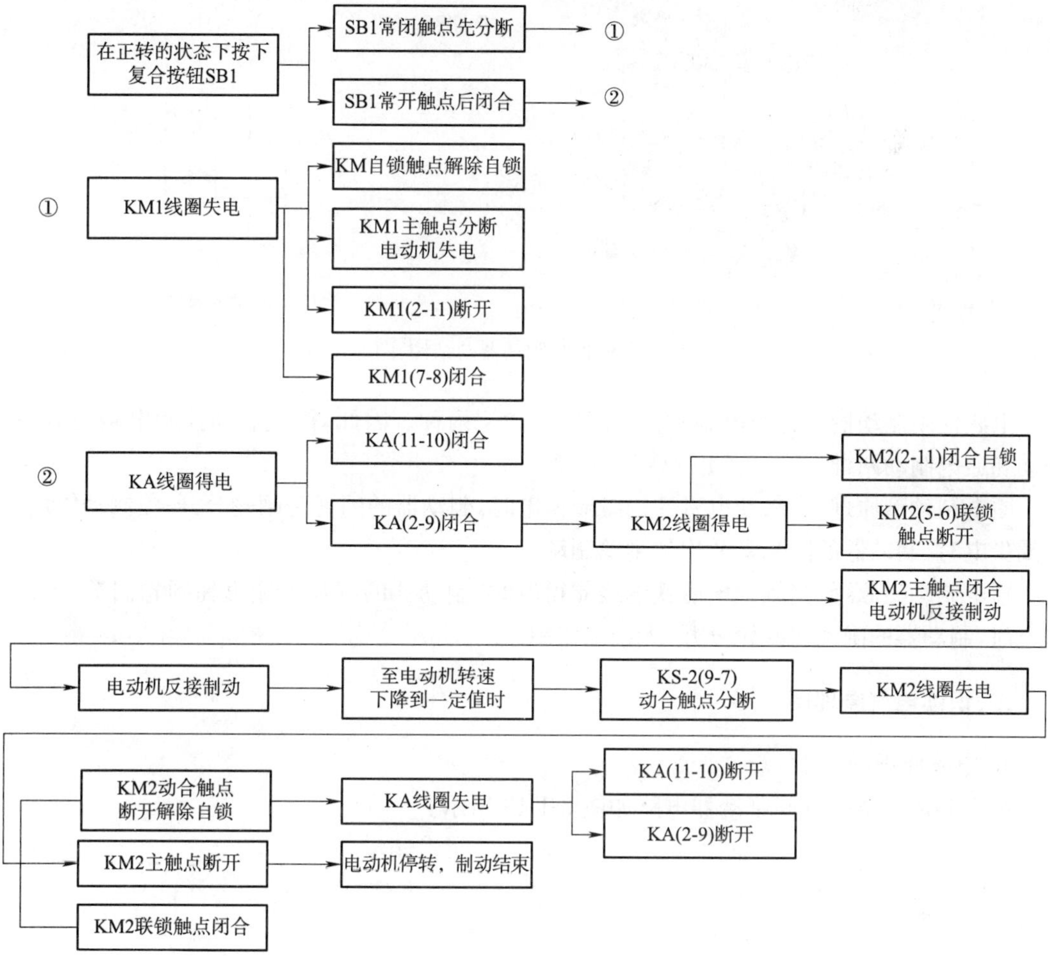

在正转的状态下按下复合按钮SB1 → SB1常闭触点先分断 → ①
　　　　　　　　　　　　　　　→ SB1常开触点后闭合 → ②

① KM1线圈失电 → KM自锁触点解除自锁
　　　　　　　→ KM1主触点分断 电动机失电
　　　　　　　→ KM1(2-11)断开
　　　　　　　→ KM1(7-8)闭合

② KA线圈得电 → KA(11-10)闭合
　　　　　　　→ KA(2-9)闭合 → KM2线圈得电 → KM2(2-11)闭合自锁
　　　　　　　　　　　　　　　　　　　　　 → KM2(5-6)联锁触点断开
　　　　　　　　　　　　　　　　　　　　　 → KM2主触点闭合 电动机反接制动

→ 电动机反接制动 → 至电动机转速下降到一定值时 → KS-2(9-7)动合触点分断 → KM2线圈失电

→ KM2动合触点断开解除自锁 → KA线圈失电 → KA(11-10)断开
　　　　　　　　　　　　　　　　　　　　→ KA(2-9)断开
→ KM2主触点断开 → 电动机停转，制动结束
→ KM2联锁触点闭合

知识点五　制动控制电路

一、电磁抱闸制动器

电磁抱闸制动器的外形如图 3-1-17 所示。

图 3-1-17　电磁抱闸制动器的外形

电磁抱闸制动器的结构、图形符号如图 3-1-18 所示。

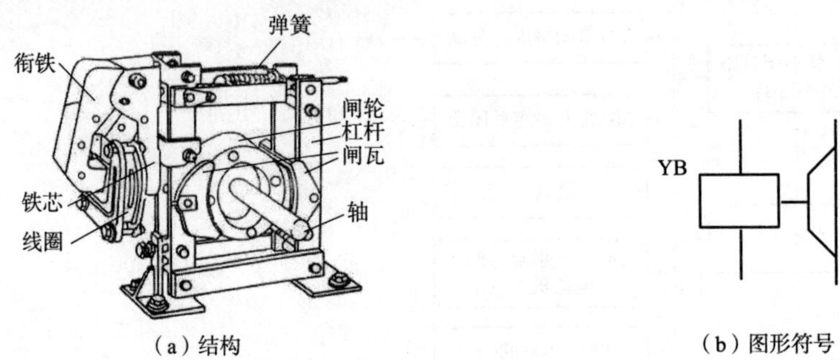

(a) 结构　　(b) 图形符号

图 3-1-18　电磁抱闸制动器的结构、图形符号

电磁抱闸制动器分为断电制动型和通电制动型两种。因此,机械制动控制电路也有断电制动和通电制动两种。

断电制动型原理:当制动电磁铁的线圈得电时,制动器的闸瓦与闸轮分开,无制动作用;当线圈失电时,制动器的闸瓦紧紧抱住闸轮制动。

通电制动型原理:当制动电磁铁的线圈得电时,制动器的闸瓦紧紧抱住闸轮制动;当线圈失电时,制动器的闸瓦与闸轮分开,无制动作用。

二、识读电气原理图

1. 电路原理图

断电制动型电磁抱闸制动器电路如图 3-1-19 所示。

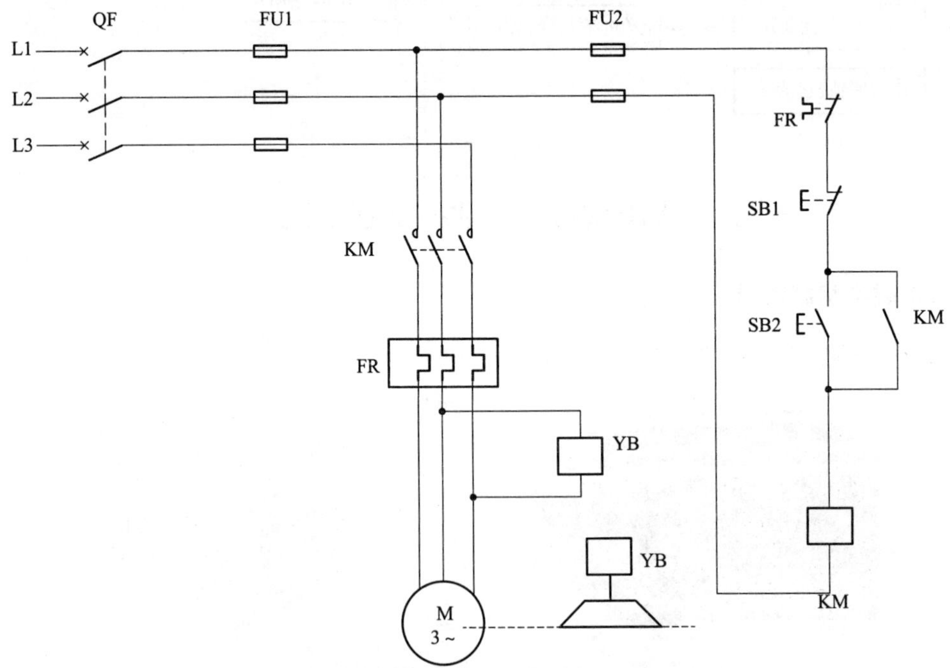

图 3-1-19　断电制动型电磁抱闸制动器电路

2. 线路工作原理

合上断路器 QF，按下起动按钮 SB2 后，接触器 KM 线圈得电自锁，主触点闭合，电磁铁线圈 YB 得电，衔铁吸合，使制动器的闸瓦和闸轮分开，电动机 M 起动运转。停车时，按下停止按钮 SB1 后，接触器 KM 线圈失电，自锁触点和主触点分断，使电动机和电磁铁圈 YB 同时断电，衔铁与铁芯分开，在弹簧拉力的作用下闸瓦紧紧抱住闸轮，电动机迅速停转。

技能训练

扫一扫

星-三角降压起动控制电路安装

训练一　星-三角降压起动控制电路设计、安装与调试

扫一扫

星-三角降压起动控制电路调试

一、训练目的

(1)熟练掌握星-三角降压起动控制电路；

(2)掌握星-三角降压起动控制电路的安装与调试方法。

二、训练工器具与材料(见表 3-1-1)

表 3-1-1　训练工器具与材料

序　号	工器具名称	单　位	数　量	备　注
1	三相异步电动机	台	1	
2	断路器	个	1	
3	熔断器	个	5	
4	交流接触器	个	3	
5	时间继电器	个	1	
6	热继电器	个	1	
7	组合按钮	个	1	

三、训练内容

1. 识读电路图

三相笼型异步电动机时间继电器控制的星-三角降压起动控制电路原理图如图 3-1-20 所示。明确电路中所用的元器件及其作用，熟悉电路的工作原理。

合上 QF，控制电路接上电源，KT、KM3、KM1 主触点闭合，电动机定子绕组接成星形降压起动；KM1、KM2 主触点闭合，电动机定子绕组接成三角形全压运行。KM3、KM2 得电后的切换动作由时间继电器自动控制。电路要求接触器 KM2 和 KM3 不能同时得电，因此在控制电路中设置了电气互锁。

2. 检测元器件

按照图 3-1-20 所示配齐所需的元器件，并进行必要的检测。

(1)所用电气元件的外观应完整无损，附件、备件齐全。

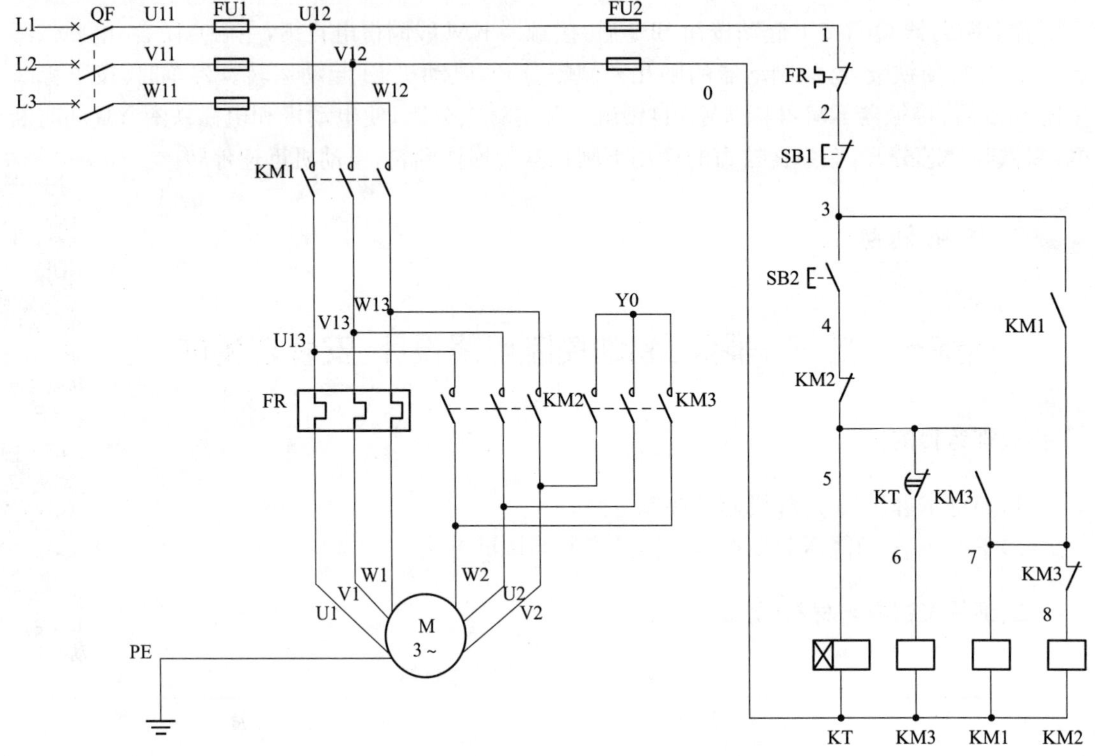

图 3-1-20　星-三角降压起动控制电路原理图

(2)用万用表、绝缘电阻表检测电气元件及电动机的有关技术数据是否符合要求。

3. 安装与接线

1)绘制元器件布置图和安装接线图

根据图 3-1-20 绘出时间继电器控制的星-三角降压起动电路的元器件布置图和安装接线图,如图 3-1-21 所示。

2)接线

由安装接线图进行板前明线布线。板前明线布线的工艺要求如下:

(1)布线通道尽可能地少,同路并行导线按主电路、控制电路分类集中,单层密排,紧贴安装面布线。

(2)同一平面的导线应高低一致或前后一致,走线合理,不能交叉或架空。导线连接时直线插入接线端子固定即可。导线连接不能压绝缘层,也不能露铜过长。

(3)对螺栓式接线端子,导线连接时应按顺时针旋转;对瓦片式接线端子,导线连接时直接插入接线端子固定即可。导线连接不能压绝缘层,也不能露铜过长。

(4)布线应横平竖直,分布均匀,变换走向时应垂直。

(5)布线时严禁损伤线芯和导线绝缘。

(6)所有从一个接线端子(或接线桩)到另一个接线端子的导线必须完整,中间无接头。

(7)一个元器件接线端子上的连接导线不得多于两根。

(8)进出线应合理汇集在端子板上。

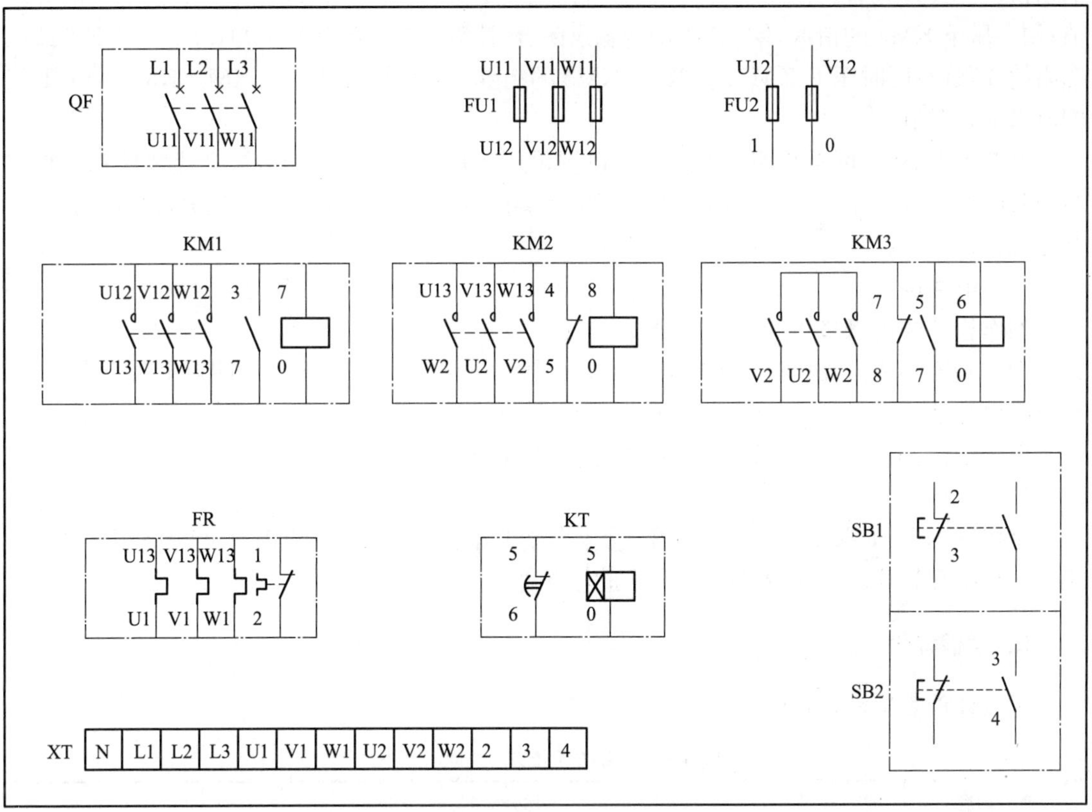

图 3-1-21　星-三角降压起动电路的元器件布置图和安装接线图

3)安装接线注意事项

(1)按钮内部的接线不要接错,起动按钮必须接动合触点(可用万用表的欧姆挡判别)。

(2)用星-三角降压起动的电动机,必须有 6 个出线端子(即要拆开接线盒内的连接片),并且定子绕组在三角形联结时的额定电压应该等于 380 V。

(3)接线时要保证电动机三角形联结的正确性,即接触器 KM2 主触点闭合时,应保证定子绕组的 U1 与 W2、V1 与 U2、W1 与 V2 相连接。

(4)接触器 KM3 的进线必须从三相定子绕组的末端引入,若误将其从首端引入,则在 KM3 吸合时会产生三相电源短路事故。

(5)电动机外壳必须可靠接 PE(保护接地)线。

4. 不通电测试、通电测试及故障排除

1)不通电测试

(1)按电气原理图或安装接线图从电源端开始,逐段核对接线及接线端子处是否正确,有无漏接、错接之处。检查导线接线端子是否符合要求,压接是否牢固。

(2)用万用表检查电路的通断情况。检查时,应选用倍率适当的电阻挡,并进行校零,以防短路故障发生。

检查控制电路时(可断开主电路),可用万用表表笔分别搭在 1 号线和 0 号线,此时读数应为“∞”。按下起动按钮 SB2,读数应为接触器 KM3 和 KT 线圈电阻的并联值;用手压下 KM1

的衔铁,使 KM1 动合触点闭合,读数也应为接触器 KM1、KM2、KM3 和 KT 线圈电阻的并联值;用手压下 KM3 的衔铁,使 KM1 动合触点闭合,读数也应为接触器 KM1、KM3 和 KT 线圈电阻的并联值;同时压下 KM1、KM2 和 KM3 的衔铁,万用表读数应为 KM1、KM3 和 KT 线圈电阻的并联值。

检查主电路时(可断开控制电路),可以用手压下接触器 KM1 的衔铁来代替接触器得电吸合时的情况,依次测量从电源端到电动机出线端子上的每一相电路的电阻值,检查是否存在开路现象。

2)通电测试

操作相应按钮,观察电器动作情况。

合上 QF,引入三相电源,按下按钮 SB2,接触器 KM1、KM3 和 KT 线圈得电吸合自锁,电动机降压起动;延时几秒后,KM3 线圈失电释放,KM2 线圈得电吸合自锁,电动机全压运行;按下停止按钮 SB1,KM1 和 KM2 线圈失电释放,电动机停止工作。

3)故障排除

操作过程中,如果出现不正常现象,应立即断开电源,分析故障原因,仔细检查电路(用万用表),在指导教师认可的情况下才能再通电调试。

四、考核评价

考核评价表见表 3-1-2。

表 3-1-2　考核评价表(工时:2.5 h)

项目内容	配　分	评分标准	扣　分	得　分
元器件安装	30 分	(1)元器件布置整齐、匀称、合理;不符合要求每个扣 2 分。 (2)元件安装牢固。松动每个扣 2 分		
布线	30 分	(1)按电路图接线。未按电路图接线但电动机正确运行,扣 2 分。 (2)布线横平竖直,正确敷设。走线不规范每根扣 1 分。 (3)接头紧固,压线方向正确,露铜长度符合规范。接头松动、接头露铜过长、反圈、压绝缘层,每根扣 1 分		
通电试验	20 分	(1)时间继电器延时值按要求整定。整定值错误扣 2 分。 (2)功能正确,一次试车不成功扣 5 分;两次试车不成功扣 10 分,依此类推,扣完为止		
安全文明生产	20 分	(1)严格遵守安全操作规程。违反安全操作规程,酌情扣 3～20 分。 (2)工具、仪器仪表摆放整齐、规范。工具摆放不整齐,或未按规定摆放,每件扣 2 分		

扫一扫

自动往返控制电路安装

扫一扫

自动往返控制电路调试

训练二　自动往返控制电路设计、安装与调试

一、训练目的

(1)熟练掌握自动往返控制电路;

(2)掌握自动往返控制电路的安装与调试方法。

二、训练工器具与材料(见表 3-1-3)

表 3-1-3　训练工器具与材料

序　号	工器具名称	单　位	数　量	备　注
1	三相异步电动机	台	1	
2	断路器	个	1	
3	熔断器	个	5	
4	交流接触器	个	2	
5	热继电器	个	1	
6	组合按钮	个	1	
7	行程开关	个	4	

三、训练内容

1. 识读电路图

三相笼型异步电动机行程开关控制的自动往返控制电路原理图如图 3-1-22 所示。明确电路中所用的元器件及其作用,熟悉电路的工作原理。

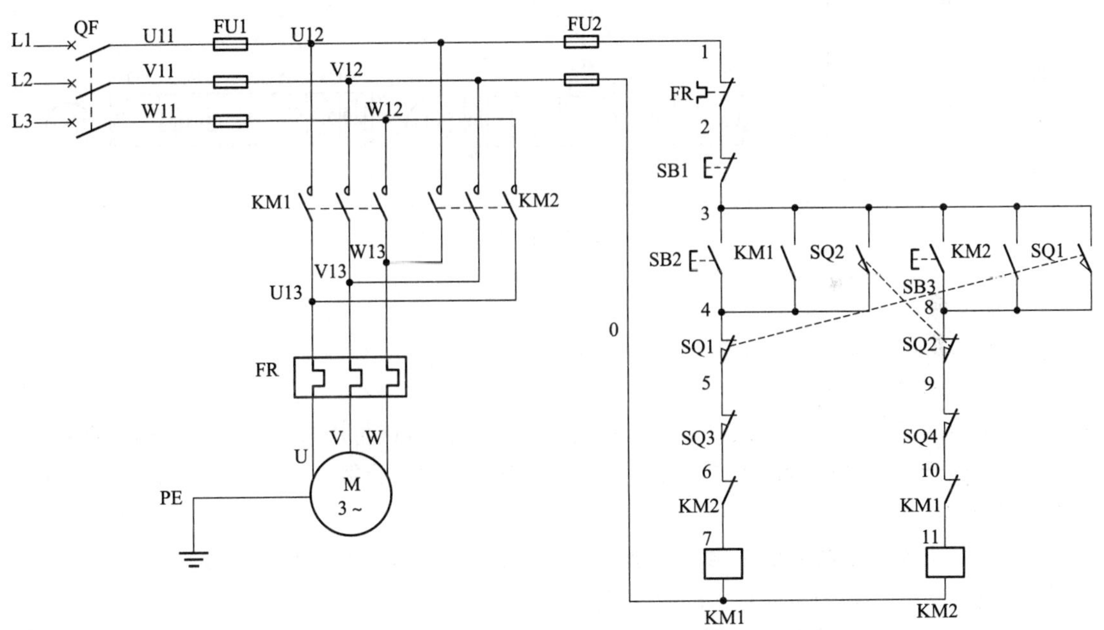

图 3-1-22　自动往返控制电路原理图

合上 QF,控制电路接上电源,按下 SB2,KM1 主触点闭合,电动机正转,碰到行程开关,KM1 主触点断开,KM2 主触点闭合,电动机反转,碰到行程开关,KM1 主触点闭合,KM2 主触点断开,电动机继续正转,如此循环往复(如先按下 SB3,则 KM2 先得电,顺序调换)。电路要求接触器 KM1 和 KM2 不能同时得电,因此在控制电路中设置了电气互锁。

2. 检测元器件

按照图 3-1-22 所示配齐所需的元器件,并进行必要的检测。

(1)所用电气元件的外观应完整无损,附件、备件齐全。

(2)用万用表、绝缘电阻表检测电气元件及电动机的有关技术数据是否符合要求。

3. 安装与接线

1)绘制元器件布置图和安装接线图

根据图 3-1-22 绘出自动往返控制电路的元器件布置图和安装接线图,如图 3-1-23 所示。

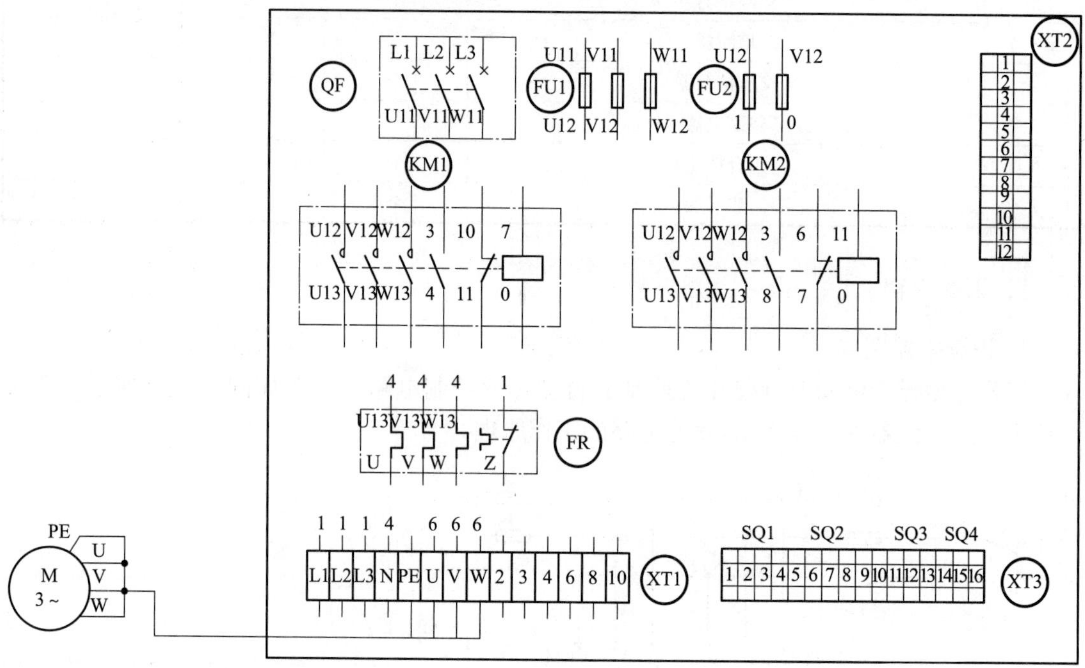

图 3-1-23　自动往返控制电路的元器件布置图和安装接线图

2)接线

接线工艺要求与本项目训练一中相同,不再重述。

3)安装接线注意事项

(1)按钮内部的接线不要接错,起动按钮必须接动合触点(可用万用表的欧姆挡判别)。

(2)行程开关内部的接线不要接错,同一个行程开关的动合触点和动断触点不得接在同一个接触器上方。

(3)电路中两组接触器的主触点必须换相(即输出端反相),否则不能反转。

(4)电动机外壳必须可靠接 PE(保护接地)线。

4. 不通电测试、通电测试及故障排除

1)不通电测试

(1)按电气原理图或安装接线图从电源端开始,逐段核对接线及接线端子处是否正确,有无漏接、错接之处。检查导线接线端子是否符合要求,压接是否牢固。

(2)用万用表检查电路的通断情况。检查时,应选用倍率适当的电阻挡,并进行校零,以防短路故障发生。

检查控制电路时(可断开主电路),可用万用表表笔分别搭在 1 号线和 0 号线上,此时读数应为“∞”。按下正转起动按钮 SB2 或反转起动按钮 SB3,读数应为接触器 KM1 或 KM2 线圈

的电阻值；用手压下 KM1 或 KM2 的衔铁，使 KM1 或 KM2 动合触点闭合，读数也应为接触器 KM1 或 KM2 线圈的电阻值；用手掰动 SQ1 或者 SQ2，使 SQ1 或 SQ2 动合触点闭合，读数也应为接触器 KM1 或 KM2 线圈的电阻值；同时压下 KM1 和 KM2 的衔铁，或者同时掰动 SQ1 和 SQ2，万用表读数应为“∞”。

检查主电路时（可断开控制电路），可以用手压下接触器 KM1 的衔铁来代替接触器得电吸合时的情况进行检查，依次测量从电源端到电动机出线端子上的每一相电路的电阻值，检查是否存在开路现象。

2）通电测试

操作相应按钮，观察电器动作情况。

合上 QF，引入三相电源，按下按钮 SB2，KM1 主触点闭合，电动机正转，碰到行程开关 SQ1，KM1 主触点断开，KM2 主触点闭合，电动机反转，碰到行程开关 SQ2，KM1 主触点闭合，KM2 主触点断开，电动机继续正转，以此循环往复。如先按下 SB3，则 KM2 先得电，顺序调换。

3）故障排除

操作过程中，如果出现不正常现象，应立即断开电源，分析故障原因，仔细检查电路（用万用表），在实训教师认可的情况下才能再通电调试。

四、考核评价

考核评价表见表 3-1-4。

表 3-1-4　考核评价表（工时：2.5 h）

项目内容	配　分	评分标准	扣　分	得　分
元器件安装	30 分	（1）元器件布置整齐、匀称、合理；不符合要求每个扣 2 分。 （2）元件安装牢固。松动每个扣 2 分		
布线	30 分	（1）按电路图接线。未按电路图接线但电动机正确运行，扣 2 分。 （2）布线横平竖直，正确敷设。走线不规范每根扣 1 分。 （3）接头紧固，压线方向正确，露铜长度符合规范。接头松动、接头露铜过长、反圈、压绝缘层，每根扣 1 分		
通电试验	20 分	（1）行程开关按要求操作。未按要求操作扣 2 分。 （2）功能正确。一次试车不成功扣 5 分；两次试车不成功扣 10 分，依此类推，扣完为止		
安全文明生产	20 分	（1）严格遵守安全操作规程。违反安全操作规程，酌情扣 3～20 分。 （2）工具、仪器仪表摆放整齐、规范。工具摆放不整齐，或未按规定摆放，每件扣 2 分		

训练三　双速控制电路设计、安装与调试

扫一扫

双速控制电路安装

扫一扫

双速控制电路调试

一、训练目的

（1）熟练掌握双速控制电路；

（2）掌握双速控制电路的安装与调试方法。

二、训练工器具与材料(见表 3-1-5)

表 3-1-5 训练工器具与材料

序号	工器具名称	单位	数量	备注
1	双速异步电动机	台	1	
2	断路器	个	1	
3	熔断器	个	5	
4	交流接触器	个	2	
5	时间继电器	个	1	
6	热继电器	个	2	
7	组合按钮	个	1	
8	中间继电器	个	1	

三、训练内容

1. 识读电路图

三相笼型异步电动机双速控制电路原理图如图 3-1-24 所示。明确电路中所用的元器件及其作用,熟悉电路的工作原理。

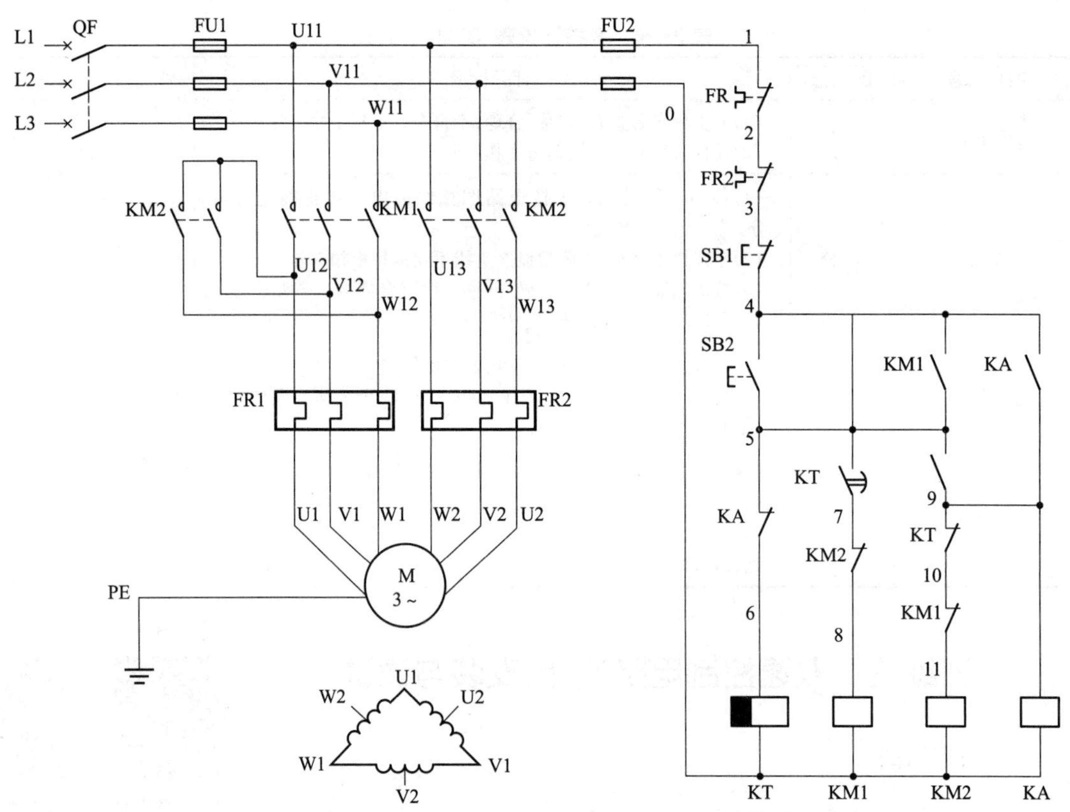

图 3-1-24 双速控制电路原理图

合上 QF，控制电路接上电源，KT、KM1、KA 触点闭合，双速电动机接成三角形联结，为低速；KA、KM2 触点闭合，双速电动机接成双星形联结，为高速。KM1、KM2 得电后的切换动作由时间继电器自动控制。电路要求接触器 KM1 和 KM2 不能同时得电，因此在控制电路中设置了电气互锁。

2. 检测元器件

按照图 3-1-24 所示配齐所需的元器件，并进行必要的检测。

(1)所用电气元件的外观应完整无损，附件、备件齐全。

(2)用万用表、绝缘电阻表检测电气元件及电动机的有关技术数据是否符合要求。

3. 安装与接线

1)绘制元器件布置图和安装接线图

根据电气原理图和布置图自行绘制出接线图(参照前面的技能训练绘制)。

2)接线

接线工艺要求与本项目训练一中相同，不再重述。

3)安装接线注意事项

(1)接线时，注意主电路中接触器 KM1、KM2 在两种转速下电源相序的改变，不能接错，否则两种转速下电动机的转向相反，换向时将产生很大的冲击电流。

(2)主电路接线时，要看清楚电动机出线端的标记。

(3)通电测试前，要反复检验一下电动机的接线是否正确。

(4)电动机外壳必须可靠接 PE(保护接地)线。

4. 不通电测试、通电测试及故障排除

检查前要认真阅读电路图，掌握电路的组成、工作原理及接线方式；在检修故障的过程中，故障分析、故障排除的思路和方法要正确；仪表使用要正确，以防引起错误判断；检修时不能随意更改电路和带电触摸元器件；带电检修故障时，必须要有指导教师在现场监护，并要确保用电安全。

1)不通电测试

(1)检查主电路。取下 FU2 熔体，装好 FU1 熔体，断开控制电路。

三角形联结低速运行主电路：按下接触器 KM1 衔铁，用万用表分别测量断路器 QF 下端 U11-V11、U11-W11、V11-W11 之间的电阻值，应分别为电动机 U1-V1、U1-W1、V1-W1 相绕组的电阻值。松开接触器 KM1 的衔铁，万用表应显示由通到断。

双星形联结高速运行主电路：按下接触器 KM2 的衔铁，用万用表分别测量断路器 QF 下端 U11-V11、U11-W11、V11-W11 之间的电阻值，应分别为电动机 U2-W2、U2-V2、W2-V2 相绕组的电阻值。松开接触器 KM2 的衔铁，万用表应显示由通到断。

(2)检查控制电路。取下 FU1 熔体，装好 FU2 熔体，选用倍率合适的电阻挡，将万用表表笔分别接到 1 号线和 0 号线之间，此时读数应为“∞”。

三角形联结低速行控制电路：按下低速运行起动按钮 SB2，读数应为 KT 线圈的电阻值；按下 KT 的衔铁，读数应为 KM1 和 KT 线圈的并联电阻值；按下 KM1 的衔铁，读数应为 KM1、KT 和 KA 线圈的并联电阻值

双星形联结高速运行控制电路：按下 KA 的衔铁，读数应为接触器 KM2、KA 线圈的并联电阻值。

2)通电测试

检查三相电源,将热继电器按电动机的额定电流整定好,在一人操作一人监护下进行测试。

(1)空操作测试。首先拆除电动机定子绕组的接线,合上断路器 QF,按下起动按钮 SB2 后松开,KT、KM1 得电应动作,并保持吸合状态,同时,KA 得电动作,KT 失电,经过整定时间,KM1 应释放,接触器 KM2 得电动作,与 KA 保持吸合状态。按下停止按钮 SB1,KM2 和 KA 应立即失电释放。重复操作几次,检查电路动作的可靠性。

(2)带负载测试。首先断开电源,接上电动机定子绕组,合上 QF,按下低速起动按钮 SB2,观察电动机起动运行情况,此时电动机低速起动运行;KT 失电后,经过整定时间,电动机从低速起动运行切换到高速运行。按下停止按钮 SB1,电动机停止工作。

3)故障排除

操作过程中,如果出现不正常现象,应立即断开电源,分析故障原因,仔细检查电路(用万用表),在指导教师认可的情况下才能再通电调试。

四、考核评价

考核评价表见表 3-1-6。

表 3-1-6　考核评价表(工时:2.5 h)

项目内容	配　分	评分标准	扣　分	得　分
元器件安装	30 分	(1)元器件布置整齐、匀称、合理;不符合要求每个扣 2 分。 (2)元件安装牢固。松动每个扣 2 分		
布线	30 分	(1)按电路图接线。未按电路图接线但电动机正确运行,扣 2 分。 (2)布线横平竖直,正确敷设。走线不规范每根扣 1 分。 (3)接头紧固,压线方向正确,露铜长度符合规范。接头松动、接头露铜过长、反圈、压绝缘层,每根扣 1 分		
通电试验	20 分	(1)时间继电器延时值按要求整定。整定值错误扣 2 分。 (2)功能正确,一次试车不成功扣 5 分;两次试车不成功扣 10 分,依此类推,扣完为止		
安全文明生产	20 分	(1)严格遵守安全操作规程。违反安全操作规程,酌情扣 3～20 分。 (2)工具、仪器仪表摆放整齐、规范。工具摆放不整齐,或未按规定摆放,每件扣 2 分		

扫一扫
能耗制动控制电路安装

扫一扫
能耗制动控制电路调试

训练四　能耗制动控制电路设计、安装与调试

一、训练目的

(1)熟练掌握能耗制动控制电路;

(2)掌握能耗制动控制电路的安装与调试方法。

二、训练工器具与材料(见表 3-1-7)

表 3-1-7　训练工器具与材料

序　号	工器具名称	单　位	数　量	备　注
1	三相异步电动机	台	1	
2	断路器	个	1	
3	熔断器	个	5	
4	交流接触器	个	3	
5	时间继电器	个	1	
6	热继电器	个	1	
7	组合按钮	个	1	

三、训练内容

1. 识读电路图

三相笼型异步电动机能耗制动控制电路原理图如图 3-1-25 所示。明确电路中所用的元器件及其作用,熟悉电路的工作原理。

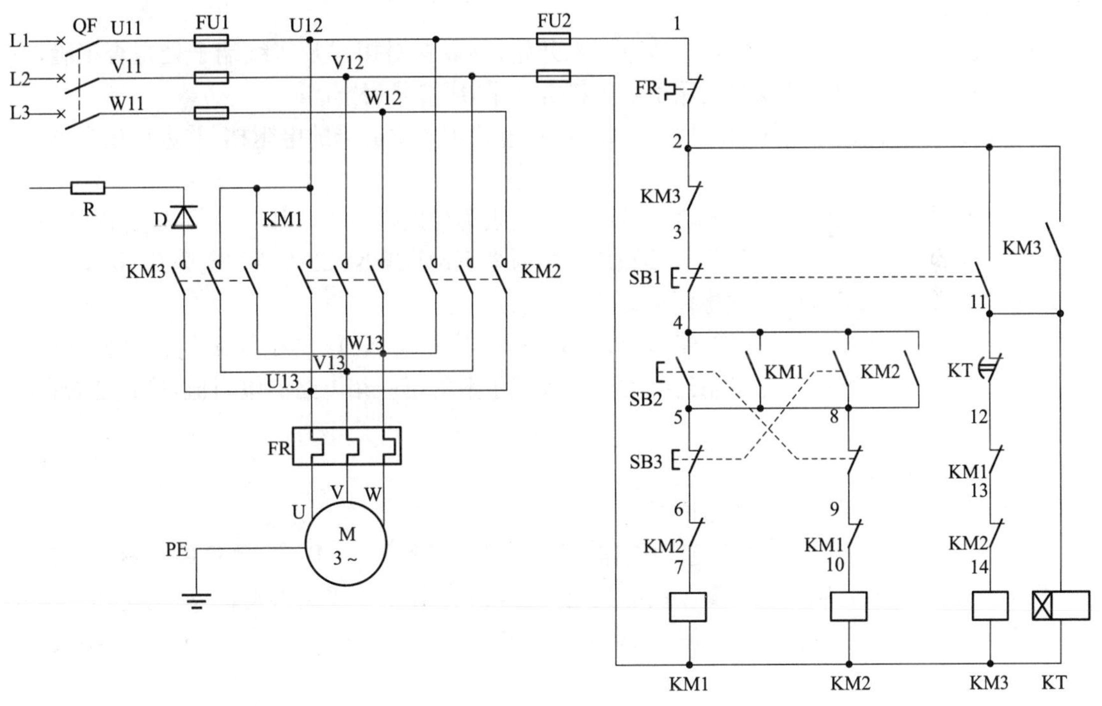

图 3-1-25　能耗制动控制电路原理图

合上 QF,控制电路接上电源,KM1 或 KM2 主触点闭合,电动机正转或反转;按下 SB1,KM1 或 KM2 失电,KM3 和 KT 线圈得电,电动机接入直流电,能耗制动开始,整定时间到,KM3 失电,KT 也失电,能耗制动结束。

2. 检测元器件

按照图 3-1-35 所示配齐所需的元器件,并进行必要的检测。

(1)所用电气元件的外观应完整无损,附件、备件齐全。

(2)用万用表、绝缘电阻表检测电气元件及电动机的有关技术数据是否符合要求。

3. 安装与接线

1)绘制元器件布置图和安装接线图

根据电气原理图和布置图自行绘制出接线图(参照前面的技能训练绘制)。

2)接线

接线工艺要求与本项目训练一中相同,不再重述。

3)安装接线注意事项

(1)按钮内接线时,用力不可过猛,防止螺钉打滑。

(2)按钮内部的接线不要接错,起动按钮必须接动合触点(可用万用表的欧姆挡判别)。

(3)时间继电器的整定时间不要调得太长,以免制动时间过长引起电动机定子绕组发热。

(4)进行制动时要将停止按钮 SB1 按到底。

(5)整流二极管要配装散热器和固定散热器的支架。

(6)电动机外壳必须可靠接 PE(保护接地)线。

4. 不通电测试、通电测试及故障排除

1)不通电测试

(1)按电气原理图或安装接线图从电源端开始,逐段核对接线及接线端子处是否正确,有无漏接、错接之处。检查导线接线端子是否符合要求,压接是否牢固。

(2)用万用表检查电路的通断情况。检查时,应选用倍率适当的电阻挡,并进行校零,以防短路故障发生。

检查控制电路时(可断开主电路),可用万用表表笔分别搭在 1 号线和 0 号线,此时读数应为"∞"。按下起动按钮 SB2 或 SB3,读数应为接触器 KM1 或 KM2 线圈的电阻值;按下 SB1,读数应为 KM3 和 KT 线圈并联电阻值。

检查主电路时(可断开控制电路),可以用手压下接触器 KM1 的衔铁来代替接触器得电吸合时的情况,依次测量从电源端到电动机出线端子上的每一相电路的电阻值,检查是否存在开路现象。

2)通电测试

操作相应按钮,观察电器动作情况。

合上 QF,引入三相电源,按下起动按钮 SB2 或 SB3,接触器 KM1 或 KM2 线圈得电吸合自锁;按下停止按钮 SB1,KM1 或 KM2 线圈失电释放,KM3 和 KT 线圈得电,电动机能耗制动开始,经过整定时间,KT 触点动作,KM3 线圈失电释放,KT 线圈也失电,电动机能耗制动结束。

3)故障排除

操作过程中,如果出现不正常现象,应立即断开电源,分析故障原因,仔细检查电路(用万用表),在指导教师认可的情况下才能再通电调试。

四、考核评价

考核评价表见表 3-1-8。

表 3-1-8　考核评价表(工时:2.5 h)

项目内容	配　分	评分标准	扣　分	得　分
元器件安装	30 分	(1)元器件布置整齐、匀称、合理;不符合要求每个扣 2 分。 (2)元件安装牢固。松动每个扣 2 分		
布线	30 分	(1)按电路图接线。未按电路图接线但电动机正确运行,扣 2 分。 (2)布线横平竖直,正确敷设。走线不规范每根扣 1 分。 (3)接头紧固,压线方向正确,露铜长度符合规范。接头松动、接头露铜过长、反圈、压绝缘层,每根扣 1 分		
通电试验	20 分	(1)时间继电器延时值按要求整定。整定值错误扣 2 分。 (2)功能正确,一次试车不成功扣 5 分;两次试车不成功扣 10 分,依此类推,扣完为止		
安全文明生产	20 分	(1)严格遵守安全操作规程。违反安全操作规程,酌情扣 3～20 分。 (2)工具、仪器仪表摆放整齐、规范。工具摆放不整齐,或未按规定摆放,每件扣 2 分		

测评题

一、单选题

1. 适用于电动机容量较大且不允许频繁起动的降压起动方式是(　　)。

(A)星-三角　(B)自耦变压器　(C)定子串电阻　(D)延边三角形

2. 双速电动机高速运行时,定子绕组采用(　　)联结。

(A)星形　(B)三角形　(C)星-三角　(D)双星型

3. 行程开关是一种将(　　)转换为电信号的手动控制电路。

(A)机械信号　(B)弱电信号　(C)光信号　(D)热能信号

4. 自动往返控制电路属于(　　)电路。

(A)正反转控制　(B)点动控制　(C)自锁控制　(D)顺序控制

5. 下列不属于机械设备的电气工程图是(　　)。

(A)电气原理图　(B)电器布置图　(C)安装接线图　(D)电气结构图

6. 速度继电器的主要作用是实现对电动机的(　　)

(A)运行速度限制　(B)速度计量　(C)反接制动控制

7. 在三相异步电动机的正反转控制电路中,正转接触器与反转接触器间的互锁环节功能是(　　)。

(A)防止电动机同时正转和反转　(B)防止误操作时电源短路

(C)实现电动机过载保护

8. 为使某工作台在固定的区间做往复运动,并能防止其冲出滑道,应当采用(　　)。

(A)时间控制　(B)速度控制和终端保护

(C)行程控制和终端保护

9. Y-△降压起动是指电动机起动时,定子绕组采用星形联结,以(　　)起动电压,限制起动电流。

(A)提高　(B)保持　(C)降低　(D)增加

10. Y-△降压起动的指电动机起动时,定子绕组星形联结,以降低起动电压,限制起动电流。待电动机起动后,再把定子绕组改成(　　),使电动机全压运行。

(A)YY联结　(B)Y-△联结　(C)△△联结　(D)△联结

11. 断电延时型时间继电器,它的延时触点为(　　)。

(A)延时闭合的动合触点　(B)瞬时动合的触点

(C)瞬时闭合延时断开的动合触点　(D)延时闭合瞬时断开的动合触点

12. 三相异步电动机反接制动时,采用对称电阻接法,限制制动转矩的同时,也限制(　　)。

(A)制动电流　(B)起动电流　(C)制动电压　(D)起动电压

二、判断题

(　　)1. 直接起动的优点是电气设备少、维修量小和电路复杂。

(　　)2. 为了使三相异步电动机能采用星-三角降压起动,电动机在正常运行时,必须是三角形联结。

(　　)3. 在接触器联锁的正反转控制电路中,正反转接触器有时可以同时闭合。

(　　)4. 行程开关是一种将电信号转换为机械信号,以控制运动部件的位置和行程的手动电器。

(　　)5. 在反接制动的控制电路中,必须采用时间为变化参量进行控制。

(　　)6. 电动机采用制动措施的目的是迅速停车和安全保护。

(　　)7. 电气原理图中控制电路就是从电源到电动机绕组的大电流通过的路径。

(　　)8. 电气安装接线图与原理图不同,接线图中同一电器的不同部分须画在一起。

(　　)9. 时间继电器之所以能够延时,是因为线圈可以通电晚一些。

(　　)10. 电动机采用制动措施的目的是停车平稳。

(　　)11. 电动机正反转控制电路为了保证起动和运行的安全性,要采取电气上的互锁控制。

项目二　简单可编程控制器电气控制电路设计、安装与调试

学习目标

应知	1. 掌握 PLC 的结构、工作原理与选型。 2. 熟悉 PLC 在电气控制系统的应用设计方法。
应会	1. 掌握 PLC 基本指令的编程及应用。 2. 掌握 PLC 顺序控制系统的编程及应用。 3. 能完成电动机 PLC 控制基本电路的安装与调试。 4. 能正确进行 PLC 电气设计与绘图。

建议学时

理论教学 8 学时，技能训练 12 学时。

知识导入

知识点一　PLC 的结构、工作原理与选型

一、PLC 的结构

PLC 是可编程逻辑控制器的英文(Programmable Logic Controller)缩写，是一种数字运算的操作系统，专为工业环境下应用而设计。它作为可编程序的存储器，用来在其内部存储执行逻辑运算、顺序控制、定时、计数和算术运算等操作指令，并通过数字式、模拟式的输入和输出，控制各种类型的机械或生产过程。

PLC 一般由 CPU(中央处理器)、存储器和输入/输出模块三部分组成。PLC 的结构框图如图 3-2-1 所示。

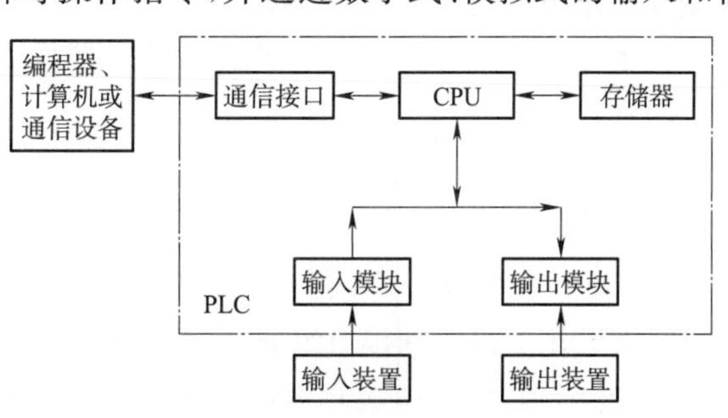

图 3-2-1　PLC 的结构框图

CPU 的功能是完成 PLC 内所有的控制和监视操作。CPU 通过控制总线、地址总线和数据总线与存储器、输入/输出接口电路连接。

在 PLC 中有两种存储器:系统程序存储器和随机存储器。系统程序存储器是用来存放由 PLC 厂家编写好的程序,并固化在 ROM 内,用户不能直接更改。存储器中的程序负责解释和编译用户编写的程序、监控 I/O 口的状态、对 PLC 进行自诊断、扫描 PLC 中的用户程序等。大多数 PLC 采用可随时读写的快闪存储器(Flash)作为用户程序存储器。它不需要后备电池,断电时数据也不会丢失。随机存储器(RAM)主要用于存储中间计算结果和数据,主要包括 I/O 状态存储器和数据存储器。

PLC 的输入/输出接口是 PLC 与工业现场设备相连接的端口。PLC 的输入和输出信号可以是开关量或模拟量,其接口是 PLC 内部弱电信号和工业现场强电信号联系的桥梁。接口主要起到隔离保护作用和信号调整作用。

二、PLC 的工作原理

PLC 采用循环扫描的工作方式,其工作过程主要分为 3 个阶段:输入采样阶段、程序执行阶段和输出刷新阶段。PLC 的工作过程如图 3-2-2 所示。

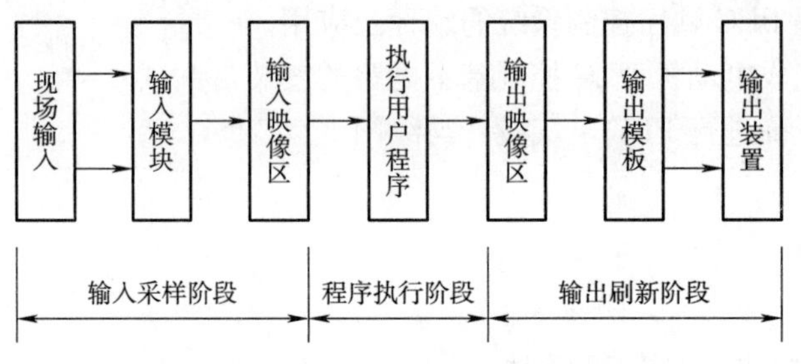

图 3-2-2　PLC 的工作过程

CPU 从第一条指令开始执行程序,按顺序逐条地执行用户程序直到用户程序结束,然后返回第一条指令开始新一轮的扫描,如此周而复始不断循环。整个过程在系统软件控制下进行,顺次扫描各输入点的状态,按用户程序进行运算处理,然后顺序向输出点发出相应的控制信号。

PLC 接通电源后,市电电压经内部电路处理后为 PLC 供电。系统首先执行自身的初始化操作,包括硬件、软件的初始化和其他设置的初始化处理。整个过程包括自诊断处理、通信处理、输入信息处理、用户程序执行和输出信息处理几个阶段,至此,一个扫描过程完毕。整个工作周期被称为扫描周期。为确保控制能正确、实时地进行,每个扫描周期的作业时间必须被控制在一定范围内。通常用 PLC 执行 1 KB 指令所需时间来说明其扫描速度,一般为零点几毫秒到上百毫秒。PLC 运行正常时,程序扫描周期的长短与 CPU 的运算速度、I/O 点的情况、用户应用程序的长短及编程情况等有关。

三、PLC 的选型

S7-1200 是小型 PLC,它主要由 CPU 模块、信号板、信号模块、通信模块、I/O 端子连接器、PROFINET 以太网接口组成,各种模块安装在标准 DIN 导轨上。用户可根据自身需求确定 PLC 的结构,硬件组成具有高度的灵活性,系统扩展十分方便。S7-1200 的硬件结构图如图 3-2-3 所示。

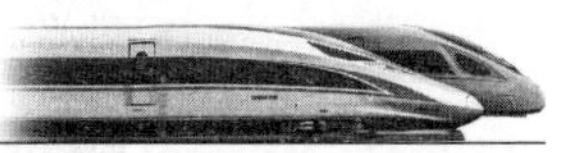

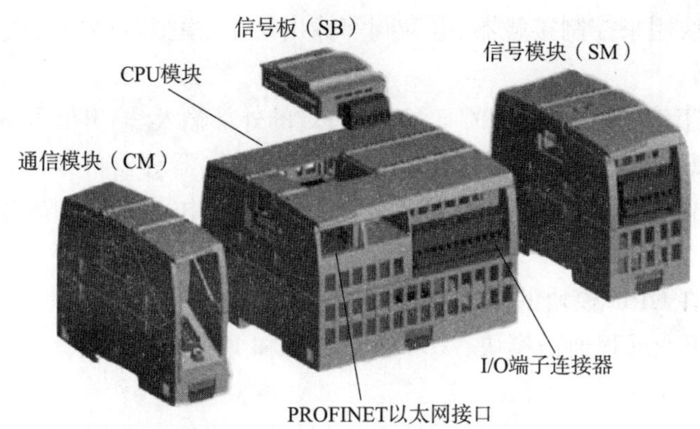

图 3-2-3　S7-1200 的硬件结构图

1. CPU 模块

S7-1200 的 CPU 模块（见图 3-2-4）将微处理器、电源、数字量输入/输出电路、模拟量输入/输出电路、PROFINET 以太网接口、高速运动控制功能组合到一个设计紧凑的外壳中，每块 CPU 内可安装一块信号板（见图 3-2-5），安装后不会改变 CPU 的外形和体积。

在 PLC 控制系统中，CPU 模块不断采集输入信号，执行用户程序，刷新系统的输出。集成的 PROFINET 以太网接口用于与编程计算机、HMI（人机界面）、其他 PLC 的通信，此外它还通过开放的以太网协议支持与第三方设备的通信。S7-1200 CPU 集成有 6 个高速计数器。其中 3 个最高输入频率为 100 kHz，另外 3 个为 30 kHz，还集成了 2 个 100 kHz 的高速脉冲输出，可以输出脉冲宽度调制（PWM）信号。S7-1200 集成了 50KB 的工作存储器、最多 2 MB 的装载存储器和 2 KB 的掉电保持存储器。使用 SIMATIC 存储卡最多可扩展 24 MB 装载存储器。

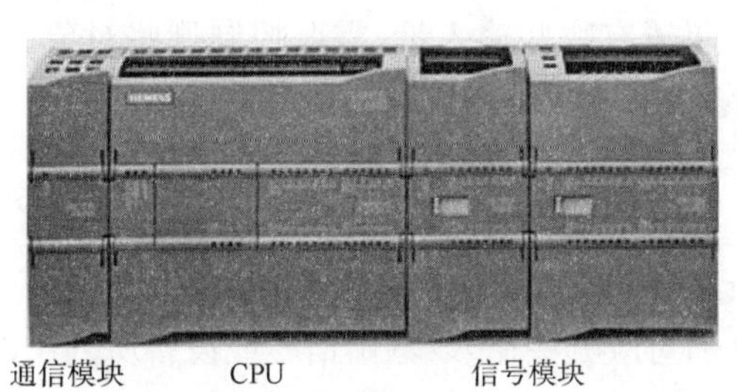

图 3-2-4　S7-1200 PLC

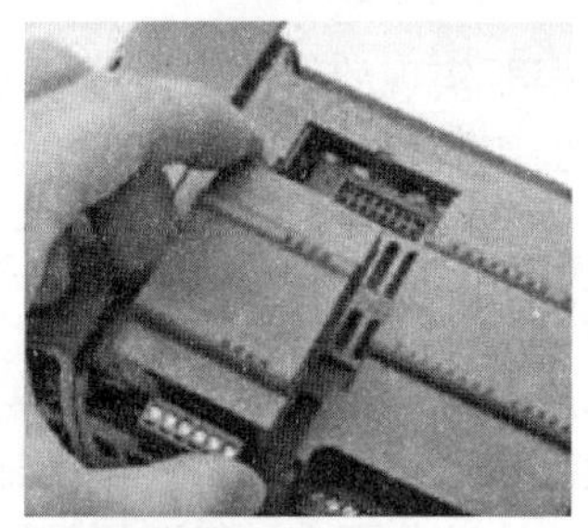

图 3-2-5　安装信号板

2. 信号模块

输入/输出模块简称 I/O 模块，数字量（开关量）输入模块和数字量输出模块简称 DI 模块和 DQ 模块；模拟量输入模块和模拟量输出模块简称 AI 模块和 AQ 模块，它们统称为信号模块，简称 SM。

信号模块安装在 CPU 模块的右边，扩展能力最强的 CPU 可以扩展 8 个信号模块，以增加数字量和模拟量输入、输出点。

信号模块是联系外部现场设备和 CPU 的桥梁。输入模块用来接收和采集输入信号。数字量输入模块用来接收从按钮、限位开关等来的数字量输入信号；模拟量输入模块用来接收电位器、测速发电机等提供的模拟量电流、电压信号，或直接接收热电阻、热电偶提供的温度信号。数字量输出模块用来控制接触器、电磁阀等输出设备;模拟量输出模块用来控制电动调节阀、变频器等执行器。

CPU 模块内部工作电压一般是 DC 5 V,而 PLC 的外部输入/输出信号电压一般为 DC 24 V 或 AC 220 V。所以,在信号模块中,用光耦合器、小型继电器等器件来隔离 PLC 的内部电路和外部的输入、输出电路。信号模块除了传递信号外,还有电平转换与隔离的作用。

3. 通信模块

通信模块安装在 CPU 模块的左边,最多可添加 3 块通信模块,可以使用点对点通信模块、PROFIBUS 模块、工业远程通信模块、AS-i 接口模块和 IO-Link 模块。

4. PROFINET 接口

PROFINET 是基于工业以太网的现场总线,是开放式的工业以太网标准,它使工业以太网的应用扩展到了控制网络最底层的现场设备。

集成的 PROFINET 接口用于编程、HMI 通信和 PLC 间的通信。此外它还通过开放的以太网协议支持 TCP/IP、ISO-on-TCP、S7 和 UDP 通信协议。

知识点二　PLC 控制系统原理图的设计

电气控制原理图是根据所要达到的控制过程需要的控制信号和被控制设备及控制要求绘制出来的,因此,绘制电气控制原理图首先要分析控制过程和控制要求,然后按一定的步骤来完成。设计 PLC 的电气控制原理图,首先要了解输入/输出信号的性质和相关要求,然后再根据所选用的 PLC 来合理地安排输入/输出地址,最后才能完成电气控制原理图的设计。

一、输入/输出点数

根据要实现的具体工作过程和控制要求厘清有哪些输入量,需要控制哪些对象。输入量的个数即所需要的输入点数,需要控制的对象所需要的信号数即所需要的输出点数。

二、PLC 的输入/输出地址分配表

输入/输出地址分配表(即 I/O 地址分配表)是根据控制要求中需要的输入信号和所要控制的设备来确定 PLC 的各输入/输出端子分别对应哪些输入/输出信号或设备所列出的表。

I/O 地址分配表一般要根据输入/输出信号的信息和相关要求及所选用的 PLC 型号来进行分配,关于输出信号,需要了解所控制设备的电源电压和工作电流,然后按照所需电源的不同进行分组。

三、绘制电气控制原理图的要求

在绘制电气控制原理图时,首先要求整体布局合理,一般是左边为输入回路,右边为输出回路,或者下边为输入回路,上边为输出回路,主要控制元件位于中间位置;其次要求所画原理图正确;再次所用元器件的图形符号应符合中华人民共和国国家标准,要求对所用元器件进行标注和说明,并对所有连线进行编号。

知识点三　PLC基本功能编程

梯形图(LAD)是使用得最多的PLC图形编程语言。它与继电器电路图很相似,具有直观易懂的优点,很容易被工厂熟悉继电器控制的电气人员掌握,特别适合于数字量逻辑控制。

一、西门子PLC梯形图的结构特点

西门子PLC梯形图由触点、线圈和用方框表示的指令框组成。如图3-2-6所示。触点代表逻辑输入条件,例如外部的开关、按钮和内部条件等。线圈通常代表逻辑运算的结果,常用来控制外部的负载和内部的标志位等。指令框用来表示定时器、计数器或者数学运算等指令。

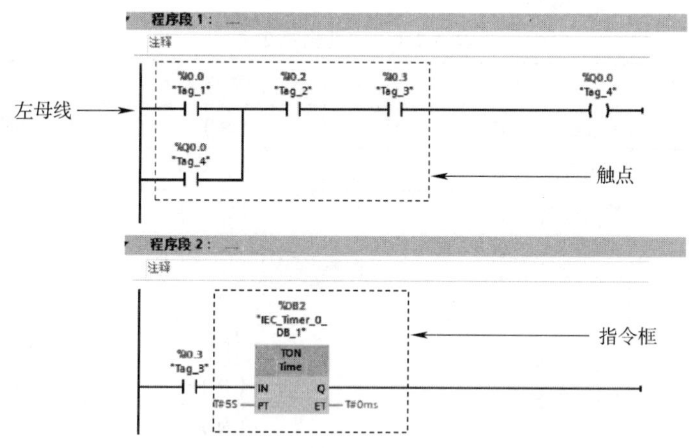

图3-2-6　西门子PLC梯形图

1. 程序段

触点和线圈等组成的电路称为程序段,英文名称为Network(网络),编程软件自动地为程序段编号。可以在程序段编号的右边加上程序段的标题,在程序段编号的下面为程序段加上注释(见图3-2-7)。单击编辑器工具栏上的按钮,可以显示或关闭程序段的注释。

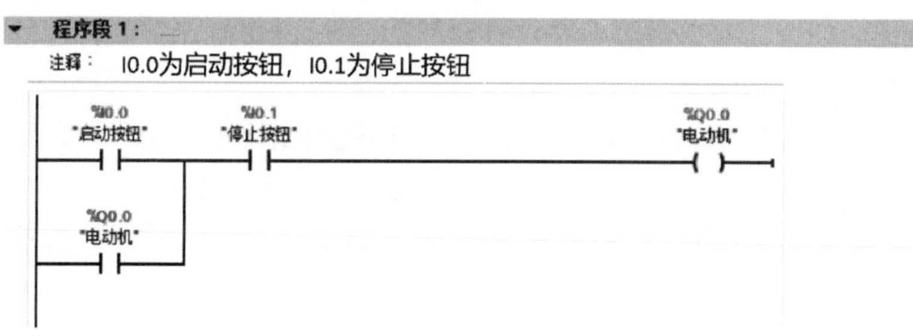

图3-2-7　程序段

2. 能流

在分析梯形图的逻辑关系时,为了借用继电器电路图的分析方法,可以想象在梯形图的左右两侧垂直"电源线"之间有一个左正右负的直流电源电压,当图3-2-7中I0.0与I0.1的触点同时接通,或Q0.0与I0.1的触点同时接通时,有一个假想的"能流"(Power Flow)流过Q0.0

的线圈。利用能流这一概念,可以借用继电器电路的术语和分析方法,帮助我们更好地理解和分析梯形图。能流只能从左往右流动。

程序段内的逻辑运算按从左往右的方向执行,与能流的方向一致。如果没有跳转指令,程序段之间按从上到下的顺序执行,执行完所有的程序段后,下一次扫描循环返回最上面的程序段1,重新开始执行。

二、西门子 PLC 基本指令

基本指令包括位逻辑指令、定时器、计数器、比较指令、数学指令、移动指令、转换指令、程序控制指令、逻辑运算指令以及移位和循环移位指令等。

1. 位逻辑指令(见表 3-2-1)

表 3-2-1 位逻辑指令表

图形符号	功能	图形符号	功能
─┤ ├─	常开触点(地址)	─(S)─	置位线圈
─┤/├─	常闭触点(地址)	─(R)─	复位线圈
─( )─	输出线圈	─(SET_BF)─	置位域
─(/)─	反向输出线圈	─(RESET_BF)─	复位域
─┤ NOT ├─	取反	─┤P├─	P 触点,上升沿检测
RS: R, S1, Q	RS 置位优先型 RS 触发器	─┤N├─	N 触点,下降沿检测
		─(P)─	P 线圈,上升沿
		─(N)─	N 线圈,下降沿
RS: R, R1, Q	SR 复位优先型 SR 触发器	P_TRIG: CLK, Q	P_Trig,上升沿
		T_TRIG: CLK, Q	N_Trig,下降沿

1)常开触点与常闭触点

常开触点在指定的位为1状态时闭合,为0状态时断开。常闭触点在指定的位为1状态时断开,为0状态时闭合。两个触点串联将进行"与"运算,两个触点并联将进行"或"运算。

2)取反 RLO 触点

中间有"NOT"的触点为取反 RLO 触点,它用来转换能流输入的逻辑状态。如果有能流流入取反 RLO 触点,该触点输入端的 RLO 为1状态,反之为0状态。

如果没有能流流入取反 RLO 触点,就有能流流出;如果有能流流入取反 RLO 触点,就没有能流流出。

3)线圈

输出线圈将输入的逻辑运算结果的信号状态写入指定的地址,线圈通电时写入1,断电时写入0。反向输出线圈中将有"/"符号。

4)置位、复位输出指令

S 指令将指定的位操作数置位(变为1状态并保持)。

R 指令将指定的位操作数复位(变为0状态并保持)。

如果同一操作数的 S 线圈和 R 线圈同时断电，则指定操作数的信号状态保持不变。

5)置位域和复位域指令

置位域指令“SET_BF”将指定的地址开始的连续的若干个位地址置位。在图 3-2-8 的 I0.6 的上升沿，从 M5.0 开始的 4 个连续的位被置位为 1 状态并保持该状态不变。

复位域指令“RESET_BF”将指定的地址开始的连续的若干个位地址复位。在图 3-2-8 的 M4.4 的下降沿，从 M5.4 开始的 3 个连续的位被复位为 0 状态并保持该状态不变。

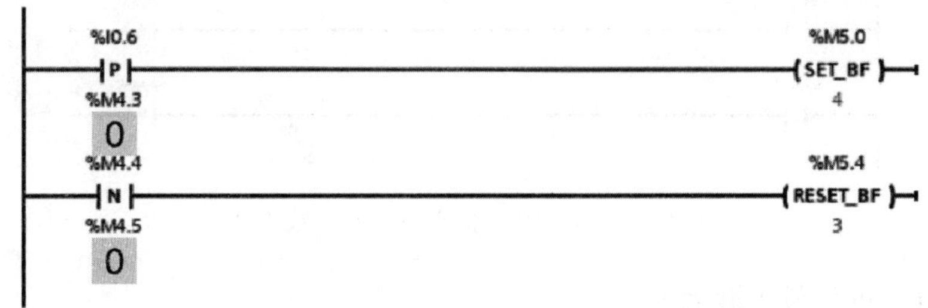

图 3-2-8　边沿检测触点与置位复位位域指令

6)SR 触发器与 RS 触发器

图 3-2-9 中的 SR 方框是置位/复位(复位优先)触发器，SR 触发器在 S 和 R1 信号同时为 1 时，输出位被复位为 0。

图 3-2-9 中的 RS 方框是复位/置位(置位优先)触发器，RS 触发器在 S1 和 R 信号同时为 1 时，输出位被置位为 1。

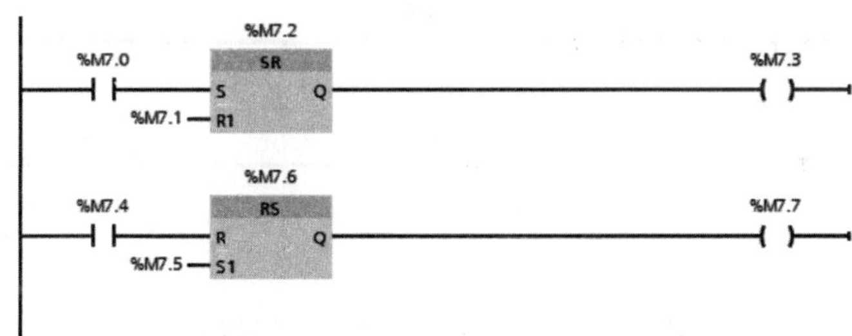

图 3-2-9　SR 触发器与 RS 触发器

7)扫描操作数信号边沿的指令

图 3-2-8 中间有 P 的触点指令的名称为“扫描操作数的信号上升沿”，如果该触点上面的输入信号 I0.6 由 0 状态变为 1 状态，则该触点接通一个扫描周期。边沿检测触点不能放在电路结束处。

图 3-2-8 中间有 N 的触点指令的名称为“扫描操作数的信号下降沿”，如果该触点上面的输入信号 M4.4 由 1 状态变为 0 状态，RESET_BF 的线圈“通电”一个扫描周期。

8)在信号边沿置位操作数的指令

图 3-2-10 中间有 P 的线圈是“在信号上升沿置位操作数”指令，仅在流进该线圈的能流的上升沿，该指令的输出位 M6.1 为 1 状态。其他情况下 M6.1 均为 0 状态，M6.2 为保存 P 线圈输入端的 RLO 的边沿存储位。

图 3-2-10 中间有 N 的线圈是“在信号下降沿置位操作数”指令，仅在流进该线圈的能流的

下降沿,该指令的输出位 M6.3 为 1 状态。其他情况下 M6.3 均为 0 状态,M6.4 为边沿存储位。

这两条指令不会影响逻辑运算结果 RLO,可以放置在程序段的中间或最右边。

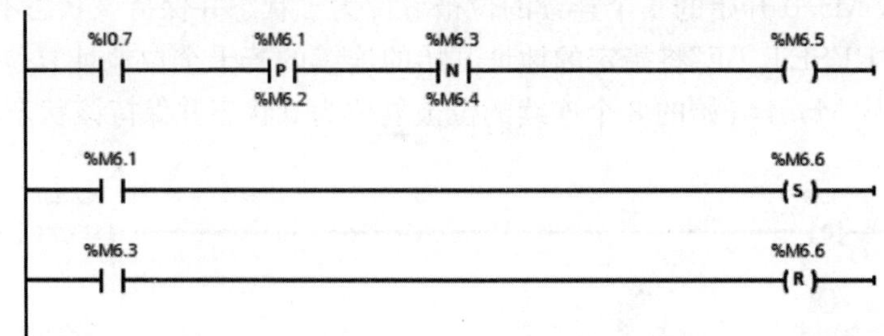

图 3-2-10　在 RLO 边沿置位操作数指令

9)扫描 RLO 的信号边沿指令

在流进“扫描 RLO 的信号上升沿”指令(P_TRIG 指令)的 CLK 输入端(见图 3-2-11)的能流的上升沿,Q 端输出脉冲宽度为一个扫描周期的能流,使 M8.1 置位。指令方框下面的 M8.0 是脉冲存储位。

在流进“扫描 RLO 的信号下降沿”指令(N_TRIG 指令)的 CLK 输入端的能流的下降沿,Q 端输出脉冲宽度为一个扫描周期的能流,使 Q0.6 复位。指令方框下面的 M8.2 是脉冲存储位。P_TRIG 指令与 N_TRIG 指令不能放在电路的开始处和结束处。

图 3-2-11　扫描 RLO 的信号边沿指令

2. 定时器指令

IEC 定时器和 IEC 计数器属于函数块 FB,调用时需要指定配套的背景数据块,定时器和计数器指令的数据保存在背景数据块中。选中图 3-2-12 中“T1”.Q 的常闭触点左边的水平线,单击↦按钮,打开右边的指令列表窗口,将“定时器操作”文件夹中的定时器指令拖放到梯形图中适当的位置,在出现的“调用选项”对话框中(见图 3-2-13),可以修改默认的背景数据块的名称。IEC 定时器没有编号,可以用背景数据块的名称(例如“T1”,或“1 号电机启动延时”)来做定时器的标识符。单击“确定”按钮,自动生成的背景数据块,如图 3-2-14 所示。

定时器的输入 IN 为启动输入端,在输入 IN 的上升沿,启动 TP、TON 和 TONR 开始定时。在输入 IN 的下降沿,启动 TOF 开始定时。

PT 为预设时间值,ET 为定时开始后经过的时间,称为当前时间值,它们的数据类型为 32 位的 Time,单位为 ms,最大定时时间为 T＃24D_20H_3IM_23S_647MS,D、H、M、S、MS 分别为日、时、分、秒和毫秒。

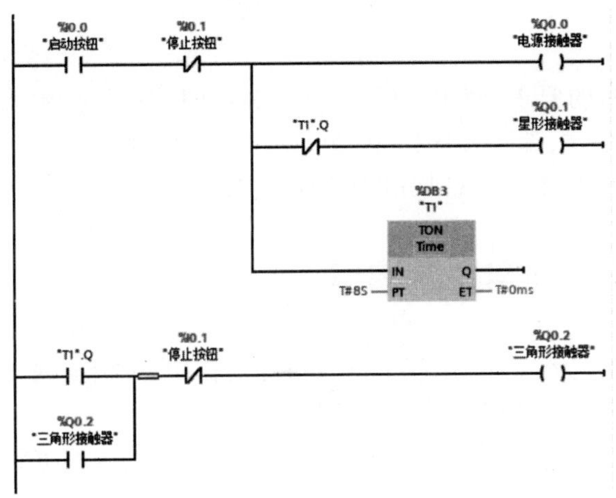

图 3-2-12　梯形图

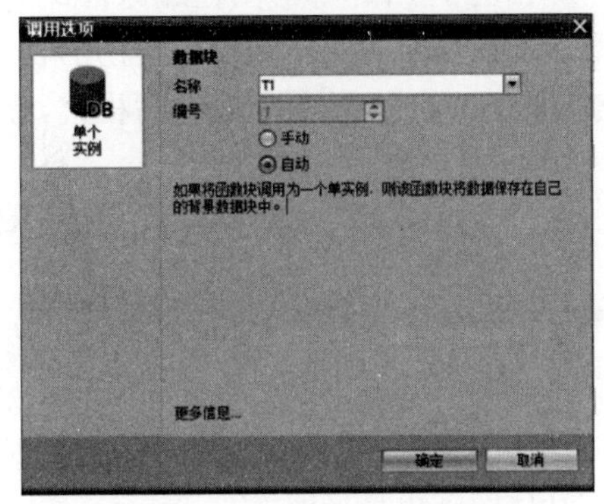

图 3-2-13　生成定时器背景数据块

1	▼ Static			☐	☐	☐	☐	☐
2	▪ ST	Time	T#0ms	☐	☑	☑	☑	☐
3	▪ PT	Time	T#0ms	☐	☑	☑	☑	☐
4	▪ ET	Time	T#0ms	☐	☑	☑	☑	☐
5	▪ RU	Bool	false	☐	☑	☑	☑	☐
6	▪ IN	Bool	false	☐	☑	☑	☑	☐
7	▪ Q	Bool	false	☐	☑	☑	☑	☐

图 3-2-14　定时器的背景数据块

可以不给输出 Q 和 ET 指定地址。Q 为定时器的位输出，各参数均可以使用 I(仅用于输入参数)、Q、M、D、L 存储区，PT 可以使用常量。定时器指令可以放在程序段的中间或结束处。

3. 计数器指令

IEC 计数器指令是函数块，调用它们时，需要生成保存计数器数据的背景数据块。

CU(见图 3-2-15)和 CD 分别是加计数输入和减计数输入，在 CU 或 CD 由 0 状态变为 1 状态时，当前计数器值 CV 被加 1 或减 1。PV 为预设计数值，Q 为布尔输出，R 为复位输入，CU、CD、R 和 Q 均为 Bool 变量。

将指令列表的“计数器操作”文件夹中的 CTU 指令拖放到工作区，单击方框中 CTU 下面的 3 个问号(见图 3-2-15)，再单击问号右边出现的下拉菜单按钮，用下拉式列表设置 PV 和 CV 的数据类型为 Int。

各变量均可以使用 I(仅用于输入变量)、Q、M、D 和 L 存储区，PV 还可以使用常数。

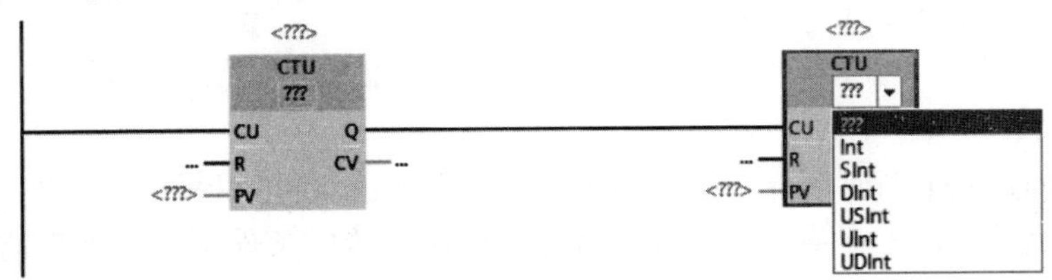

图 3-2-15　设置计数器的数据类型

三、西门子 PLC 梯形图的编写要求

西门子 PLC 梯形图在编写格式上有严格的要求,使用西门子 PLC 梯形图编程的技术人员要对西门子 PLC 梯形图中各元素的编程格式、编写顺序以及梯形图梯次的编排等有所了解,采用正确、规范的程序编写格式,方可确保西门子 PLC 梯形图编程的正确有效。

知识点四　PLC 顺序控制编程

所谓顺序控制,就是按照生产工艺预先规定的顺序,在各个输入信号的作用下,根据内部状态和时间的顺序,在生产过程中各个执行机构自动有秩序地进行操作。

使用顺序控制设计法时,首先根据系统的工艺过程,画出顺序功能图(SFC),然后根据顺序功能图画出梯形图。

顺序功能图是描述控制系统的控制过程、功能和特性的一种图形,也是设计 PLC 顺序控制程序的有力工具。顺序功能图并不涉及所描述的控制功能的具体技术,它是一种通用的技术语言,可以供进一步设计和不同专业的人员之间进行技术交流之用。

一、顺序功能图的基本元件(见图 3-2-16)

1. 步

系统的一个工作周期划分为若干个顺序相连的阶段,这些阶段称为步,并用编程元件来代表各步。

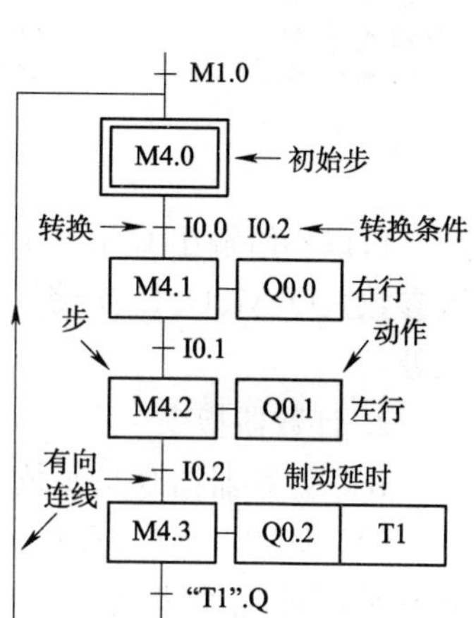

图 3-2-16　顺序功能图

2. 初始步与活动步

与系统的初始状态对应的步为初始步,初始状态一般是系统等待起动命令的相对静止的状态。初始步用双线方框表示,每一个顺序功能图至少应该有一个初始步。

当系统正处于某一步所在的阶段时,该步处于活动状态,称该步为“活动步”。步处于活动状态时,执行相应的非存储型动作;处于不活动状态时,停止执行相应的非存储型动作。

3. 与步对应的动作或命令

将一个控制系统划分为被控系统和施控系统。对于被控系统,在某一步中要完成某些动作;对于施控系统,在某一步中则要向被控系统发出某些命令。

4. 有向连线

在顺序功能图中,随着时间的推移和转换条件的实现,将会发生步的活动状态进展,这种进展按有向连线规定的路线和方向进行。

注意:自上而下和自左而右的有向箭头可以省略,其他箭头不可以省略。

5. 转换与转换条件

转换用有向连线上与有向连线垂直的短画线来表示,转换将相邻两步隔开。

使系统由当前步进入下一步的信号称为转换条件。转换条件可以是外部的输入信号,也可以是 PLC 内部产生的信号,还可以是若干个信号的与、或、非逻辑组合。

二、顺序功能图的基本结构

1. 单序列

单序列由一系列相继激活的步组成，每一步的后面仅有一个转换，每一个转换的后面只有一个步[见图 3-2-17(a)]。

2. 选择序列

选择序列的开始称为分支[见图 3-2-17(b)]，转换的符号只能标在水平连线之下。选择序列的结束称为合并，转换的符号只能标在水平连线之上。

3. 并行序列

并行序列用来表示系统的几个独立部分同时工作的情况，用水平双线来表示转换的同步实现。并行序列的开始称为分支[见图 3-2-17(c)]，在表示同步的水平双线之上，只允许有一个转换符号。并行序列的结束称为合并，在表示同步的水平双线之下，只允许有一个转换符号。

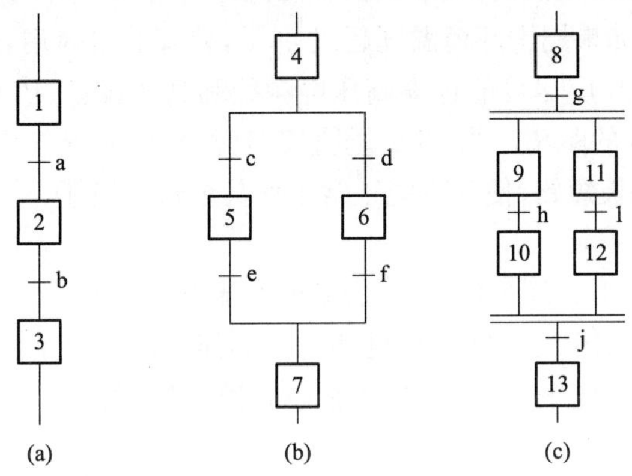

图 3-2-17　单序列、选择序列与并行序列

三、顺序功能图中转换实现的基本规则

1. 转换实现的条件

(1)该转换所有的前级步都是活动步。

(2)相应的转换条件得到满足。

2. 转换实现应完成的操作

(1)使所有由有向连线与相应转换符号相连的后续步都变为活动步。

(2)使所有由有向连线与相应转换符号相连的前续步都变为不活动步。

3. 绘制顺序功能图时的注意事项

(1)两个步绝对不能直接相连，必须用一个转换将它们隔开。

(2)两个转换绝对不能直接相连，必须用一个步将它们隔开。

(3)顺序功能图中的初始步一般对应于系统等待起动的初始状态。

(4)自动控制系统应能多次重复执行同一工艺过程，因此在顺序功能图中一般应有步和有向连线组成的闭环。

(5)在顺序功能图中，只有当某一步的前级是活动步时，该步才有可能变成活动步。

知识点五　PLC电气控制电路的安装与调试

一、PLC系统安装和接线原则

1. PLC系统的安装

在安装PLC时,需要考虑安装环境是否满足PLC的使用环境要求,PLC在好的工作环境下,可以有效地提高它的工作效率和寿命。

小型PLC外壳的4个角上,均有安装孔。有两种安装方法:一是用螺钉固定,不同的单元有不同的安装尺寸;另一种是DIN轨道固定。DIN轨道配套使用的安装夹板,左右各一对。在轨道上,先装好左右夹板,装上PLC,然后拧紧螺钉。为了使控制系统工作稳定,通常把PLC安装在有保护外壳的控制柜中,以防止灰尘、油污、水溅。为了保证PLC在工作状态下其温度保持在规定环境温度范围内,安装机器应有足够的通风空间,基本单元和扩展单元之间要有30 mm以上间隔。如果周围环境温度超过50℃,要安装电风扇,强迫通风。为了避免其他外围设备的电干扰,PLC应尽可能远离高压电源线和高压设备,PLC与高压设备和电源线之间应留出至少200 mm的距离。当PLC垂直安装时,要严防导线头、铁屑等从通风窗掉入PLC内部,造成印制电路板短路,使其不能正常工作甚至永久损坏。

2. 电源接线

PLC供电电源为50 Hz、220×(1±10%)V的交流电。

对于电源线来的干扰,PLC本身具有足够的抵制能力。如果电源干扰特别严重,可以安装一个变比为1∶1的隔离变压器,以减少设备与地之间的干扰。

3. 良好的接地

这是保证PLC稳定工作的重要条件,可以避免偶然发生的电压冲击危害。

接地线与机器的接地端相接,基本单元接地。如果要用扩展单元,其接地点应与基本单元的接地点接在一起。为了抑制加在电源及输入端、输出端的干扰,应给PLC接上专用地线,接地点应与动力设备(如电动机)的接地点分开。若达不到这种要求,也必须做到与其他设备公共接地,禁止与其他设备串联接地。接地点应尽可能接近PLC。

4. 直流24 V接线端

直流24 V接线端使用无源触点的输入器件时,PLC内部24 V电源通过输入器件向输入端提供每点7 mA的电流。

PLC上的24 V接线端子,还可以向外部传感器(如接近开关或光电开关)提供电流。24 V端子作传感器电源时,COM端子是直流24 V地端。如果采用扩展全部,则应将基本单元和扩展单元的24 V端连接起来。另外,任何外部电源不能接到这个端子。如果发生过载现象,电压将自动跌落,该点输入对PLC不起作用。每种型号的PLC的输入点数量是有规定的。对每一个尚未使用的输入点,它不耗电,因此在这种情况下,24 V电源端子向外供电流的能力可以增加。

5. 输入接线

输入接线端子是PLC与外部传感器负载转换信号的端口。输入接线,一般指外部传感器与输入端口的接线。输入器件可以是任何无源的触点或集电极开路的NPN型管。输入器件接通时,输入端接通,输入线路闭合,同时输入指示的发光二极管亮。输入端的一次电路与二

次电路之间，采用光耦合器隔离。二次电路带 RC 滤波器，以防止由于输入触点抖动或从输入线路串入的电噪声引起 PLC 误动作。若在输入触点电路串联二极管，在串联二极管上的电压应小于 4 V。若使用带发光二极管的舌簧开关，串联二极管的数目不能超过两只。另外，输入接线还应特别注意以下几点：

(1)输入接线一般不要超过 30 m。但如果环境干扰较小，电压降不大时，输入接线可适当长一些。

(2)输入、输出接线不能用同一根电缆，输入、输出接线要分开。

(3)PLC 所能接受的脉冲信号的宽度，应大于扫描周期的时间。

6. 输出接线

(1)PLC 有继电器输出、晶体管输出。

(2)输出端接线分为独立输出和公共输出。当 PLC 的输出继电器或晶体管动作时，同一号码的两个输出端接通。在不同组中，可采用不同类型和电压等级的输出电压。但在同一组中的输出只能用同一类型、同一电压等级的电源。

(3)由于 PLC 的输出器件被封装在印制电路板上，并且连接至端子板，若将连接输出元件的负载短路，将烧毁印制电路板，因此，应用熔丝保护输出器件。

(4)采用继电器输出时，承受的电感性负载大小影响到继电器的工作寿命，因此继电器工作寿命要长。

(5)PLC 的输出负载可能产生噪声干扰，因此要采取措施加以控制。此外，对于能使用户造成伤害的危险负载，除了在控制程序中加以考虑之外，还应设计外部紧急停车电路，使得 PLC 发生故障时，能将引起伤害的负载电源切断。交流输出接线和直流输出接线不要用同样的电缆，输出接线应尽量远离高压线和动力线，避免并行。

二、PLC 系统的调试与日常维护

为了保障 PLC 系统能够正常运行，在 PLC 系统安装接线完毕后，需要对安装后的 PLC 系统调试，这也是 PLC 系统投入使用前的关键环节。另外，在 PLC 系统投入使用后，还应定期对 PLC 系统进行日常维护，确保 PLC 系统安全、可靠地运行。

1. PLC 系统的调试

根据 I/O 原理图逐段确认 PLC 系统的接线有无漏接、错接之处，检查接线接点连接是否符合工艺标准，若通过逐段检查无异常，则可使用万用表检查连接的 PLC 线路有无短路、断路及接地不良现象，若出现连接故障，应及时调整。

1)检查电源电压

在 PLC 系统通电前，检查系统供电电源与预先设计的 PLC 系统图中的电源是否一致，检查时，可合上电源总开关进行检测。

2)检查 PLC 程序

将 PLC 程序、触摸屏程序、显示文本程序等输入到相应的系统内，若系统出现报警情况，应对其系统的接线、设定参数、外部条件及 PLC 程序等进行检查，并对其产生报警的部位重新连接或调整。

3)空载和负载调试

了解设备的工艺流程后，进行手动空载调试，检查手动控制的输出点是否有相应的输出。

若有问题,应立即解决;若手动空载调试正常,再进行手动带负载调试,手动带负载调试时应记录调试电流、电压等参数。

4)联机调试

完成空载和负载调试后,将设备连接进行联机调试,调试无误后,可对其进行上电运行一段时间,观察系统工作是否稳定。若均正常,则该系统可投入使用。

2. PLC 系统的日常维护

1)电源的检查

检测 PLC 电源电压,看是否为额定值或有无频繁波动的现象。电源电压必须工作在额定范围之内,且波动不能大于 10%。若有异常,则应检查供电线路。

2)环境的检查

检查 PLC 的使用环境,看环境温度、湿度是否在允许范围之内(温度在 0~55℃之间,湿度在 35%~85%之间),若短过允许范围,则应降低或升高温度以及加湿或除湿操作。安装环境不能有大量的灰尘、污物等现象,若有,则应及时清理。

3)输入、输出电源的检查

检查输入、输出端子处的电压变化是否在规定的标准范围内。若有异常,则应检查。

4)安装的检查

检查 PLC 设备各单元的连接是否良好,连接线有无松动、断裂及破损等现象,控制柜的密封性是否良好等。若有安装不良的部件,则应重新连接,更换断裂或破损的连接线。

5)元件使用寿命的检查

对于一些有使用寿命的元件,如锂电池、输出继电器等,应定期检查,以保证锂电池的电压在额定范围之内,输出继电器的使用寿命在允许范围之内。若锂电池的电压下降到一定程度时,应更换锂电池,应首先让 PLC 通电 15 s 以上,再断开 PLC 的交流电源,将旧电池拆下,装上新电池即可。在更换电池时,一般不允许超过 3 min,若等待时间过长,则存储器中存储器的程序将消失,还需重新写入。

知识点六　PLC 电气设计与绘图规范

电气图是示意性的工程图,它主要由图形符号、线框和简化外形组成,表示电气系统或电气设备中各组成部分之间的相互关系和连接关系。

《电气技术用文件的编制　第 1 部分:规则》(GB/T 6988.1—2008)明确规定了电气图符、比例、字体、图线等方面的基本要求。

电气技术文件包括技术人员熟知的概略图、逻辑图、电路图、接线图等电气简图,也包括接线表、元件表、说明书等设计文件。电气技术文件编制中的文件,按其用途及使用特征进行分类,主要有功能性文件、位置文件、接线文件、项目表及说明文件等。

电气图形符号一般包括图用图形符号、设备用图形符号、标志用图形符号和标注用图形符号等。它们的表达形式和应用范围是大不相同的。应用最多的是电气图用图形符号。此外,还必须标注一些其他文字符号和项目代号,以区别其名称、功能、状态、特征、相互关系、安装位置等。

电路图中的元件和器件都以图形符号的形式出现在图上,应采用国家标准 GB/T 4728 所规定的图形符号来绘制。电路图应尽可能按其工作原理的顺序从左向右、自上而下排列。电

源在图中的布置应使所有的电源线集中绘制在电路的一侧或上部或下部，多相电源电路还要按相序从上到下或自左至右排列，中性线画在相线的下方或右边。电路图除使用图形符号外，还应加注项目代号和元器件的主要参数。

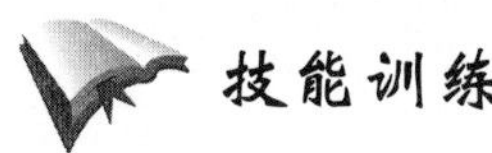

技能训练

扫一扫

PLC控制的正反转电路安装

训练一　PLC 控制的正反转电路设计、安装与调试

扫一扫

PLC控制的正反转电路调试

一、训练目的

(1)熟练掌握正反转 PLC 控制系统设计；
(2)掌握 PLC 控制的正反转电路安装与调试方法。

二、训练工器具与材料(见表 3-2-2)

表 3-2-2　训练工器具与材料

序　号	工器具名称	单　位	数　量	备　注
1	三相异步电动机	台	1	
2	西门子 S7-1200 PLC	台	1	
3	断路器	个	1	
4	熔断器	个	5	
5	交流接触器	个	2	
6	热继电器	个	1	
7	组合按钮	个	1	

三、训练内容

1. 识读电路图

正反转控制电路原理图如图 3-2-18 所示。

电路的工作原理：

工作时合上 QF，电源引入。正转工作时按下正转起动按钮 SB2，SB2 的动断触点先断开反转电路，实现按钮互锁；然后 SB2 的动合触点闭合，KM1 线圈得电，KM1 动断联锁触点分断对反转电路的联锁，实现接触器互锁，之后 KM1 动合触点闭合形成自锁，KM1 主触点闭合，电动机连续正转。

反转工作时可直接按下 SB3，反转工作电路与正转工作电路完全相同。

停止工作时，按下 SB1，线圈失电，电动机停止转动。

根据电气原理总结出三相异步电动机正反转的控制要求：按下 SB2，电动机正转；按下 SB3，电动机反转；按下 SB1，电动机停转。

2. PLC 设计分析

1)I/O 分配表

按表 3-2-3 所示分配 I/O 地址。

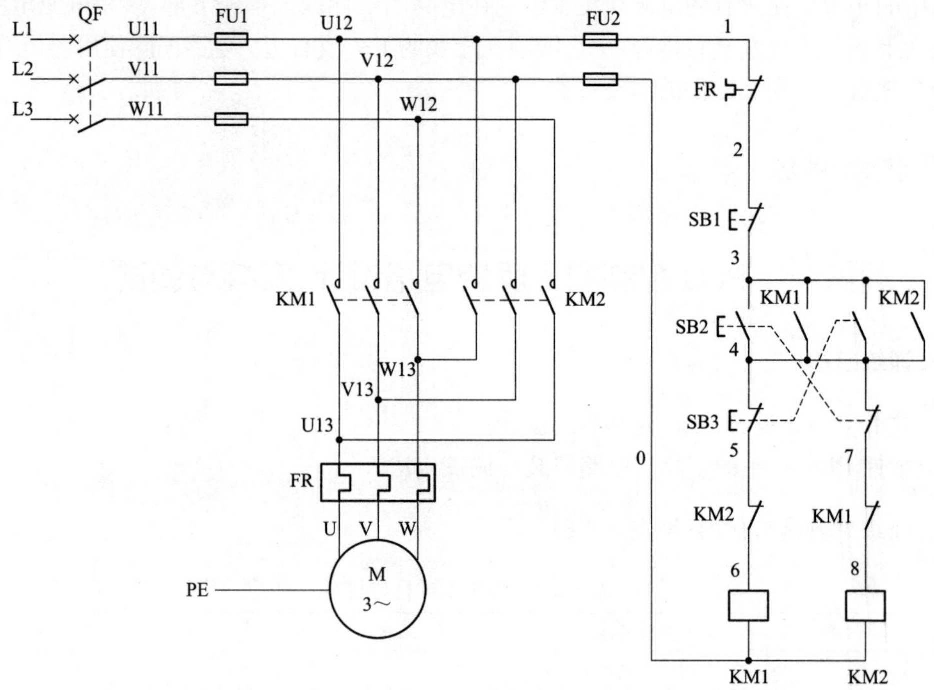

图 3-2-18　正反转控制电路原理图

表 3-2-3　I/O 分配表

输入		输出	
输入元件	输入继电器	输出元件	输出继电器
SB1	I0.0	KM1	Q0.0
SB2	I0.1	KM2	Q0.1
SB3	I0.2		

2)PLC 外部接线图

PLC 外部接线图如图 3-2-19 所示。

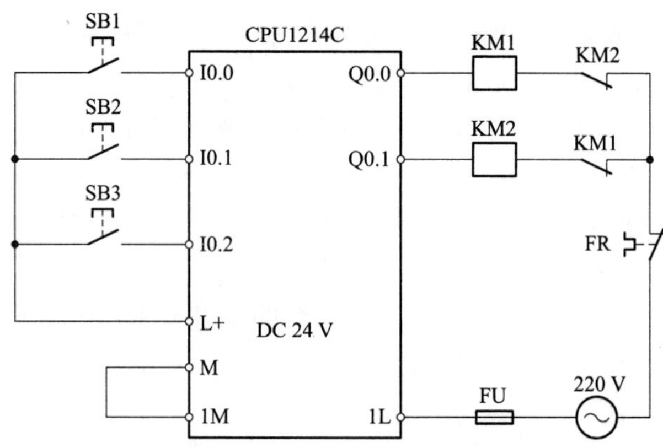

图 3-2-19　PLC 外部接线图

3)梯形图

梯形图如图 3-2-20 所示。

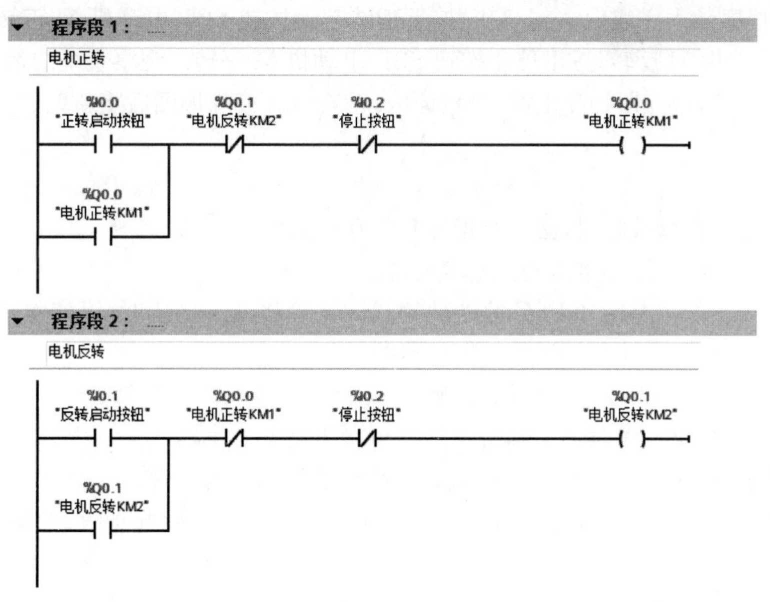

图 3-2-20 梯形图

3. 主电路及 PLC 外部电路接线

1)主电路接线

主电路的接线根据电气原理图主电路部分接线。接线前用万用表依次检测：断路器 QF、熔断器 FU1、热继电器 FR 等元器件的工作性能是否完好。根据主电路的连接情况从左到右，从上到下依次连接，电路横平竖直，紧贴网孔板，绕线圈顺时针连接。所有导线全部垂直进元件，进线槽，安装完毕后压盖板。

2)PLC 外部电路接线

PLC 外部电路接线分为三大块进行，即电源部分、输入模块和输出模块。

(1)电源部分：将 PLC 的 L、N 端接入电源的 L、N 端，正确连接断路器，做好电路的保护工作。

(2)输入模块：将按钮的进线端依次接入 PLC 的输入端 I0.0、I0.1、I0.2 端，输出端按钮盒内短接，引出到 PLC 输入端的 COM 接线端。接线完成后用万用表的欧姆挡 R×2k 挡依次把红表笔放在 I0.0、I0.1、I0.2 端，黑表笔放在 PLC 输入端的 COM 接线端，依次按下绿、黑、红 3 个按钮，若万用表指针偏转，则说明电路连接正确；若万用表指针不动，则说明输入回路连接错误，根据逐点排除法，检查出故障点。

(3)输出模块：将继电器的线圈和用到的互锁触点按 PLC 外部接线图与 PLC 的输出端 Q0.0 和 Q0.1 连接，形成回路。注意 Q0.0 连接 KM1 线圈，KM1 线圈出线端连接 KM2 的动断触点。同理，Q0.1 连接 KM2 线圈，KM2 线圈出线端连接 KM1 的动断触点。这样在外部接线图中形成接线上的硬件互锁，以保证电动机的正反转不会同时进行。检查热继电器的动断触点是否接通。

4. 电路联调

(1)用万用表欧姆挡 R×2k 挡检测所连电路的正确性,经指导教师初检后,通电输入程序。

(2)PLC 程序录入完成后,合上 QF,按下正转起动按钮 SB2,电动机 M 正转;按下反转起动按钮 SB3,电动机 M 反转,按下停止按钮 SB1,电动机 M 停转。观察系统的运行情况并做好记录。如出现故障,应立即切断电源,分析原因,检查电路或梯形图后重新调试,直至系统实现电路功能。

(3)注意事项:

①带电验证和检修故障时,必须有指导教师在场监护。

②不能随意更改线路和带电触摸电气元件。

③要按电气图的主电路和 PLC 的外部接线图正确接线。接线时,不能将正、反转接触器的互锁触点接反,否则不能起到硬件互锁的目的。

④要注意主电路必须要进行换相,否则,电动机只能进行单向运转。

⑤仪表使用要正确,以防止引起错误判断和损坏仪表。

⑥通电检验时,应先合上 QF,再检验 3 个按钮的控制是否正常。

⑦电动机必须安放平稳,以防止在可逆运转时,产生滚动而引起事故,并应将金属外壳可靠接地。

四、考核评价

考核评价表见表 3-2-4。

表 3-2-4 考核评价表(工时:1.5 h)

项目内容	配 分	评分标准	扣 分	得 分
程序设计	30 分	(1)输入/输出地址分配正确。遗漏或错误,每处扣 2 分。 (2)梯形图编写规范、正确,能实现控制要求。梯形图编写不规范,每处扣 2 分,不能正确实现控制要求每项扣 10 分		
电路设计	30 分	PLC 接线图绘制完整、正确。绘制错误或遗漏,每处扣 3 分		
程序输入及模拟调试	20 分	(1)软件使用熟练。操作不熟练,输入程序时出错,每处扣 3 分。 (2)正确进行程序调试。不会模拟调试程序扣 5 分,调试步骤不正确或达不到控制要求扣 5 分		
安全文明生产	20 分	(1)严格遵守安全操作规程。违反安全操作规程,酌情扣 3～20 分。 (2)工具、仪器仪表摆放整齐。工具摆放不整齐,或未按规定位置摆放,每件扣 2 分		

扫一扫

PLC控制的星-三角起动电路安装

扫一扫

PLC控制的星-三角起动电路调试

训练二 PLC 控制的星-三角起动电路设计、安装与调试

一、训练目的

(1)熟练掌握星-三角起动的 PLC 控制系统设计;

(2)掌握 PLC 控制的星-三角起动电路的安装与调试方法。

二、训练工器具与材料(见表 3-2-5)

表 3-2-5　训练工器具与材料

序　号	工器具名称	单　位	数　量	备　注
1	三相异步电动机	台	1	
2	西门子 S7-1200 PLC	台	1	
3	断路器	个	1	
4	熔断器	个	5	
5	交流接触器	个	3	
6	热继电器	个	1	
7	组合按钮	个	1	

三、训练内容

1. 识读电路图

星-三角起动电路原理图如图 3-2-21 所示。

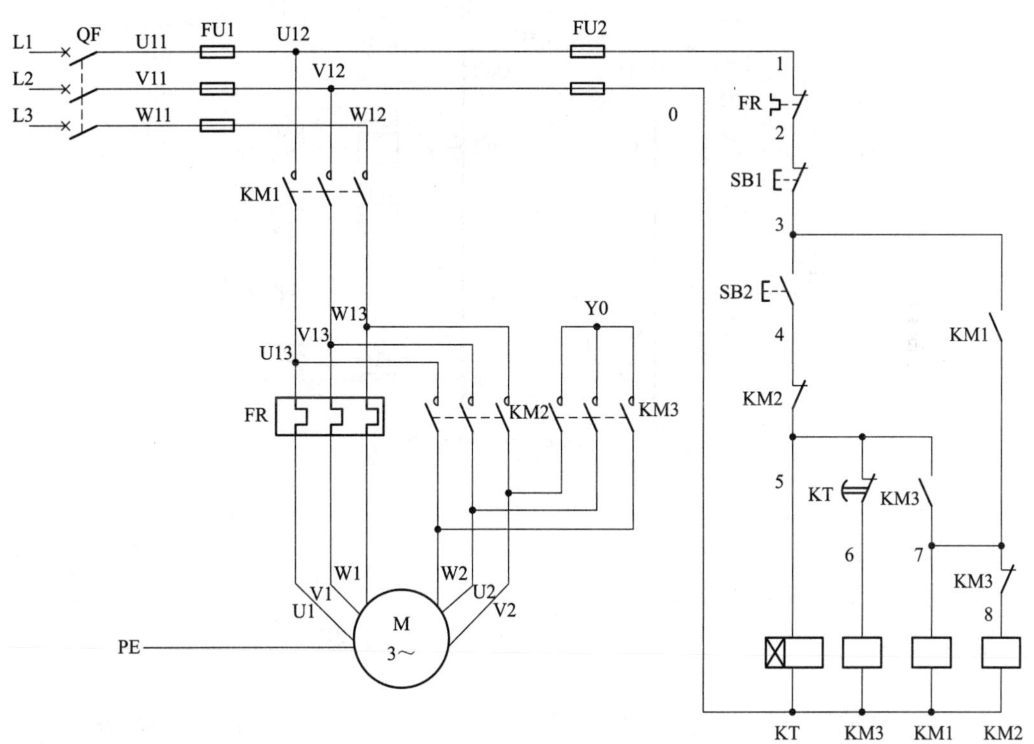

图 3-2-21　星-三角起动电路原理图

电路的工作原理：

合上 QF,星形起动:按下起动按钮 SB2,则接触器 KM1、KM3 和时间继电器 KT 的线圈同时得电,其触点闭合并自锁。此时电动机星形起动。

三角形运行:随着转速的提高,电动机电流下降,时间继电器 KT 的延时动断触点断开(设定时间为 3 s),3 s 后接触器 KM3 失电,断开星形联结。同时,KT 的延时动合触点闭合,接触器 KM2 线圈得电闭合并自锁,电动机 M 换接成三角形联结运行。

停止:按下停止按钮 SB1,接触器 KM1、KM2 线圈失电,电动机 M 停止运行。

2. PLC 分析

1)I/O 分配表

按表 3-2-6 所示分配 I/O 地址。

表 3-2-6 I/O 分配表

输入		输出	
输入元件	输入继电器	输出元件	输出继电器
SB1	I0.0	KM1	Q0.0
SB2	I0.1	KM2	Q0.1
		KM3	Q0.2

2)PLC 外部接线图

PLC 外部接线图如图 3-2-22 所示。

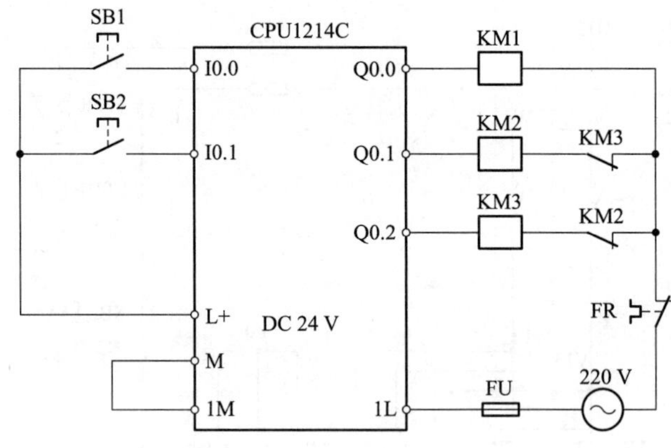

图 3-2-22 外部接线图

3)梯形图

梯形图如图 3-2-23 所示。

3. 主电路及 PLC 外部电路接线

主电路及 PLC 外部电路接线可以参照本项目训练一中的相关内容。

4. 电路联调

(1)用万用表欧姆挡 R×2k 挡检测所连电路的正确性,经指导教师初检后,通电输入程序。

(2)PLC 程序录入完成后,合上 QF,按下正转起动按钮 SB2,电动机 M 星形起动;整定时间到,电动机 M 转三角形运行,按下停止按钮 SB1,电动机 M 停转。观察系统的运行情况并做好记录。如出现故障,应立即切断电源,分析原因,检查电路或梯形图后重新调试,直至系统实现电路功能。

(3)注意事项(参照本项目训练一)。

图 3-2-23　梯形图

四、考核评价

考核评价表见表 3-2-7。

表 3-2-7　考核评价表(工时:1.5 h)

项目内容	配　分	评分标准	扣　分	得　分
程序设计	30 分	(1)输入/输出地址分配正确。遗漏或错误,每处扣 2 分。 (2)梯形图编写规范、正确,能实现控制要求。梯形图编写不规范,每处扣 2 分,不能正确实现控制要求每项扣 10 分		
电路设计	30 分	PLC 接线图绘制完整、正确。绘制错误或遗漏,每处扣 3 分		
程序输入及模拟调试	20 分	(1)软件使用熟练。操作不熟练,输入程序时出错,每处扣 3 分。 (2)正确进行程序调试。不会模拟调试程序扣 5 分,调试步骤不正确或达不到控制要求扣 5 分		
安全文明生产	20 分	(1)严格遵守安全操作规程。违反安全操作规程,酌情扣 3～20 分。 (2)工具、仪器仪表摆放整齐。工具摆放不整齐,或未按规定位置摆放,每件扣 2 分		

训练三　PLC 控制的 3 台电动机顺序起动电路设计、安装与调试

扫一扫

PLC控制的3台电动机顺序起动电路安装

扫一扫

PLC控制的3台电动机顺序起动电路调试

一、训练目的

(1)熟练掌握 3 台电动机顺序起动的 PLC 控制系统设计;

(2)掌握 PLC 控制的 3 台电动机顺序起动电路的安装与调试方法。

二、训练工器具与材料(见表 3-2-8)

表 3-2-8　训练工器具与材料

序　号	工器具名称	单　位	数　量	备　注
1	三相异步电动机	台	3	
2	西门子 S7-1200 PLC	台	1	
3	断路器	个	1	
4	熔断器	个	5	
5	交流接触器	个	3	
6	热继电器	个	3	
7	组合按钮	个	1	

三、训练内容

1. 识读电路图

3 台电动机顺序起动电路原理图如图 3-2-24 所示。

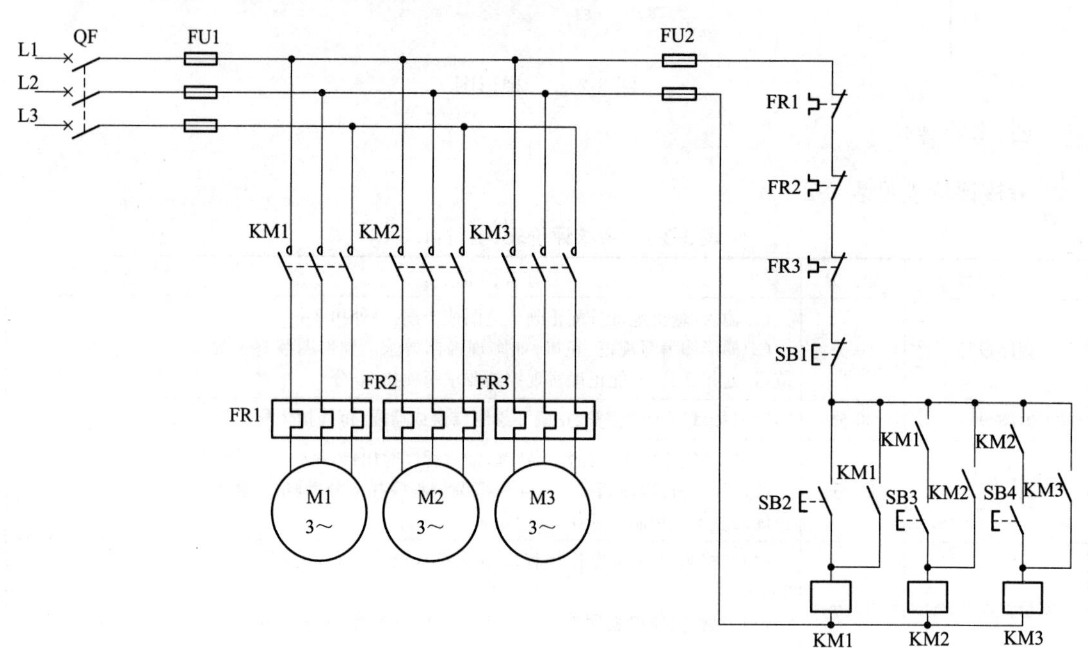

图 3-2-24　3 台电动机顺序起动电路原理图

电路的工作原理：

合上 QF，按下 SB2，则接触器 KM1 线圈得电，电动机 M1 起动运行；接着按下 SB3，则接触器 KM2 线圈得电，电动机 M2 起动运行；再按下 SB4，则接触器 KM3 线圈得电，电动机 M3 起动运行。

停止：按下停止按钮 SB1，接触器 KM1、KM2、KM3 线圈一起失电，电动机 M1、M2、M3 停止运行。

2. PLC 控制分析

1)I/O 分配表

按表 3-2-9 所示分配 I/O 地址。

表 3-2-9　I/O 分配表

输入		输出	
输入元件	输入继电器	输出元件	输出继电器
SB1	I0. 0	KM1	Q0. 0
SB2	I0. 1	KM2	Q0. 1
SB3	I0. 2	KM3	Q0. 2
SB4	I0. 3		

2)PLC 外部接线图

PLC 外部接线图如图 3-2-25 所示。

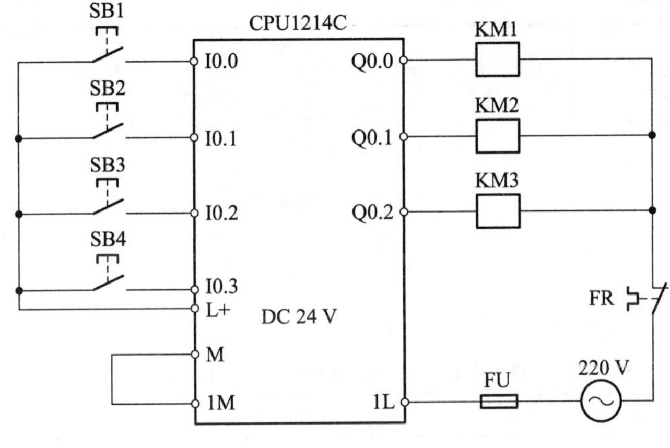

图 3-2-25　外部接线图

3)梯形图

梯形图如图 3-2-26 所示。

3. 主电路及 PLC 外部电路接线

主电路及 PLC 外部电路接线可以参照本项目训练一中的相关内容。

4. 电路联调

(1)用万用表欧姆挡 R×2k 挡检测所连电路的正确性,经指导教师初检后,通电输入程序。

(2)PLC 程序录入完成后,合上 QF,按下 SB2,电动机 M1 起动运行;接着按下 SB3,电动机 M2 起动运行;再按下 SB4,电动机 M3 起动运行。按下停止按钮 SB1,电动机 M1、M2、M3 停止运行。观察系统的运行情况并做好记录。如出现故障,应立即切断电源,分析原因,检查电路或梯形图后重新调试,直至系统实现电路功能。

(3)注意事项(参照本项目训练一)。

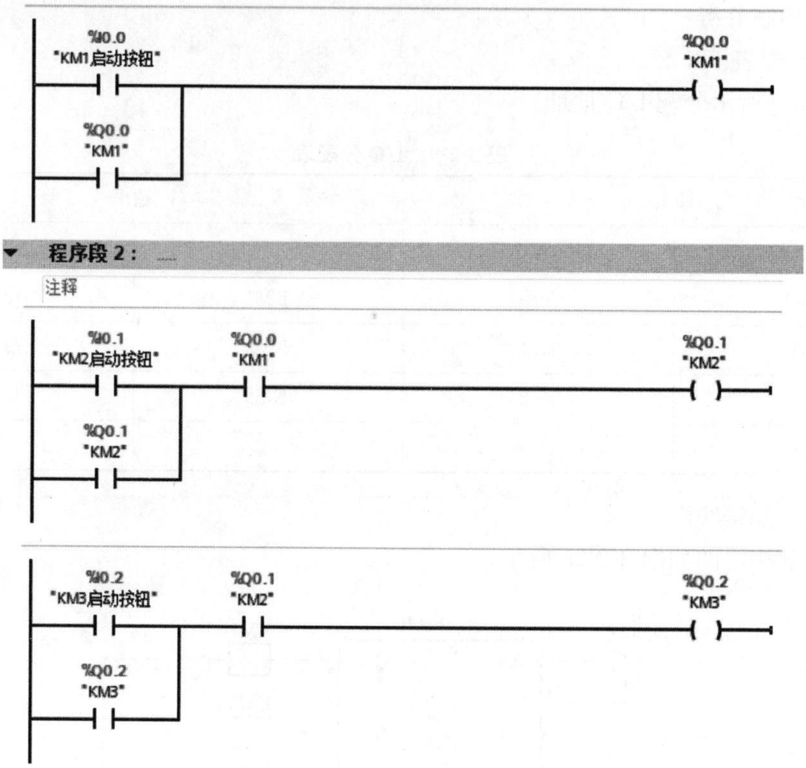

图 3-2-26　梯形图

四、考核评价

考核评价表见表 3-2-10。

表 3-2-10　考核评价表(工时:1.5 h)

项目内容	配　分	评分标准	扣　分	得　分
程序设计	30 分	(1)输入/输出地址分配正确。遗漏或错误,每处扣 2 分。 (2)梯形图编写规范、正确,能实现控制要求。梯形图编写不规范,每处扣 2 分,不能正确实现控制要求每项扣 10 分		
电路设计	30 分	PLC 接线图绘制完整、正确。绘制错误或遗漏,每处扣 3 分		
程序输入及模拟调试	20 分	(1)软件使用熟练。操作不熟练,输入程序时出错,每处扣 3 分。 (2)正确进行程序调试。不会模拟调试程序扣 5 分,调试步骤不正确或达不到控制要求扣 5 分		
安全文明生产	20 分	(1)严格遵守安全操作规程。违反安全操作规程,酌情扣 3～20 分。 (2)工具、仪器仪表摆放整齐。工具摆放不整齐,或未按规定位置摆放,每件扣 2 分		

扫一扫

PLC控制的高低速电路安装

PLC控制的高低速电路调试

训练四　PLC 控制的高低速电路设计、安装与调试

一、训练目的

(1)熟练掌握双速异步电动机 PLC 控制系统的设计;

(2)掌握 PLC 控制的高低速电路的安装与调试方法。

二、训练工器具与材料(见表 3-2-11)

表 3-2-11　训练工器具与材料

序　号	工器具名称	单　位	数　量	备　注
1	三相双速异步电动机	台	1	
2	西门子 S7-1200 PLC	台	1	
3	断路器	个	1	
4	熔断器	个	5	
5	交流接触器	个	3	
6	热继电器	个	2	
7	组合按钮	个	1	

三、训练内容

1. 识读电路图

高低速电路电气原理图如图 3-2-27 所示。

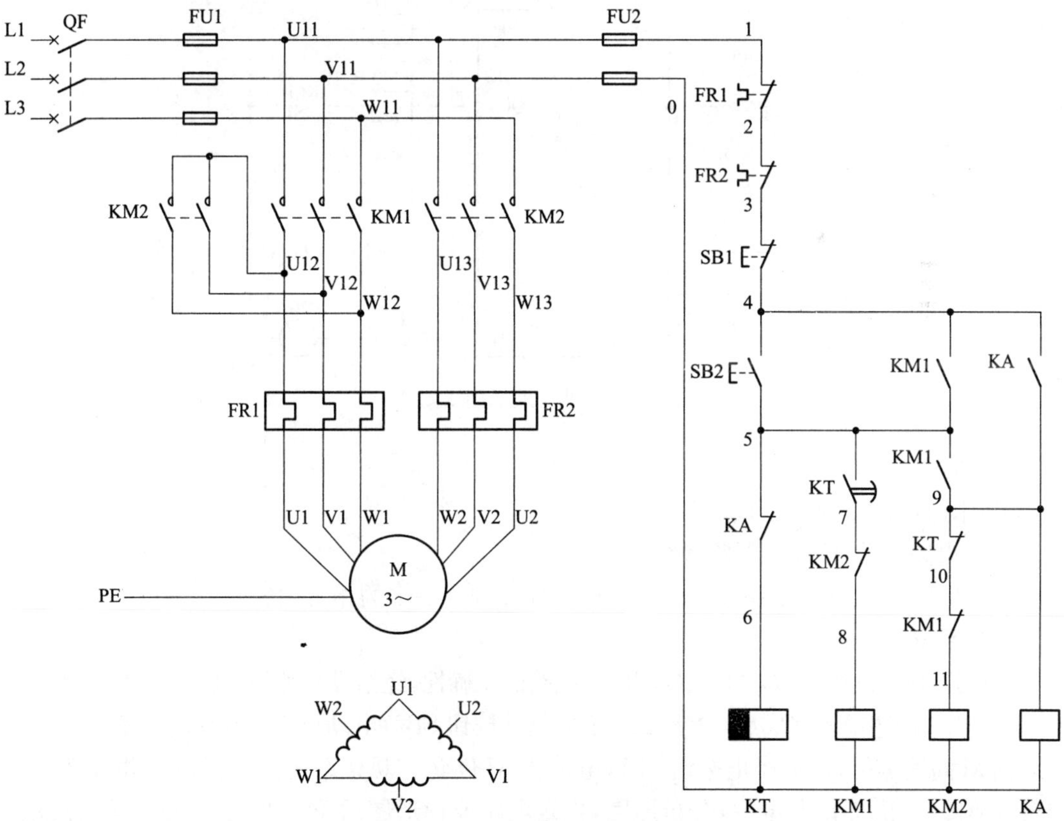

图 3-2-27　高低速电路电气原理图

合上 QF,控制电路接上电源,按下 SB2,KT、KM1、KA 触点闭合,双速电动机三角形联结,为低速;KA、KM2 触点闭合,双速电动机双星形联结,为高速。KM1、KM2 得电后的切换动作由时间继电器自动控制。电路要求接触器 KM1 和 KM2 不能同时得电,因此在控制电路中设置了电气互锁。

2. PLC 分析

1)I/O 分配表

按表 3-2-12 所示分配 I/O 地址。

表 3-2-12　I/O 分配表

输入		输出	
输入元件	输入继电器	输出元件	输出继电器
SB1	I0. 0	KM1	Q0. 0
SB2	I0. 1	KM2	Q0. 1
		KM3	Q0. 2

2)PLC 外部接线图

PLC 外部接线图如图 3-2-28 所示。

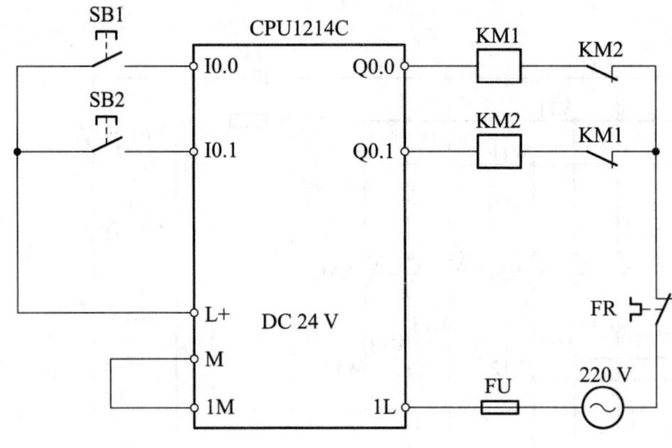

图 3-2-28　外部接线图

3)梯形图

梯形图如图 3-2-29 所示。

3. 主电路及 PLC 外部电路接线

主电路及 PLC 外部电路接线可以参照本项目训练一中的相关内容。

4. 电路联调

(1)用万用表欧姆挡 R×2k 挡检测所连电路的正确性,经指导教师初检后,通电输入程序。

(2)PLC 程序录入完成后,合上 QF,按下起动按钮 SB2,电动机 M 低速起动;整定时间到,电动机 M 高速运行,按下停止按钮 SB1,电动机 M 停转。观察系统的运行情况并做好记录。如出现故障,应立即切断电源,分析原因,检查电路或梯形图后重新调试,直至系统实现电路功能。

(3)注意事项(参照本项目训练一)。

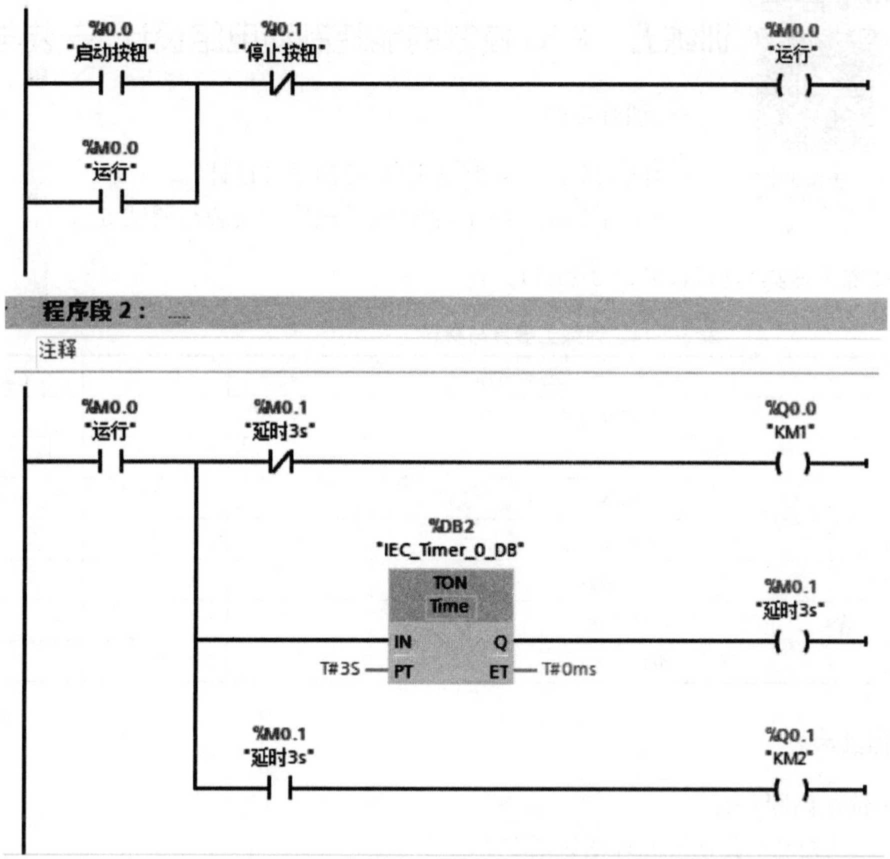

图 3-2-29　梯形图

四、考核评价

考核评价表见表 3-2-13。

表 3-2-13　考核评价表(工时:1.5 h)

项目内容	配　分	评分标准	扣　分	得　分
程序设计	30 分	(1)输入/输出地址分配正确。遗漏或错误,每处扣 2 分。 (2)梯形图编写规范、正确,能实现控制要求。梯形图编写不规范,每处扣 2 分,不能正确实现控制要求每项扣 10 分		
电路设计	30 分	PLC 接线图绘制完整、正确。绘制错误或遗漏,每处扣 3 分		
程序输入及模拟调试	20 分	(1)软件使用熟练。操作不熟练,输入程序时出错,每处扣 3 分。 (2)正确进行程序调试。不会模拟调试程序扣 5 分,调试步骤不正确或达不到控制要求扣 5 分		
安全文明生产	20 分	(1)严格遵守安全操作规程。违反安全操作规程,酌情扣 3～20 分。 (2)工具、仪器仪表摆放整齐。工具摆放不整齐,或未按规定位置摆放,每件扣 2 分		

PLC控制的能耗制动电路安装

PLC控制的能耗制动电路调试

训练五　PLC 控制的能耗制动电路设计、安装与调试

一、训练目的

(1)熟练掌握能耗制动 PLC 控制系统设计；

(2)掌握 PLC 控制的能耗制动电路的安装与调试方法。

二、训练工器具与材料(见表 3-2-14)

表 3-2-14　训练工器具与材料

序　号	工器具名称	单　位	数　量	备　注
1	三相异步电动机	台	1	
2	西门子 S7-1200 PLC	台	1	
3	断路器	个	1	
4	熔断器	个	5	
5	交流接触器	个	3	
6	热继电器	个	1	
7	组合按钮	个	1	

三、训练内容

1. 识读电路图

能耗制动控制电路电气原理图如图 3-2-30 所示。

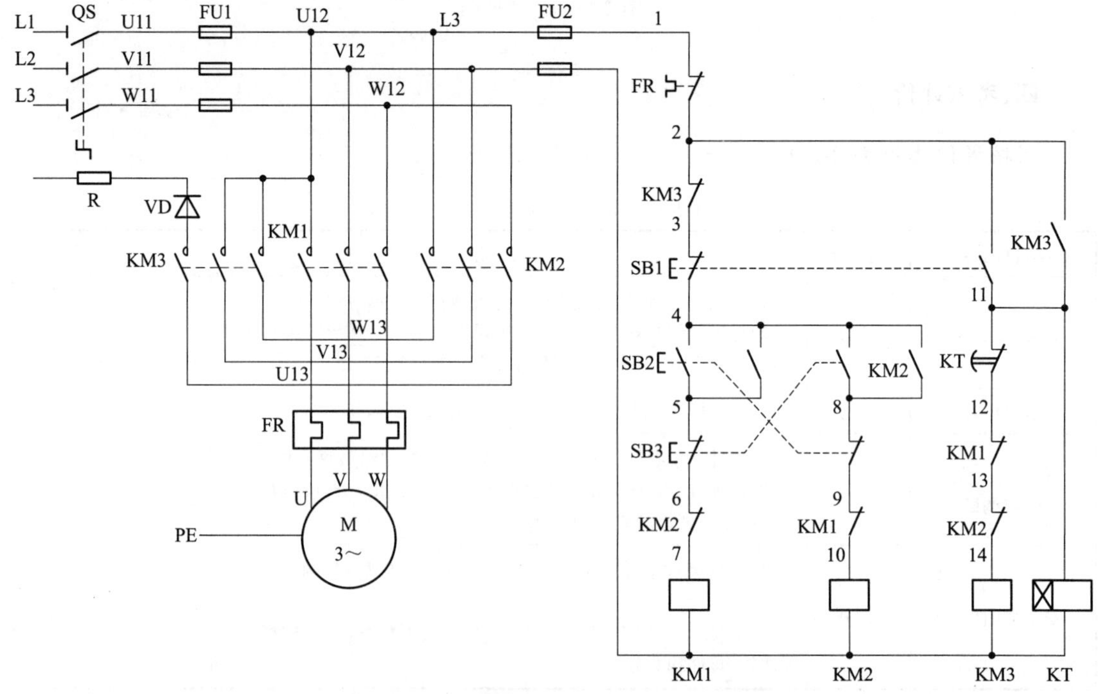

图 3-2-30　能耗制动控制电路电气原理图

合上 QF，按下 SB2 或 SB3，KM1 或 KM2 主触点闭合，电动机正转或反转；按下 SB1，KM1 或 KM2 失电，KM3 和 KT 线圈得电，电动机接入直流电，能耗制动开始；整定时间到，KM3 失电，KT 也失电，能耗制动结束。

2. PLC 分析

1）I/O 分配表

按表 3-2-15 所示分配 I/O 地址。

表 3-2-15　I/O 分配表

输入		输出	
输入元件	输入继电器	输出元件	输出继电器
SB1	I0.0	KM1	Q0.0
SB2	I0.1	KM2	Q0.1
SB3	I0.2	KM3	Q0.2

2）PLC 外部接线图

PLC 外部接线图如图 3-2-31 所示。

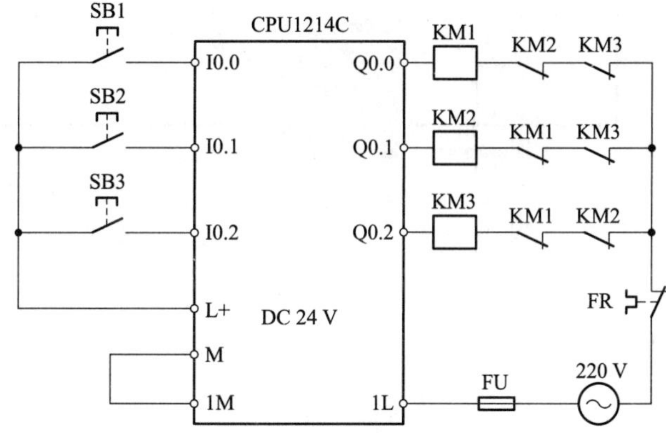

图 3-2-31　外部接线图

3）梯形图

梯形图如图 3-2-32 所示。

3. 主电路及 PLC 外部电路接线

主电路及 PLC 外部电路接线可以参照本项目训练一中的相关内容。

4. 电路联调

（1）用万用表欧姆挡 R×2k 挡检测所连电路的正确性，经指导教师初检后，通电输入程序。

（2）PLC 程序录入完成后，合上 QF，按下 SB2 或 SB3，KM1 或 KM2 主触点闭合，电动机正转或反转；按下 SB1，KM1 或 KM2 线圈失电，KM3 和 KT 线圈得电，电动机接入直流电，能耗制动开始，整定时间到，KM3 失电，KT 也失电，能耗制动结束。观察系统的运行情况并做好记录。如出现故障，应立即切断电源，分析原因，检查电路或梯形图后重新调试，直至系统实现电路功能。

（3）注意事项（参照本项目训练一）。

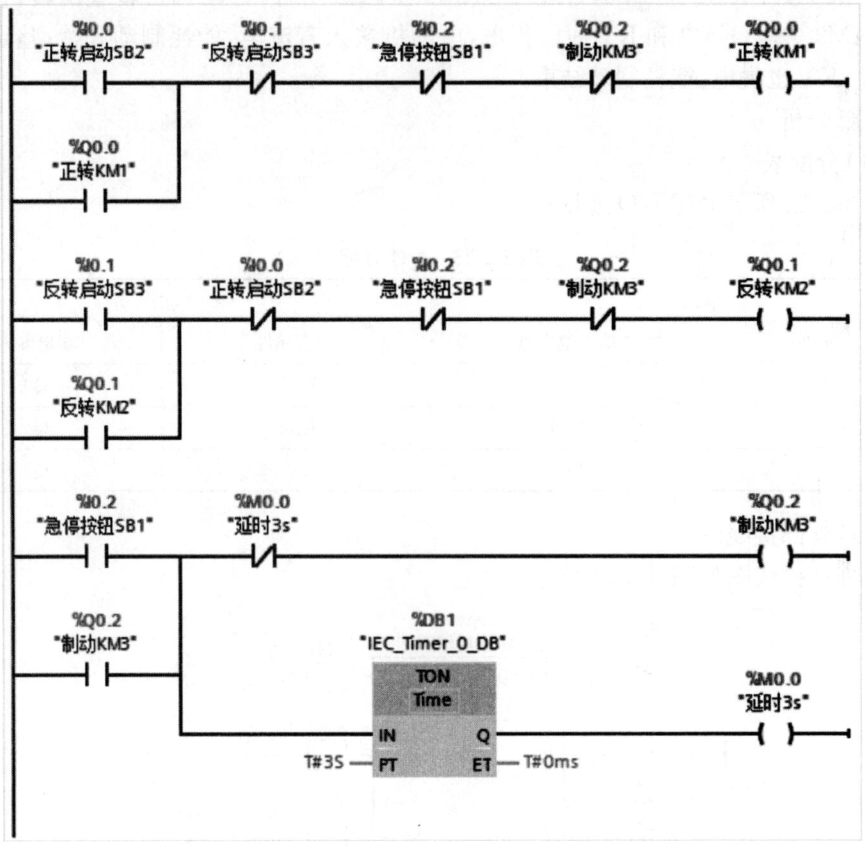

图 3-2-32　梯形图

四、考核评价

考核评价表见表 3-2-16。

表 3-2-16　考核评价表(工时:1.5 h)

项目内容	配　分	评分标准	扣　分	得　分
程序设计	30 分	(1)输入/输出地址分配正确。遗漏或错误,每处扣 2 分。 (2)梯形图编写规范、正确,能实现控制要求。梯形图编写不规范,每处扣 2 分,不能正确实现控制要求每项扣 10 分		
电路设计	30 分	PLC 接线图绘制完整、正确。绘制错误或遗漏,每处扣 3 分		
程序输入及模拟调试	20 分	(1)软件使用熟练。操作不熟练,输入程序时出错,每处扣 3 分。 (2)正确进行程序调试。不会模拟调试程序扣 5 分,调试步骤不正确或达不到控制要求扣 5 分		
安全文明生产	20 分	(1)严格遵守安全操作规程。违反安全操作规程,酌情扣 3～20 分。 (2)工具、仪器仪表摆放整齐。工具摆放不整齐,或未按规定位置摆放,每件扣 2 分		

测评题

一、选择题

1. SM是(　　)存储器的标识符。

(A)高速计数器　　(B)累加器

(C)内部辅助寄存器　　(D)特殊辅助寄存器

2. PLC采用循环扫描的工作方式,其工作过程主要分为三个阶段:输入采样阶段、程序执行阶段和(　　)阶段。

(A)输出刷新　　(B)输出执行　　(C)反馈　　(D)输出调整

3. 一个扫描过程完毕,整个工作周期被称为(　　)。

(A)刷新周期　　(B)扫描周期　　(C)刷新时间　　(D)实时刷新周期

4. 下列关于梯形图叙述错误的是(　　)。

(A)按自上而下、从左到右的顺序排列

(B)所有继电器既有线圈,又有触点

(C)一般情况下,某个编号继电器线圈只能出现一次

(D)梯形图中的继电器不是物理继电器,而是软继电器

5. S7-1200 CPU集成有6个高速计数器。其中3个的最高输入频率为(　　),另外三个为30 kHz。

(A)50 kHz　　(B)60 kHz　　(C)70 kHz　　(D)100 kHz

6. S7-1200 CPU最多可添加(　　)个RS-485或RS-232串行通信模块。

(A)3　　(B)4　　(C)5　　(D)6

7. 在PLC编程中,最常用的编程语言是(　　)。

(A)LAD　　(B)STL　　(C)FBD　　(D)C

8. S7-1200最多可连接(　　)个扩展模块。

(A)2　　(B)7　　(C)8　　(D)11

9. 以下(　　)编程语言不能用于S7-1200编程。

(A)LAD　　(B)FBD　　(C)STL　　(D)SCL

10. S7-1200 CPU的系统存储位中不包括(　　)。

(A)首循环标志位　　(B)常1信号位　　(C)常0信号位　　(D)2 Hz频率位

11. STOP模式下,S7-1200 CPU单元集成DO通道输出的信号状态不包括(　　)。

(A)输出STOP前状态　　(B)输出替代值1

(C)输出替代值0　　(D)输出随机状态

12. S7-1200系统不能接入(　　)现场总线。

(A)MPI　　(B)PROFINET　　(C)PROFIBUS　　(D)MODBUS

二、判断题

(　　)1. 输入映像寄存器I用于存放CPU执行程序的结果。

(　　)2. TON 的起动输入端 IN 由“1”变为“0”时,定时器复位。

(　　)3. 当前值大于等于预设值 PT 时,定时器 TONR 被置位并停止计时。

(　　)4. TONR 的起动输入端 IN 由“1”变为“0”时,定时器复位。

(　　)5. S7-1200 系列 PLC 属于紧凑型设计,同时也支持扩展,最多允许扩展 8 个模块。

(　　)6. S7-1200 CPU 集成有多种总线接口,包括 Profinet、Profibus。

(　　)7. PTO 为高速脉冲串输出,它总是输出占空比为 50%的方波脉冲。

(　　)8. 利用 JUMP 指令,可以从主程序(OB)跳转到子程序(FC、FB)中。

(　　)9. 通过工厂复位,可以将 S7-1200 CPU 中存储的程序清除,也可以同时清除 CPU 所使用的 IP 地址。

(　　)10. 输入映像寄存器 I 又称输入继电器,由输入端接入的信号驱动。

(　　)11. 梯形图程序由指令助记符和操作数组成。

(　　)12. 根据需要,可以在 S7-1200 控制器中对 I、Q、M 及 DB 中存储的数据进行保持性设定。

(　　)13. 用来累计比 CPU 循环周期还要快的输入事件的工艺功能是高速计数器。

项目三　简单变频器电气控制电路设计、安装与调试

学习目标

应知	1. 掌握典型变频器的用途与构造。 2. 掌握变频器面板的操作方法。 3. 掌握变频器的功能参数设置。 4. 掌握变频器的正反转、点动、频率调节方法。
应会	1. 掌握 MM440 变频器基本参数的输入方法。 2. 掌握 MM440 变频器输入端子的操作控制方式。 3. 掌握 MM440 变频器的运行操作过程。 4. 掌握 MM440 变频器的模拟信号控制。 5. 掌握变频器多段速频率控制方式。 6. 掌握变频器的多段速运行操作过程。

建议学时

理论教学 2 学时，技能训练 10 学时。

知识导入

知识点一　变频器基本原理

在工业生产方面广泛使用的三相交流异步电动机具有结构简单、控制方便、价格低廉、转速稳定的优势，但同时也具有不易改变转速的不足。近年来，随着变频技术的发展，受变频器驱动的交流电动机已广泛应用于各种调速控制场合，不仅克服了电动机调速困难的缺点，而且节能效果十分显著。

一、变频器的用途

1. 输出连续可调频率的交流电用于调速控制

如图 3-3-1 所示，变频器把输入频率(50 Hz)一定的交流电变换成频率和电压连续可调的交流电输出。由于电动机的转速 n 与电源频率 f 成线性正比关系，所以，受变频器驱动的三

相交流异步电动机可以平滑地改变转速。

2. 节能

对风机、泵类负载,当需要大流量时可提高电动机的转速;当需要小流量时可降低电动机的转速。不仅能做到保持流量平稳,减少起动和停机次数,而且节能效果显著,经济效益可观。

3. 平稳起动

许多生产设备需要电动机缓速起动。例如,载人电梯为了保证舒适性必须以低速起动。传统的降压起动方式不仅成本高,而且控制线路复杂,而使用变频器后只需要设置起动频率和起动加速时间参数即可做到低速平稳起动。

4. 制动

变频器具有直流制动功能,可以准确地定位停车。

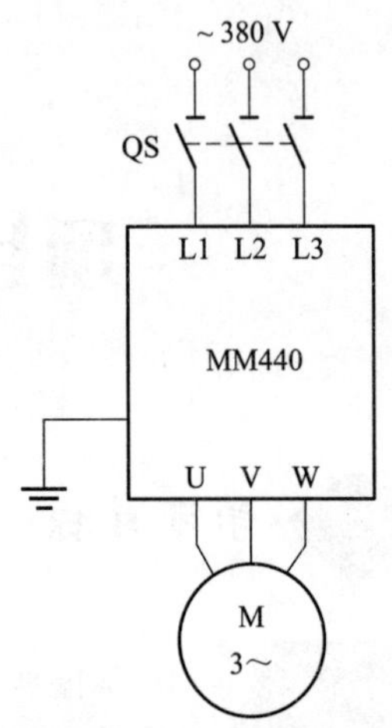

图 3-3-1 变频器的作用

二、变频器的构造

变频器由主电路和控制电路构成,结构框图如图 3-3-2 所示。

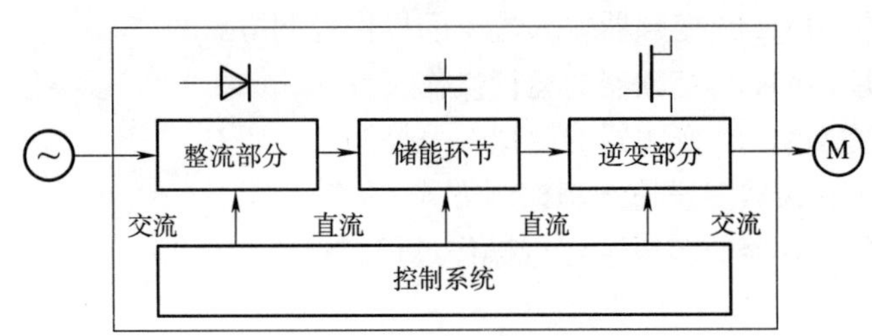

图 3-3-2 变频器的结构框图

具体的内部电路结构如图 3-3-3 所示。

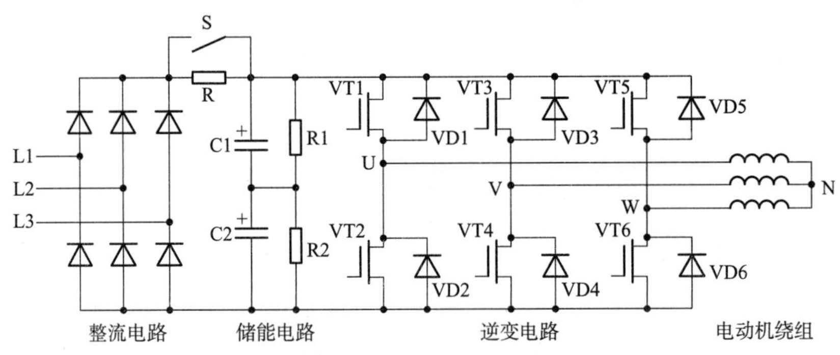

图 3-3-3 变频器内部电路结构

变频器的主电路包括整流电路、储能电路和逆变电路。

1. 整流电路

由二极管构成三相桥式整流电路,将交流电全波整流为直流电。

2. 储能电路

由电容 C1、C2 构成(R1、R2 为均压电阻),具有储能和平稳直流电压的作用。为了防止刚

接通电源时对电容器充电电流过大，串入限流电阻 R，当充电电压上升到正常值后，与 R 并联的开关 S 闭合，将 R 短接。

3. 逆变电路

由 6 只绝缘栅双极晶体管(IGBT)VT1～VT6 和 6 只续流二极管 VD1～VD6 构成三相逆变桥式电路。晶体管工作在开关状态，按一定规律轮流导通，将直流电逆变成三相交流电，驱动电动机工作。

变频器的控制电路主要以单片机为核心，控制电路具有设定和显示运行参数、信号检测、系统保护、计算与控制、驱动逆变管等功能。

三、西门子 MM440 变频器的配线

1. 变频器的基本配线图

图 3-3-4 所示为 MM440 变频器的基本配线图。

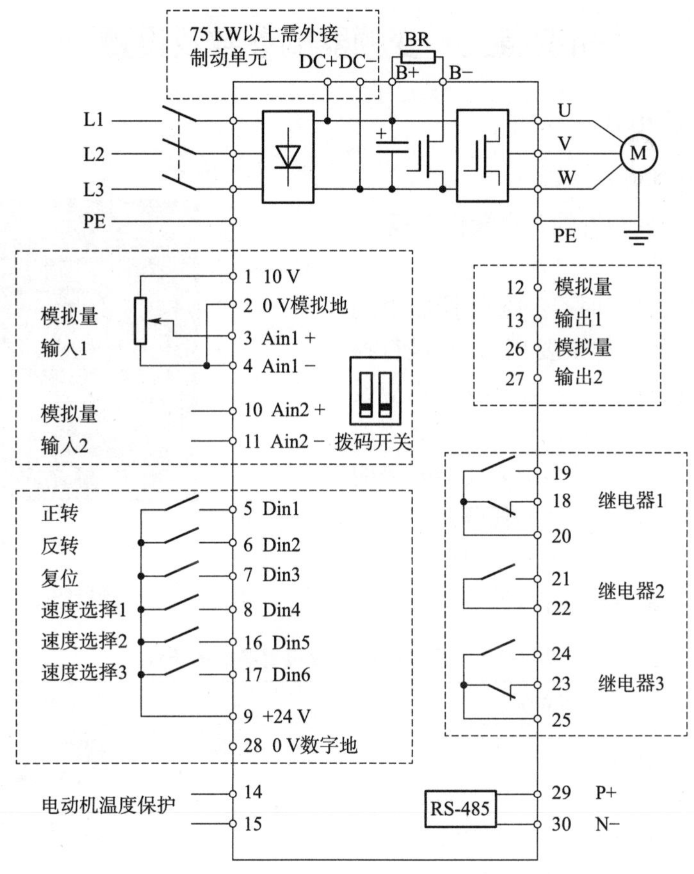

图 3-3-4　MM440 变频器的基本配线图

2. 配线注意事项

(1)绝对禁止将电源线接到变频器的输出端 U、V、W 上，否则将损坏变频器。

(2)在变频器不使用时，可将断路器断开，起电源隔离作用；当线路出现短路故障时，断路器起保护作用，以免事故扩大。但在正常工作情况下，不要使用断路器起动和停止电动机，因

为这时工作电压处在非稳定状态,逆变晶体管可能脱离开关状态进入放大状态,而负载感性电流维持导通,使逆变晶体管功耗剧增,容易烧毁逆变晶体管。

(3)在变频器的输入侧接交流电抗器可以削弱三相电源不平衡对变频器的影响,延长变频器的使用寿命,同时也降低变频器产生的谐波对电网的干扰。

(4)当电动机处于直流制动状态时,电动机绕组呈发电状态,会产生较高的直流电压反送直流电压侧。可以连接直流制动电阻进行耗能以降低高压。

(5)由于变频器输出的是高频脉冲波,所以禁止在变频器与电动机之间加装电力电容器件。

(6)变频器和电动机必须可靠接地。

(7)变频器的控制线应与主电路动力线分开布线,平行布线应相隔 10 cm 以上,交叉布线时应使其垂直。为防止干扰信号串入,变频器模拟信号线的屏蔽层应妥善接地。

(8)通用变频器仅适用于一般工业用三相交流异步电动机。

(9)变频器的安装环境应通风良好。

知识点二　变频器的参数及设置

一、基本操作面板(BOP)使用

1. BOP 按键功能介绍

图 3-3-5 所示为变频器的基本操作面板。

2. BOP 修改参数

MM440 在默认设置时,用 BOP 控制电动机的功能是被禁止的。如果要用 BOP 进行控制,参数 P0700 应设置为 1,参数 P1000 也应设置为 1。用 BOP 可以修改任何一个参数。修改参数的数值时,BOP 有时会显示 busy,表明变频器正忙于处理优先级更高的任务。

下面以设置 P1000=1 的过程为例,介绍通过 BOP 修改设置参数的流程,见表 3-3-1。

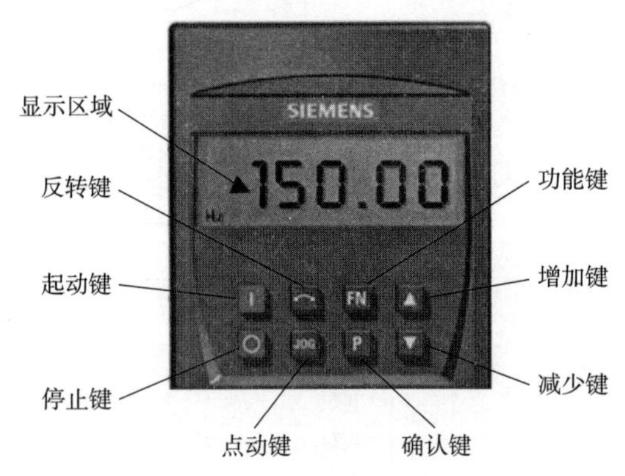

图 3-3-5　变频器的基本操作面板

表 3-3-1　通过 BOP 修改设置参数的流程

序　号	操作步骤	BOP 显示结果
1	按 P 键,访问参数	r0000
2	按 ▲ 键,直到显示 P1000	P1000
3	按 P 键,直到显示 in000,即 P1000 的第 0 组值	in000
4	按 P 键,显示当前值 2	2
5	按 ▼ 键,达到所要求的值 1	1

续上表

序　号	操作步骤	BOP 显示结果
6	按 P 键，存储当前设置	P 1000
7	按 Fn 键，显示 r0000	r0000
8	按 P 键，显示频率	50.00

若以后出现参数的修改过程，则直接使用 P1000[0]-1 的方式来表达这一设置过程。

3. 故障复位操作

当变频器运行中发生故障或者报警，变频器会出现提示，并会按照设定的方式进行默认的处理（一般是停车）。此时，需要用户查找并排除故障发生的原因后，在面板上确认故障的操作。这里通过一个 F0003（电压过低）的故障复位过程来演示具体的操作流程。

当变频器欠电压的时候，面板将显示故障代码 F0000。按 FN 键，如果故障点已经排除，变频器将复位到运行准备状态，显示设定频率 5000 闪烁。如果故障点仍然存在，则故障 F0003 代码重现。

4. BOP 控制变频器

按照表 3-3-2 所示的步骤，通过 BOP 直接对变频器进行操作。对于使用 BOP 之外的其他方式控制变频器的运行方式请参考后面的具体内容。

表 3-3-2　通过 BOP 控制变频器

操作步骤	设置参数	功能解释
1	P0700	=1 起停命令源于面板
2	P 1000	=1 频率设定源于面板
3	5.00	返回监视状态
4	I	起动变频器
5	▲ ▼	通过增减键修改运行频率
6	O	停止变频

二、参数结构及表示方法

1. 参数结构

MM440 有两种参数类型：以字母 P 开头的参数为用户可改动的参数；以字母 r 开头的参数表示本参数为只读参数。

所有参数分成控制参数组(CDS),以及与电动机、负载相关的驱动参数组(DDS)两大类。每个参数组又分为3组。其结构如图3-3-6所示。

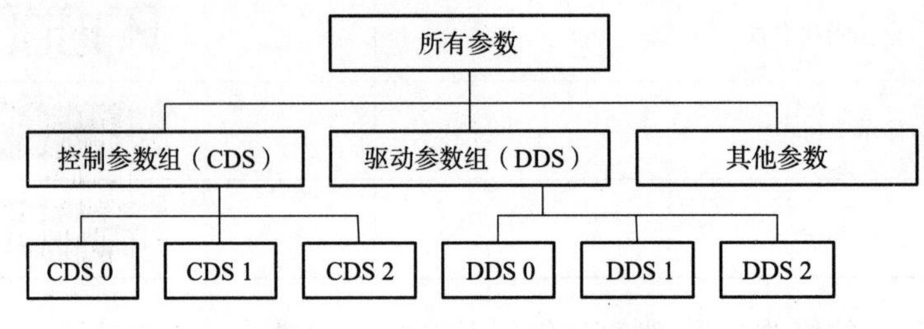

图3-3-6　MM440变频器参数

2. 参数组切换命令源

将参数按照命令和驱动两大类分为3组,使得用户可以根据不同的需要在一个变频器中设置多种驱动和控制的配置,并在适当的时候根据需要进行切换,见表3-3-3、表3-3-4。

表3-3-3　参数组切换命令源

参数组	切换命令源	已激活参数组	说明
CDS	P0810,P0811	r0050	CDS可以在变频器运行中切换
DDS	P0820,P0821	r0051	DDS只能在变频器停止状态切换

表3-3-4　参数组切换真值表

CDS			DDS		
P0810	P0811	参数组	P0820	P0821	参数组
0	0	0	0	0	0
1	0	1	1	0	1
×	1	2	×	1	2

知识点三　变频器控制方式及调试

一、变频调速控制方式

变频调速技术的基本原理是根据电动机转速与工作电源输入频率成正比的关系:

$$n=60f(1-s)/p$$

式中　n——转速;

f——输入频率;

s——电动机转差率;

p——电动机磁极对数。

通过改变电动机工作电源频率达到改变电动机转速的目的。

1. u/f恒转矩控制方式

因为电动机的电磁转矩$T_M \propto (u/f)^2$,所以保持u/f恒定时,电磁转矩恒定,电动机带负

载的能力不变。变频器恒转矩特性曲线如图 3-3-7 中上方曲线所示。大多数负载适用于这种控制方式。

递减转矩特性曲线如图 3-3-7 中下方曲线所示。变频器的输出电压与输出频率成二次曲线关系，适用于风机、水泵类负载。

当变频器的输出频率较低时，其输出电压也比较低。此时，电动机定子绕组电阻的影响已不能忽略，流过定子绕组的电流下降，电磁转矩下降。为改善变频器的低频转矩特性，可采用电压补偿的方法，即适当提升低频时的输出电压，补偿后的 u/f 曲线如图 3-3-8 所示。

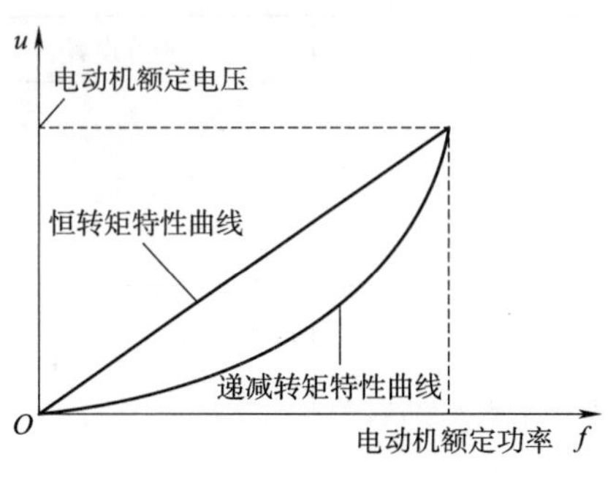

图 3-3-7　恒、递减转矩的 u/f 曲线

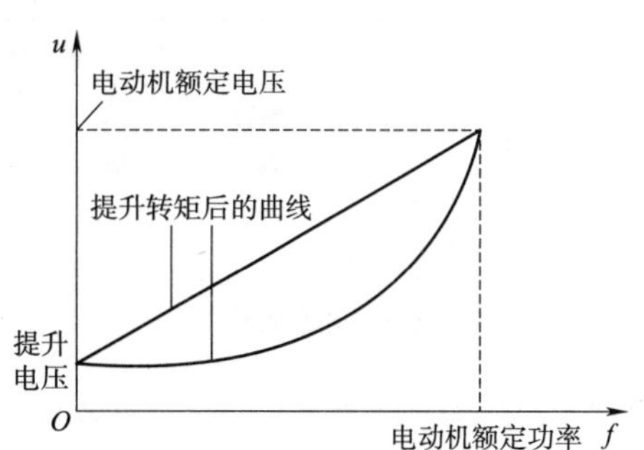

图 3-3-8　提升转矩后的 u/f 曲线

2. 矢量控制方式

矢量控制方式是变频器的高性能控制方式。特别是低频转矩性能优于 u/f 恒转矩控制方式。

通常变频器出厂设定为 u/f 恒转矩控制方式，如果使用矢量控制方式，则只需重新设定参数即可。矢量控制方式要求电动机的容量比变频器的容量最多小一个等级，使用矢量控制方式可参考使用手册。

二、变频器的调试步骤

一台新的 MM440 变频器一般需要经过参数复位、快速调试、功能调试 3 个步骤进行调试。下面将通过案例进行相关说明。

1. 参数复位

参数复位是将变频器参数恢复到出厂状态下的默认值的操作。一般在变频器初次调试，或者参数设置混乱时，需要执行该操作，以便于将变频器的参数值恢复到一个确定的默认状态。具体操作如图 3-3-9 所示。

在参数复位完成后，需要进行快速调试的过程。根据电动机和负载具体特性，以及变频器的控制方式等信息进行必要的设置之后，变频器就可以驱动电动机工作了。

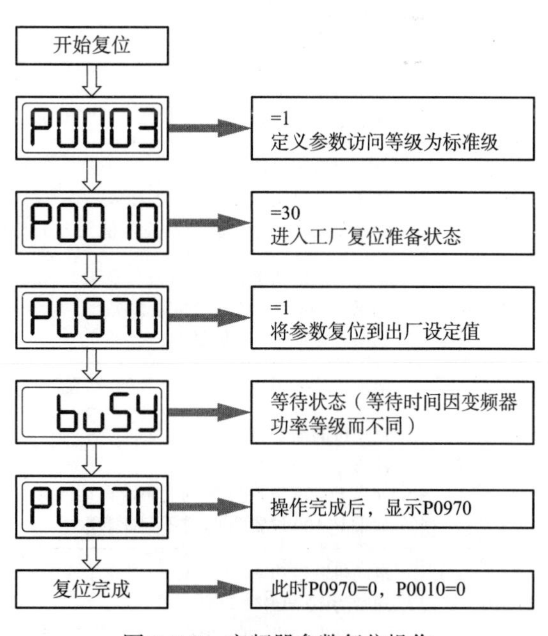

图 3-3-9　变频器参数复位操作

2. 快速调试

快速调试是指通过设置电动机参数和变频器的命令源及频率给定源,从而达到简单快速运转电动机的一种操作。一般在复位操作后或者更换电动机后需要进行此操作。

在完成快速调试后,变频器就可以正常驱动电动机了。下面就可以根据需要设置控制的方式和各种工艺参数。

按照表 3-3-5 所示的步骤,设置参数,即可完成快速调试的过程。

表 3-3-5　变频器快速调试参数设置

参数号	参数描述	推荐设置
P0003	设置参数访问等级: =1 标准级(只需要设置最基本的参数); =2 扩展级; =3 专家级	3
P0010	=1 开始快速调试。 注意: (1)只有在 P0010=1 的情况下,电动机的主要参数才能被修改,如 P0304、P0305 等。 (2)只有在 P0010=0 的情况下,变频器才能运行	1
P0100	选择电动机的功率单位和电网频率。 =0 单位 kW,频率 50 Hz; =1 单位 HP(1 HP=0.745 7 kW),频率 60 Hz; =2 单位 kW,频率 60 Hz	0
P0205	变频器应用对象: =0 恒转矩(压缩机、传送带等); =1 变转矩(风机、泵类等)	0
P0300[0]	选择电动机类型: =1 异步电动机; =2 同步电动机	1
P0304[0]	电动机额定电压。 注意电动机实际接线(Y-△)	根据电动机铭牌设置
P0305[0]	电动机额定电流。 注意电动机实际接线(Y-△)。 如果驱动多台电动机,P0305 的值要大于电流总和	根据电动机铭牌设置
P0307[0]	电动机额定功率。 如果 P0100=0 或 2,单位是 kW; 如果 P0100=1,单位是 HP	根据电动机铭牌设置
P0308[0]	电动机功率因数	根据电动机铭牌设置
P0309[0]	电动机的额定功率。 注意: 如果 P0309 设置为 0,则变频器自动计算电动机效率。 如果 P0100 设置为 0,看不到此参数	根据电动机铭牌设置
P0310[0]	电动机额定功率。 通常为 50 Hz/60 Hz。 非标准电动机,可以根据电动机铭牌修改	根据电动机铭牌设置

续上表

参数号	参数描述	推荐设置
P0311[0]	电动机的额定速度。 矢量控制方式下，必须准确设置此参数	根据电动机铭牌设置
P0320[0]	电动机的磁化电流。 通常取默认值	0
P0335[0]	电动机冷却方式： =0 利用电动机轴上风扇自冷却； =1 利用独立的风扇进行强制冷却	0
P0640[0]	电动机过载因子。 以电动机额定电流的百分比来限制电动机的过载电流	150
P0700[0]	选择命令给定源(起动/停止)： =1 BOP(操作面板)； =2 I/O 端子控制； =4 经过 BOP 链路(RS-232)的 USS 控制； =5 通过 COM 链路(端子 29,30)； =6Profibus(CB 通信板)。 注意：改变 P0700 设置，将复位所有的数字输入/输出至出厂设定	2
P1000[0]	设置频率给定源： =1 BOP 电动电位计给定(面板)； =2 模拟输入 1 通道(端子 3,4)； =3 固定频率； =4 BOP 链路的 USS； =5COM 链路的 USS(端子 29,30)； =6Profibus(CB 通信板)； =7 模拟输入 2 通道(端子 10,11)	2
P1080[0]	限制电动机运行的最小频率	0
P1082[0]	限制电动机运行的最大频率	50
P1120[0]	电动机从静止状态加速到最大频率所需时间	10
P1121[0]	电动机从最大频率降速到静止状态所需时间	10
P1300[0]	控制方式选择： =0 线性 u/f，要求电动机的压频比准确； =2 二次方曲线的 u/f 控制； =20 无传感器矢量控制； =21 带传感器矢量控制	0
P3900	结束快速调试： =1 电动机数据计算，并将除快速调试以外的参数恢复到工厂设定； =2 电动机数据计算，并将 I/O 设定恢复到工厂设定； =3 电动机数据计算，其他参数不进行工厂复位	3
P1910	=1 使能电动机识别，出现 A0541 报警，马上起动变频器	1

3. 功能调试

功能调试是指用户按照具体生产工艺的需要进行的设置操作，这一部分的调试工作比较复杂，常常需要在现场多次调试。

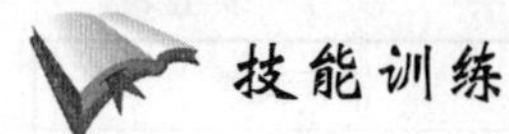

技能训练

扫一扫

变频器的基本操作与运行

训练一　变频器的基本面板操作与运行

一、训练目的

(1)熟练掌握变频器基本操作面板操作。

(2)掌握通过变频器基本操作面板对电动机实现起动、正反转、点动、调速的控制。

二、训练工器具与材料(见表 3-3-6)

表 3-3-6　训练工器具与材料

序　号	工器具名称	单　位	数　量	备　注
1	三相异步电动机	台	1	
2	MM440 变频器	台	1	
3	电工工具	套	1	
4	连接导线	根	若干	

三、训练内容

1. 认识变频器基本操作面板

MM440 变频器是德国西门子公司广泛应用于工业场合的多功能标准变频器。它采用高性能的矢量控制技术,提供低速高转矩输出和良好的动态特性,同时具备超强的过载能力,以满足广泛的应用场合。对于变频器的应用,必须首先熟练变频器基本操作面板操作,以及根据实际应用,对变频器的各种功能参数进行设置。

利用变频器基本操作面板和相关参数设置,即可实现对变频器的某些基本操作,如正反转、点动等。

2. 操作方法和步骤

1)按要求接线

系统接线见图 3-3-1,检查电路正确无误后,合上主电源开关 QS。

2)参数设置

(1)设定 P0010=30,P0970=1,按下 P 键,开始复位,复位过程大约 3 min,这样就可保证变频器的参数恢复到出厂值。

(2)设置电动机参数。为了使电动机与变频器相匹配,需要设置电动机参数。电动机参数设置见表 3-3-7。电动机参数设置完成后,设定 P0010=0,变频器当前处于准备状态,可正常运行。

表 3-3-7　电动机参数设置

参数号	出厂值	设置值	说　明
P0003	1	1	设定用户访问级为标准级
P0010	0	1	快速调试

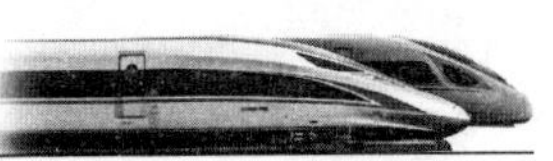

续上表

参数号	出厂值	设置值	说　明
P0100	0	0	功率以 kW 表示，频率为 50 Hz
P0304	230	380	电动机额定电压(V)
P0305	3.25	1.05	电动机额定电流(A)
P0307	0.75	0.37	电动机额定功率(kW)
P0310	50	50	电动机额定频率(Hz)
P0311	0	1 400	电动机额定转速(r/min)

(3)设置基本操作面板控制参数，见表 3-3-8。

表 3-3-8　基本操作面板控制参数

参数号	出厂值	设置值	说　明
P0003	1	1	设用户访问级为标准级
P0010	0	0	正确地进行运行命令的初始化
P0004	0	7	命令和数字 I/O
P0700	2	1	由键盘输入设定值(选择命令源)
P0003	1	1	设用户访问级为标准级
P0004	0	10	设定值通道和斜坡函数发生器
P1000	2	1	由键盘(电动电位计)输入设定值
P1080	0	0	电动机运行的最低频率(Hz)
P1082	50	50	电动机运行的最高频率(Hz)
P0003	1	2	设用户访问级为扩展级
P0004	0	10	设定值通道和斜坡函数发生器
P1040	5	20	设定键盘控制的频率值(Hz)
P1058	5	10	正向点动频率(Hz)
P1059	5	10	反向点动频率(Hz)
P1060	10	5	点动斜坡上升时间(s)
P1061	10	5	点动斜坡下降时间(s)

3. 变频器运行调试

(1)变频器起动：在变频器的前操作面板上按运行键，变频器将驱动电动机升速，并运行在由 P1040 所设定的 20 Hz 频率对应的 560 r/min 的转速上。

(2)正反转及加减速运行：电动机的转速(运行频率)及旋转方向可直接通过按前操作面板上的增加键/减少键(▲/▼)来改变。

(3)点动运行：按下变频器前操作面板上的点动键，则变频器驱动电动机升速，并运行在由 P1058 所设置的正向点动 10 Hz 频率值上。当松开变频器前操作面板上的点动键，则变频器将驱动电动机降速至零。这时，如果按一下变频器前操作面板上的换向键，再重复上述的点动运行操作，电动机可在变频器的驱动下反向点动运行。

(4)电动机停车：在变频器的前操作面板上按停止键，则变频器将驱动电动机降速至零。

四、考核评价

考核评价表见表 3-3-9。

表 3-3-9　考核评价表(工时:1 h)

项目内容	配　分	评分标准	扣　分	得　分
接线	20 分	(1)按规范接线。未按要求接线,每处扣 5～10 分。 (2)接线正确。接线错误,每处扣 10 分		
参数设置	30 分	参数设置正确。参数设置不全或遗漏,每处扣 5 分		
功能调试	30 分	(1)正确操作变频器。操作错误,每次扣 10 分。 (2)功能调试正确。调试失败,第一次扣 10 分,第二次扣 20 分		
安全文明生产	20 分	(1)严格遵守安全操作规程。违反安全操作规程,酌情扣 3～20 分。 (2)工具、仪器仪表摆放整齐。工具摆放不整齐,或未按规定位置摆放,每件扣 2 分		

扫一扫

变频器的外部运行操作

训练二　变频器的外部运行操作

一、训练目的

(1)熟练掌握变频器的外部端子控制方法。

(2)掌握通过变频器控制端子实现电动机正反转运行和正反转点动运行的方法与操作。

二、训练工器具与材料(见表 3-3-10)

表 3-3-10　训练工器具与材料

序　号	工器具名称	单　位	数　量	备　注
1	三相异步电动机	台	1	
2	MM440 变频器	台	1	
3	电工工具	套	1	
4	断路器	个	1	
5	熔断器	个	2	
6	自锁按钮	个	2	
7	连接导线	根	若干	

三、训练内容

用自锁按钮 SB1 和 SB2、外部线路控制 MM440 变频器的运行,实现电动机正转和反转控制。其中端口 5(Din1)设为正转控制,端口 6(Din1)设为反转控制。对应的功能分别由 P0701 和 P0702 的参数值设置。

1. 认识变频器外部运行操作

变频器在实际使用中,电动机经常要根据各类机械的某种状态而进行正转、反转、点动等

运行，变频器的给定频率信号、电动机的起动信号等都是通过变频器控制端子给出的变频器的外部运行操作，大大提高了生产过程的自动化程度。

2. 了解变频器的数字输入端口

1）MM440 变频器的数字输入端口

MM440 变频器有 6 个数字输入端口，具体如图 3-3-10 所示。

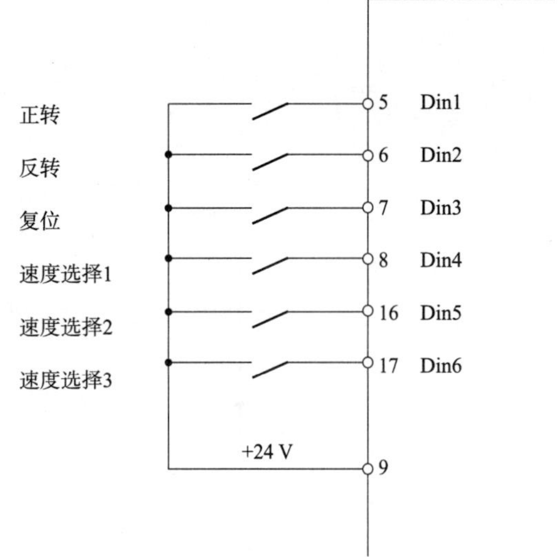

图 3-3-10　MM440 变频器的数字输入端口

2）数字输入端口功能

MM440 变频器的 6 个数字输入端口（Din1～Din6），即端口 5、端口 6、端口 7、端口 8、端口 16 和端口 17，每一个数字输入端口功能很多，用户可根据需要进行设置。参数号 P0701～P0706 为端口数字输入 1 功能至数字输入 6 功能，每一个数字输入功能设置参数值范围均为 0～99，出厂默认值均为 1。MM440 变频器数字输入端口功能设置见表 3-3-11。

表 3-3-11　MM440 变频器数字输入端口功能设置表

参数值	功能说明
0	禁止数字输入
1	ON/OFF1（接通正转、停车命令 1）
2	ON/OFF1（接通反转、停车命令 1）
3	OFF2（停车命令 2），按惯性自由停车
4	OFF3（停车命令 3），按斜坡函数曲线快速降速
9	故障确认
10	正向点动
11	反向点动
12	反转
13	MOP（电动电位计）升速（增加频率）
14	MOP 降速（减少频率）
15	固定频率设定值（直接选择）
16	固定频率设定值（直接选择＋ON 命令）
17	固定频率设定值（二进制编码选择＋ON 命令）
25	直流注入制动

3. 操作方法和步骤

1）按要求接线

MM440 变频器外部运行操作接线图如图 3-3-11 所示。

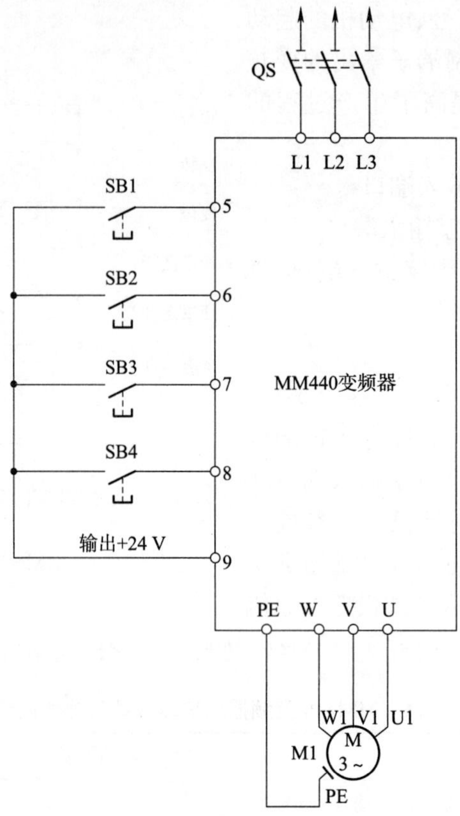

图 3-3-11　MM440 变频器外部运行操作接线图

2)参数设置

接通断路器 QS,在变频器通电的情况下,完成相关参数设置。具体设置见表 3-3-12。

表 3-3-12　变频器参数设置

参数号	出厂值	设置值	说　明
P0003	1	1	设用户访问级为标准级
P0004	0	7	命令和数字 I/O
P0700	2	2	命令源选择"由端子排输入"
P0003	1	2	设用户访问级为扩展级
P0004	0	7	命令和数字 I/O
* P0701	1	1	ON 接通正转,OFF 停止
* P0702	1	2	ON 接通反转,OFF 停止
* P0703	9	10	正向点动
* P0704	15	11	反向点动
P0003	1	1	设用户访问级为标准级
P0004	0	10	设定值通道和斜坡函数发生器
P1000	2	1	由键盘(电动电位计)输入设定值
* P1080	0	0	电动机运行的最低频率(Hz)

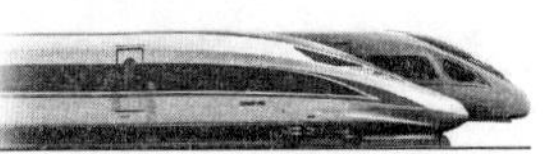

续上表

参数号	出厂值	设置值	说　明
* P1082	50	50	电动机运行的最高频率(Hz)
* P1120	10	5	斜坡上升时间(s)
* P1121	10	5	斜坡下降时间(s)
P0003	1	2	设用户访问级为扩展级
P0004	0	10	设定值通道和斜坡函数发生器
* P1040	5	20	设定键盘控制的频率值
* P1058	5	10	正向点动频率(Hz)
* P1059	5	10	反向点动频率(Hz)
* P1060	10	5	点动斜坡上升时间(s)
* P1061	10	5	点动斜坡下降时间(s)

注:带 * 的参数表示比较重要。

4. 变频器运行调试

(1)正向运行:当按下带锁按钮 SB1 时,变频器数字端口 5 为 ON,电动机按 P1120 所设置的5 s斜坡上升时间正向起动运行,经 5 s后稳定运行在 560 r/min 的转速上,此转速与 P1040 所设置的 20 Hz 对应。松开按钮 SB1,变频器数字端口 5 为 OFF,电动机按 P1121 所设置的 5 s斜坡下降时间停止运行。

(2)反向运行:当按下带锁按钮 SB2 时,变频器数字端口 6 为 ON,电动机按 P1120 所设置的 5 s斜坡上升时间正向起动运行,经 5 s后稳定运行在 560 r/min 的转速上,此转速与 P1040 所设置的 20 Hz 对应。松开按钮 SB2,变频器数字端口 6 为 OFF,电动机按 P1121 所设置的 5 s斜坡下降时间停止运行。

(3)电动机的点动运行:

①正向点动运行:当按下带锁按钮 SB3 时,变频器数字端口 7 为 ON,电动机按 P1060 所设置的 5 s点动斜坡上升时间正向起动运行,经 5 s后稳定运行在 280 r/min 的转速上,此转速与 P1058 所设置的 10 Hz 对应。松开按钮 SB3,变频器数字端口 7 为 OFF,电动机按 P1061 所设置的 5 s点动斜坡下降时间停止运行。

②反向点动运行:当按下带锁按钮 SB4 时,变频器数字端口 8 为 ON,电动机按 P1060 所设置的 5 s点动斜坡上升时间正向起动运行,经 5 s后稳定运行在 280 r/min 的转速上,此转速与 P1059 所设置的 10 Hz 对应。松开按钮 SB4,变频器数字端口 8 为 OFF,电动机按 P1061 所设置的 5 s点动斜坡下降时间停止运行。

(4)电动机的速度调节。分别更改 P1040、P1058、P1059 的值,按上述操作过程,就可以改变电动机正常运行速度和正、反向点动运行速度。

(5)电动机实际转速测定。电动机运行过程中,利用激光测速仪或者转速测试表,可以直接测量电动机实际运行速度。当电动机处在空载、轻载或者重载时,实际运行速度会根据负载的轻重略有变化。

四、考核评价

考核评价表见表 3-3-13。

表 3-3-13 考核评价表(工时:1 h)

项目内容	配 分	评分标准	扣 分	得 分
接线	20 分	(1)按规范接线。未按要求接线,每处扣 5~10 分。 (2)接线正确。接线错误,每处扣 10 分		
参数设置	30 分	参数设置正确。参数设置不全或遗漏,每处扣 5 分		
功能调试	30 分	(1)正确操作变频器。操作错误,每次扣 10 分。 (2)功能调试正确。调试失败,第一次扣 10 分,第二次扣 20 分		
安全文明生产	20 分	(1)严格遵守安全操作规程。违反安全操作规程,酌情扣 3~20 分。 (2)工具、仪器仪表摆放整齐。工具摆放不整齐,或未按规定位置摆放,每件扣 2 分		

扫一扫

变频器的模拟信号操作控制

训练三 变频器的模拟信号操作控制

一、训练目的

(1)熟练掌握变频器的模拟信号调速方法。

(2)掌握由模拟输入端控制变频器实现电动机转速调节的方法与操作。

二、训练工器具与材料(见表 3-3-14)

表 3-3-14 训练工器具与材料

序 号	工器具名称	单 位	数 量	备 注
1	三相异步电动机	台	1	
2	MM440 变频器	台	1	
3	电工工具	套	1	
4	断路器	个	1	
5	电位器	个	1	
6	熔断器	个	3	
7	自锁按钮	个	2	
8	连接导线	根	若干	

三、训练内容

1. 了解变频器的模拟信号操作控制

MM440 变频器可以通过 6 个数字输入端口对电动机进行正反转运行、正反转点动运行方向控制。可通过基本操作面板,按频率调节按键增加和减少输出频率,从而设置正反向转速的大小。也可以由模拟输入端控制电动机转速的大小。

MM440 变频器的 1、2 输出端为用户的给定单元提供了一个高精度的+10 V 直流稳压电源。可利用转速调节电位器串联在电路中,调节电位器,改变输入端口 Ain1+给定的模拟输入电压,变频器的输入量将紧紧跟踪给定量的变化,从而平滑无级地调节电动机转速的大小。

MM440 变频器为用户提供了两对模拟输入端口，即端口 3、端口 4 和端口 10、端口 11，通过设置 P0701 的参数值，使数字输入 5 端口具有正转控制功能；通过设置 P0702 的参数值，使数字输入 6 端口具有反转控制功能；模拟输入 3、4 端口外接电位器，通过 3 端口输入大小可调的模拟电压信号，控制电动机转速的大小，即由数字输入端控制电动机转速的方向，由模拟输入端控制电动机转速的大小。

2. 操作方法和步骤

1）按要求接线

MM440 变频器模拟信号控制接线图如图 3-3-12 所示。检查电路正确无误后，合上主电源开关 QS1。

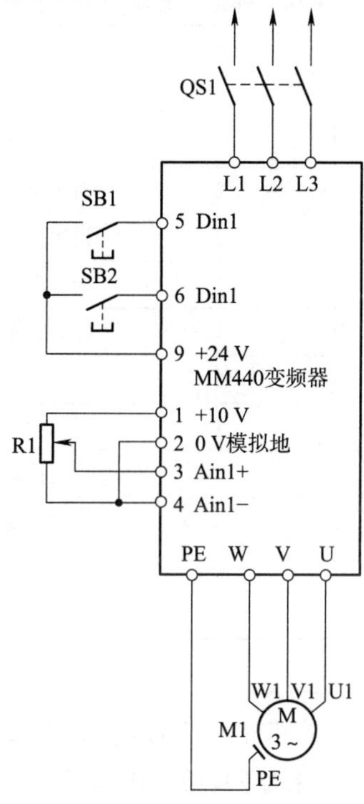

图 3-3-12　MM440 变频器模拟信号控制接线图

2）参数设置

（1）恢复变频器出厂值，设定 P0010=30，P0970=1，按下 P 键，开始复位。

（2）设置电动机参数。电动机参数设置见表 3-3-15。电动机参数设置完成后，设定 P0010=0，变频器当前处于准备状态，可正常运行。

表 3-3-15　电动机参数设置

参数号	出厂值	设置值	说　明
P0003	1	1	设用户访问级为标准级
P0010	0	1	快速调试
P0100	0	0	工作地区：功率以 kW 表示，频率为 50 Hz
P0304	230	380	电动机额定电压(V)

续上表

参数号	出厂值	设置值	说　明
P0305	3.25	0.95	电动机额定电流(A)
P0307	0.75	0.37	电动机额定功率(kW)
P0308	0	0.8	电动机额定功率
P0310	50	50	电动机额定频率(Hz)
P03111	0	2 800	电动机额定转速(r/min)

(3)设置模拟信号操作控制参数,见表 3-3-16。

表 3-3-16　模拟信号操作控制参数

参数号	出厂值	设置值	说　明
P0003	1	1	设用户访问级为标准级
P0004	0	7	命令和数字 I/O
P0700	2	2	命令源选择由端子排输入
P0003	1	2	设用户访问级为扩展级
P0004	0	7	命令和数字 I/O
P0701	1	1	ON 接通正转,OFF 停止
P0702	1	2	ON 接通反转,OFF 停止
P0003	1	1	设用户访问级为标准级
P0004	0	10	设定值通道和斜坡函数发生器
P1000	2	2	频率设定值选择为模拟输入
P1080	0	0	电动机运行的最低频率(Hz)
P1082	50	50	电动机运行的最高频率(Hz)

3. 变频器运行调试

(1)电动机正转与调速。按下电动机正转自锁按钮 SB1,数字输入端口 Din1 为 ON,电动机正转运行,转速由外接电位器 RP1 来控制,模拟电压信号在 0～10 V 之间变化,对应变频器的频率在 0～50 Hz 之间变化,对应电动机的转速在 0～1 500 r/min 之间变化。当松开自锁按钮 SB1 时,电动机停止运转。

(2)电动机反转与调速。按下电动机反转自锁按钮 SB2,数字输入端口 Din2 为 ON,电动机反转运行,与电动机正转相同,反转转速的大小仍由外接电位器来调节。当松开自锁按钮 SB2 时,电动机停止运转。

四、考核评价

考核评价表见表 3-3-17。

表 3-3-17　考核评价表(工时:1 h)

项目内容	配　分	评分标准	扣　分	得　分
接线	20 分	(1)按规范接线。未按要求接线,每处扣 5～10 分。 (2)接线正确。接线错误,每处扣 10 分		

续上表

项目内容	配　分	评分标准	扣　分	得　分
参数设置	30 分	参数设置正确。参数设置不全或遗漏，每处扣 5 分		
功能调试	30 分	(1)正确操作变频器。操作错误，每次扣 10 分。 (2)功能调试正确。调试失败，第一次扣 10 分，第二次扣 20 分		
安全文明生产	20 分	(1)严格遵守安全操作规程。违反安全操作规程，酌情扣 3～20 分。 (2)工具、仪器仪表摆放整齐。工具摆放不整齐，或未按规定位置摆放，每件扣 2 分		

训练四　变频器的多段速运行操作

扫一扫

变频器的多段速运行操作

一、训练目的

(1)熟练掌握变频器的多段速运行控制方法。

(2)掌握变频器实现 3 段固定频率控制电动机运行速度的方法与操作。

二、训练工器具与材料(见表 3-3-18)

表 3-3-18　训练工器具与材料

序　号	工器具名称	单　位	数　量	备　注
1	三相异步电动机	台	1	
2	MM440 变频器	台	1	
3	电工工具	套	1	
4	断路器	个	1	
5	熔断器	个	3	
6	自锁按钮	个	4	
7	连接导线	根	若干	

三、训练内容

1. 了解变频器的多段速功能的目的

由于现场工艺上的要求，很多生产机械在不同的转速下运行。为方便这种负载，大多数变频器提供了多挡频率控制功能。用户可以通过几个开关的通、断组合来选择不同的运行频率，实现不同转速下运行的目的。

2. 变频器的多段速功能实现方法

多段速功能又称固定频率，就是在设置参数 P1000＝3 的条件下，用开关量端子选择固定频率的组合，实现电动机多段速度运行。可通过如下 3 种方法实现：

1)直接选择(P0701～P0706＝15)

在这种操作方式下，一个数字输入选择一个固定频率，端子与参数设置对应见表 3-3-19。

表 3-3-19　端子与参数设置对应表

端子编号	对应参数	对应频率设置值	说明
5	P0701	P1001	(1)频率给定源 P1000 必须设置为 3。 (2)当多个选择同时激活时,选定的频率是它们的总和
6	P0702	P1002	
7	P0703	P1003	
8	P0704	P1004	
16	P0705	P1005	
17	P0706	P1006	

2)直接选择＋ON 命令(P0701～P0706＝16)

在这种操作方式下,数字量输入既选择固定频率,又具备起动功能。

3)二进制编码选择＋ON 命令(P0701～P0704＝17)

MM440 变频器的 6 个数字输入端口(Din1～Din6),通过 P0701～P0706 设置实现多频段控制。每一频段的频率分别由 P1001～P1015 参数设置,最多可实现 15 频段控制,各个固定频率的数值选择见表 3-3-20。

在多频段控制中,电动机的转速方向是由 P1001～P1015 参数所设置的频率正负决定的。6 个数字输入端口,哪一个作为电动机运行、停止控制,哪些作为多段频率控制,可以由用户任意确定。一旦确定了某一数字输入端口的控制功能,其内部的参数设置值必须与端口的控制功能相对应。

表 3-3-20　固定频率的数值选择

频率设定	DIN4	DIN3	DIN2	DIN1
P1001	0	0	0	1
P1002	0	0	1	0
P1003	0	0	1	1
P1004	0	1	0	0
P1005	0	1	0	1
P1006	0	1	1	0
P1007	0	1	1	1
P1008	1	0	0	0
P1009	1	0	0	1
P1010	1	0	1	0
P1011	1	0	1	1
P1012	1	1	0	0
P1013	1	1	0	1
P1014	1	1	1	0
P1015	1	1	1	1

3. 操作方法和步骤

1)按要求接线

按图 3-3-13 所示连接电路,检查电路正确无误后,合上主电源开关 QS1。

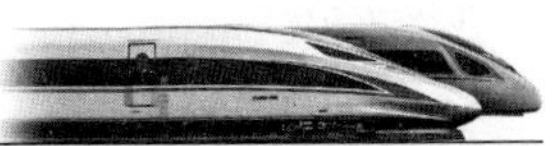

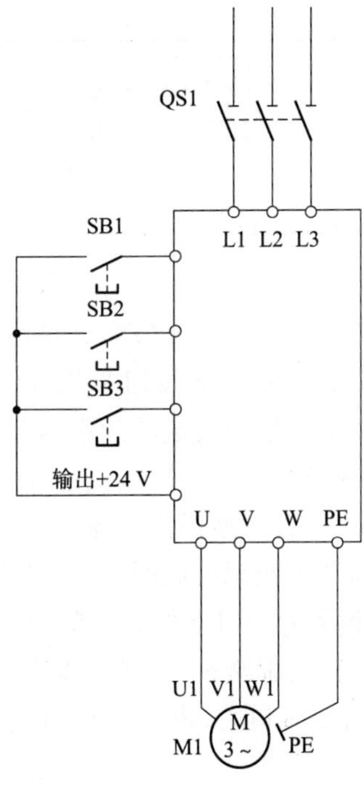

图 3-3-13　三段固定频率控制接线图

2)参数设置

(1)恢复变频器出厂值,设定 P0010=30,P0970=1。按下 P 键,变频器开始复位。

(2)设置电动机参数,见表 3-3-16。电动机参数设置完成后,设定 P0010=0,变频器当前处于准备状态,可正常运行。

(3)设置变频器 3 段固定频率控制参数,见表 3-3-21。

表 3-3-21　变频器 3 段固定频率控制参数设置

参数号	出厂值	设置值	说　明
P0003	1	1	设用户访问级为标准级
P0004	0	7	命令和数字 I/O
P0700	2	2	命令源选择由端子排输入
P0003	1	2	设用户访问级为扩展级
P0004	0	7	命令和数字 I/O
P0701	1	17	选择固定频率
P0702	1	17	选择固定频率
P0703	1	1	ON 接通正转,OFF 停止
P0003	1	1	设用户访问级为标准级
P0004	2	10	设定值通道和斜坡函数发生器
P1000	2	3	选择固定频率设定值
P0003	1	2	设用户访问级为扩展级
P0004	0	10	设定值通道和斜坡函数发生器

续上表

参数号	出厂值	设置值	说　明
P1001	0	20	选择固定频率 1(Hz)
P1002	5	30	选择固定频率 2(Hz)
P1003	10	50	选择固定频率 3(Hz)

4. 变频器运行调试

当按下自锁按钮 SB1 时,数字输入端口 7 为 ON,允许电动机运行。

(1)第 1 频段控制。当 SB1 按钮接通、SB2 按钮断开时,变频器数字输入端口 5 为 ON,端口 6 为 OFF,变频器工作在由 P1001 参数所设定的频率为 20 Hz 的第 1 频段上。

(2)第 2 频段控制。当 SB1 按钮断开,SB2 按钮接通时,变频器数字输入端口 5 为 OFF,端口 6 为 ON,变频器工作在由 P1002 参数所设定的频率为 30 Hz 的第 2 频段上。

(3)第 3 频段控制。当 SB1、SB2 按钮都接通时,变频器数字输入端口 5、6 均为 ON,变频器工作在由 P1003 参数所设定的频率为 50 Hz 的第 3 频段上。

(4)电动机停车。当 SB1、SB2 按钮都断开时,变频器数字输入端口 5、6 均为 OFF,电动机停止运行。或在电动机正常运行的任何频段,将 SB3 断开使数字输入端口 7 为 OFF,电动机也能停止运行。

注意:3 个频段的频率值可根据用户要求 P1001、P1002 和 P1003 参数来修改。当电动机需要反向运行时,只要将对应频段的频率值设定为负就可以实现。

四、考核评价

考核评价表见表 3-3-22。

表 3-3-22　考核评价表(工时:1 h)

项目内容	配　分	评分标准	扣　分	得　分
接线	20 分	(1)按规范接线。未按要求接线,每处扣 5～10 分。 (2)接线正确。接线错误,每处扣 10 分		
参数设置	30 分	参数设置正确。参数设置不全或遗漏,每处扣 5 分		
功能调试	30 分	(1)正确操作变频器。操作错误,每次扣 10 分。 (2)功能调试正确。调试失败,第一次扣 10 分,第二次扣 20 分		
安全文明生产	20 分	(1)严格遵守安全操作规程。违反安全操作规程,酌情扣 3～20 分。 (2)工具、仪器仪表摆放整齐。工具摆放不整齐,或未按规定位置摆放,每件扣 2 分		

测评题

一、单选题

1. 为了适应多台电动机的比例运行控制要求,变频器设置了(　　)功能。

(A)频率增益　　(B)转矩补偿　　(C)矢量控制　　(D)回避频率

2. 高压变频器指工作电压在(　　)kV 以上的变频器。

(A)3　　(B)5　　(C)6　　(D)10

3. 变频器常用的转矩补偿方法有:线性补偿、分段补偿和(　　)补偿。

(A)平方根　　(B)平方率　　(C)立方根　　(D)立方率

4. 在中小型变频器中普遍采用的电力电子器件是(　　)。

(A)SCR　　(B)GTO　　(C)MOSFET　　(D)IGBT

5. MM440 变频器要使操作面板有效,应设参数(　　)。

(A)P0010=1　　(B)P0010=0　　(C)P0700=1　　(D)P0700=2

二、多选题

1. 变频器出厂时已经把各项功能预置好了,但由于不同的生产机械有不同的特性和要求,变频器还要进行功能预置,其主要有(　　)。

(A)升降速时间　　(B)控制模式及 u/f

(C)闭环开环控制　　(D)是否程控

2. 异步电动机的矢量控制是建立在动态模型的基础上的。其数学模型可以表示为以(　　)为两个输入量,转速和磁链为两个输出量的控制系统。

(A)电压　　(B)电流　　(C)频率　　(D)功率

3. 变频器加速时间设定过小,会产生(　　)现象。

(A)烧坏电动机　　(B)烧坏变频器

(C)增加电动机的电流　　(D)引发电流速断保护功能动作

4. 变频器的外配器件中(　　)用于抗干扰。

(A)短路器　　(B)制动电阻　　(C)输入滤波器　　(D)输出滤波器

5. 变频器参数基本设定项包含(　　)。

(A)加速时间　　(B)电子过电流保护

(C)起动频率　　(D)矢量控制

三、判断题

(　　)1. 电压型变频器多用于不要求正反转或快速加减速的通用变频器中。

(　　)2. MM440 变频器可以通过 8 个数字输入端口对电动机进行正反转运行、正反转点动运行方向控制。

(　　)3. 变频器矢量控制模式下,一台变频器只能带一台电动机。

(　　)4. 矢量控制方式是变频器的高性能控制方式,特别是低频转矩性能优于 u/f 恒转矩控制方式。

(　　)5. 通常一台新的 MM440 变频器一般需要经过参数调试、外观调试、功能调试 3 个步骤进行调试。

模块四

常用电子电路的安装与调试

项目一　常用模拟电子电路的安装与调试

学习目标

应知	1. 掌握三极管的结构、分类及其工作原理，熟悉三极管的输入/输出特性。 2. 熟悉集成运算放大电路的组成及各部分的作用。 3. 能正确选择集成运算放大器。
应会	1. 熟悉三极管放大电路的基本特性和三种基本放大电路。 2. 能够分析三极管放大电路的工作状态。 3. 掌握串联型稳压电源电路的安装与调试。

建议学时

理论教学 6 学时，技能训练 4 学时。

知识导入

知识点一　三极管放大电路

一、三极管的结构

三极管的全称为半导体三极管，又称双极型晶体管、晶体三极管，它的内部有两个相距很近的 PN 结将整块半导体分割成 3 个区域，其两侧区域是发射区和集电区，中间区域是基区，从 3 个区各引出一个金属电极，分别称为发射极(e)、集电极(c)和基极(b)，发射区与基区之间的 PN 结为发射结，集电区与基区之间的 PN 结为集电结。按其内部半导体排列方式可分为 PNP 型管和 NPN 型管。三极管结构示意图如图 4-1-1 所示。

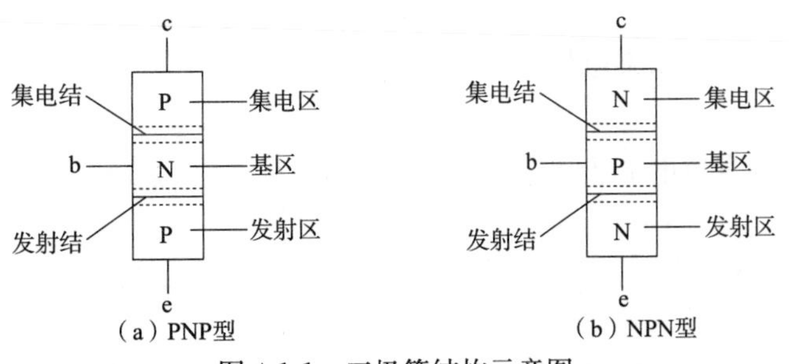

图 4-1-1　三极管结构示意图

三极管 3 个区的作用不同,集电区是用来收集载流子的,基区是用来控制载流子的传输的,发射区是用来发射载流子的。三极管的图形符号如图 4-1-2 所示,符号中的箭头方向表示发射结正向偏置时的电流方向。

(a) PNP型　　(b) NPN型

图 4-1-2　三极管的电路符号

二、三极管的分类

三极管的种类很多,常见的有下列分类形式:

(1)按其制作材料分为硅管和锗管;

(2)按其结构类型分为 PNP 型管和 NPN 型管;

(3)按其工作频率分为低频管、高频管和超频管;

(4)按其功率大小分为小功率管、中功率管和大功率管;

(5)按其功能分为开关管、功率管、光敏管和达林顿管等。

三、三极管的电流放大作用

1. 三极管的电源连接

要使三极管具有正常的电流放大作用,必须在其发射结加正向电压,在集电结加反向电压。NPN 型三极管电源接法如图 4-1-3(a)所示,c、b、e 三个电极的电位应符合:$U_c>U_b>U_e$;PNP 型三极管电源接法如图 4-1-3(b)所示。c、b、e 三个电极的电位应符合:$U_c<U_b<U_e$。

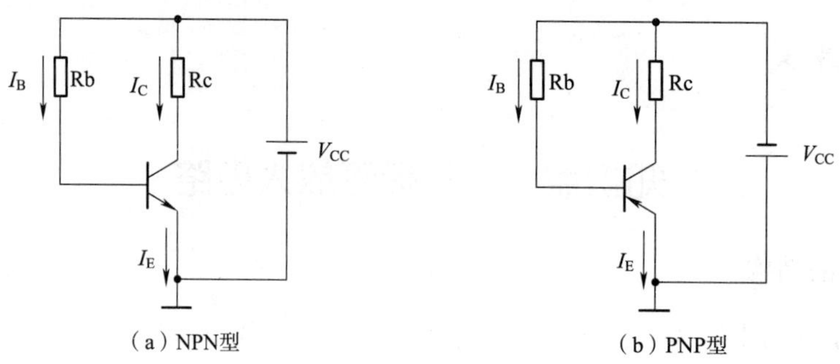

(a) NPN型　　(b) PNP型

图 4-1-3　三极管的电源接法

2. 三极管的电流放大作用

(1)发射极电流等于集电极与基极电流之和:

$$I_E=I_B+I_C$$

由于基极电流很小,所以集电极电流与发射极电流近似相等,即

$$I_E\approx I_C$$

(2)三极管集电极直流电流 I_C 与相应的基极电流 I_B 之比,称为共发射极直流电流放大系数,用 $\bar{\beta}$ 表示,即

$$\bar{\beta}=\frac{I_C}{I_B}$$

三极管集电极电流变化量 ΔI_C 与相应的基极电流变化量 ΔI_B 的比值,称为共发射极交流

电流放大系数,用β表示,即

$$\beta=\frac{\Delta I_C}{\Delta I_B}$$

β值的大小表明了三极管电流放大能力的强弱。必须强调的是,这种放大能力实质上是I_B对I_C的控制能力。当集电极直流电流I_C流过一个电阻R,根据电压计算公式$U=RI$可知,这个电阻上的电压会发生很大变化,这个电压就是被放大后的电压信号。

四、三极管的特性曲线

三极管特性曲线是反映三极管各电极电压和电流之间相互关系的曲线,它能直观、全面地反映三极管各极电压与电流之间的关系。三极管的特性曲线可以用特性图示仪直观地显示出来。常用的特性曲线有输入特性曲线和输出特性曲线。

1. 输入特性曲线

输入特性曲线是指集电极-发射极电压u_{CE}为一定时,三极管的基极电流i_B与基极-发射极电压u_{BE}之间的关系曲线,如图4-1-4所示。当u_{BE}大于死区电压后,u_{BE}与i_B两者呈线性关系增长。u_{BE}为三极管的发射结的导通电压,一般硅管约为0.7 V,锗管约为0.3 V。

2. 输出特性曲线

输出特性曲线是指当基极电流i_B为某一数值时,集电极电流i_C与集电极-发射极电压u_{CE}之间的关系曲线,如图4-1-5所示。从图中可以看出,输出特性曲线分为3个工作区。

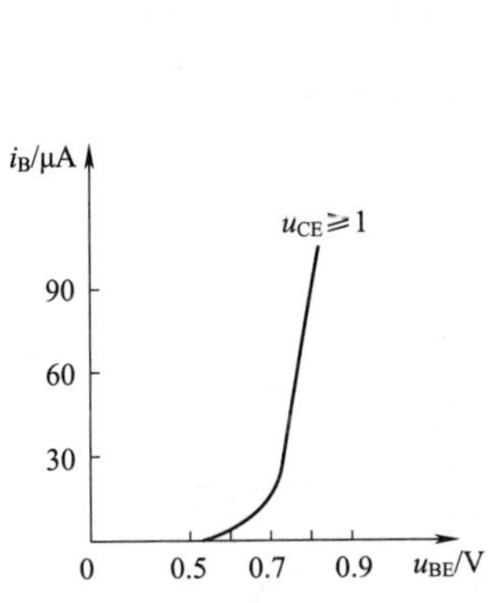

图4-1-4　三极管的输入特性曲线

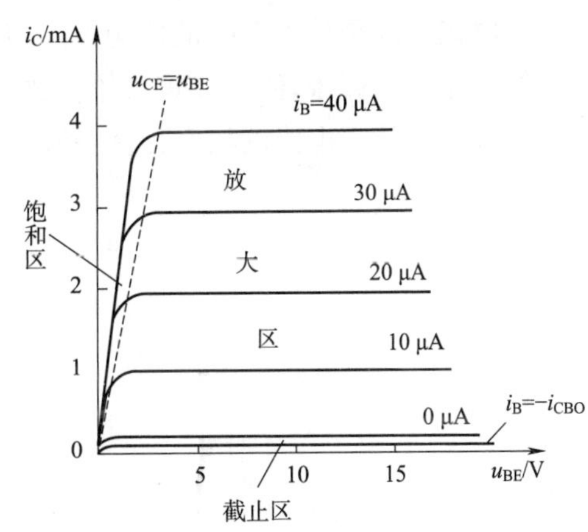

图4-1-5　三极管的输出特性曲线

(1)截止区。$i_B=0$ μA特性曲线以下的区域称为截止区,此区域中三极管处于截止状态。三极管处于截止状态的条件是:集电结反偏,发射结反偏或零偏。

(2)饱和区。三极管处于饱和状态时,i_B增大,i_C几乎不再增大,三极管失去放大作用。三极管处于饱和状态的条件是:发射结和集电结均处于正偏。

(3)放大区。三极管处于放大状态,i_C随i_B的控制变化,三极管具有电流放大作用。三极管处于放大状态的条件是:发射结正偏,集电结反偏。

三极管截止时,其集电极和发射极之间可视为开路,相当于开关断开;三极管饱和时,其集电极和发射极之间可视为通路,相当于开关接通。综上所述,三极管工作于放大区时,具有电流放大作用;工作于截止区和饱和区时,具有开关作用。

五、三极管放大电路

1. 三极管的 3 种基本放大电路

三极管有 3 个电极，三极管对小信号实现放大作用时，在电路中有 3 种不同的连接方式，即共发射极接法、共集电极接法和共基极接法。这 3 种接法分别以发射极、集电极和基极作为输入回路和输出回路的公共端，而构成不同的放大电路，以 NPN 型管为例，如图 4-1-6 所示。

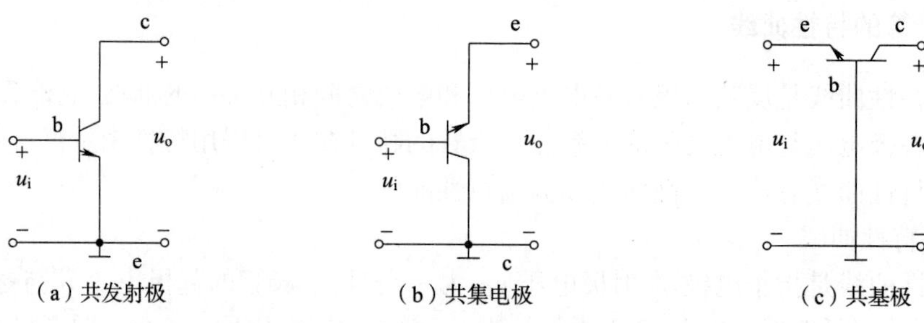

图 4-1-6　三极管的 3 种基本放大电路

2. 放大电路的组成及各元件的作用

在图 4-1-7(a)所示的共发射极基本放大电路中，输入端接低频交流电压信号 u_i，输出端接负载电阻 RL，输出电压用 u_o表示。电路中各元件作用如下：

(1)集电极电源是放大电路的能源 V_{CC}，为输出信号提供能量，并保证发射结处于正向偏置、集电结处于反向偏置，使三极管工作在放大区。V_{CC}取值一般为几伏到几十伏。

(2)三极管是放大电路的核心元件，利用三极管放大区的电流放大作用，将微弱的电信号进行放大。

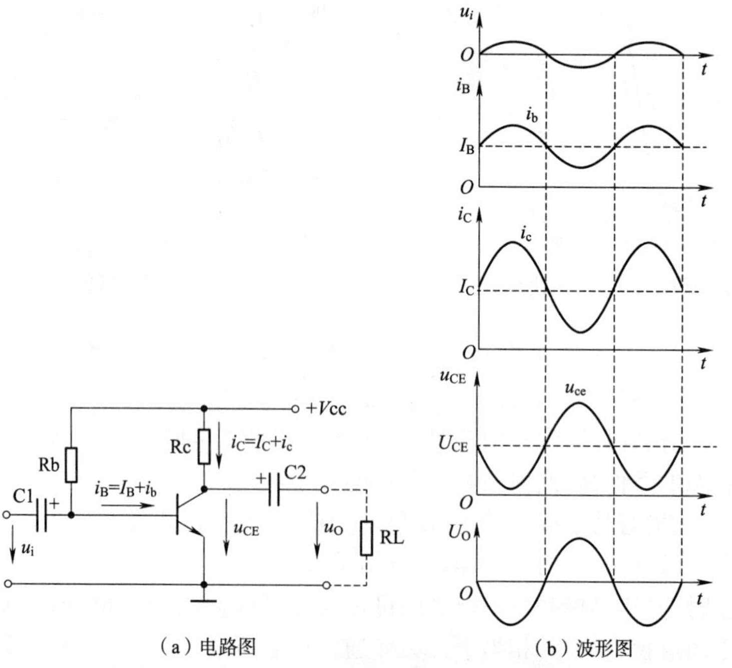

图 4-1-7　共发射极基本放大电路及波形

(3)集电极电阻 Rc 是三极管的集电极负载电阻，它将集电极电流的变化转换为电压的变化，实现电路的电压放大作用。Rc 一般为几千到几十千欧。

(4)基极电阻 Rb 以保证三极管工作在放大状态。改变 Rb 使三极管有合适的静态工作点。Rb 一般取几十千欧到几百千欧。

(5)耦合电容 C1、C2 起“隔直流、通交流”的作用。在信号频率范围内，认为容抗近似为零。所以分析电路时，在直流通路中电容视为开路；在交流通路中电容视为短路。C1、C2 一般为十几微法到几十微法的有极性的电解电容。

3. 放大电路的工作状态分析

放大电路可分为静态和动态两种工作状态。静态是指输入信号为零时，放大电路中只有直流分量的工作状态；动态是指有输入信号时，放大电路中既有直流分量又有交流分量的工作状态。

1)静态分析

无输入信号时的电路工作状态，即 $u_i=0$，电路的工作状态称为静态。电路中 U_{BE}、I_B、I_C、U_{CE}为直流分量，由于耦合电容 C2 具有“隔直流、通交流”的作用，因此电路无输出电压。

2)动态分析

有输入信号时，电路中既有直流分量 I_B、I_C、U_{BE}、U_{CE}等，又有交流分量 i_b、i_c、u_{be}、u_{ce}等，还有交、直流分量叠加后的总量 i_B、i_C、u_{BE}、u_{CE}等。当输入信号有一个变化量 Δu_i时，将在电路中产生如下变化：

$$\Delta u_i \rightarrow \Delta u_{BE} \rightarrow \Delta i_B \rightarrow \Delta i_C \rightarrow \Delta u_{CE} \rightarrow \Delta u_o$$

共发射极基本放大电路的静态工作点，如图 4-1-8 所示，当无信号输入时，电路的工作状态处于静态。这时的直流电流 I_B、I_C，直流电压 U_{BE}、U_{CE}这些直流量在输入、输出特性曲线上对应着一个点，这个点称为静态工作点 Q。由于 U_{BE}基本恒定不变，所以一般用 I_{BQ}、I_{CQ}、U_{CEQ}三个量表示静态工作点。为了使放大电路能正常工作，放大电路必须要设置一个合适的静态工作点，保证放大电路能把输入信号不失真地加以放大。

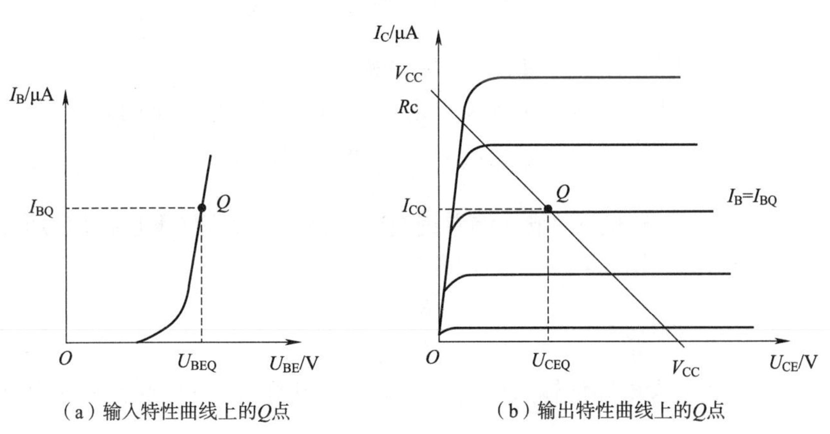

(a) 输入特性曲线上的Q点　　(b) 输出特性曲线上的Q点

图 4-1-8　放大电路的静态工作点

如图 4-1-8(b)所示，若 I_{BQ}偏低，则静态工作点 Q 靠近截止区，输出信号 u_o正半周出现削顶失真情况，这一失真称为截止失真；若 I_{BQ}偏高，则 Q 靠近饱和区，输出信号 u_o负半周出现削底失真情况，这一失真称为饱和失真。因此，在已确定直流电源 V_{CC}集电极电阻 Rc 的情况下，静态工作点设置的合适与否取决于 I_B的大小，调节基极电阻 Rb，改变电流 I_B，可以调整静态工作点。

3)放大电路的分析方法

通常采用估算法、图解法和等效电路法 3 种方法分析放大电路的性能。现以共发射极基本放大电路为例，着重介绍估算法的运用。

(1)直流通路和交流通路。放大电路中只允许直流电流通过的路径称为直流通路；把交流信号流通的路径称为交流通路。对于直流通路来说，放大器中的电容可以视为开路，电感视为短路；而对于交流通路来说，小容抗的电容以及内阻小的电源，都可以视为短路。这样就可以按照图 4-1-7(a)所示的放大电路，分别画出如图 4-1-9(a)所示的直流通路和图 4-1-9(b)所示的交流通路。

(2)求静态工作点。求静态工作点只考虑直流量的关系，所以按直流通路计算 I_{BQ}、I_{CQ}、U_{CEQ}。由图 4-1-9(a)可得

$$I_{BQ}=\frac{V_{CC}-U_{BEQ}}{R_b}\approx\frac{V_{CC}}{R_b}$$

$$I_{CQ}=\beta I_{BQ}$$

$$U_{CEQ}=V_{CC}-I_{CQ}R_c$$

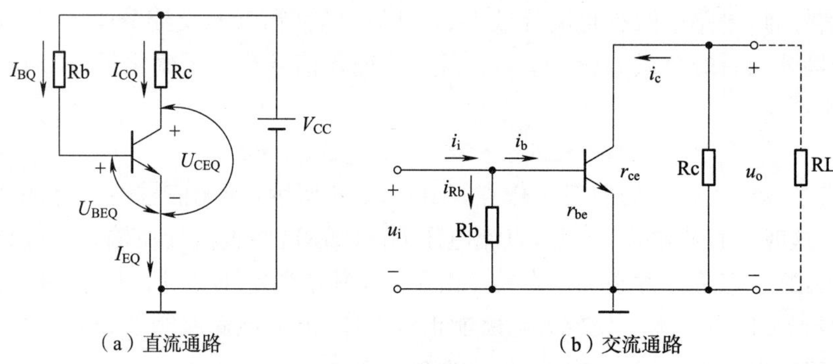

图 4-1-9　放大电路的直流通路和交流通路

(3)求输入电阻 r_i、输出电阻 r_o和电压放大倍数。

①三极管的输入电阻 r_{be}。根据半导体理论，工程中低频小信号下的 r_{be}可用下式估算：

$$r_{be}=300+(1+\beta)\frac{26\ \text{mV}}{I_{EQ}(\text{mA})}(\Omega)$$

②输入电阻 r_i。从放大电路的输入端看进去的交流等效电阻(不包括信号源的内阻)，称为放大电路的输入电阻。由图 4-1-9(b)可知：

$$r_i=R_b/\!/r_{be}$$

$$r_i\approx r_{be}$$

一般情况下，希望放大电路的输入电阻尽可能大。这样，向信号源吸取的电流小，有利于减小信号源的负担。

③输出电阻 r_o。从放大电路的输出端看进去的交流等效电阻(不包括负载)，称为放大电路的输出电阻。由图 4-1-9(b)可知：

$$r_o=R_c/\!/r_{ce}$$

$$r_o\approx R_c$$

对于负载来说，放大电路是向负载提供信号的信号源，而它的输出电阻就是信号源的内阻。r_o越小，当 RL 变化时，输出电压 u_o的变化也就越小，即放大电路带负载的能力越强。

④电压放大倍数。由放大电路的交流通路可知，当放大电路空载，即输出端开路，其空载电压放大倍数为

$$A_u=\frac{u_o}{u_i}=\frac{-\beta i_b R_c}{i_b r_{be}}=-\beta\frac{R_c}{r_{be}}$$

式中，负号表示输出电压 u_o与输入电压 u_i反相。

放大电路带负载时的电压放大倍数为

$$A_u=\frac{u_o}{u_i}=\frac{-\beta i_b(R_c/\!/R_L)}{i_b r_{be}}=-\beta\frac{R_L'}{r_{be}}$$

式中，$R_L'=R_c/\!/R_L$。

显然，由于 $R_L'<R_c$，放大电路带上负载后，电压放大倍数减小。

4）共发射极基本放大电路的特点

（1）无输入信号时，放大电路中的电压、电流都是直流分量。有输入信号后，i_B、i_C、u_{CE}都在原来静态值的基础上叠加了一个交流分量。虽然 i_B、i_C、u_{CE}的瞬时值是变化的，但它们的方向始终不变，即均是脉动直流量。

（2）输出电压 u_o与输入电压 u_i频率相同，且幅度 u_o比 u_i大得多。

（3）电流 i_b、i_c与输入电压 u_i同相，输出电压 u_o与输入电压 u_i反相，即共发射极放大电路具有“倒相”作用。

知识点二　集成运算放大电路

一、集成运算放大电路的组成及各部分的作用

集成运算放大电路实质上是一种双端输入、单端输出，具有高增益、高输入阻抗、低输出阻抗的多级直接耦合放大电路。当给它施加不同的反馈网络时，就能实现模拟信号的多种数学运算功能（如比例、求和、求差、积分、微分等），故称为集成运算放大电路，简称集成运放。

集成运放内部实际上是一个高增益的直接耦合放大器，其内部组成原理框图用图 4-1-10 表示，它由输入级、中间级、输出级和偏置电路等 4 部分组成。

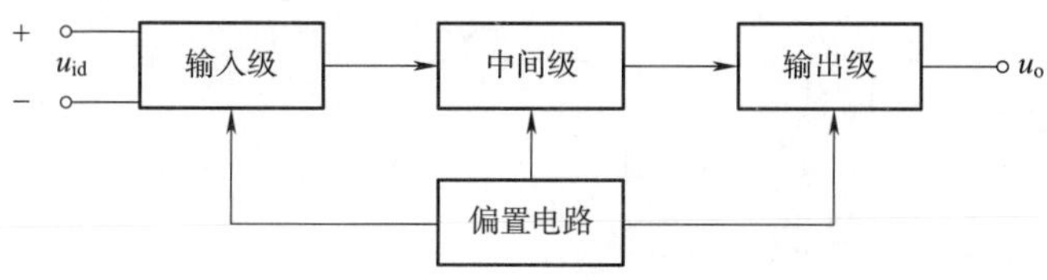

图 4-1-10　集成运放内部组成原理框图

1. 输入级

输入级又称前置级，它往往是一个双端输入的高性能差分放大电路。一般要求其输入电阻高，差模放大倍数大，抑制共模信号的能力强，静态电流小。输入级是提高运算放大器质量的关键部分，输入级的好坏直接影响集成运放的大多数性能参数，如输入电阻、共模抑制比等。

2. 中间级

中间级的主要作用是提供足够大的电压放大倍数,故而又称电压放大级。中间级是整个放大电路的主放大器,其作用是使集成运放具有较强的放大能力,多采用共发射极放大电路。为了提高电压放大倍数,经常采用复合管作为放大管,以恒流源作为集电极负载,其电压放大倍数可达千倍以上。

3. 输出级

输出级的主要作用是输出足够的电流以满足负载的需要,同时还需要有较低的输出电阻和较高的输入电阻,以起到将放大级和负载隔离的作用。输出级具有输出电压线性范围宽、输出电阻小(即带负载能力强)、非线性失真小等特点。集成运放的输出级多采用互补对称输出电路。

4. 偏置电路

偏置电路的作用是为各级提供合适的工作电流,也就是合适的静态工作点,一般由各种恒流源电路组成。

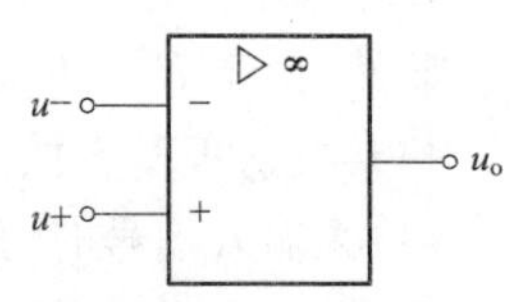

图 4-1-11 集成运放的图形符号

集成运放的图形符号如图 4-1-11 所示,输入端的"−"表示反相输入端,电压用"u_-"表示,"+"表示同相输入端,电压用"u_+"表示;"▷"表示信号的传输方向;"∞"表示放大倍数为极大;输出端的"+"表示输出电压为正极性,电压用"u_o"表示。

二、集成运放的主要参数

集成运放的特性参数是评价其性能优劣的依据。为了正确地挑选和使用集成运放,必须弄清楚参数的含义。

(1)开环差模增益 A_{ud}:是指在标称电源电压和额定负载下,集成运放在开环时对差模信号的电压放大倍数。

(2)共模电压增益 A_{uc}:是指集成运放对输入共模信号的电压放大倍数。

(3)共模抑制比 K_{CMRR}:是指集成运放的开环差模增益与共模电压之比,并用对数表示,即 $K_{CMRR}=20\lg|A_{ud}/A_{uc}|$。

(4)差模输入电阻 r_{id}:是指集成运放对差模信号所呈现的电阻,r_{id}越大,从信号源索取的电流越小。

(5)输入失调电压 U_{IO}及其温漂 dU_{IO}/dt:由于集成运放的输入级电路参数不可能绝对对称,所以当输入电压为零时,u_o并不为零。U_{IO}是使输出电压为零时在输入端所加的补偿电压,U_{IO}越小,表明电路参数对称性越好。

(6)输入失调电流 I_{IO}及其温漂 dI_{IO}/dt:一个理想的集成运放的两输入端的静态电流应该完全相等。实际上,当集成运放的输出电压为零时,流入两输入端的电流不相等,这个静态电流之差 $I_{IO}=I_{B1}-I_{B2}$就是输入失调电流,I_{IO}越小越好。

(7)输入偏置电流 I_{IB}:是指集成运放在静态时,流经两个输入端的基极电流的平均值,即 $I_{IB}=(I_{B1}+I_{B2})/2$,I_{IB}越小,信号源内阻对集成运放静态工作点的影响也就越小,而且 I_{IB}越小,I_{IO}也越小。

(8)输出电阻 r_o:在开环条件下,集成运放等效为电压源时的等效动态内阻称为集成运放的输出电阻。

(9)开环带宽 f_H:是指集成运放在放大小信号时,开环增益下降到直流增益 $1/\sqrt{2}$ 时所对应的频率范围。

(10)转换速率 SR:转换速率又称上升速率或压摆率,是指集成运放在单位增益组态和额定输出电压情况下,输出电压的最大变化速率,定义为 $SR=|du_o/dt|_{max}$。SR 的大小反映了集成运放输出对于高速变化的输入信号的影响能力。SR 越大,表示集成运放的高频性能越好。

在近似分析时,常把集成运放理想化。在理想运放中,把 SR、A_{ud}、f_H、r_{id} 和 K_{CMRR} 视为无穷大,把 U_{IO}、r_o、I_{IB}、I_{IO}、dI_{IO}/dt 和 du_o/dt 视为零。

三、集成运放的选择

(1)对精度的要求:对集成运放精度要恰当,过高将增加成本,过低则不能满足要求。

(2)环境条件:选择集成运放时,必须考虑到工作电源范围、工作温度范围、功耗与体积限制及噪声源的影响等因素。

(3)信号源的性质:是电流源还是电压源,内阻大小,输入信号幅值及其频率的变化范围,信号频率范围。

(4)负载的性质:是电抗负载还是纯电阻负载,根据负载电阻的大小,确定所需要集成运放输出的电压和电流的幅值。对于感性或容性负载,还要考虑对频率参数的影响。

知识点三　放大电路中的反馈

一、反馈的基本概念

反馈是指把输出电压或输出电流的一部分或全部通过反馈网络,用一定的方式送回到放大电路的输入回路,以影响输入电量的过程。

二、反馈的基本类型

(1)根据反馈产生的途径分为:内部反馈和外部反馈。

(2)根据反馈信号不同分为:直流反馈和交流反馈。反馈信号中只含有直流分量的称为直流反馈,反馈信号中只含有交流分量的称为交流反馈。

(3)根据反馈的作用效果分为:负反馈与正反馈。

图 4-1-12 所示为带有反馈的电子电路框图,它含有两个部分:一个是基本放大电路 A,它可以是单级或多级的;另一个是反馈电路 F,它联系放大电路的输入和输出,一般由电阻组成。图 4-1-12 中,反馈信号 $\dot{X}_f$ 送回到输入回路与原输入信号 $\dot{X}_i$ 共同作用后,使净输入信号 $\dot{X}_{id}$ 比没有引入反馈时减小了,有 $\dot{X}_{id}=\dot{X}_i-\dot{X}_f$,称这种反馈为负反馈;另一种是使净输入信号 $\dot{X}_{id}$ 比没有引入反馈时增加了,有 $\dot{X}_{id}=\dot{X}_i+\dot{X}_f$,称这种反馈为正反馈。

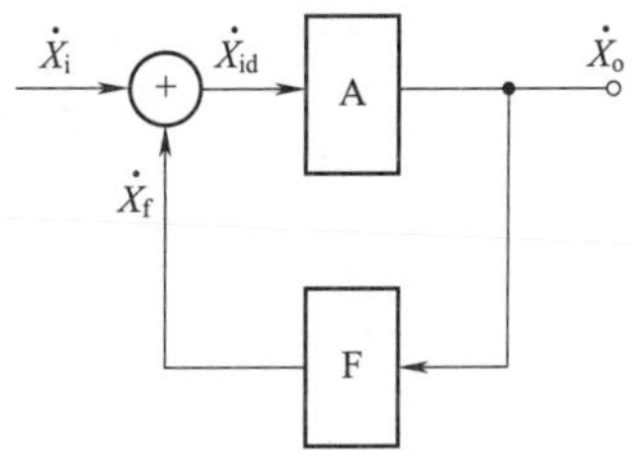

图 4-1-12　带有反馈的电子电路框图

负反馈与正反馈的判别方法:瞬时极性法是判别电路中负反馈与正反馈的基本方法。首先在基本放大器输入端设定一个递增(或递减)的净输入信号,在上述设定下,推演出反馈信号的变化极性,判定在反馈信号的影响下,净输入信号的变化极性。若该极性与前面设定的变化极性相反,则为负反馈;若相同,则为正反馈。

(4)根据反馈信号采样的方式分为:电压反馈和电流反馈,如图 4-1-13 所示。

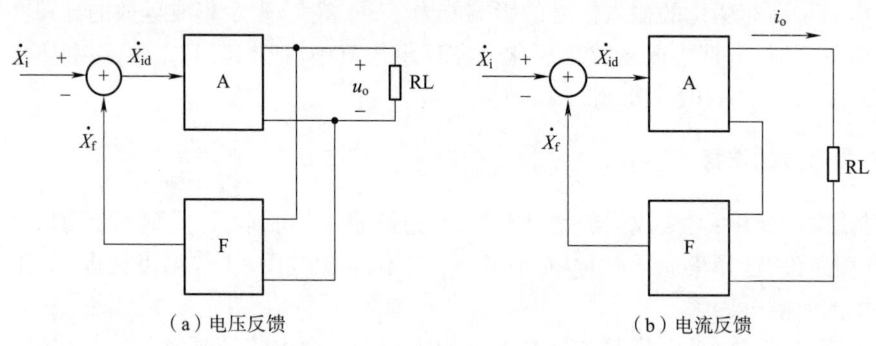

图 4-1-13　电压反馈和电流反馈框图

电压反馈:反馈信号是输出电压的一部分或全部,即反馈信号与输出电压成正比,称为电压反馈。

电流反馈:反馈信号是输出电流的一部分或全部,即反馈信号与输出电流成正比,称为电流反馈。

判断是电压反馈还是电流反馈时,常用"输出短路法",即假设负载短路($R_L=0$),使输出电压 $u_o=0$,看反馈信号是否还存在。若存在,则说明反馈信号与输出电压成比例,是电压反馈;若反馈信号不存在了,则说明反馈信号不是与输出电压成比例,而是和输出电流成比例,是电流反馈。

判定方法之二,按电路结构判定:在交流通路中,若放大器的输出端和反馈网络的采样端处在同一个放大器件的同一个电极上,则为电压反馈;否则是电流反馈。

(5)根据反馈信号与输入信号的连接方式分为:串联反馈和并联反馈,如图 4-1-14 所示。

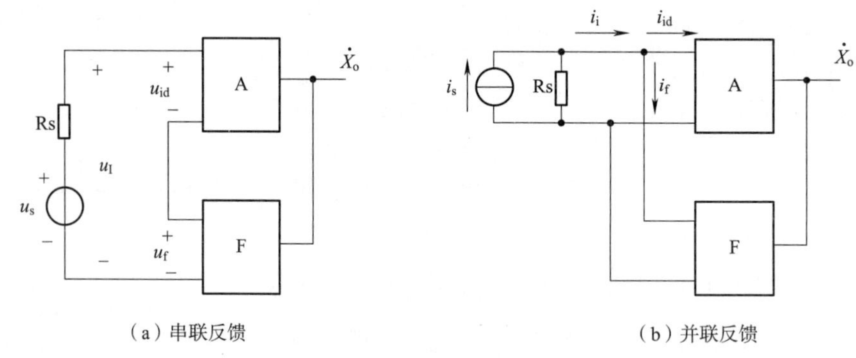

图 4-1-14　串联反馈和并联反馈框图

在串联反馈中,反馈信号和输入信号在输入端以电压方式求和。

并联反馈有如下两种判定方式:

判定方法一:在并联反馈中,反馈信号和输入信号在输入端以电流方式求和。

判定方法二:对于交变分量而言,若信号源的输出端和反馈网络的比较端接于同一个放大器件的同一个电极上,则为并联反馈;否则,为串联反馈。

三、负反馈的类型

根据反馈电路与基本放大电路在输入端和输出端连接方式的不同,负反馈可分为下列4种类型。

1. 串联电压负反馈电路

图4-1-15(a)是同相比例运算电路。如图4-1-15(b)所示,有 $u_d=u_i-u_f$,电路中引入负反馈。反馈电压取自输出电压 u_o,并与之成正比,故为电压反馈。

反馈电压 $u_f=\dfrac{R_1}{R_F+R_1}u_o$。

反馈信号与输入信号在输入端以电压的形式做比较,两者串联,故为串联反馈。

因此,图4-1-15(a)是引入串联电压负反馈的电路,图4-1-15(b)是其框图。

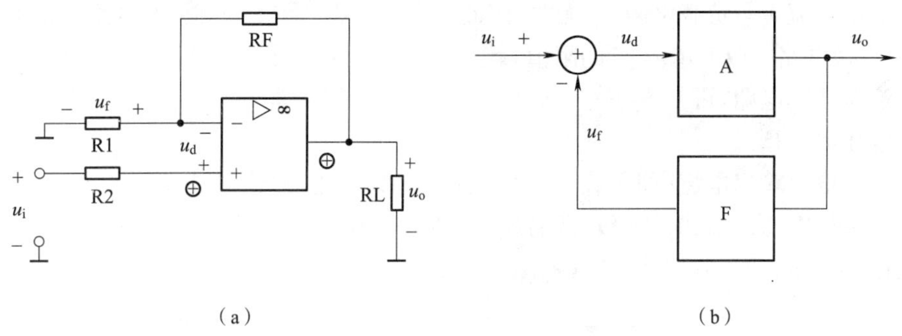

图4-1-15　串联电压负反馈电路

2. 并联电压负反馈电路

图4-1-16(a)是反相比例运算电路。设某一瞬时输入电压 u_i 为正,则反相输入端电位的瞬时极性为正,输出端电位的瞬时极性为负。此时反相输入端的电位高于输出端的电位,输入电流 i_i 和反馈电流 i_f 的实际方向即图4-1-16(a)中所示。净输入电流(差值电流)$i_d=i_i-i_f$,即 i_f 削弱了净输入电流,故为负反馈。

反馈电流 $i_f=\dfrac{u_i-u_o}{R_F}\approx-\dfrac{u_o}{R_F}$。

反馈信号取自输出电压 u_o,并与之成正比,故为电压反馈。

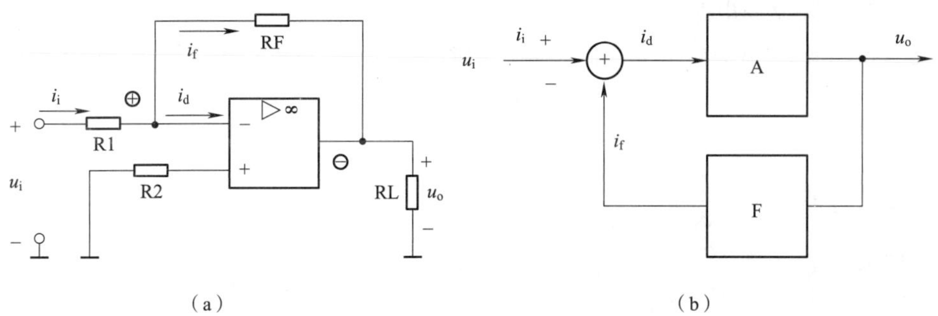

图4-1-16　并联电压负反馈电路

反馈信号与输入信号在输入端以电流的形式做比较,两者“并联”,由 i_i 供电,故为并联反馈。因此,图 4-1-16(a)是引入并联电压负反馈的电路,图 4-1-16(b)是其框图。

3. 串联电流负反馈电路

首先分析图 4-1-17(a)所示电路的功能。从电路结构看,它和图 4-1-15(a)相同,也是同相比例运算电路,因此

$$u_o=\left(1+\frac{R_L}{R}\right)u_i$$

输出电流

$$i_o=\frac{u_o-u_i}{R_L}$$

由以上两式得出

$$i_o\approx\frac{u_i}{R}$$

可见输出电流 i_o 与负载电阻 R_L 无关,因此图 4-1-17(a)是一同相输入恒流源电路,或称为电压-电流变换电路。改变电阻 R 的阻值,就可以改变 i_o 的大小。其次分析反馈类型。参照上述的同相比例运算电路,可知 $u_d=u_i-u_f$,电路中也引入负反馈。

反馈电压 $u_f=Ri_o$。

反馈信号取自输出电流(即负载电流)i_o,并与之成正比,故为电流反馈。反馈信号与输入信号在输入端以电压的形式做比较,两者串联,故为串联反馈。因此,图 4-1-17(a)是引入串联电流负反馈的电路,图 4-1-17(b)是其框图。

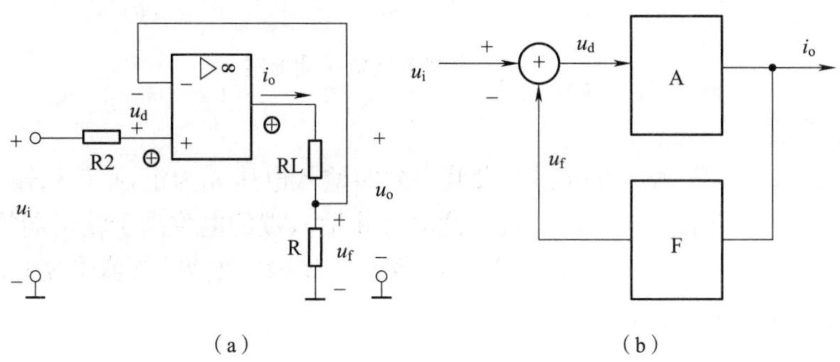

图 4-1-17　串联电流负反馈电路

4. 并联电流负反馈电路

首先分析图 4-1-18(a)所示电路的功能。由图 4-1-18(a)可以得出

$$i_i=\frac{u_i}{R_1},i_f=-\frac{u_R}{R_F}$$

设 $i_i\approx i_f$,可得 $u_R=-\dfrac{R_F}{R_1}u_i$。

输出电流

$$i_o=i_R-i_f=\frac{u_R}{R}-\frac{u_i}{R_1}=-\left(\frac{R_F}{R_1R}+\frac{1}{R_1}\right)u_i=-\frac{1}{R_1}\left(\frac{R_F}{R}+1\right)u_i$$

可见输出电流 i_o与负载电阻 R_L无关，因此图 4-1-18(a)是一反相输入恒流源电路。改变电阻阻值，就可以改变 i_o的大小。

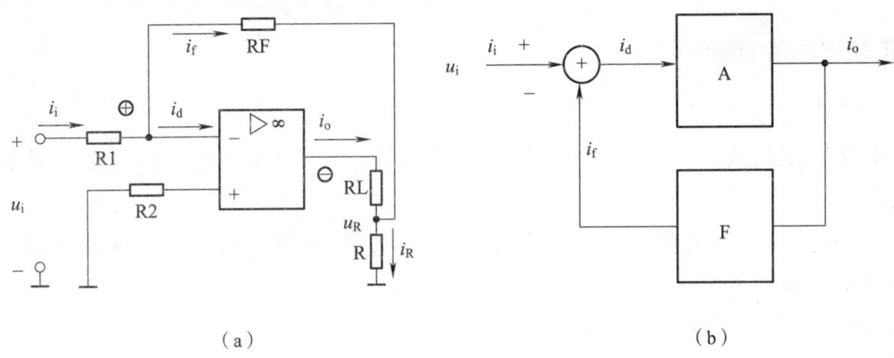

图 4-1-18　并联电流负反馈电路

其次分析反馈类型。设 u_i为正时，反相输入端和输出端电位的瞬时极性如图 4-1-18(b)所示，差值电流 $i_d=i_i-i_f$，故为负反馈。

反馈电流

$$i_f \approx i_i=\frac{u_i}{R_1}=-\frac{1}{\left(\frac{R_F}{R}+1\right)}i_o=-\left(\frac{R}{R_F+R}\right)i_o$$

反馈信号取自输出电流 i_o，并与之成正比，故为电流反馈。反馈信号与输入信号在输入端以电流的形式做比较，i_f和 i_d“并联”，由 i_i供电，故为并联反馈。

因此，图 4-1-18(a)是引入并联电流负反馈的电路，图 4-1-18(b)是其框图。

从上述 4 个运算放大器电路可以看出：

(1)反馈电路直接从输出端引出的，是电压反馈；从负载电阻靠近“地”端引出的，是电流反馈。

(2)输入信号和反馈信号分别加在两个输入端(同相和反相)上的，是串联反馈；加在同一个输入端(同相或反相)上的，是并联反馈。

(3)反馈信号使净输入信号减小的，是负反馈。

四、放大电路引入负反馈的一般原则

(1)要稳定放大电路的静态工作点 Q，应该引入直流负反馈。

(2)要改善放大电路的动态性能(如增益的稳定性、稳定输出量、减小失真、扩展频带等)，应该引入交流负反馈。

(3)要稳定输出电压，减小输出电阻，提高电路的带负载能力，应该引入电压负反馈。

(4)要稳定输出电流，增大输出电阻，应该引入电流负反馈。

(5)要提高电路的输入电阻，减小电路向信号源索取的电流，应该引入串联负反馈。

(6)要减小电路的输入电阻，应该引入并联负反馈。

注意：在多级放大电路中，为了达到改善放大电路性能的目的，所引入的负反馈一般为级间反馈。

知识点四 正弦波振荡电路

一、正弦波振荡的概念

1. 产生条件

振荡电路的正弦波信号产生条件:正弦波振荡电路是一个没有输入信号的带选频环节的正反馈电路。

(1)正弦波振荡的平衡条件:作为一个稳态振荡电路,相位平衡条件和振幅平衡条件必须同时得到满足。振幅平衡条件为$|AF|=1$。

(2)正弦波振荡的起振条件:$|AF|>1$

2. 电路组成

一个正弦波振荡电路主要由以下几个部分组成:

(1)放大电路。

(2)正反馈网络。

(3)选频网络。

(4)稳幅环节。

3. 分类

正弦波振荡电路根据选频网络的不同可分为RC振荡电路、LC振荡电路和石英晶体振荡电路。

二、RC正弦波振荡电路

1. RC串并联电路的选频特性

RC串并联电路及等效电路如图4-1-19所示。如图4-1-19(a)所示,信号电压u_1从A、C两端输入,经选频以后的电压u_2从B、C两端输出。下面分析该电路的幅频特性和相频特性。

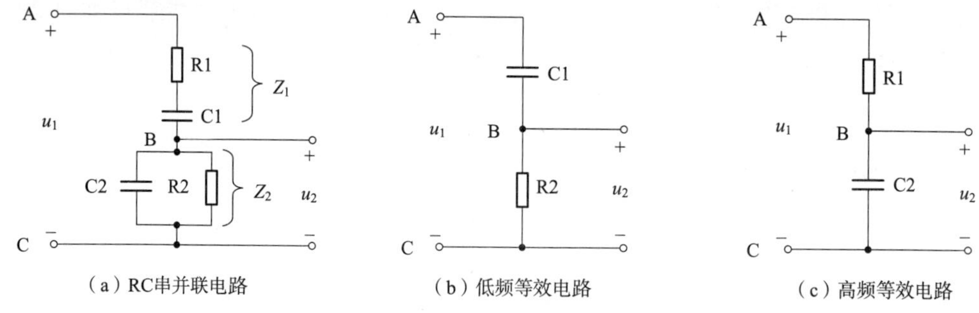

图4-1-19 RC串并联电路及等效电路

(1)当输入信号的频率f较低时,在RC串并联电路中,C1、C2容抗均很大。

此时电路满足以下两个关系:

$$X_{C1}=\frac{1}{2\pi fC_1}\gg R_1, X_{C2}=\frac{1}{2\pi fC_2}\gg R_2$$

在R1C1串联部分$X_{C1}\gg R_1$,因此R1上的分压可以忽略。在R2C2并联部分$X_{C2}\gg R_2$,因

此 C2 上的分流量可忽略。这时的串并联电路等效于图 4-1-19(b)。从该图可以看出，信号频率越低，X_{C1}越大，R2 分压越小，u_2幅度越小。

(2)当输入信号的频率 f 较高时，在 RC 串并联电路中，C1、C2 容抗均很小。

此时 R1C1 串联部分 $X_{C1} \ll R_1$，因此 C1 上的分压可以忽略。在 R2C2 并联部分 $X_{C2} \ll R_2$，因此 R2 上的分流量可忽略。这时的串并联电路等效于图 4-1-19(c)。从该图可以看出，信号频率越高，X_{C2}越小，分压越小，u_2幅度越小。

(3)RC 串并联电路的幅频特性曲线如图 4-1-20(a)所示。由图可知，只有在谐振频率 f_0上，输出电压幅度最大，偏离这个频率，输出电压幅度迅速减小，这就是 RC 串并联网络的选频特性。

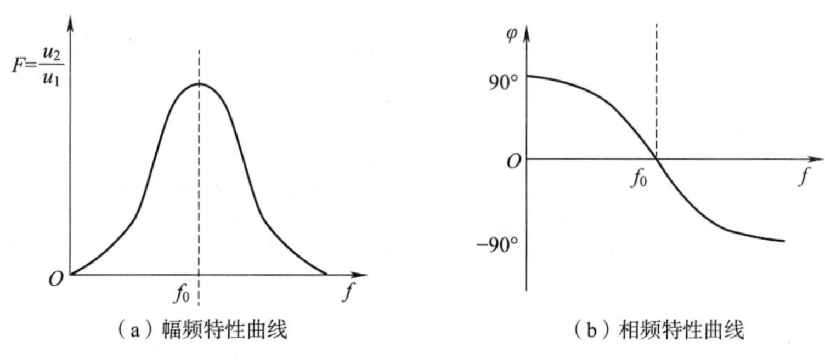

(a) 幅频特性曲线　(b) 相频特性曲线

图 4-1-20　RC 串并联电路的特性曲线

2. RC 串并联电路的相频特性

信号输入电压 u_1与输出电压 u_2的相位，随信号频率的变化关系称为相频特性，如图 4-1-20(b)所示。从图中可以看出，当信号频率 f 等于谐振频率 f_0时，u_2与 u_1的相位差 φ 等于零，即 u_2与 u_1同相位。

由上述分析可得出如下结论：当信号频率 f 等于 RC 电路的选频频率 f_0时，输出电压 u_2幅度最大，且与 u_1同相。这就是 RC 串并联电路的选频原理。选频反馈网络反馈回来的电压作阻性分压，而不产生相移，就能满足自激振荡的相位条件而有可能产生振荡。

理论证明，当 $R_1=R_2=R$，$C_1=C_2=C$ 时，RC 串并联选频电路的选频频率为

$$f_0=\frac{1}{2\pi RC}$$

3. RC 桥式振荡电路的组成

(1)RC 桥式振荡电路如图 4-1-21 所示。其中放大电路由集成运放组成；R3 和 R4 构成负反馈支路；R1C1 和 R2C2 组成串并联网络，实现正反馈和选频。上述两个反馈支路正好形成电桥的 4 个桥臂，故称为 RC 桥式振荡电路。

(2)RC 桥式振荡电路的振荡特性：

振荡的建立过程：图 4-1-21 为 RC 桥式振荡电路，图中集成运放组成一个同相放大器。

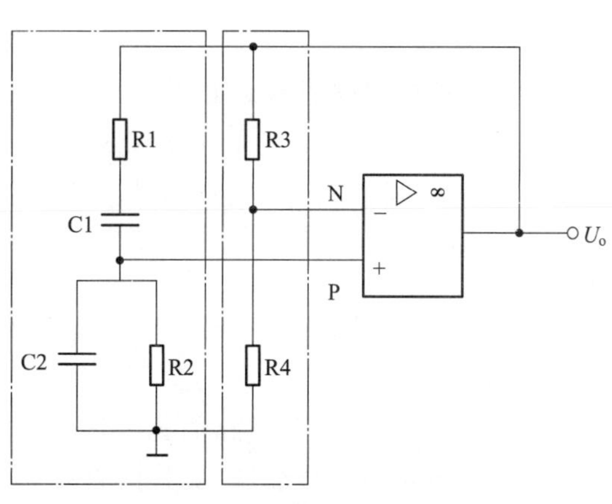

图 4-1-21　RC 桥式振荡电路

相位平衡条件:RC 串并联网络构成选频和反馈网络。同相放大器的输出电压 U_O 作为 RC 串并联网络的输入电压,而将 RC 串并联网络的输出电压作为放大器的输入电压。由 RC 串并联网络的选频特性可知,当 $f=f_0$ 时,其相位移为零,满足振荡电路相位平衡条件;而对于其他频率的信号,RC 串并联网络相位移不为零,不满足相位平衡条件。

RC 桥式振荡电路中的频率调节:负反馈支路可以采用热敏电阻使桥式振荡电路的起振容易,振幅波形改善,同时还具有很好的稳幅特性。RC 桥式振荡电路输出电压稳定,失真小,频率调节方便。因此,在低频标准信号发生器中都由它构成振荡电路。

三、LC 正弦波振荡电路

LC 正弦波振荡电路的选频电路由电感和电容构成,可以产生高频振荡。由于高频运放价格较高,所以一般用分立元件组成放大电路。

LC 正弦波振荡电路产生频率高于 1 MHz 的高频正弦信号。根据反馈形式的不同,LC 正弦波振荡电路可以分为变压器反馈式、电感三点式、电容三点式等几种电路形式。

LC 并联谐振电路及其谐振曲线如图 4-1-22 所示。R 为电感和电路的其他损耗总的等效电阻,其值很小。

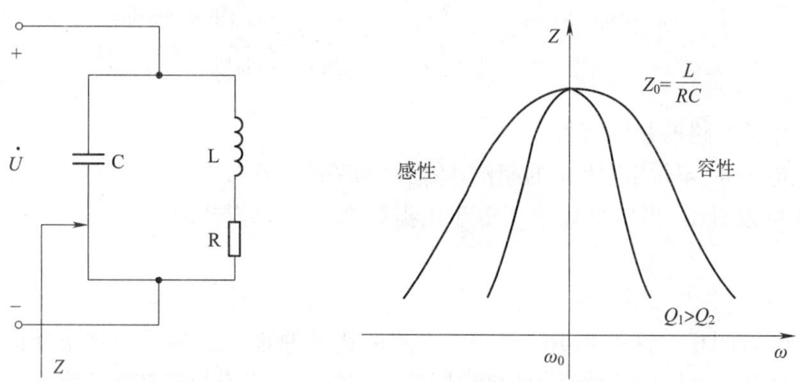

图 4-1-22 LC 并联谐振电路及其谐振曲线

从 LC 并联谐振电路的幅频特性曲线可以看出,当电路发生谐振 $\omega=\omega_0$,即 $f=f_0$ 时,等效阻抗 Z 最大;信号频率偏离时,等效阻抗 Z 迅速减小。从 LC 并联谐振电路的幅频特性曲线可以看出,当电路发生谐振时,相位移 $f=f_0$ 时,LC 并联谐振电路呈纯电阻特性。当 $f>f_0$ 时,LC 并联谐振电路呈容性;当 $f<f_0$ 时,LC 并联谐振电路呈感性。可见 LC 并联谐振电路具有选频特性。当 $f=f_0$ 时,电路呈纯阻性,阻抗最大。LC 并联谐振电路的谐振频率为

$$f_0=\frac{1}{2\pi\sqrt{LC}}$$

1. 变压器反馈式 LC 振荡电路

变压器反馈式 LC 振荡电路如图 4-1-23 所示。基本放大电路由三极管 V 及其偏置电阻 R1、R2、R3 构成,选频网络由 LC 并联谐振电路

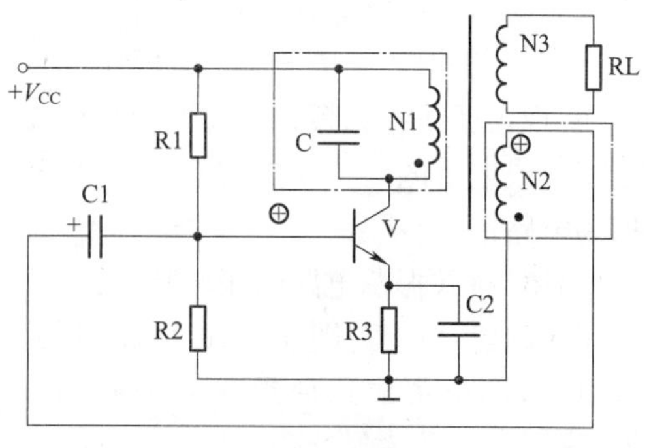

图 4-1-23 变压器反馈式 LC 振荡电路

构成，正反馈网络由变压器的二次线圈 N2 和耦合电容 C1 构成，振荡电路通过变压器的二次线圈 N3 向负载 RL 提供正弦波振荡信号。

LC 并联谐振电路对不同频率的信号呈现不同的阻抗。当电路发生谐振时，阻抗最大，并且为纯阻性。LC 并联谐振电路作为集电极负载构成的选频放大电路，对频率为 f_0 的信号有很大的放大倍数，对频率偏离 f_0 的信号放大倍数急剧下降。

变压器反馈式 LC 振荡电路的特点：

(1)电路起振容易；

(2)频率调节方便；

(3)振荡频率不高；

(4)输出波形不好。

2. 电感三点式 LC 振荡电路

电感三点式 LC 振荡电路如图 4-1-24 所示。该电路由电感引出 3 个端点，并且与三极管的 3 个电极相连，所以称为电感三点式 LC 振荡电路。其中，R1、R2、R3 为电路提供稳定的静态工作点，L1、L2 与 C 构成振荡电路选频电路。反馈电压取自 L2 两端。

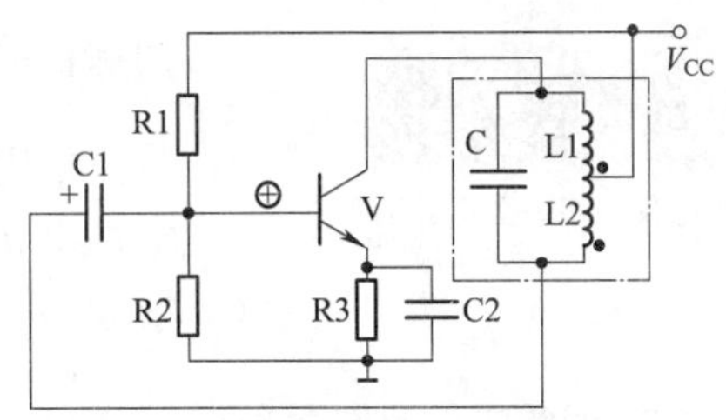

图 4-1-24　电感三点式 LC 振荡电路

三极管工作于选频放大状态，只要放大电路的工作点合适，抽头位置适当，幅度条件就能满足。用瞬时极性法判断反馈极性，电路中引入正反馈，满足相位平衡条件，所以电路能够振荡。电路的振荡频率等于 LC 并联谐振电路的谐振频率。

$$f_0=\frac{1}{2\pi\sqrt{LC}}=\frac{1}{2\pi\sqrt{(L_1+L_2+2M)C}}$$

式中，L 为电路的总电感；M 为互感系数。

电感三点式 LC 振荡电路的特点：

(1)起振容易；

(2)频率调节方便；

(3)电路工作频率不高；

(4)波形较差，频率稳定度不高。

3. 电容三点式 LC 振荡电路

电容三点式 LC 振荡电路如图 4-1-25 所示。三极管及偏置电路构成了基本放大电路。C1、C2、L 构成了 LC 选频电路，正反馈信号取自电容 C2 的两端。

用瞬时极性法可以判断电路中引入正反馈，电路满足相位平衡条件，所以能够起振。振荡电路的振荡频率等于 LC 并联谐振电路的谐振频率，即

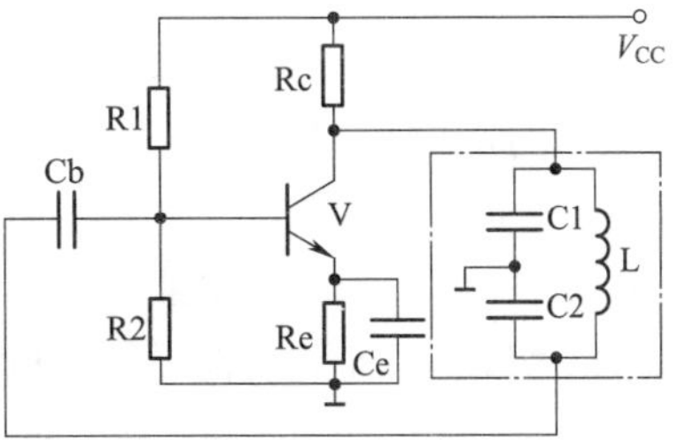

图 4-1-25　电容三点式 LC 振荡电路

$$f_0=\frac{1}{2\pi\sqrt{LC}}=\frac{1}{2\pi\sqrt{L\left(\frac{C_1C_2}{C_1+C_2}\right)}}$$

电容三点式 LC 振荡电路的特点：

(1)输出波形较好；

(2)振荡频率较高,可达到 100 MHz;

(3)C1、C2 采用双联电容,调节电容的容值可以改变振荡频率的大小,但同时会影响反馈信号的大小,因此这种电路适用于产生固定频率的信号。

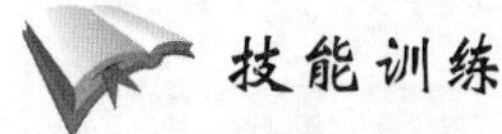

训练一　串联型稳压电源电路的安装与调试

扫一扫

串联型稳压电源电路安装

扫一扫

串联型稳压电源电路调试

一、训练目的

(1)掌握常用电子元器件好坏的判别方法;

(2)掌握串联型稳压电源电路的原理分析与焊接制作工艺;

(3)掌握串联型稳压电源电路的调试方法。

二、训练工器具与材料(见表 4-1-1)

表 4-1-1　训练工器具与材料

序　号	工器具名称	单　位	数　量	备　注
1	电烙铁	把	1	
2	数字万用表	块	1	
3	串联型稳压电源电路元器件	套	1	

三、训练内容

识读串联型稳压电源电路原理图(见图 4-1-26),分析掌握电路的工作原理,再按照原理图和元器件明细表,对提供的元器件的好坏及型号规格进行识别,并记录结果。元器件检测完后,正确使用电烙铁等焊接工具,严格按照电路原理图选择合适的元器件进行电路的焊接组装,最后选择合适的仪表、工具对电路进行调试。

1. 电路原理分析

首先通过变压器 TC 降压,把交流 220 V 电压变换成电路需要的交流 12 V 电压,供给由 VD1～VD4 组成的整流电路进行整流。当交流电运行在正半周时,对二极管 VD1、VD3 加正向电压,VD2、VD4 加反向电压,此时 VD1、VD3 导通,VD2、VD4 截止;当交流电运行在负半周时,对二极管 VD2、VD4 加正向电压,VD1、VD3 加反向电压,此时 VD2、VD4 导通,VD1、VD3 截止,这样,在交流电经过整流后得到全波的脉动直流电压,其频率为 100 Hz,峰值约为 17 V。由于这个脉动直流电压中包含很多谐波,这些谐波会对电子电路产生干扰,使电子电路无法正常工作,这就需要一个滤波电容对其进行滤波。图中 C1 就是滤波电容,利用电容器的充放电作用,可以将脉动的直流电压变为平滑的直流电压,由于 C1 容量足够大,充入的电荷多,放掉的电荷少,最终使整流出来的脉动直流电压成为直流电压,空载时输出值为 17 V。

上述的降压、整流、滤波工作过程完成后进入稳压环节工作,其工作原理是应用反馈调节方式使输出直流电在规定的交流电网波动或负载变化范围之内保持基本不变。工作过程如

下：整个电路由 R6、R7、RP 组成的采样电路，R5、VD5（稳压值为 7.5 V）组成的基准电路，R1、R2、VT3 组成的比较放大电路和 R1、R2、R3、R4、VT1、VT2 组成的调整电路组成，其中 VT1、VT2 为复合调整管，一般可用一只小功率管和一只大功率管组成，其作用是提高调整能力和扩大电流输出能力，因为复合调整管的放大倍数是两只功率管放大倍数的乘积，大功率管输出电流较大。输出电压 U_O 由采样比和基准电压 U_{VD} 决定，即

$$U_O=[(R_6+R_7+R_P)/(R_7+R_P')](U_{VD}+U_{be3})$$

式中，R_P' 表示电位器 RP 中心滑臂与电阻 R7 触点之间的电阻值；U_{be3} 为 VT3 的 b-e 极之间的压降，约为 0.7 V，调节 RP 可以改变稳压电源的输出电压。

稳压原理：当电网电压升高或者负载减少时，使整流、滤波和输出电压 U_O 上升，由采样电路将电压上升趋势送到三极管 VT3 的基极，而 VT3 的发射极电压由于稳压管 VD5 的作用而保持恒定，所以，VT3 的基极电压 U_{be} 将增大，集电极电流随之增大，则在负载电阻 R1、R2 上的压降也增大，结果使复合管 VT1、VT2 的基极和发射极电位下降，最终使输出电压下降，因而保持了输出电压 U_O 的稳定。当电网电压降低或者负载增加时，则刚好与上述过程相反。

电路原理图中 FU 的作用是为了防止输出端不慎短路过载而造成调整管的损坏，起到自动保护电路的作用。FU 熔丝的极限电流为 2 A。

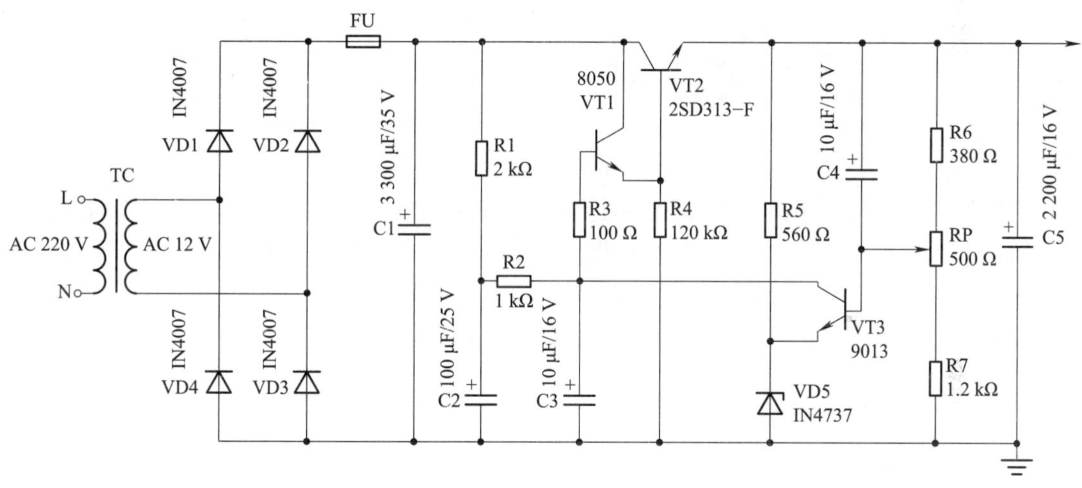

图 4-1-26　串联稳压电源电路原理图

2. 电路元器件识别

对提供的元器件的好坏及型号规格进行检测识别，选择合适的元器件，清点元器件数量，目测元器件有无明显缺陷，并在元器件明细表（见表 4-1-2）中"检测结果"栏中做出标记。

表 4-1-2　元器件明细表

序　号	代　号	名　称	型号规格	数　量	检测结果
1	TC	电源变压器	220 V/12 V,5 V·A	1	
2	VD1～VD4	二极管	IN4007	4	
3	C1	电解电容	3 300 μF/35 V	1	

续上表

序 号	代 号	名 称	型号规格	数 量	检测结果
4	C2	电解电容	100 μF/25 V	1	
5	C3、C4	电解电容	10 μF/16 V	2	
6	C5	电解电容	2 200 μF/16 V	1	
7	R1	电阻	2 kΩ	1	
8	R2	电阻	1 kΩ	1	
9	R3	电阻	100 Ω	1	
10	R4	电阻	120 kΩ	1	
11	R5	电阻	560 Ω	1	
12	R6	电阻	380 Ω	1	
13	R7	电阻	1.2 kΩ	1	
14	RP	可调电阻	500 kΩ	1	
15	VD5	稳压二极管	IN4737	1	
16	VT1	三极管	8050	1	
17	VT2	三极管	2SD313-F	1	
18	VT3	三极管	9013	1	
19	FU	熔断器	2A	1	

3. 串联型稳压电源电路的制作与调试

电路的焊接组装严格按照电路原理图。插装、焊接元件,修剪引线,元件安装方向、极性、高度符合工艺要求;焊点无虚焊、漏焊、连焊、不光滑、不干净、毛刺、孔洞、气泡等现象,焊点大小适中;引线修剪一致、合适;电路板清洁美观,不破坏铜箔。

电路组装好后,选择合适的仪表对电路的功能进行调试。

四、考核评价

考核评价表见表 4-1-3。

表 4-1-3　考核评价表(工时:1.5 h)

项目内容	配 分	评价标准	扣 分	得 分
元器件识别与检测	10 分	能按要求对所有元器件进行识别与检测。元器件识别错误,每个扣 1 分;元器件检测错误,每个扣 1 分		
元器件成形、插装与排列	15 分	(1)元器件按工艺要求成形。元器件成形不符合要求,每处扣 1 分。 (2)元器件插装符合插装工艺要求。插装位置、极性错误,每处扣 2 分。 (3)元器件排列整齐、标记方向一致,布局合理。元器件排列参差不齐,布局不合理,扣 3～10 分		
导线连接	10 分	(1)导线挺直、紧贴印制电路板。导线弯曲、拱起,每处扣 2 分;板上的连接线弯曲时不呈直角,每处扣 2 分。 (2)板上的连接线呈直线或直角,且不能相交。每处相交或在正面连线扣 2 分		

续上表

项目内容	配　分	评价标准	扣　分	得　分
焊接质量	25 分	(1)焊点均匀、光滑、一致,无毛刺、无假焊等现象。有搭锡、假焊、虚焊、漏焊、焊盘脱落、桥接、毛刺、焊料过多或过少、焊点不光滑等现象,每处扣 2 分。 (2)焊点上引线不能过长。引线过长,每处扣 2 分		
电路调试与测试	30 分	按要求对电路进行调试。一次不成功扣 5 分,两次不成功扣 15 分,三次不成功扣 30 分		
安全文明操作	10 分	(1)工作台上工具摆放整齐。工具摆放不整齐,每件扣 2 分。 (2)严格遵守安全操作规程。违反安全操作规程,酌情扣 3～10 分		

训练二　音频放大器的组成及工作原理

扫一扫

音频电路安装

扫一扫

音频放大器调试

一、训练目的

(1)掌握常用电子元器件好坏的判别方法;

(2)掌握音频放大器电路的原理分析与焊接制作工艺;

(3)掌握音频放大器电路的调试方法。

二、训练工器具与材料(见表 4-1-4)

表 4-1-4　训练工器具与材料

序　号	工器具名称	单　位	数　量	备　注
1	电烙铁	把	1	
2	数字万用表	块	1	
3	示波器	台	1	
4	串联型稳压电源电路元器件	套	1	

三、训练内容

识读音频放大器电路原理图(见图 4-1-27),分析掌握电路的工作原理,再按照原理图和元器件明细表,对提供的元器件的好坏及型号规格进行识别,并记录结果。元器件检测完后,正确使用电烙铁等焊接工具,严格按照电路原理图选择合适的元器件进行电路的焊接组装,最后选择合适的仪表、工具对电路进行调试。

1. 电路原理分析

1)前置放大级(输入级)

前置放大级是由 VT1、R1、RP2、R2、R3、R4、R5、C1、C2、C3、C4 等组成的共发射极放大器,采用分压式电流负反馈偏置稳压电路。前置放大级属于小信号电压放大电路,工作于甲类放大状态。信号由 VT1 的基极输入,经 VT1 的集电极输出,输出信号与输入信号反相。

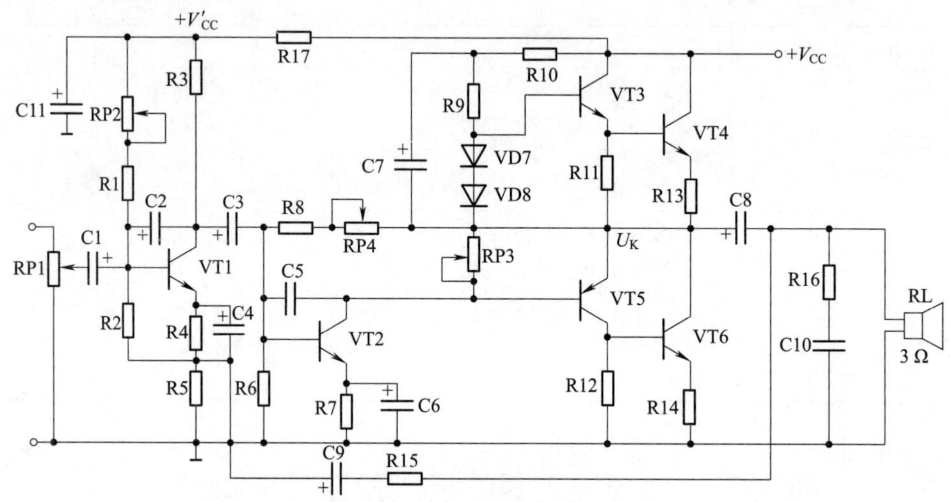

图 4-1-27　音频放大器电路原理图

2)推动级

推动级电路由 VT2、R6、RP4、R7、R8、R9、VD7、VD8、R10、C5、C6、C7 组成共发射极分压式偏置稳压电路。它承担向功率输出级提供足够的推动电流的任务。推动级功率输出级采用直接耦合方式。VT2 的集电极由电源 V_{CC} 供电,而基极偏流 I_{B2} 由 VT1 提供。由 I_{B2} 产生静态集电极电流 I_{C2},I_{C2} 流过 VD7、VD8 及 RP3 产生一个上正下负的电压加于由 VT3、VT4 构成的 NPN 型复合管和由 VT5、VT6 构成的 PNP 型复合管的基极之间,其极性是使这两只复合管的发射结正偏,从而使两只复合管静态时导通。适当调整 RP3,可使 VT3～VT6 处于微导通状态。当有信号输入时,它们将工作于甲乙类状态(接近于乙类状态),有利于消除交越失真。VD7、VD8 选用具有负温度系数的二极管,当温度升高时,其管压降减小,可以补偿 VT3～VT6 发射结压降的负温度系数,稳定 VT3～VT6 的静态电流。VT2 基极电流由复合管 VT3、VT4 和 VT5、VT6 的中点电压 U_K 提供,采用的是电压并联负反馈,目的是稳定功率输出级的中点电压 U_K。U_K 的稳定对 OTL 电路的工作十分重要。

3)OTL 功率输出级

OTL 功率输出级有向负载输出信号功率的任务,它由 VT3、VT4 组成的 NPN 型复合管,VT5、VT6 组成的 PNP 型复合管和 R11、R12、R13、R14、C8 共同组成准互补对称电路。静态时,由于上、下复合管特性对称,U_K 点电压为 $V_{CC}/2$,这个电压对 C8 充电,使 $U_{C8}=V_{CC}/2$,作为下部复合管电路的供电电源。动态时,在 VT1 的正半周,VT3、VT4 导通,VT5、VT6 截止,由 V_{CC}-$U_K=V_{CC}/2$ 为上部复合管电路供电,电流 I_{E4} 自上而下流过负载,负载上得到正半周输出电压;在 VT1 负半周,VT3、VT4 截止,VT5、VT6 导通,由 $U_{C8}=V_{CC}/2$ 供电,I_{E6} 自下而上流过负载,负载上得到负半周输出电压,信号 VT1 经过一个周期,负载上合成完整的输出信号波形。这种电路是利用两只特性对称的反型复合管构成的,互补不足来完成推挽放大的功能,故称其为互补对称电路。

电路中 R11、R12 用来减小复合管的穿透电流 I_{CEO}。R13、R14 有两个作用:其一是当温度升高等原因使功率放大级静态集电极电流升高时,它们在 R13、R14 上的压降增大,从而限制了复合管的发射结电压 U_{be} 的升高,限制了集电极电流的升高,即它们是起电流负反馈作用;

稳定静态集电极电流的；其二是当输出不慎过载或短路，在有信号时，RP1、R14 上的压降也限制了功率放大管的集电极电流，对功率放大管有一定的保护作用。

加输入信号后，输入信号经 RP1 分压、电容 C1 耦合送到 VT1 前置放大级进行电压放大，放大后的信号由 VT1 的集电极输出，经 C3 耦合到 VT2 推动级进行第二次放大，VT2 集电极输出电压直接耦合到 OTL 功率放大级进行功率放大。VT2 的集电极负载为 R8、R9、RP3，因 R8＋R9≥RP3，可认为 VT2 的集电极负载近似等于 R8＋R9，而 RP3、VD7、VD8 串联电路两端的压降忽略不计，故把 VT3、VT5 基极对信号而言看成等电位，这样，对上、下复合管而言，基极输入信号下，负半周的峰值近似相等，输出信号正、负半周也近似对称。功率放大级的输出信号经 C8 耦合到负载上去。

由输出端到第一级，经 R15、C9 引入深度负反馈，可使电路增益达到技术指标的要求，并使电路具有良好的工作性能。电容 C2、C5 是用来进行相位补偿的，防止高频自激。电阻 R16 与电容 C10 构成容性负载，以抵消扬声器的感性负载成分，使总负载接近于纯电阻，以防止在信号突变时，出现瞬时高电压击穿功率放大管，改善电路的工作性能。C11 和 R17 是电源退耦电路，防止由共用直流电源内阻引起的寄生反馈。

2. 电路元器件识别

对提供的元器件的好坏及型号规格进行检测识别，选择合适的元器件，清点元器件数量，目测元器件有无明显缺陷，并在元器件明细表（见表 4-1-5）中“检测结果”栏中做出标记。

表 4-1-5　元器件明细表

序　号	代　号	名　称	型号规格	数　量	检测结果
1	R1	电阻	4.7 kΩ	1	
2	R2、R6	电阻	10 kΩ	2	
3	R3	电阻	4.3 kΩ	1	
4	R4、R17	电阻	2 kΩ	2	
5	R5	电阻	150 kΩ	1	
6	R7	电阻	7.5 kΩ	1	
7	R8、R10	电阻	1 kΩ	2	
8	R9	电阻	2.7 kΩ	1	
9	R11、R12	电阻	300 Ω	2	
10	R13、R14	电阻	0.5 Ω	2	
11	R15	电阻	6.8 kΩ	1	
12	R16	电阻	10 Ω	1	
13	VT1、VT2	三极管	3DG	2	
14	VT3	三极管	3DG4A	1	
15	VT4、VT6	三极管	3DD53A	2	
16	VT5	三极管	3CG2B	1	
17	VD7、VD8	二极管	2CP10	2	
18	RP1	电位器	10 kΩ	1	

续上表

序　号	代　号	名　称	型号规格	数　量	检测结果
19	RP2	电位器	47 kΩ	1	
20	RP3	电位器	470 kΩ	1	
21	RP4	电位器	27 kΩ	1	
22	V_{CC}	电源	17 V	1	
23	RL	扬声器	8 Ω	1	
24	C1	电解电容	4 μF/16 V	1	
25	C2、C5	电容	100 pF	2	
26	C3	电解电容	2 μF/16 V	1	
27	C4	电解电容	200 μF/10 V	1	
28	C6	电解电容	100 μF/16 V	1	
29	C7	电解电容	20 μF/35 V	1	
30	C8	电解电容	1 000 μF/35 V	1	
31	C9	电解电容	0.047 μF	1	
32	C10	电容	0.47 μF	1	
33	C11	电解电容	47 μF/35 V	1	

3. 音频放大器的制作与调试

电路的焊接组装严格按照电路原理图。插装、焊接元件，修剪引线，元件安装方向、极性、高度符合工艺要求；焊点无虚焊、漏焊、连焊、不光滑、不干净、毛刺、孔洞、气泡等现象，焊点大小适中；引线修剪一致、合适。电路板清洁美观，不破坏铜箔。

电路功能调试如下：

(1)调 RP4 使 $U_K=V_{CC}/2$。

(2)调 RP3 使电路的静态电流满足要求，即调 RP3 使 U_{B3}和 U_{B5}约为 2.1 V，使输出管、互补管静态处于微导通状态，调 RP3 的同时要保证 $U_K=V_{CC}/2$ 不变，可再调 RP4 使 U_K保持不变。

由于 VT2～VT6 采用的是直接耦合方式，故(1)和(2)两步调整是互相影响的，一般这两步调整应当反复进行，直到使 U_K和静态电流均达到指标值。

调整中应当注意两点：一是在 I_{C2}一定时，RP3 阻值越大，端电压越高，U_{B3}和 U_{B5}也越大，VT2～VT6 静态集电极电流也越大；RP3 过大，将导致 VT2～VT6 因电流过大而烧毁。二是防止功率放大管温度过高，在不产生交越失真的情况下，VT2～VT6 静态集电极电流应尽可能小一些，使电路接近于乙类工作状态。因此，在输入信号后可用示波器观察输出波形，再重新调整 RP3 以交越失真刚好消除为好。

(3)测量各管 U_{BE}和 U_{CE}。$U_{BE}=0$ 说明三极管截止，$U_{CE}=0$ 说明三极管饱和，二者之一存在说明电路有故障，排除故障后再做调整。

四、考核评价

考核评价表见表 4-1-6。

表 4-1-6　考核评价表(工时:1.5 h)

项目内容	配　分	评价标准	扣　分	得　分
元器件识别与检测	10 分	能按要求对所有元器件进行识别与检测。元器件识别错误,每个扣 1 分;元器件检测错误,每个扣 1 分		
元器件成形、插装与排列	15 分	(1)元器件按工艺要求成形。元器件成形不符合要求,每处扣 1 分。 (2)元器件插装符合插装工艺要求。插装位置、极性错误,每处扣 2 分。 (3)元器件排列整齐、标记方向一致,布局合理。元器件排列参差不齐,布局不合理,扣 3～10 分		
导线连接	10 分	(1)导线挺直、紧贴印制电路板。导线弯曲、拱起,每处扣 2 分;板上的连接线弯曲时不呈直角,每处扣 2 分。 (2)板上的连接线呈直线或直角,且不能相交。每处相交或在正面连线扣 2 分		
焊接质量	25 分	(1)焊点均匀、光滑、一致,无毛刺、无假焊等现象。有搭锡、假焊、虚焊、漏焊、焊盘脱落、桥接、毛刺、焊料过多或过少、焊点不光滑等现象,每处扣 2 分。 (2)焊点上引线不能过长。引线过长,每处扣 2 分		
电路调试与测试	30 分	按要求对电路进行调试。一次不成功扣 5 分,两次不成功扣 15 分,三次不成功扣 30 分		
安全文明操作	10 分	(1)工作台上工具摆放整齐。工具摆放不整齐,每件扣 2 分。 (2)严格遵守安全操作规程。违反安全操作规程,酌情扣 3～10 分		

测评题

一、单选题

1. 在放大电路中某三极管的各极电位分别是 2 V、6 V、2.7 V,则 3 个电极分别是(　　)。

(A)b、c、e　　(B)c、b、e　　(C)e、c、b　　(D)e、b、c

2. 共发射极放大电路的交流输出波形上半周失真时为(　　)。

(A)饱和失真　　(B)截止失真　　(C)交越失真　　(D)放大失真

3. 共发射极放大电路的交流输出波形出现截止失真时应该(　　)偏置电阻。

(A)增大　　(B)减小　　(C)取消　　(D)不变

4. 在放大电路中,测得某三极管的 3 个电极的静态电位分别为 0 V、−10 V、−9.3 V,则此三极管是(　　)。

(A)NPN 型硅管　　(B)NPN 型锗管　　(C)PNP 型硅管　　(D)PNP 型锗管

5. 为了使放大电路 Q 点上移,应使基本放大电路中偏置电阻 Rb 的值(　　)。

(A)增大　　(B)不变　　(C)减小

6.(　　)是判别电路中负反馈与正反馈的基本方法。

(A)欧姆定律　　(B)瞬时极性法　　(C)戴维宁定理　　(D)楞次定律

7. 电流源的特点是(　　)。

(A)交流电阻大,直流电阻小　　(B)交流电阻小,直流电阻大

(C)交流电阻大,直流电阻大　　(D)交流电阻小,直流电阻小

8. 交流反馈是指(　　)。

(A)只存在于阻容耦合电路中的负反馈　　(B)变压器耦合电路中的负反馈

(C)交流通路中的负反馈　　(D)放大正弦信号时才有的负反馈

9. 直接耦合放大电路存在零点漂移的原因主要是(　　)。

(A)电阻阻值有误差　　(B)三极管参数的分散性

(C)三极管参数受温度影响　　(D)受输入信号变化的影响

10. 放大电路在高频信号作用下放大倍数下降的原因是(　　)。

(A)耦合电容和旁路电容的影响　　(B)三极管极间电容和分布电容的影响

(C)三极管的非线性特性　　(D)放大电路的静态工作点设置不合适

11. 在输入量不变的情况下,若引入反馈后(　　),则说明引入的是负反馈。

(A)输入电阻增大　(B)输出量增大　(C)净输入量增大　(D)净输入量减小

12. 桥式正弦波振荡电路由两部分电路组成,即串并联选频网络和(　　)。

(A)基本共发射极放大电路　　(B)基本共集放大电路

(C)反相比例运算电路　　(D)同相比例运算电路

13. 集成运放内部实际上是一个高增益的直接耦合放大器,它由输入级、(　　)、输出级和偏置电路等四部分组成。

(A)中间级　(B)缓冲级　(C)耦合级　(D)放大级

14. 一般情况下,希望放大电路的输入电阻尽可能(　　)。

(A)大　(B)小　(C)与输出相等

15. 放大电路的分析方法。通常有(　　)、图解法和等效电路法三种方法分析放大电路的性能。

(A)预估法　(B)估算法　(C)比较法　(D)测量法

16. 放大器的输入电阻高,表明其放大微弱信号能力(　　)。

(A)强　(B)弱　(C)一般

17. 射极跟随器具有(　　)的特点。

(A)电流放大倍数高

(B)电压放大倍数高

(C)电压放大倍数近似于1且小于1,输入电阻高

18. 引入并联负反馈,可使放大器的(　　)。

(A)输出电压稳定　　(B)反馈环内输入电阻增加

(C)反馈环内输入电阻减小

19. 产生正弦波自激振荡的稳定条件是(　　)。

(A)引入正反馈　(B)$|AF|>1$　(C)$AF=1$

20. 引入负反馈后,放大电路的通频带(　　)。

(A)变窄　(B)不变　(C)展宽

二、多选题

1. 负反馈按采样和求和方式的不同可分为(　　)。
(A)电压串联负反馈　　(B)电流串联负反馈
(C)电压并联负反馈　　(D)电流并联负反馈

2. 通用集成运放电路由(　　)组成。
(A)输入级　　(B)中间级　　(C)输出级　　(D)偏置电路

3. 三极管放大电路的3种组态是指(　　)。
(A)共集电极　　(B)共基极　　(C)共发射极　　(D)共阳极

4. 正弦波振荡电路一般由(　　)组成。
(A)放大电路　　(B)反馈网络　　(C)选频网络　　(D)稳幅环节

5. 互补输出级采用射极输出方式是为了使(　　)。
(A)电压放大倍数升高　　(B)输出电流减小
(C)输出电阻增大　　(D)带负载能力增强

6. 集成运放电路采用直接耦合方式是因为(　　)。
(A)可获得较高增益　　(B)可使温漂变小
(C)在集成工艺中难以制造大电容　　(D)可以增大输入电阻

7. 在RC桥式正弦波振荡电路中，当相位平衡条件满足时，放大电路的电压放大倍数(　　)时电路可以起振。
(A)等于1/3　　(B)等于1　　(C)等于3　　(D)略大于3

8. 放大器级间耦合方式有(　　)。
(A)直接耦合　　(B)阻容耦合　　(C)变压器耦合　　(D)电感耦合

9. 为了保证三极管工作在放大区，要求三极管的(　　)。
(A)发射结正偏　　(B)发射结反偏　　(C)集电结反偏　　(D)集电结正偏

10. 三极管输出特性的3个区域分别是(　　)。
(A)饱和区　　(B)放大区　　(C)截止区　　(D)击穿区

11. 三极管有两个PN结，分别是(　　)。
(A)基电结　　(B)集电结　　(C)放大结　　(D)发射结

12. 三极管内部有3个掺杂区域，分别是(　　)。
(A)基区　　(B)集电区　　(C)放大区　　(D)发射区

三、判断题

(　　)1. 放大电路只要能放大信号功率就可以称其有放大作用。

(　　)2. 由于阻容耦合多级放大电路有耦合电容，所以不适合放大频率低的信号。

(　　)3. 若放大电路的放大倍数为正，则引入的反馈一定是正反馈。

(　　)4. 由于放大的对象是变化量，所以当输入信号为直流信号时，任何放大电路的输出都毫无变化。

(　　)5. 若放大电路的放大倍数为负，则引入的反馈一定是负反馈。

(　　)6. 三极管工作在放大区的条件是外加直流电源的极性应使三极管发射结正向偏

置,集电结反向偏置。

(　　)7. 硅二极管的开启电压为0.5 V左右,锗二极管为0.1 V左右。

(　　)8. 在运算电路中,集成运放的反相输入端均为虚地。

(　　)9. 功率放大电路的最大输出功率是指在基本不失真情况下,负载上可能获得的最大交流功率。

(　　)10. 只要是共发射极放大电路,输出电压的底部失真都是饱和失真。

(　　)11. 若放大电路的放大倍数为负,则引入的反馈一定是负反馈。

(　　)12. 负反馈放大电路的放大倍数与组成它的基本放大电路的放大倍数量纲相同。

(　　)13. 为使输出电压稳定,稳压电源的输出电阻越大越好。

(　　)14. 电压负反馈稳定输出电压,电流负反馈稳定输出电流。

(　　)15. 使输入量减小的反馈是负反馈,否则为正反馈。

(　　)16. 产生零点漂移的原因主要是三极管参数受温度的影响。

(　　)17. 利用两只NPN型管构成的复合管只能等效为NPN型管。

(　　)18. 集成运放在开环情况下一定工作在非线性区。

(　　)19. 直流稳压电源中的滤波电路是低通滤波电路。

(　　)20. 稳定振荡器中三极管的静态工作点,有利于提高频率稳定度。

(　　)21. 只要工作点合适,晶体管放大器就不会使输出信号的波形产生失真。

(　　)22. 同一放大电路,若要其增益增大,则其通频带宽度将减小。

(　　)23. 差分放大器的电压增益仅与其输出方式(单端或双端)有关,而与输入方式无关。

项目二　常用数字电子电路的安装与调试

学习目标

应知	1. 掌握基本逻辑门(与、或、非门)的逻辑关系。 2. 熟悉 5 种复合逻辑门的组成及其作用。
应会	1. 掌握用二极管、三极管制作简单的与、或、非门。 2. 能根据实际现场情况选用不同类型的逻辑电路,制作简单的计时、延时电路。 3. 能正确地操作使用装调工具及维护保养。

建议学时

理论教学 2 学时,技能训练 3 学时。

知识导入

知识点一　复合逻辑门电路

数字信号在时间上和幅值上都是离散的。数字电路的工作信号是二进制的电信号,二进制只有"0"和"1"两个状态,即低电平和高电平又称低电位和高电位。在交流电力机车上的 DXM 模块也就是数字信号输入/输出模块(或称 I/O 模块)。当输入 I/O 模块的信号电压在 77～110 V 时,输入为"1"即高电平;反之则为低电平。

数字电路简单,容易集成化做成芯片。因此,数字电路通常采用集成电路。由于采用集成电路,那么基于数字电路的研究就是分析输入/输出信号之间的状态与逻辑关系。常用数字电路的分析方法有逻辑代数、逻辑图、真值表等方法。

一、逻辑门电路

在数字电路中,门电路是最基本的逻辑单元,它具有多个输入端和一个输出端。门电路的输入信号与输出信号存在一定的逻辑关系,又称逻辑门电路。基本逻辑门电路有"与门"、"或门"和"非门"3 种。以下用电源、导线、开关、电阻和发光二极管来举例说明逻辑门电路的作用。

1. 与逻辑

与逻辑关系可以用图 4-2-1 所示的电路来说明。图中开关 A 和开关 B 串联,只有当两个开关都闭合时,发光二极管才亮;只要其中一个开关断开,则发光二极管灭。这个串联开关所组成的电路其实就是一个与门电路。也就是说,当一件事情的所有条件都满足时,结果才会发生(发光二极管亮),只要其中任一条件不具备,结果就一定不会发生。这样的因果关系称为与逻辑。

在分析逻辑电路时只用两种工作状态,即“1”和“0”。如果用“1”表示开关闭合,“0”表示开关断开;发光二极管 Y 用“1”表示亮,“0”表示灭。那么就可以用表格统计出开关 A、B 和发光二极管 Y 之间的逻辑关系表如图 4-2-2 所示。

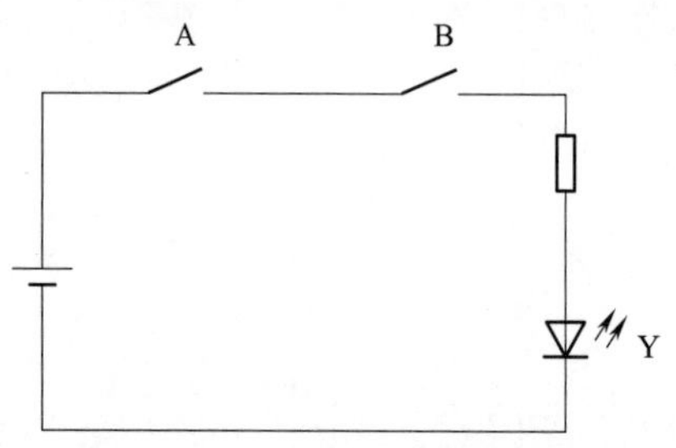

图 4-2-1　开关串联与逻辑门

输入		输出
A	B	Y
0	0	0
0	1	0
1	0	0
1	1	1

图 4-2-2　开关串联与门真值表

这种用“1”和“0”表示输入状态和输出状态逻辑对应关系的表格称为真值表。它包括所有可能的输入值组合及其对应的输出值。

从图 4-2-2 可以得出与门电路的逻辑功能:有“0”出“0”,全“1”出“1”。

在分析逻辑电路时,常采用逻辑代数,本书只做简单介绍。与逻辑关系可以用如下逻辑函数式表达:

$$Y=AB$$

与门输入端可以不止两个,但是逻辑关系都是一样的。与门的逻辑符号如图 4-2-3 所示。

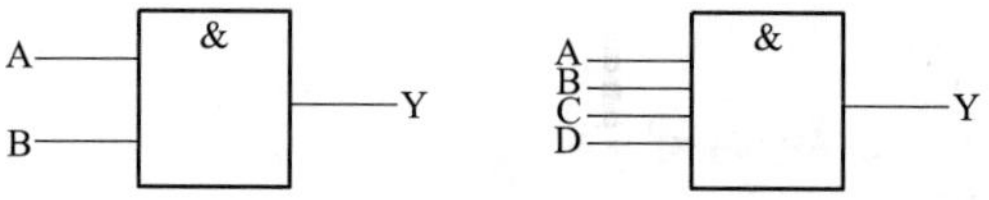

图 4-2-3　与门的逻辑符号

2. 或逻辑

或逻辑关系可以用图 4-2-4 所示的电路来说明。图中开关 A 和开关 B 并联,两个开关中只要有一个(或一个以上)闭合,发光二极管就会亮;只有当所有开关都断开时,发光二极管才灭。这个由两个开关并联所组成的电路相当于一个或门电路。也就是说,在一件事情的所有条件中,至少具备一个条件,这件事情才会发生(发光二极管亮);反之,结果就一定不会发生。这样的因果关系称为或逻辑。

在分析图 4-2-4 所示电路时,如果用“1”表示开关闭合,“0”表示开关断开;发光二极管 Y 用“1”表示亮,“0”表示灭。那么就可以用表格统计出开关 A、B 和发光二极管 Y 之间的逻辑关系表如图 4-2-5 所示。

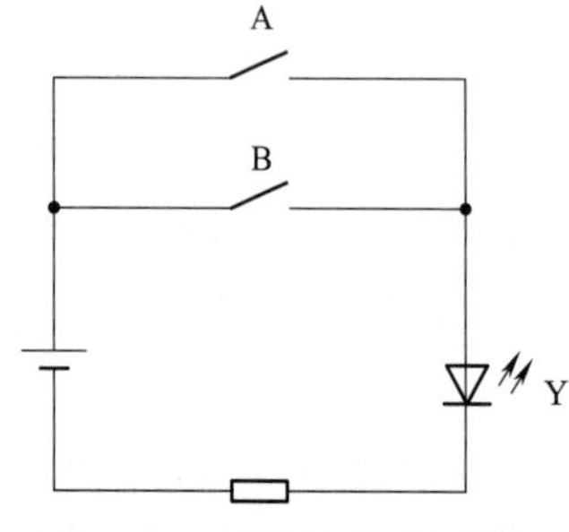

图 4-2-4　开关并联或逻辑门

输入		输出
A	B	Y
0	0	0
0	1	1
1	0	1
1	1	1

图 4-2-5　开关并联或门真值表

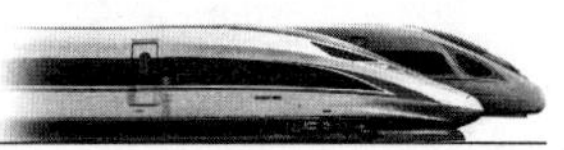

从图 4-2-5 可以得出或门电路的逻辑功能：有“1”出“1”，全“0”出“0”。

或逻辑关系可以用如下逻辑函数式表达：

$$Y=A+B$$

或门输入端可以不止两个，但是逻辑关系都是一样的。或门的逻辑符号如图 4-2-6 所示。

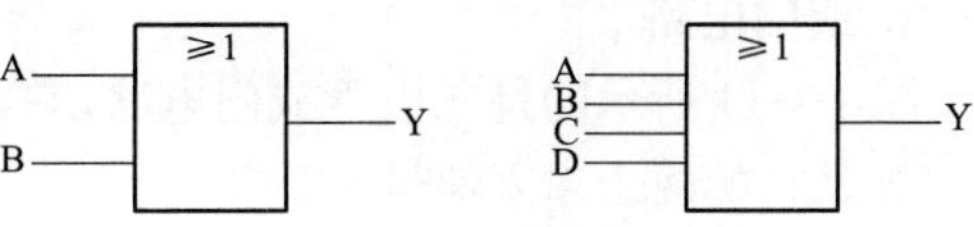

图 4-2-6　或门的逻辑符号

3. 非逻辑

非逻辑关系可以用图 4-2-7 所示的电路来说明。图中开关 A 与发光二极管并联，当开关 A 断开时发光二极管亮，当开关 A 闭合时发光二极管灭。不难看出非门电路是最简单的，只有一个输入条件 A 和一个输出结果 Y。它的输入与输出成相反关系，也就是说，事情的结果（发光二极管亮）和条件总是处于相反状态。这种关系称为非逻辑。

在分析图 4-2-7 所示电路时，如果用“1”表示开关闭合，“0”表示开关断开；发光二极管 Y 用“1”表示亮，“0”表示灭。那么就可以用表格统计出开关 A 和发光二极管 Y 之间的逻辑关系表如图 4-2-8 所示。

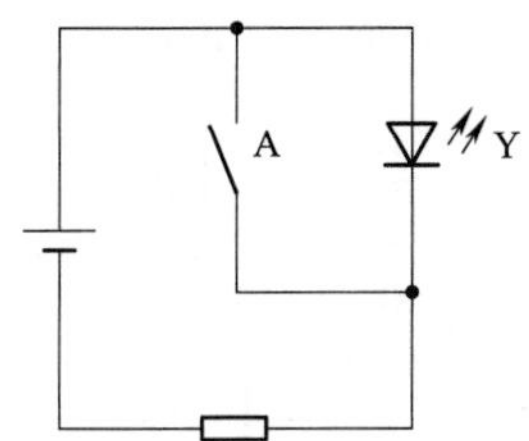

图 4-2-7　非逻辑关系电路

输入	输出
A	Y
0	1
1	0

图 4-2-8　非门真值表

从图 4-2-8 非门真值表可以得出逻辑功能：有“0”出“1”，有“1”出“0”。

非逻辑关系可以用如下逻辑函数式表达：

$$Y=\overline{A}$$

非门输入端只有一个，逻辑符号如图 4-2-9 所示。

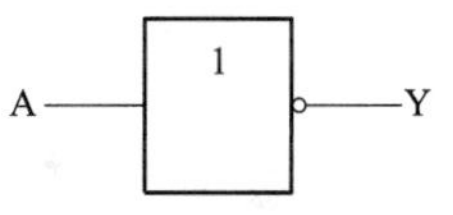

图 4-2-9　非门逻辑符号

二、分立元件基本逻辑门电路

1. 与门电路

图 4-2-10 是二极管与门电路，它有两个输入端 A 和 B，一个输出端 Y。也可认为 A 和 B 是它的两个输入信号。

当输入端 A 和 B 全为 1 时（设两个输入端的电位均为 3 V），电源＋5 V 的正端经电阻 R 向两个输入端流通电流，VD1 和 VD2 两管都导通，输出端 Y 的电位略高于 3 V（因为二极管的正向压降有零点几伏），因此输出端 Y 为 1。

当输入量不全为 1（＞3 V），而有一个或两个全为 0 时，即该输入端的电位在 0 V 附近。如 A 为 0 V，B 大于 3 V，则 VD1 优先导通。这时输出端 Y 的电位也约等于 0 V，因此 Y 为 0。VD2 因承受反向电压而截止。

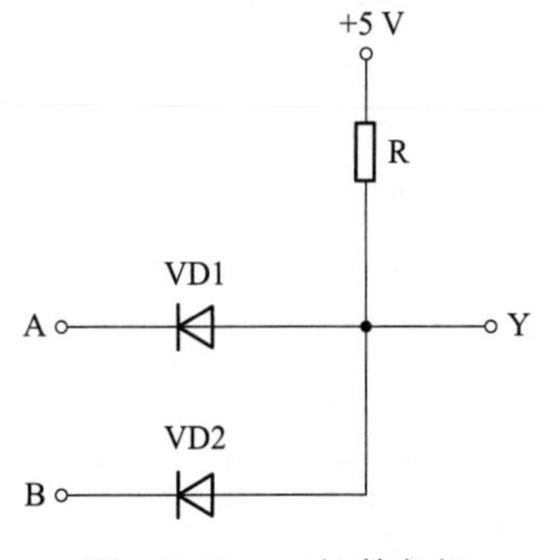

图 4-2-10　二极管与门

只有当输入量全为3 V时,输出端Y才输出高电平,也就是3 V电压。

2. 或门电路

图4-2-11所示的是二极管或门电路,它有两个输入端A和B,一个输出端Y。也可认为A和B是它的两个输入信号。

当输入端A和B只要有一个为高电平3 V时,输出端Y的电位则为高电平,略低于3 V(因为二极管的正向压降有零点几伏)。只有当A、B输入端都为低电平0V时VD1和VD2两管都截止,输出端Y为低电平0 V。

3. 非门电路

图4-2-12所示的是三极管非门电路。三极管非门电路不同于放大电路,三极管的工作状态或从截止转为饱和,或从饱和转为截止。非门电路只有一个输入端A。当A输入端为高电平时(设其电位为3 V),三极管VT饱和导通,其集电极为0 V,即输出端Y为低电平(其电位在0 V附近);当A输入端为0 V时,三极管VT截止,输出端Y为高电平(其电位近似等于5 V)。所以非门电路又称反相器。

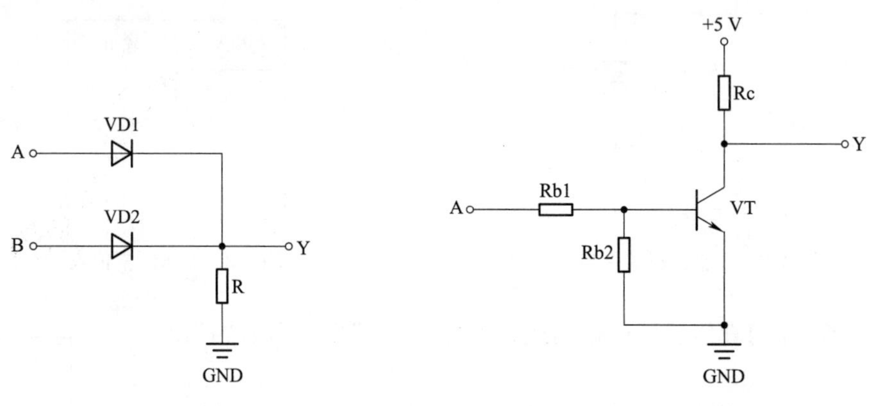

图4-2-11　二极管或门　　图4-2-12　三极管非门

三、复合逻辑门电路

与门、或门、非门是数字电路中3种最基本的门电路,因为任何复杂的逻辑门电路都是用与、或、非3种基本门电路组合而成的。用这3种基本逻辑门通过适当的组合,就能构成5种复合逻辑门:与非门、或非门、与或非门、异或门、同或门。其中,与非门、或非门和与或非门是最常用的复合门。下面分别介绍这5种复合逻辑门电路。

1. 与非门

将一个与门和一个非门连接起来,就构成了一个与非门。图4-2-13为与非门的逻辑电路,与门的输出端为原非门的输入端,原非门的输出端Y为与非门的输出端。原与门的输入端A、B为与非门的输入端。其逻辑符号如图4-2-14所示。

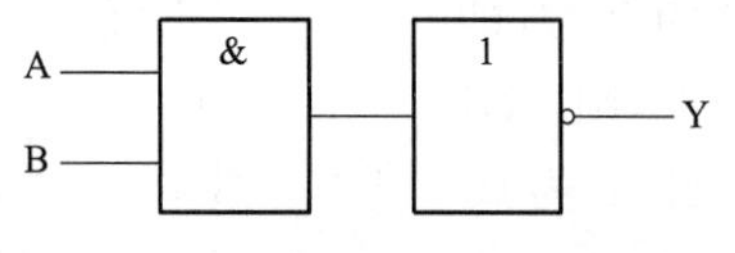

图4-2-13　与非门的逻辑电路

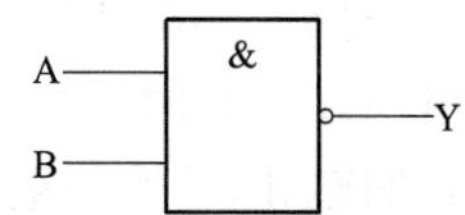

图4-2-14　与非门的逻辑符号

与非门的逻辑函数表达式为

$$Y=\overline{AB}$$

根据与非门的逻辑函数表达式，可得出与非门的真值表，如图 4-2-15 所示。

A	B	AB	Y
0	0	0	1
0	1	0	1
1	0	0	1
1	1	1	0

图 4-2-15　与非门的真值表

由真值表可得出与非门的逻辑关系为：有“0”出“1”，全“1”出“0”。也就是说，输入端只要有低电平，输出端就为高电平，只有当输入端全为高电平时，输出端才为低电平。

2. 或非门

将一个或门和一个非门连接起来，就构成了一个或非门。图 4-2-16 为或非门的逻辑电路，或门的输出端为原非门的输入端，原非门的输出端 Y 为或非门的输出端。原或门的输入端 A、B 为或非门的输入端。其逻辑符号如图 4-2-17 所示。

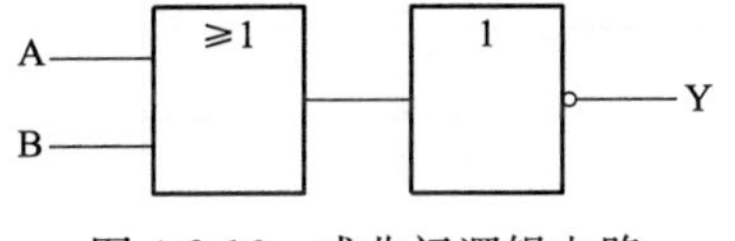

图 4-2-16　或非门逻辑电路

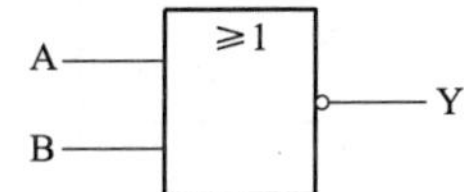

图 4-2-17　或非门逻辑符号

或非门的逻辑函数表达式为

$$Y=\overline{A+B}$$

根据或非门的逻辑函数表达式，可得出或非门的真值表，如图 4-2-18 所示。

A	B	A+B	Y
0	0	0	1
0	1	1	0
1	0	1	0
1	1	1	0

图 4-2-18　或非门的真值表

由真值表可得出或非门的逻辑关系为：全“0”出“1”，有“1”出“0”。也就是说：输入端全为低电平时，输出端为高电平，只有当输入端有高电平时，输出端才为低电平。

3. 与或非门

与或非门是由几个基本逻辑门组合在一起所构成的复合逻辑门。通常由两个或多个与门和一个或门,再和一个非门串联组成。图 4-2-19 所示为与或非门逻辑电路,图 4-2-20 为与或非门的逻辑符号。

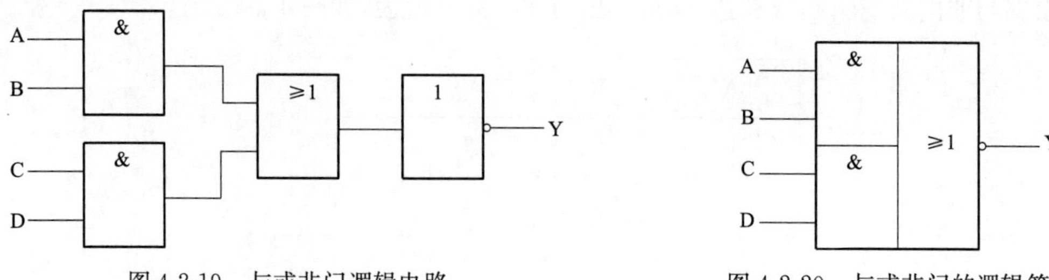

图 4-2-19　与或非门逻辑电路　　图 4-2-20　与或非门的逻辑符号

与或非门的逻辑函数表达式为

$$Y=\overline{AB+CD}$$

根据与或非门的逻辑函数表达式,可得出与或非门的真值表,如图 4-2-21 所示。

A	B	C	D	Y
0	0	0	0	1
0	0	0	1	1
0	0	1	0	1
0	0	1	1	0
0	1	0	0	1
0	1	0	1	1
0	1	1	0	1
0	1	1	1	0
1	0	0	0	1
1	0	0	1	1
1	0	1	0	1
1	0	1	1	0
1	1	0	0	0
1	1	0	1	0
1	1	1	0	0
1	1	1	1	0

图 4-2-21　与或非门真值表

由真值表可得与或非门的逻辑关系为:当输入端中任何一组输入全为“1”时,输出为“0”;只有各组输入至少有一个为“0”时,才输出“1”。即一组输入全“1”出“0”,各组有“0”出“1”。

4. 异或门

异或门逻辑电路如图 4-2-22 所示。逻辑符号如图 4-2-23 所示。

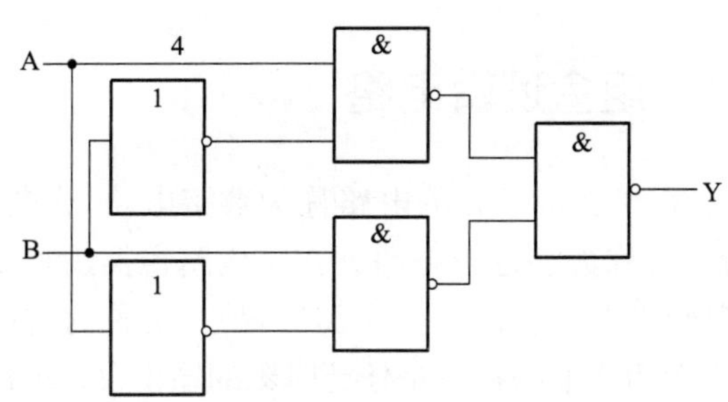

图 4-2-22　异或门逻辑电路

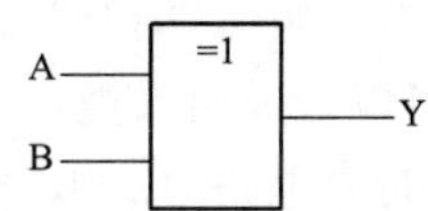

图 4-2-23　异或门逻辑符号

异或门的逻辑函数表达式为

$$Y=\overline{A}B+A\overline{B}$$

根据异或门的逻辑函数表达式，可得出异或门的真值表，如图 4-2-24 所示。

A	B	Y
0	0	0
0	1	1
1	0	1
1	1	0

图 4-2-24　异或门真值表

由真值表可得与或非门的逻辑关系为：当输入端一个为“0”，另一个为“1”时，输出为“1”；而两个输入端都为“0”或都为“1”时，输出为“0”。也可以精简为“同出 0，异出 1”。

异或门在数字电路中常用来判断两个输入信号是否相同，它的逻辑函数表达式还可以表达为

$$Y=A\oplus B$$

5. 同或门

同或门逻辑电路如图 4-2-25 所示。逻辑符号如图 4-2-26 所示。

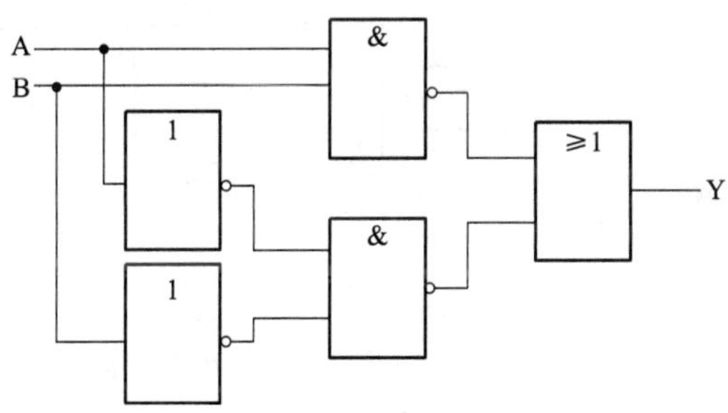

图 4-2-25　同或门逻辑电路

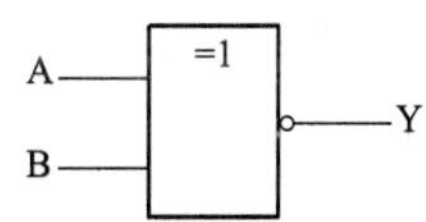

图 4-2-26　同或门逻辑符号

同或门的逻辑函数表达式为

$$Y=\overline{A}\,\overline{B}+AB$$

根据同或门的逻辑函数表达式，可得出同或门的真值表，如图 4-2-27 所示。

A	B	Y
0	0	1
0	1	0
1	0	0
1	1	1

图 4-2-27　同或门真值表

由真值表可得同或门的逻辑为异或门逻辑的取反：当输入端一个为“0”，另一个为“1”时，输出为“0”；而两个输入端都为“0”或都为“1”时，输出为“1”。也可以精简为“同出 1，异出 0”。

同或门逻辑函数表达式还可以表达为

$$Y=A\odot B$$

知识点二　组合逻辑电路

用数字信号完成对数字量进行算术运算和逻辑运算的电路称为数字电路,或数字系统。由于它具有逻辑运算和逻辑处理功能,所以又称数字逻辑电路。数字电路根据逻辑功能的不同特点,可以分成两大类,一类称为组合逻辑电路(简称“组合电路”),另一类称为时序逻辑电路(简称“时序电路”)。组合逻辑电路在逻辑功能上的特点是任意时刻的输出仅仅取决于该时刻的输入,与电路原来的状态无关。

一、组合逻辑电路的特点

(1)输入、输出之间没有反馈延迟通道。

(2)电路中无记忆单元。

二、组合逻辑电路的函数表达式

$$L_i=f(A_1,A_2,A_3,\cdots,A_n)(i=1,2,3,\cdots,m)$$

式中,$A_1\sim A_n$ 为输入变量,L_i 为输出变量,如图 4-2-28 所示。

三、组合逻辑电路的分析步骤

(1)根据逻辑电路图(见图 4-2-29),写出输出逻辑函数表达式。

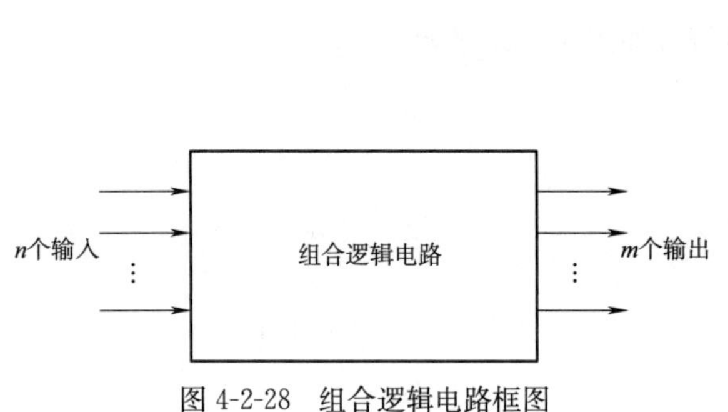

图 4-2-28　组合逻辑电路框图

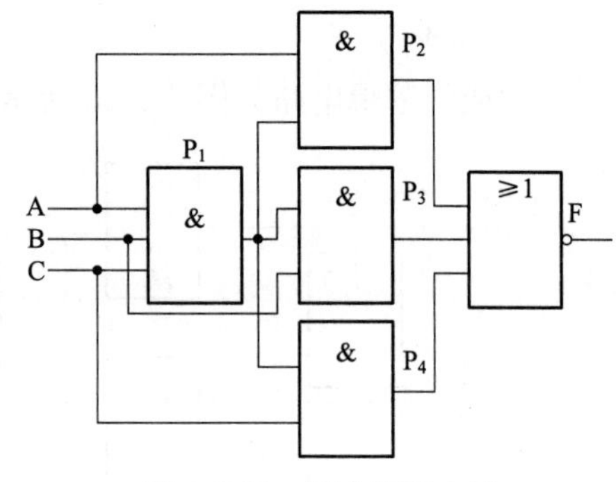

图 4-2-29　组合逻辑电路

(2)根据逻辑函数表达式(见图 4-2-30),列出真值表(见图 4-2-31)。

(3)由真值表或逻辑函数表达式分析电路功能。

$$F=\overline{P_2+P_3+P_4}=\overline{(A+B+C)\cdot\overline{ABC}}$$

$$P_2=A\cdot P_1=ABC+\overline{A}\overline{B}\overline{C}$$

$$P_3=B\cdot P_1$$

$$P_4=C\cdot P_1$$

$$P_1=\overline{ABC}$$

图 4-2-30　组合逻辑电路表达式

A	B	C	F
0	0	0	1
0	0	1	0
0	1	0	0
0	1	1	0
1	0	0	0
1	0	1	0
1	1	0	0
1	1	1	1

图 4-2-31　组合逻辑电路真值表

四、常用组合逻辑电路

1. 算术运算电路

1)半加器

两个数 A、B 相加，只求本位之和，暂不管低位送来的进位数，称为“半加”，完成半加功能的逻辑电路称为半加器。两数相加，不仅考虑本位之和，而且也考虑低位来的进位数，称为“全加”，实现这一功能的逻辑电路称为全加器。

2)加法器

实现多位二进制数相加的电路称为加法器。根据进位方式不同，有串行进位加法器和超前进位加法器两种。

2. 编码器

用代码表示特定信号的过程称为编码，实现编码功能的逻辑电路称为编码器。编码器的输入是被编码的信号，输出是与输入信号对应的一组二进制代码。编码器包括普通编码器和优先编码器。

3. 译码器

把二进制代码按照原意转换为相应输出信号的过程称为译码，实现译码功能的逻辑电路称为译码器。译码器的 n 个输入，m 个输出应满足 $2n \geqslant m$。译码器有二进制译码器、二-十进制译码器、显示译码器等类型。

4. 数据选择器

数据选择器根据给定的输入地址代码，从一组输入信号中选出指定的一个送至输出端的组合逻辑电路。有时也把它称为多路选择器或多路调制器。图 4-2-32 所示为 4 选 1 数据选择器原理图。

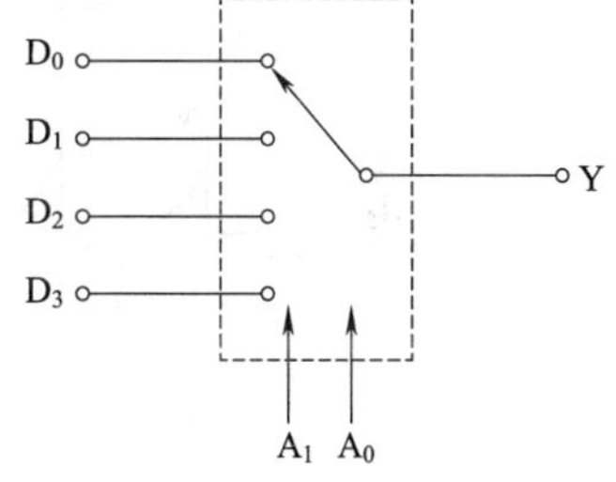

图 4-2-32　4 选 1 数据选择器原理图

5. 数据分配器

能够将 1 个输入数据，根据需要传送到 m 个输出端的任何一个输出端的电路，称为数据分配器，又称多路分配器，其逻辑功能正好与数据选择器相反。

6. 数值比较器

在数字电路中，经常需要对两个位数相同的二进制数进行比较，以判断它们的相对大小或者是否相等，用来实现这一功能的逻辑电路就称为数值比较器。

知识点三　脉冲波形的产生及整形电路

在数字电路中，常常需要各种不同频率的矩形脉冲。获得矩形脉冲的方法一般有两种：一种是通过方波振荡器产生；另一种是利用整形电路产生。

一、脉冲的基本概念

瞬间突变、作用时间极短的电压或电流信号，称为脉冲。广义上讲，凡是非正弦规律变化的电压或电流都可称为脉冲。

1. 实验电路

实验电路如图 4-2-33 所示。

2. 现象和结论

(1)开关 S 闭合时,R2 短接,输出电压 $u_O=0$。

(2)t_1时,开关 S 断开,输出电压 $u_O=U_G\cdot\dfrac{R_2}{R_1+R_2}$。

(3)t_2时,开关 S 再闭合,R2 又被短接,输出电压 $u_O=0$。

重复此过程,则输出电压 u_O的波形变化即为一串脉冲波如图 4-2-34 所示。

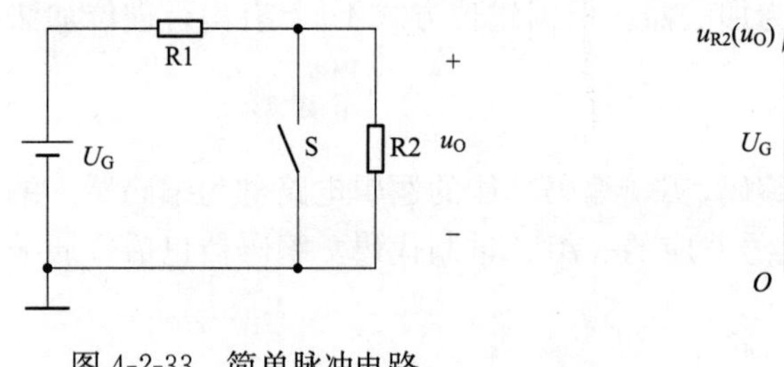

图 4-2-33　简单脉冲电路　　图 4-2-34　脉冲波形

二、几种常见的脉冲波形

常见的脉冲波形如图 4-2-35 所示,有矩形波、锯齿波、钟形波、尖峰波、阶梯波等。

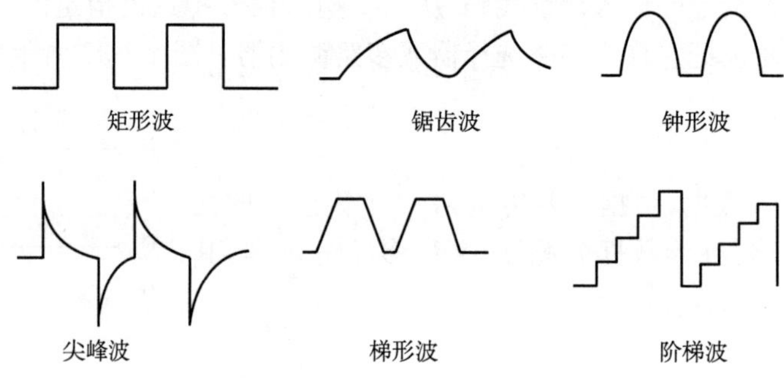

图 4-2-35　常见的脉冲波形

矩形脉冲波形图如图 4-2-36 所示。

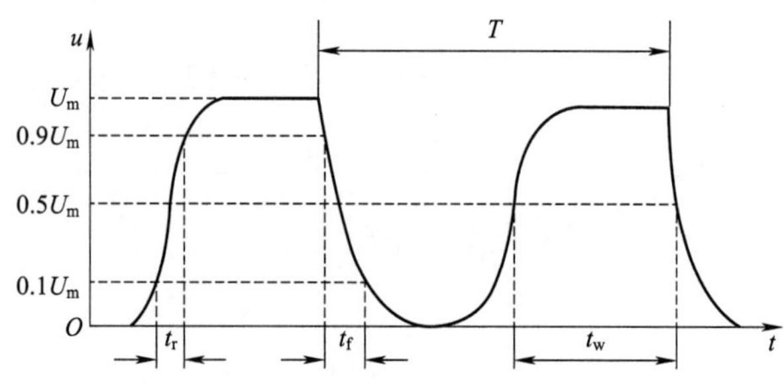

图 4-2-36　矩形脉冲波形图

相关参数如下所述：

(1)脉冲幅度 U_m：脉冲电压的最大变化幅度。

(2)脉冲上升沿时间 t：脉冲上升沿从 $0.1U_m$ 上升到 $0.9U_m$ 的时间。

(3)脉冲下降沿时间 t_f：脉冲上升沿从 $0.9U_m$ 下降到 $0.1U_m$ 的时间。

(4)脉冲宽度 t_w：脉冲前、后沿 $0.5U_m$ 处的时间间隔，说明脉冲持续时间的长短。

(5)脉冲周期 T：指周期性脉冲中，相邻的两个脉冲波形对应点之间的时间间隔。

三、RC 电路的瞬态过程

所谓瞬态过程是指电路从一个稳定状态变化到另一个稳定状态所经历的过程。

1. RC 电路的充电过程

(1)充电过程原理如图 4-2-37 所示。

①开关 S 在 B 点，电容器 C 上没有电荷，$u_C=0$。

②开关 S 由 B 合到 A 后，电源对电容器 C 充电。因电容器两端的电压不能突变，开关拨动瞬间 $u_C=0$。此时，充电电流 i_C 最大，$i_C=U_G/R$，R 上的电压也最大，$u_R=U_G=i_C R$。

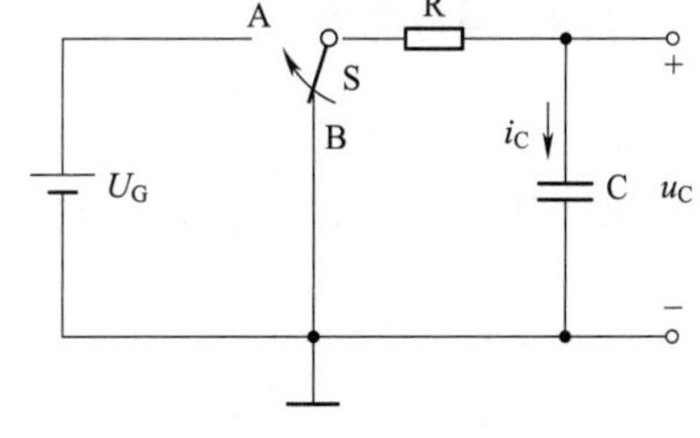

图 4-2-37　RC 充放电电路

③随着电容器 C 上的电荷的积累，电压 u_C 随之增大，而 u_R 随之下降，所以 i_C 也逐渐下降。

④最后，$u_C=U_G$，$u_R=0$，$i_C=0$，充电结束。

(2)波形。电容器的充电速度与 R 和 C 的关系如图 4-2-38 所示，电容 C 越大，u_C 上升就越慢；电阻 R 越大，u_C 上升就越慢。

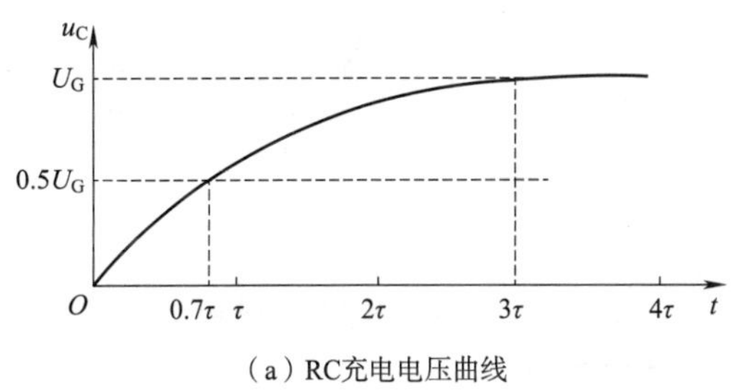

(a) RC充电电压曲线

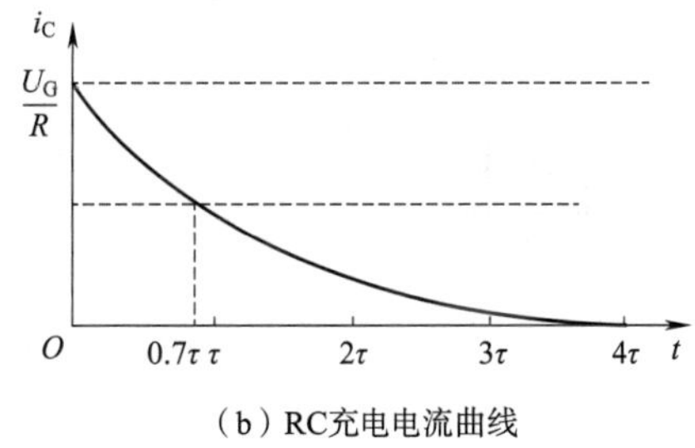

(b) RC充电电流曲线

图 4-2-38　RC 充电曲线

时间常数：R 和 C 的乘积称为 RC 电路的时间常数。单位为 s(秒)。充电时间可以用时间常数来衡量，大则慢，小则快。

2. RC 电路的放电过程

(1)放电过程原理如图 4-2-37 所示。

①开关 S 重新合到 B 点，电容器将通过电阻 R 放电。

②开始瞬间，电容器两端的电压不能突变，$u_C=U_G$。此时，放电电流 i_C 最大，$i_C=U_G/R$。

③随后，u_C 按指数规律下降，i_C 也随之下降。

④最后，$u_C=0$，$i_C=0$ 放电结束。

(2)波形。电容器的放电曲线如图 4-2-39 所示。

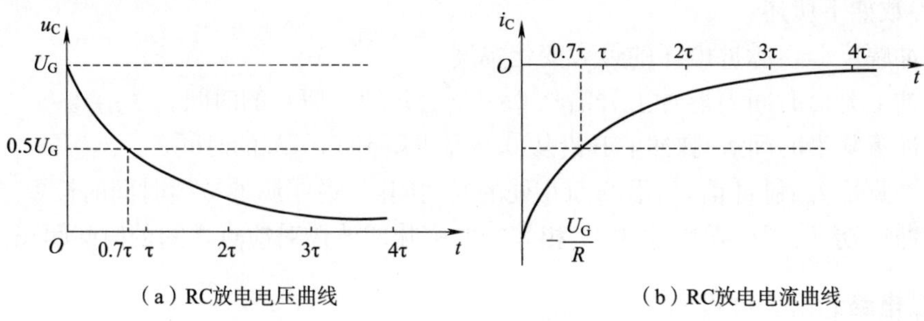

(a)RC放电电压曲线　　(b)RC放电电流曲线

图 4-2-39　RC 放电曲线

四、RC 微分电路

1. 电路组成

微分电路如图 4-2-40(a)所示。

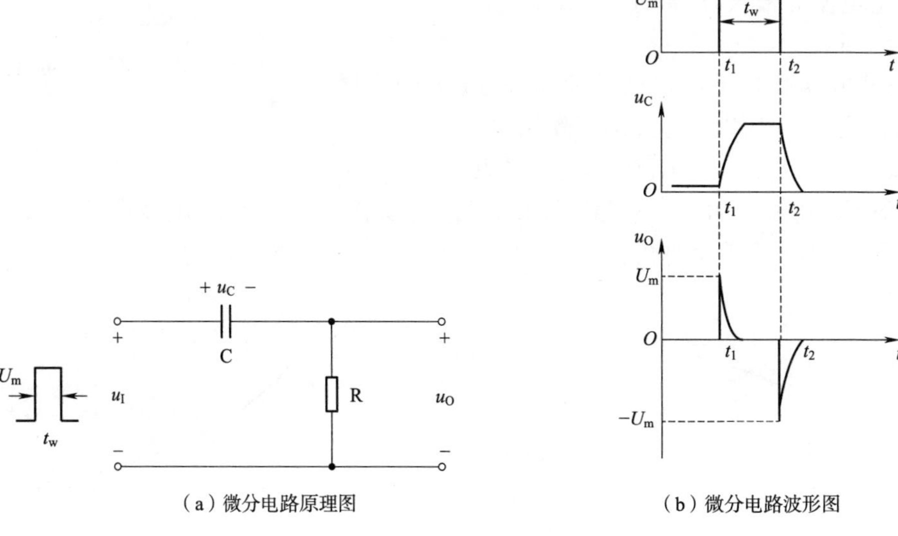

(a)微分电路原理图　　(b)微分电路波形图

图 4-2-40　微分电路及其波形图

电路应具有如下条件:

(1)输出信号取自 RC 电路中电阻 R 的两端,即 $u_O=u_R$。

(2)电路的时间常数应远小于输入的矩形波脉冲宽度 t_W。

2. 工作原理

微分电路波形如图 4-2-40(b)所示。

(1)当 $t<t_1$ 时,$u_I=0$,$u_O=0$。

(2)在 $t=t_1$ 的瞬间,u_I 由 0 突变为 U_m,立即有充电电流通过 R 和 C。由于电容器两端的电压 u_C 不能突变,此时 $u_C=0$,故 $u_O=u_I=U_m$,即输出电压由 0 跳变为 U_m。

(3)在 $t_1\sim t_2$ 期间,输入电压 u_I 保持 U_m 不变,由于时间常数很小,所以电容 C 被快速充电,u_C 上升很快。而输出电压 $u_O=u_I-u_C$ 迅速下降。在 $t=t_2$ 之前,u_C 很快到达 U_m,而 u_O 迅速下降为 0，形成一个正的尖峰脉冲波。

(4)在 $t=t_2$ 时，u_I 从 U_m 跳变到 0，由于电容器两端的电压不能突变，u_C 仍为 U_m。所以，$u_O=u_I-u_C=-U_m$。

(5)在 t_2 时刻以后，同样因为电路时间常数很小，电容器迅速放电，u_O 很快由 $-U_m$ 上升到 0，形成一个负的尖峰脉冲波。

3. 电路特点

微分电路能对输入脉冲起到“突出变化量，压低恒定量”的作用。

五、RC 积分电路

1. 电路组成

积分电路如图 4-2-41(a)所示。

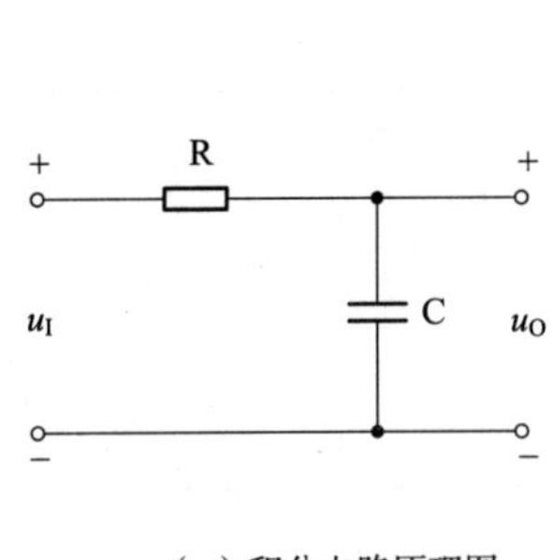

(a) 积分电路原理图

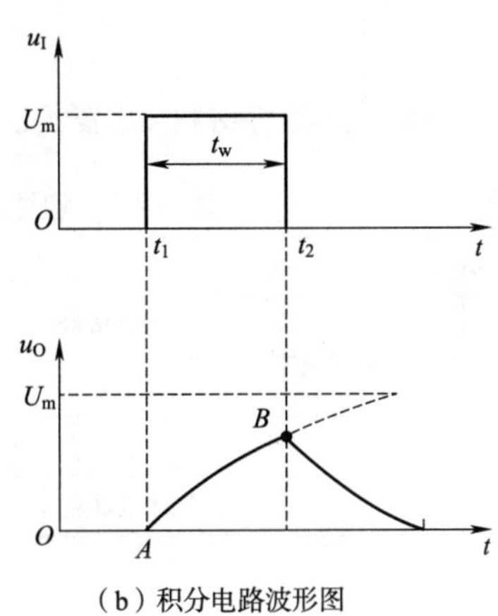

(b) 积分电路波形图

图 4-2-41　积分电路及其波形

电路应具有如下条件：

(1)输出信号取自 RC 电路中电容 C 的两端，即 $u_O=u_C$。

(2)电路的时间常数应远大于输入的矩形波脉冲宽度 t_W。

2. 工作原理

积分电路波形如图 4-2-41(b)所示。

(1)在 $t=t_1$ 时刻，u_I 由 0 跳变为 U_m，由于电容器两端的电压 u_C 不能突变，此时 $u_C=0$，故 $u_O=u_C=0$。

(2)在 $t_1 \sim t_2$ 期间，输入电压 u_I 保持 U_m 不变，电容 C 被充电，u_C 按指数规律上升。因为电路时间常数很大，所以充电速度缓慢，u_C 可近似认为线性增长。

(3)在 $t=t_2$ 时，u_I 从 U_m 下跳变到 0，相当于输入端短路，电容 C 通过 R 开始放电，输出电压下降，直到下一矩形脉冲到来。

3. 电路特点

积分电路能对输入脉冲起到“突出恒定量，压低变化量”的作用。

4. 积分电路的应用

(1)将矩形脉冲变换成近似的三角波。

(2)将上升沿、下降沿陡峭的矩形脉冲波变换成上升沿和下降沿较缓慢的矩形脉冲,使跳变部分“延缓”,又称“积分延时”。

(3)从宽窄不同的脉冲串中,把宽脉冲选出来。

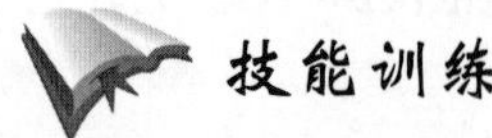

技能训练

扫一扫

555定时器电路安装

扫一扫

555延时电路调试

训练一　定时器电路的安装与调试

一、训练目的

(1)掌握 555 定时器电路的基本工作原理;

(2)掌握 555 定时器电路的安装调试和常见故障的分析处理。

二、训练工器具与材料(见表 4-2-1)

表 4-2-1　训练工器具与材料

序　号	工器具名称	单　位	数　量	备　注
1	电烙铁	把	1	
2	数字万用表	块	1	
3	示波器	台	1	
4	555 定时器电路元件套装	套	1	

三、训练内容

识读 555 定时器电路原理图,分析并掌握电路的工作原理,再按照原理图和元器件明细表,对提供的元器件的好坏及型号规格进行识别,并记录结果。元器件检测完后,正确使用电烙铁等焊接工具,严格按照电路原理图选择合适的元器件进行电路的焊接组装,最后选择合适的仪表、工具对电路进行调试。

1. 555 定时器介绍

1)555 定时器的内部结构

555 定时器内部结构如图 4-2-42 所示,主要由 2 个电压比较器、1 个基本 RS 触发器、1 个放电管组成。其各个引脚功能如下:

1 引脚:外接电源负端 V_{SS}或接地,一般情况下接地。

2 引脚:低触发端 TL。

3 引脚:输出端 U_O。

4 引脚:直接清零端 RST。当此端接低电平,则时基电路不工作,此时不论 TL、TH 处于何种电平,电路输出为“0”,该端不用时应接高电平。

5 引脚:CTRL 为控制电压端。若此端外接电压,则可改变内部两个比较器的基准电压;当该端不用时,应将该端串入一只 0.01 μF 电容接地,以防引入干扰。

6 引脚:高触发端 TH。

7 引脚：放电端。该端与放电管集电极相连，用作定时器时电容的放电。

8 引脚：外接电源 V_{CC}，双极型时基电路 V_{CC} 的范围是 4.5～16 V，CMOS 型时基电路 V_{CC} 的范围是 3～18 V，一般用 5 V。

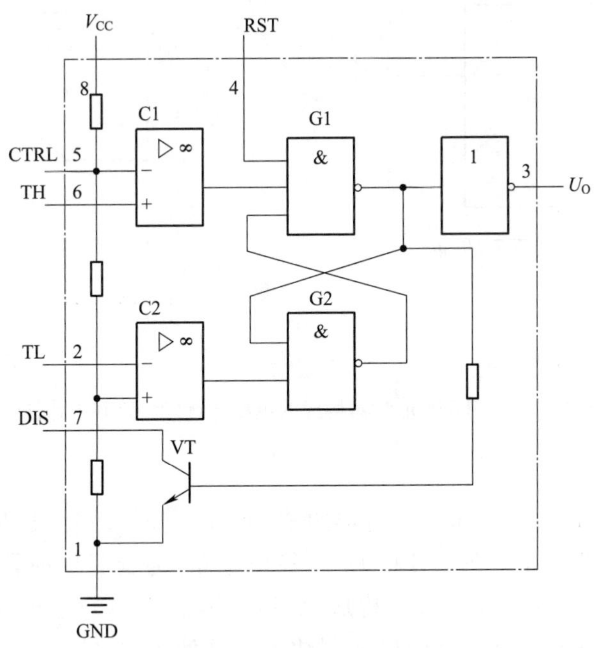

图 4-2-42　555 定时器内部结构

2）555 定时器的工作原理

555 定时器的功能主要由两个电压比较器决定。两个电压比较器的输出电压控制 RS 触发器和放电管的状态。在电源与地之间加上电压，当 5 引脚悬空时，则电压比较器 C1 的同相输入端的电压为 $2V_{CC}/3$，电压比较器 C2 的反相输入端的电压为 V_{CC}，若触发输入端 TL 的电压小于 $V_{CC}/3$，则电压比较器 C2 的输出为 0，可使 RS 触发器置 1，使输出端 $U_O=1$。如果阈值输入端 TH 的电压大于 $2V_{CC}/3$，同时 TL 端的电压大于 $V_{CC}/3$，则电压比较器 C1 的输出为 0，电压比较器 C2 的输出为 1，可将 RS 触发器置 0，使输出为 0 电平。

3）单稳态触发电路分析

用 555 定时器构成的单稳态触发电路和工作波形如图 4-2-43 所示。

接通电源后，未加负脉冲，$U_i>V_{CC}/3$，而 C 充电，U_C上升，当 $U_C>2V_{CC}/3$ 时，电路 U_O输出为低电平，555 内部放电管 T 导通，C 快速放电，使 $U_C=0$。这样，在加负脉冲前，U_O为低电平，$U_C=0$，这是电路的稳态。在 $t=t_0$ 时刻，U_i负跳变（TL 端电平小于 $V_{CC}/3$），而 $U_C=0$（TH 端电平小于 $2V_{CC}/3$），所以输出 U_O翻转为高电平，放电管 T 截止，C 充电。U_C按指数规律上升。$t=t_1$ 时，U_i负脉冲消失。$t=t_2$ 时 U_C上升到 $2V_{CC}/3$（此时 TH 端电平大于 $2V_{CC}/3$，TL 端电平大于 $V_{CC}/3$），U_O又自动翻转为低电平。在 t_0～t_2 这段时间，电路处于暂态。$t>t_2$，放电管 T 导通，C 快速放电，电路又恢复到稳态。由分析可得：

输出正脉冲宽度 $t_w=1.1RC$。

注意：图 4-2-43(a)所示电路只能用窄负脉冲触发，即触发脉冲宽度 t_i必须小于 t_w。

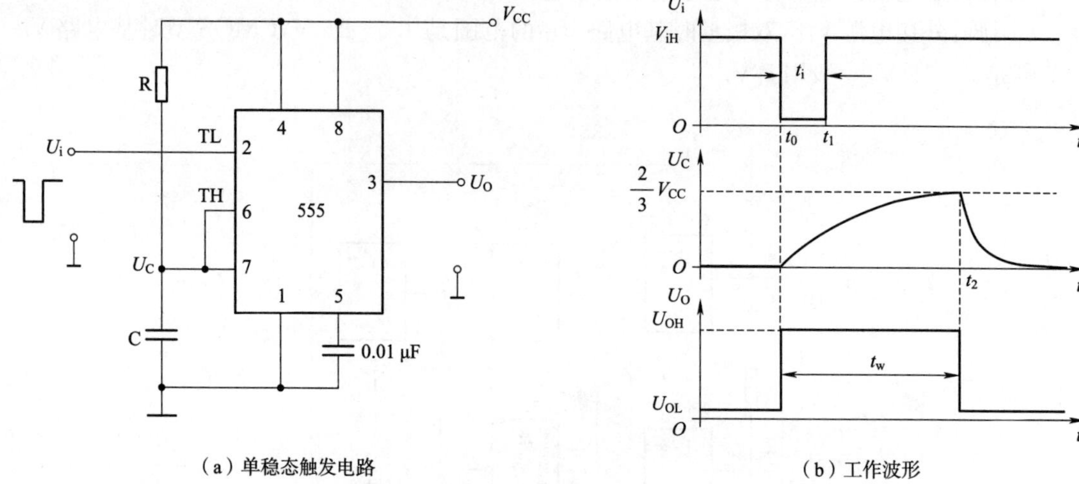

（a）单稳态触发电路　　（b）工作波形

图 4-2-43　用 555 定时器构成的单稳态触发电路和工作波形

2. 电路原理分析

图 4-2-44 所示电路为一块 555 定时器组成的延时定时电路。延时时间由电位器 RP、电阻 R6、极性电容 C2 决定。外接 DC 12 V 稳压电路，为延时定时器供电。由 SB、VT1、VT2、R4、R2、R3、VD1、VD2、VD3、C2 构成触发电路，起动单稳态电路。按下 SB 后，VT1 导通，经 R3 对电容 C1 充电，C1 上的电压很快上升并使 VT2 导通，C2 经 VD2、VT2 放电，此时 555 的 3 引脚输出高电平，VT3 导通，使接触器 KM 线圈得电，动合触点闭合，发光二极管点亮。SB 断开后 C1 上的电荷很快放完 VT2 截止，VD2 也不导通，电源经 RP、R6 对 C2 充电，C2 两端电压逐渐升高，当电压上升到 $2V_{CC}/3$ 时，3 引脚输出低电平，VT3 截止，KM 线圈失电，动合触点断开，发光二极管熄灭，完成一次工作。又有触发信号时，再次重复上述过程。电路中 C1 可以防止误动作，短时间按下 SB 或干扰信号会被 C1 滤除。C3 为滤波电容，防止干扰。

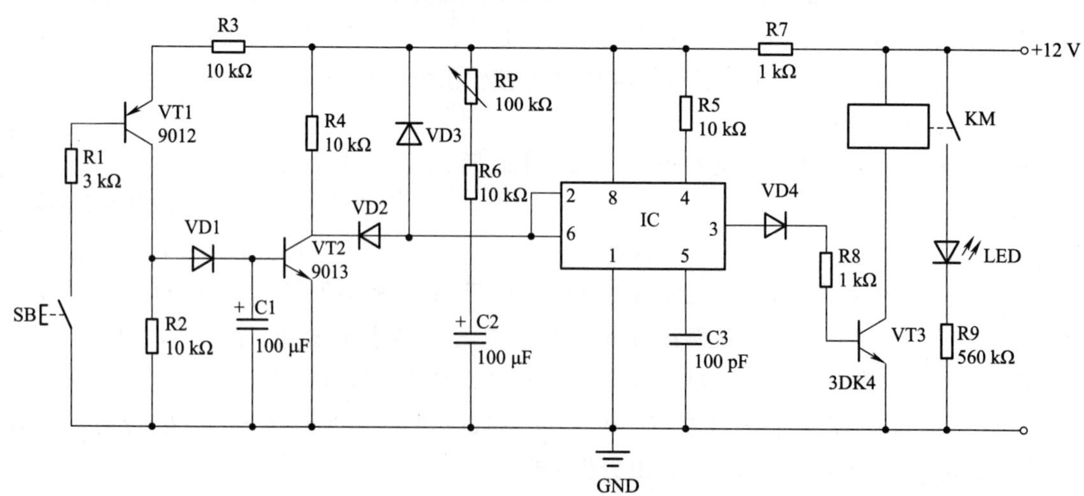

图 4-2-44　555 定时器组成的延时定时电路

3. 电路元器件识别

对提供的元器件的好坏及型号规格进行检测识别，选择合适的元器件，清点元器件数量，目测元器件有无明显缺陷，并在元器件明细表(见表 4-2-2)中“检测结果”栏中做出标记。

表 4-2-2　元器件明细表

序　号	代　号	名　称	型号规格	数　量	检测结果
1	IC	集成定时器	555　12 V	1	
2	LED	发光二极管	红色	1	
3	VT1	三极管	9012	1	
4	VT2	三极管	9013	1	
5	VT3	三极管	3DK4	1	
6	VD1	二极管	2AP19	1	
7	VD2、VD3、VD4	二极管	IN4007	3	
8	R1	电阻	3 kΩ	1	
9	R2～R6	电阻	10 kΩ	5	
10	R7	电阻	820Ω	1	
11	R8	电阻	10 kΩ	1	
12	R9	电阻	560Ω/0～25 W	1	
13	C1、C2	电容	100 μF	2	
14	C3	电容	0.01 μF(103)	1	
15	RP	电位器	100 kΩ	1	
16	SB	开关		1	
17	KM	继电器	12 V	1	

4. 555 定时器电路制作与调试

(1)按图 4-2-44 正确安装表 4-2-2 所列元器件。

(2)检查无误后，接通电源。

(3)调节 RP，使 C2 两端电压为 12 V。

(4)按下 SB 后继电器吸合，发光二极管亮。断开 SB 后，发光二极管继续点亮一段时间后熄灭。调节 RP，可以改变延迟时间。

(5)用万用表欧姆挡测量集成块各引脚对地电阻值(断电后测试)，分别用红表笔和黑表笔接地，记录两组数据在考核评价表上，以便今后检修。

(6)用万用表电压挡测量并记录集成块各引脚对地电压值和三极管各极电压值，数据填写在报告表上。

(7)按下 SB 后继电器不吸合。检查 C1、C2 电压都正常，555 集成电路 3 引脚输出始终为低。此时应检查 555 集成电路复位端是否连接正确。

(8)按下 SB 后继电器不吸合。检查 C1 电压正常(为 0～7 V)，此时由于 VD2 断开，使 C2 没有放电回路，电压较高，使 555 集成电路输出一直为低，不能正常工作。

(9)按下 SB 后继电器不吸合。检查 C1、C2 电压都正常，555 集成电路 3 引脚输出也正常，此时是由于 VD4、R8、VT3、KM 等连接错误或损坏。

(10)接通电源，按下 SB 后，继电器不吸合。经检查，555 集成电路电源低或为零，检查电源供电电路。常见原因是 R7 接错。

(11)电路的焊接组装严格按照电路原理图。插装、焊接元件，修剪引线，元件安装方向、极性、高度符合工艺要求；焊点无虚焊、漏焊、连焊、不光滑、不干净、毛刺、孔洞、气泡等现象，焊点大小适中；引线修剪一致、合适；电路板清洁美观，不破坏铜箔。

四、考核评价

考核评价表见表 4-2-3。

表 4-2-3　考核评价表(工时:1.5 h)

项目内容	配　分	评价标准	扣　分	得　分
元器件识别与检测	10 分	能按要求对所有元器件进行识别与检测。元器件识别错误，每个扣 1 分；元器件检测错误，每个扣 1 分		
元器件成形、插装与排列	15 分	(1)元器件按工艺要求成形。元器件成形不符合要求，每处扣 1 分。 (2)元器件插装符合插装工艺要求。插装位置、极性错误，每处扣 2 分。 (3)元器件排列整齐、标记方向一致，布局合理。元器件排列参差不齐，布局不合理，扣 3～10 分		
导线连接	10 分	(1)导线挺直、紧贴印制电路板。导线弯曲、拱起，每处扣 2 分；板上的连接线弯曲时不呈直角，每处扣 2 分。 (2)板上的连接线呈直线或直角，且不能相交。每处相交或在正面连线扣 2 分		
焊接质量	25 分	(1)焊点均匀、光滑、一致，无毛刺、无假焊等现象。有搭锡、假焊、虚焊、漏焊、焊盘脱落、桥接、毛刺、焊料过多或过少、焊点不光滑等现象，每处扣 2 分。 (2)焊点上引线不能过长。引线过长，每处扣 2 分		
电路调试与测试	30 分	按要求对电路进行调试。一次不成功扣 5 分，两次不成功扣 15 分，三次不成功扣 30 分		
安全文明操作	10 分	(1)工作台上工具摆放整齐。工具摆放不整齐，每件扣 2 分。 (2)严格遵守安全操作规程。违反安全操作规程，酌情扣 3～10 分		

扫一扫

脉搏监测电路安装

扫一扫

脉搏监测电路调试

训练二　脉搏监测电路的安装与调试

一、训练目的

(1)掌握脉搏监测电路的基本工作原理；

(2)掌握脉搏监测电路的安装调试和常见故障的分析处理。

二、训练工器具与材料(见表 4-2-4)

表 4-2-4　训练工器具与材料

序　号	工器具名称	单　位	数　量	备　注
1	电烙铁	把	1	
2	数字万用表	块	1	
3	示波器	台	1	
4	脉搏监测电路元器件套装	套	1	

三、训练内容

识读脉搏监测电路原理图,分析并掌握电路的工作原理,再按照原理图和元器件明细表,对提供的元器件的好坏及型号规格进行识别,并记录结果。元器件检测完后,正确使用电烙铁等焊接工具,严格按照电路原理图选择合适的元器件进行电路的焊接组装,最后选择合适的仪表、工具对电路进行调试。

1. 电路原理分析

脉搏监测电路原理框图如图 4-2-45 所示。电路由一级放大电路、调零电路、50 Hz 限波电路、带通滤波电路、二级放大电路组成。

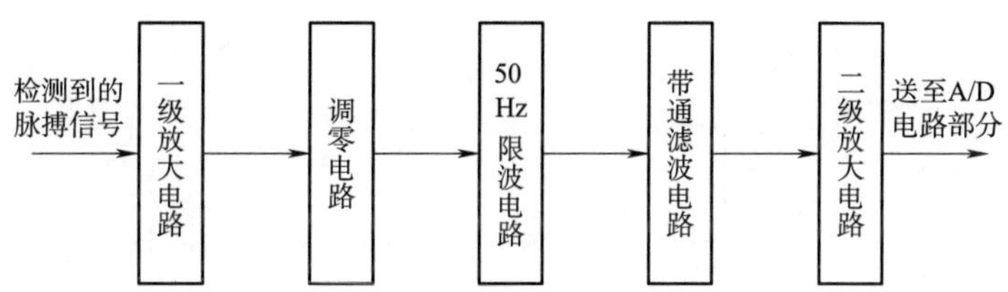

图 4-2-45　脉搏监测电路原理框图

(1)如图 4-2-46(a)所示,针对脉搏信号采集的要求,经综合分析比较,本电路选择体积小、功耗低、噪声小及供电电源范围广的 AD620 作为一级放大电路的主体芯片。AD620 使用方便,增益可通过改变放大器第 1 引脚和第 8 引脚之间的电阻来调节,PCDF 压电薄膜传感器检测到脉搏信号,一级放大电路将信号放大。

(2)调零电路。实现进一步抑制由于肌肉抖动、人体紧张、呼吸颤抖等因素引起的基线漂移的功能,从而保证在输入为零的时候,整个电路的输出为零。

(3)50 Hz 限波电路。采用双 T 限波电路,实现对 50 Hz 的工频干扰的抑制。工频干扰通过电磁感应的方式从人体、导线等多种途径窜入电路,尤其是脉搏信号很微弱,工频干扰尤为严重,可将有用信号全部湮没。因此,采用有源双 T 带阻滤波电路来抑制脉搏信号测量中的 50 Hz 的工频干扰。

(4)人体正常的脉搏频率为 60～100 次/min,即 1～1.67 Hz。不同人的脉搏频率可能不一样,但最高频率不超过 40 Hz。从脉搏功率谱的能量分布来看,99%的能量集中在 0.5～10 Hz 之间。脉搏信号的最低频率只有 0.5 Hz,为降低信号因相移产生的线性失真,其低频截止频率要达到最低频率的 1/10,即 0.05 Hz。其最高频率不超过 40 Hz,故高频截止频率选择40 Hz。该电路的频带范围是0.05～40 Hz,该范围内包含了脉搏信号的主要能量成分,能将脉搏信号的有用成分从采集到的信号中分离出来。

(5)脉搏信号具有近似脉冲波形的特征。为保证其不失真放大,必须充分考虑滤波器的相位特性。采用二阶贝塞尔有源低通滤波器,能获得较好的高频衰减特性和失真特性,可以减小输出波形在上升沿和下降沿出现的小幅过冲,实现对脉搏信号不失真地放大。

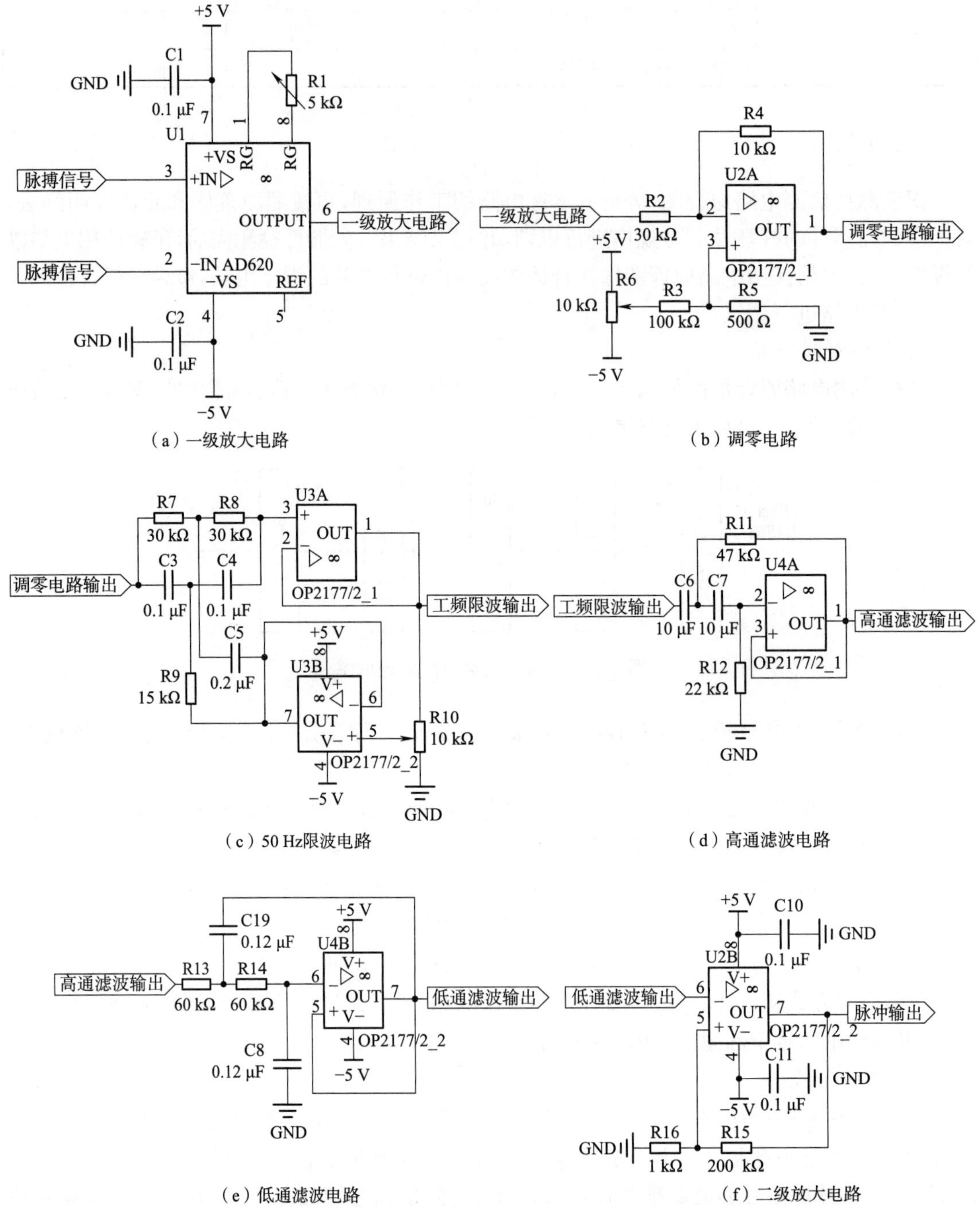

(a)一级放大电路

(b)调零电路

(c)50 Hz限波电路

(d)高通滤波电路

(e)低通滤波电路

(f)二级放大电路

图 4-2-46　脉搏监测电路原理图

(6)脉搏信号属于微伏级信号,即使经过性能优良的传感器得到的信号也只是毫伏级。经前级电路处理后的脉搏信号幅度小,不能满足 A/D 转换的需求,需要对其进一步放大,才能与 A/D 转换单元的输入范围匹配,从而减小量化误差。OP2177 集成芯片具有噪声低、增益精度高和线性度好的优势,可满足对信号进一步放大的需求。一级放大电路对信号放大 11 倍,二级放大 200 倍,输出的信号可以达到 1 V 左右,能够满足信号采集的要求。

2. 电路元器件识别

对提供的元器件的好坏及型号规格进行检测识别,选择合适的元器件,清点元器件数量,目测元器件有无明显缺陷,并在元器件明细表(见表 4-2-5)中"检测结果"栏中做出标记。

表 4-2-5　元器件明细表

序　号	代　号	名　称	型号规格	数　量	检测结果
1	R1	电位器	4.99 kΩ	1	
2	R2、R4	色环电阻	10 kΩ	2	
3	R3	色环电阻	100 kΩ	1	
4	R5	色环电阻	500 Ω	1	
5	R7、R8	色环电阻	30 kΩ	2	
6	R9	色环电阻	15 kΩ	1	
7	R6、R10	电位器	10 kΩ	2	
8	R11	色环电阻	47 kΩ	1	
9	R12	色环电阻	22 kΩ	1	
10	R13、R14	色环电阻	60 kΩ	2	
11	R15	色环电阻	200 kΩ	1	
12	R16	色环电阻	1 kΩ	1	
13	C1～C4、C10、C11	电容	0.1 μF/16 V	6	
14	C5	电容	0.2 μF/16 V	1	
15	C6、C7	电容	10 μF/16 V	2	
16	C8、C9	电容	0.12 μF/16 V	2	
17	U1A	仪表放大器	AD620	1	
18	U2A、U2B、U3A、U3B、U4A、U4B	精密放大器	OP2177	3	
19	—	PCDF 压电薄膜传感器	PVDF LDT0-028K	1	
20	—	万用焊接板	120 mm×180 mm	—	—
21	—	焊锡丝	免洗	—	—
22	—	直流电源	±5 V、±3.3 V	—	—

3. 脉搏监测电路制作与调试

1)电路装配

(1)绘制电路元器件排列布局接线图。按电路原理图结构,根据电气线路安装规范,在多孔电路板上绘制电路元器件排列布局接线图。

(2)按工艺要求对元器件的引脚进行成形加工。

(3)按布局接线图在多孔板上依次进行元器件的排列、插装。

(4)按焊接工艺要求对元器件进行焊接,直到所有元器件连接并焊完为止。

(5)焊接电源输入线或输入端子。

2)电路装配工艺要求

(1)电阻采用水平安装,紧贴实验板,电阻的色环方向应该一致。发光二极管立式安装。

(2)电解电容器立式安装,元件底面离实验板最高不能大于4 mm。

(3)所有插入焊片孔的元器件引线及导线均采用直角焊,剪脚留头在焊面以上(1±0.5)mm,焊点要求圆滑、光亮,防止虚焊、搭焊和散焊。

(4)电路板清洁美观,不破坏铜箔,元件装配美观、均匀、端正、整齐、不能歪斜、高矮有序。

四、考核评价

考核评价表见表4-2-6。

表4-2-6　考核评价表(工时:1.5 h)

项目内容	配　分	评价标准	扣　分	得　分
元器件识别与检测	10分	能按要求对所有元器件进行识别与检测。元器件识别错误,每个扣1分;元器件检测错误,每个扣1分		
元器件成形、插装与排列	15分	(1)元器件按工艺要求成形。元器件成形不符合要求,每处扣1分。 (2)元器件插装符合插装工艺要求。插装位置、极性错误,每处扣2分。 (3)元器件排列整齐、标记方向一致,布局合理。元器件排列参差不齐,布局不合理,扣3～10分		
导线连接	10分	(1)导线挺直、紧贴印制电路板。导线弯曲、拱起,每处扣2分;板上的连接线弯曲时不呈直角,每处扣2分。 (2)板上的连接线呈直线或直角,且不能相交。每处相交或在正面连线扣2分		
焊接质量	25分	(1)焊点均匀、光滑、一致,无毛刺、无假焊等现象。有搭锡、假焊、虚焊、漏焊、焊盘脱落、桥接、毛刺、焊料过多或过少、焊点不光滑等现象,每处扣2分。 (2)焊点上引线不能过长。引线过长,每处扣2分		
电路调试与测试	30分	按要求对电路进行调试。一次不成功扣5分,两次不成功扣15分,三次不成功扣30分		
安全文明操作	10分	(1)工作台上工具摆放整齐。工具摆放不整齐,每件扣2分。 (2)严格遵守安全操作规程。违反安全操作规程,酌情扣3～10分		

测评题

一、单选题

1. 与门电路的逻辑功能是(　　)。

(A)有“0”出“0”,全“1”出“1”　　(B)“同出0,异出1”

(C)有“0”出“1”,有“1”出“0”　　(D)有“0”出“1”,全“1”出“0”

2. 与逻辑关系可以用(　　)逻辑函数式表达。

(A)$Y=AB$　(B)$Y=A+B$　(C)$Y=A-B$　(D)$Y=A/B$

3. 把二进制输入信号转换为相应输出信号的过程称为(　　)。

(A)译码　(B)编码　(C)加法器　(D)半加器

4. 或逻辑关系可以用(　　)逻辑函数式表达。

(A)$Y=AB$　(B)$Y=A+B$　(C)$Y=A-B$　(D)$Y=A/B$

5. 能够将1个输入数据,根据需要传送到m个输出端的任何一个输出端的电路,称为(　　)。

(A)数据分配器　(B)加法器　(C)调制器　(D)选择器

6. 或门电路的逻辑功能是(　　)。

(A)同出“0”,异出“1”　(B)有“1”出“1”,全“0”出“0”

(C)有“0”出“1”,有“1”出“0”　(D)同出“1”,异出“0”

7. 在数字电路中,经常需要对两个位数相同的二进制数进行比较,以判断它们的相对大小或者是否相等。用来实现这一功能的逻辑电路称为(　　)。

(A)数值比较器　(B)数据分配器　(C)加法器　(D)调制器

8. 在RC电路的充电过程中,电容器两端的电压(　　)。

(A)不能突变　(B)恒定不变　(C)等于电源电压　(D)不确定

9. 在RC电路的充电过程中,电容器的充电速度与R和C的关系为当电阻不变时电容C越大,电容电压上升就越(　　)。

(A)快　(B)慢　(C)不变　(D)不确定

10. 非门电路的逻辑功能是(　　)。

(A)有“0”出“0”,全“1”出“1”　(B)同出“1”,异出“0”

(C)有“0”出“1”,有“1”出“0”　(D)有“0”出“1”,全“1”出“0”

11. RC微分电路输出信号取自RC电路中(　　)。

(A)电阻R两端　(B)电容C两端　(C)电源电压

12. RC积分电路输出信号取自RC电路中(　　)。

(A)电阻R两端　(B)电容C两端　(C)电源电压

13. 与非门电路的逻辑功能是(　　)。

(A)同出“1”,异出“0”　(B)有“1”出“1”,全“0”出“0”

(C)同出“0”,异出“1”　(D)有“0”出“1”,全“1”出“0”

14. RC微分电路的时间常数应(　　)输入的矩形波脉冲宽度。

(A)远小于　(B)远大于　(C)等于

15. RC积分电路的时间常数应(　　)输入的矩形波脉冲宽度。

(A)远小于　(B)远大于　(C)等于

16. 或非门电路的逻辑功能是(　　)。

(A)全“0”出“1”,有“1”出“0”　(B)有“1”出“1”,全“0”出“0”

(C)同出“0”,异出“1”　(D)有“0”出“1”,全“1”出“0”

17. 在RC电路的充电过程中,电容器的充电速度与R和C的关系为当电容C不变时电阻R越小,电容电压上升就越(　　)。

(A)快　(B)慢　(C)不变　(D)不确定

18. 异或门电路的逻辑功能是(　　)。。

(A)全"0"出"1",有"1"出"0"　　(B)一组全"1"出"0",各组有"0"出"1"

(C)同出"0",异出"1"　　(D)有"0"出"1",全"1"出"0"

19. 脉冲的沿位于幅度10%和90%之间的时间间隔是(　　)。

(A)上升沿　　(B)下降沿　　(C)高电平　　(D)低电平

20. 同或门电路的逻辑功能是(　　)。

(A)全"0"出"1",有"1"出"0"　　(B)同出"0",异出"1"

(C)同出"1",异出"0"　　(D)有"0"出"1",全"1"出"0"

21. 与门的输入为A、B、C,输出何时为1(　)。

(A)$A=B=C=1$　　(B)$A=B=1,C=0$

(C)$A=B=C=0$　　(D)$A=C=1,B=0$

22. 或门的输入为A、B、C,输出何时为0(　　)。

(A)$A=B=C=1$　　(B)$A=B=1,C=0$

(C)$A=B=C=0$　　(D)$A=C=1,B=0$

23. 一个与或电路,具有一个输入为A、B、C的与门和一个输入为D、E的与门,那么该电路的表达式为(　)。

(A)$ABCDE$　　(B)$A+D+C+B+E$

(C)$(A+B+C)+DE$　　(D)$ABC+DE$

24. 与运算可以用(　　)来产生。

(A)2个与非门　　(B)3个与非门　　(C)2个或非门　　(D)3个或非门

25. 或运算可以用(　　)来产生。

(A)2个与非门　　(B)3个与非门　　(C)2个或非门　　(D)3个或非门

26. 所有的逻辑表达式都可以由(　　)来实现。

(A)只用与非门　　(B)只用或非门

(C)与非门和或非门组合　　(D)与门、非门、或门组合

27. 一个或与电路,具有一个输入为A、B的或门和一个输入为C、D、E的或门,那么该电路的表达式为(　　)。

(A)$AB+CDE$　　(B)$(A+D)(C+B+E)$

(C)$(A+B+C)+DE$　　(D)$ABC+DE$

28. 与非门的输入为A、B、C,输出何时为1(　　)。

(A)$A=B=C=1$　　(B)$A=B=1,C=0$

(C)$A=B=C=0$　　(D)$A=C=1,B=0$

二、多选题

1. 常用数字电路的分析方法有(　　)等方法。

(A)逻辑代数　　(B)真值表　　(C)逻辑图　　(D)电路图

2. 基本逻辑门电路有(　　)3种。

(A)与门　　(B)或门　　(C)非门　　(D)与非门

3. 下面属于复合逻辑门的是(　　)。

(A)与非门　(B)或非门　(C)异或门
(D)同或门　(E)与或非门

4. 任何复杂的逻辑电路都是用(　　)组合而成的。
(A)与非门　(B)或门　(C)非门　(D)与门

5. 数字电路根据逻辑功能的不同特点,可以分成(　　)。
(A)组合电路　(B)线性电路　(C)逻辑电路　(D)时序电路

6. 组合逻辑电路的特点是(　　)。
(A)输出功率大　(B)有记忆单元　(C)电路中无记忆单元
(D)输入、输出之间没有反馈延迟通道

7. 加法器根据进位方式不同,有(　　)。
(A)串行进位加法器　(B)超前进位加法器
(C)直接进位加法器　(D)间接进位加法器

8. 在数字电路中,常常需要各种不同频率的矩形脉冲。获得矩形脉冲有(　　)。
(A)通过方波振荡器产生　(B)利用整形电路产生
(C)通过正弦波产生　(D)利用放大电路产生

9. 积分电路在电路中的主要作用是(　　)。
(A)将矩形脉冲变换成近似的三角波
(B)将上升沿、下降沿陡峭的矩形脉冲波变换成上升沿和下降沿较缓慢的矩形脉冲
(C)使跳变部分"延缓",又称"积分延时"
(D)从宽窄不同的脉冲串中,把宽脉冲选出来

10. 555 定时器可工作在(　　)工作模式下。
(A)单稳态模式　(B)多稳态　(C)无稳态模式　(D)双稳态模式

11. 数字量表示法和模拟量表示法相比具有(　　)等优势。
(A)处理和传输方面更有效、更可靠
(B)数字数据在保存时,更显示了它的优越性
(C)相对应的模拟形式更简洁
(D)噪声(不需要的电压波动)几乎不会影响数字数据

12. 脉冲有两个边沿(　　)。
(A)上升沿　(B)下降沿　(C)高电平　(D)低电平

13. 下面异或门用作两位加法器的结果正确的是(　　)。
(A)0+0=0　(B)0+1=1　(C)1+1=0　(D)1+0=1

14. 所有的逻辑表达式都可以(　　)来实现。
(A)只用与非门　(B)只用或非门
(C)由与非门和或非门组合　(D)由与门、非门、或门组合

三、判断题

(　　)1. 两个数 A、B 相加,只求本位之和,暂不管低位送来的进位数,称之为"半加",完成半加功能的逻辑电路称为半加器。

(　　)2. 实现多位十进制数相加的电路称为加法器。

(　　)3. 用代码表示特定信号的过程称为编码。

(　　)4. 译码器有二进制译码器、二-十进制译码器、数字显示译码器等类型。

(　　)5. 数据选择器是根据给定的输入地址代码,从一组输入信号中随机选出一个送至输出端的组合逻辑电路。

(　　)6. 译码器的 n 个输入,m 个输出应满足 $2n>m$。

(　　)7. 瞬间突变、作用时间极短的电压或电流信号称为脉冲。

(　　)8. RC 充电时间可以用时间常数来衡量,小则慢,大则快。

(　　)9. 凡是非正弦规律变化的电压或电流都可称为脉冲。

(　　)10. RC 放电时间可以用时间常数来衡量,大则慢,小则快。

(　　)11. RC 微分电路的时间常数应远大于输入的矩形波脉冲宽度。

(　　)12. RC 微分电路输出信号取自 RC 电路中电阻 R 的两端。

(　　)13. 积分电路能对输入脉冲起到"突出变化量,压低恒定量"的作用。

(　　)14. 微分电路能对输入脉冲起到"突出恒定量,压低变化量"的作用。

(　　)15. 555 定时器是一种集成电路芯片,常被用于定时器、脉冲产生器和振荡电路。

(　　)16. 二进制系统中的两个数——1 和 0,称为位(比特,bit)。

(　　)17. 在数字系统中,所有的波形都与一个基本时序波形同步,称为时钟。

(　　)18. 脉冲的沿位于幅度 90%和 10%之间的时间间隔是下降沿。

(　　)19. 与门仅有两个输入。

(　　)20. 如果一个同或门的输入不相同,那么输出为低电平。

(　　)21. 如果一个异或门的输入相同,那么输出为低电平。

(　　)22. 与非门不能用来产生与的功能。

(　　)23. 或非门不能用来产生与的功能。

项目三　常用电力电子电路的安装与调试

学习目标

应知	1. 掌握常用电力电子器件的结构、工作原理、特性与应用。 2. 掌握单相可控整流电路的结构、工作原理与应用。 3. 掌握触发电路的工作原理与实际应用。
应会	1. 会检测与判别常用电力电子器件的引脚与好坏。 2. 能安装与调试常用的电力电子应用电路。 3. 能正确地操作使用装调工具及维护保养。

建议学时

理论教学10学时，技能训练8学时。

知识导入

知识点一　单相可控整流电路

一、单相半波可控整流电路

1. 电阻性负载

单相半波可控整流调光灯主电路实际上就是负载为阻性的单相半波可控整流电路。对电路的输出电压 u_d 波形和晶闸管两端电压 u_T 波形的分析在调试及修理过程中是非常重要的。下面的分析是在假设主电路和触发电路均正常工作的前提条件下进行的。

图4-3-1所示为单相半波可控整流电路。整流变压器(调光灯电路可直接由电网供电，不采用整流变压器)起变换电压和隔离的作用，其一次和二次电压瞬时值分别用 u_1 和 u_2 表示，二次电压 u_2 为50 Hz正弦波，其有效值为 U_2。当接通电源后，便可在负载两端得到脉动的直流电压，其输出电压的波形可以用示波器进行测量。

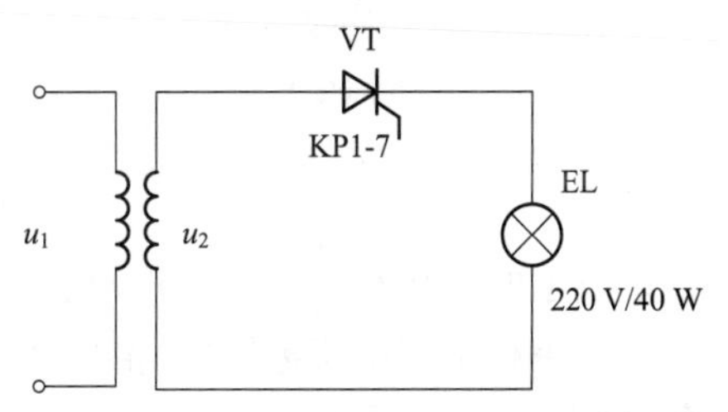

图4-3-1　单相半波可控整流电路(调光灯主电路)

1)工作原理

在分析电路工作原理之前，先介绍几个名词术语和概念。

控制角 α。控制角 α 又称触发角或触发延迟角,是指晶闸管从承受正向电压开始到触发脉冲出现之间的电角度。

导通角 θ。导通角是指晶闸管在一个周期内处于导通的电角度。

移相。移相是指改变触发脉冲出现的时刻,即改变控制角 α 的大小。

移相范围。移相范围是指一个周期内触发脉冲的移动范围,它决定了输出电压的变化范围。

(1)$\alpha=0°$时的波形分析。图 4-3-2(a)所示为 $\alpha=0°$时输出电压波形。

从波形图中可以分析出,在电源电压正半周区间内时,在电源电压的过零点,即 $\alpha=0°$时刻加入触发脉冲 u_g触发晶闸管 VT 导通,负载上得到输出电压 u_d的波形是与电源电压 u_2相同形状的波形;当电源电压过零时,晶闸管也同时关断,负载上得到的输出电压 u_d为零;在电源电压 u_2负半周内,晶闸管承受反向电压不能导通,直到第二周期 $\alpha=0°$触发电路再次施加触发脉冲时,晶闸管再次导通。

图 4-3-2(b)所示为 $\alpha=0°$时晶闸管两端电压的理论波形。在晶闸管导通期间,忽略晶闸管的管压降,$u_T=0$,在晶闸管截止期间,晶闸管将承受全部反向电压。

(2)$\alpha=30°$时的波形分析。改变晶闸管的触发时刻,即改变控制角 α 的大小,即可改变输出电压的波形。图 4-4-3(a)所示为 $\alpha=30°$时的输出电压的波形。在 $\alpha=30°$时,晶闸管承受正向电压,此时加入触发脉冲晶闸管导通,负载上得到输出电压 u_d的波形是与电源电压 u_2相同形状的波形;同样,当电源电压 u_2过零时,晶闸管也同时关断,负载上得到的输出电压 u_d为零;在电源电压过零点到 $\alpha=30°$之间的区间上,虽然晶闸管已经承受正向电压,但由于没有触发脉冲,晶闸管依然处于截止状态。

图 4-4-3(b)所示为 $\alpha=30°$时晶闸管两端电压的理论波形。

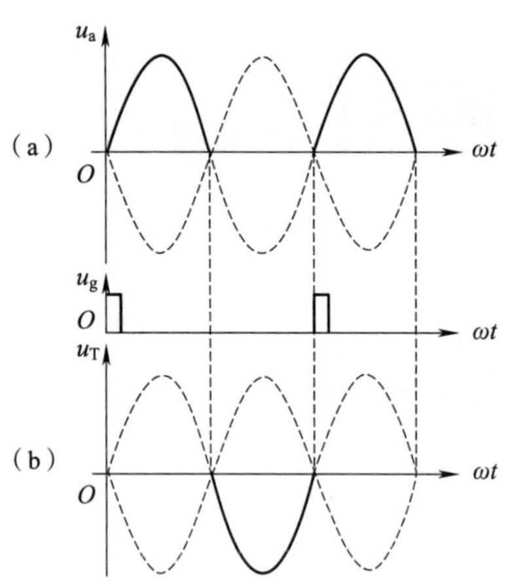

图 4-3-2　$\alpha=0°$时输出电压的波形和晶闸管两端电压的理论波形

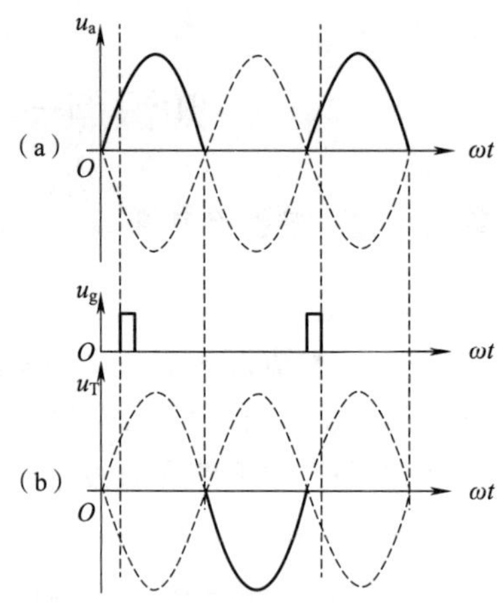

图 4-4-3　$\alpha=30°$时输出电压的波形和晶闸管两端电压的理论波形

由以上的分析和测试可以得出:

①在单相半波整流电路中,晶闸管在一个周期内导通时间对应的电角度用 θ 表示,称为导通角,且 $\theta=\pi-\alpha$。

②在单相半波整流电路中,改变 α 大小即改变触发脉冲在每周期内出现的时刻,则 u_d和 i_d

的波形也随之改变，但是直流输出电压瞬时值 u_d 极性不变，其波形只在 u_2 的正半周出现，这种通过对触发脉冲的控制来实现控制直流输出电压大小的控制方式称为相位控制方式，简称相控方式。

③理论上移相范围为 0°～180°。若要实现移相范围达 0°～180°，则需要改进触发电路以扩大移相范围。

2）基本的物理量计算

（1）输出电压平均值与平均电流的计算：

$$U_d = 0.45U_2\frac{1+\cos\alpha}{2} \tag{4-3-1}$$

$$I_d = \frac{U_d}{R_d} = 0.45\frac{U_2}{R_d}\frac{1+\cos\alpha}{2} \tag{4-3-2}$$

可见，输出电压平均值 U_d 与整流变压器二次侧交流电压有效值 U_2 和控制角 α 有关。当 U_2 给定后，U_d 仅与 α 有关。当 $\alpha=0°$ 时，则 $U_{d0}=0.45U_2$，为最大输出直流平均电压；当 $\alpha=0°$ 时，$U_d=0$。只要控制触发脉冲送出的时刻，U_d 就可以在 0～$0.45U_2$ 之间连续可调。

（2）负载上电压有效值与电流有效值的计算：

根据有效值的定义，负载电压有效值为

$$U = U_2\sqrt{\frac{\pi-\alpha}{2\pi}+\frac{\sin 2\alpha}{4\pi}} \tag{4-3-3}$$

负载电流有效值为

$$I_d = \frac{U_2}{R_d}\sqrt{\frac{\pi-\alpha}{2\pi}+\frac{\sin 2\alpha}{4\pi}} \tag{4-3-4}$$

晶闸管可能承受的正反向峰值电压为

$$U_{TM} = \sqrt{2}U_2 \tag{4-3-5}$$

2. 电感性负载

直流负载的感抗 ωL_d 和电阻 R_d 的大小相比不可忽略时，这种负载称为电感性负载。属于此类负载的有工业用电机的励磁线圈、电抗器等。电感性负载与电阻性负载有很大不同。

电感线圈是储能元件，当电流 i_d 流过线圈时，该线圈就存储有磁场能量，i_d 越大，线圈存储的磁场能量也越大；当 i_d 减小时，线圈就要将所存储的磁场能量释放出来，试图维持原有的电流方向和电流大小。电感线圈本身是不消耗能量的。众所周知，能量的存放是不能突变的，可见当流过电感线圈的电流增大时，Ld 两端就要产生感应电动势，其方向应阻止 i_d 的增大，如图 4-3-4(a) 所示。反之，i_d 要减小时，Ld 两端感应的电动势方向应阻碍 i_d 减小，如图 4-3-4(b)所示。

（a）电流 i_d 增大时，Ld两端感应电动势方向　　（b）电流 i_d 减小时，Ld两端感应电动势方向

图 4-3-4　电感线圈对电流变化的阻碍作用

1）无续流二极管时

图 4-3-5 所示为电感性负载无续流二极管某一控制角 α 时输出电压、电流的理论波形，从波形图上可以看出：

（1）在 $0\sim\alpha$ 期间：晶闸管阳极电压大于零，此时晶闸管门极没有触发信号，晶闸管处于正向阻断状态，输出电压和电流都等于零。

（2）在 α 时刻：门极加上触发信号，晶闸管被触发导通，电源电压 u_2 施加在负载上，输出电压 $u_d=u_2$。由于电感的存在，在 u_d 的作用下，负载电流 i_d 只能从零按指数规律逐渐上升。

（3）在 π 时刻：交流电压过零，由于电感的存在，流过晶闸管的阳极电流仍大于零，晶闸管会继续导通，此时电感存储的能量一部分释放变成电阻的热能，同时另一部分送回电网，电感的能量全部释放完后，晶闸管在电源电压 u_2 的反压作用下而截止。直到下一个周期的正半周，即 $2\pi+\alpha$ 时刻，晶闸管再次被触发导通。

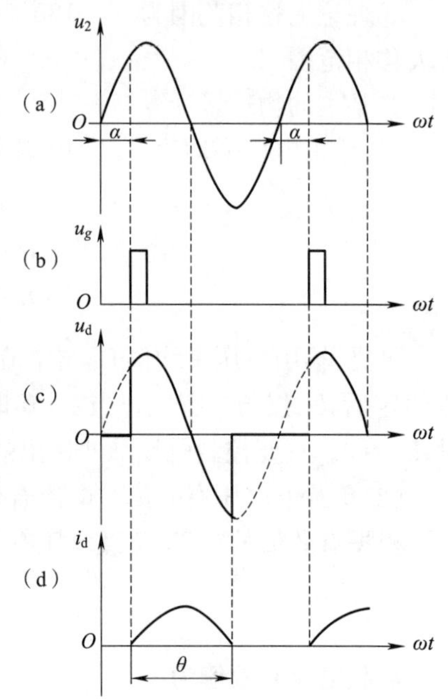

图 4-3-5　单相半波电感性负载时输出电压、电流的理论波形

由于电感的存在，使得晶闸管的导通角增大，在电源电压由正到负的过零点也不会关断，使负载电压波形出现部分负值，其结果使输出电压平均值 U_d 减小。电感越大，维持导电时间越长，输出电压负值部分占的比例越大，U_d 减少越多。当电感 L_d 非常大时（满足 $\omega L_d\gg R_d$，通常 $\omega L_d>10R_d$ 即可），对于不同的控制角 α，导通角将接近 $2\pi-2\alpha$，这时负载上得到的电压波形正负面积接近相等，平均电压 $U_d\approx0$。可见，不管如何调节控制角 α，U_d 值总是很小，电流平均值 I_d 也很小，没有实用价值。

实际的单相半波可控整流电路在带有电感性负载时，都在负载两端并联有续流二极管。

2）接续流二极管时

（1）电路结构。为了使电源电压过零变负时能及时关断晶闸管，使 u_d 波形不出现负值，又能给电感线圈 Ld 提供续流的旁路，可以在整流输出端并联二极管，如图 4-3-6 所示。由该二极管为电感负载在晶闸管关断时提供续流回路。

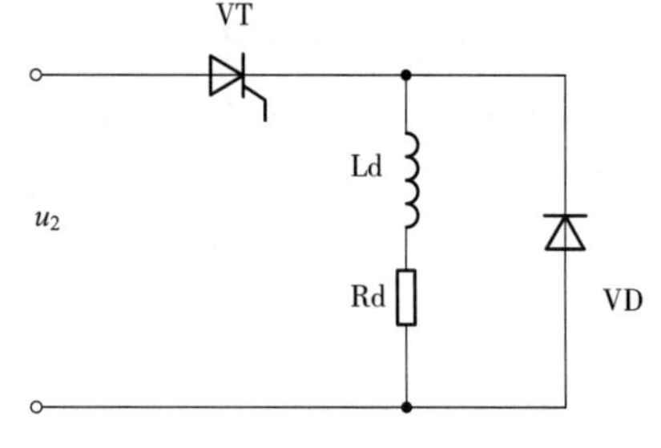

图 4-3-6　电感性负载接续流二极管时的电路

（2）工作原理。图 4-3-7 所示为电感性负载接续流二极管某一控制角 α 时输出电压、电流的理论波形。

从波形图上可以看出：

①在电源电压正半周（$0\sim\pi$ 区间），晶闸管承受正向电压，触发脉冲在 α 时刻触发晶闸管导通，负载上有输出电压和电流。在此期间，续流二极管 VD 承受反向电压而关断。

②在电源电压负半波（$\pi\sim2\pi$ 区间），电感的感应电压使续流二极管 VD 承受正向电压导通续流，此时电源电压 $u_2<0$，u_2 通过续流二极管使晶闸管承受反向电压而关断，负载两端的

输出电压仅为续流二极管的管压降。如果电感足够大，续流二极管一直导通到下一周期晶闸管导通，使电流 i_d 连续，且 i_d 波形近似为一条直线。

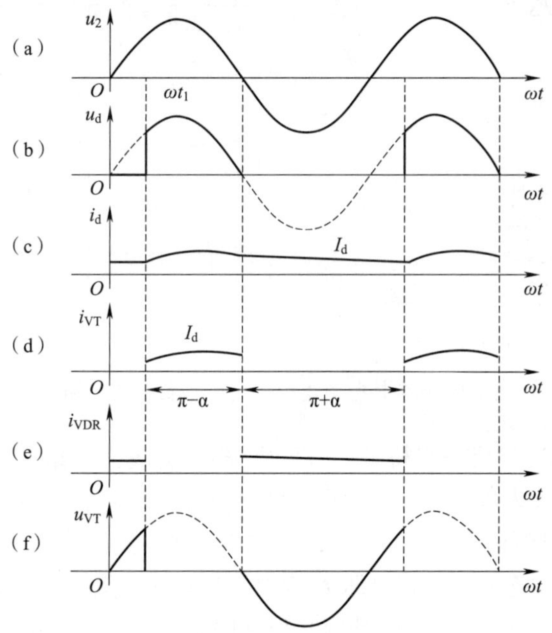

图 4-3-7　电感性负载接续流二极管时输出电压及电流波形

电阻性负载加续流二极管后，输出电压波形与电阻性负载波形相同，可见续流二极管的作用是为了提高输出电压。负载电流波形连续且近似为一条直线，如果电感无穷大，则负载电流为一直线。流过晶闸管和续流二极管的电流波形是矩形波。

3)基本物理量计算

(1)输出电压平均值 U_d 与输出电流平均值 I_d。

$$U_d = 0.45U_2\frac{1+\cos\alpha}{2} \tag{4-3-6}$$

$$I_d = \frac{U_d}{R_d} = 0.45\frac{U_2}{R_d}\frac{1+\cos\alpha}{2} \tag{4-3-7}$$

(2)晶闸管和续流二极管承受的最大正反向电压。

晶闸管和续流二极管承受的最大正反向电压都为电源电压的峰值，即

$$U_{TM} = U_{DM} = \sqrt{2}U_2 \tag{4-3-8}$$

二、单相桥式全控整流电路

单相桥式整流电路输出的直流电压、电流脉冲程度比单相半波整流电路输出的直流电压、电流小，且可以改善变压器存在直流磁化的现象。单相桥式整流电路分为单相桥式全控整流电路和单相桥式半控整流电路。

1. 电阻性负载

单相桥式全控整流电路带电阻性负载的电路及工作波形如图 4-3-8 所示。

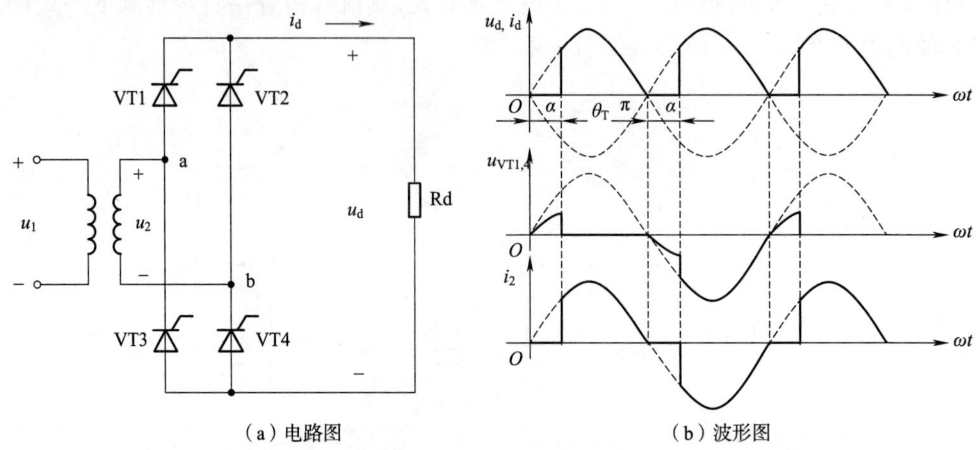

图 4-3-8　单相桥式全控整流电路带电阻性负载的电路及工作波形

晶闸管 VT1 和 VT4 组成一组桥臂,VT2 和 VT3 组成另一组桥臂。在交流电源的正半周区间,即 a 端为正,b 端为负,VT1 和 VT4 会承受正向阳极电压,在相当于控制角 α 的时刻给 VT1 和 VT4 同时加脉冲,则 VT1 和 VT4 会导通。此时,电流 i_d 从电源 a 端经 VT1、负载 Rd 及 VT4 回电源 b 端,负载上得到电压 u_d 为电源电压 u_2(忽略了 VT1 和 VT4 的导通电压降),方向为上正下负,VT2 和 VT3 则因为 VT1 和 VT4 的导通而承受反向的电源电压 u_2,不会导通。因为是电阻性负载,所以电流 i_d 也跟随电压的变化而变化。当电源电压 u_2 过零时,电流 i_d 也降低为零,也即两只晶闸管的阳极电流降低为零,故 VT1 和 VT4 会因电流小于维持电流而关断。而在交流电源负半周区间,即 a 端为负,b 端为正,晶闸管 VT2 和 VT3 会承受正向阳极电压,在相当于控制角 α 的时刻给 VT2 和 VT3 同时加脉冲,则 VT2 和 VT3 被触发导通。电流 i_d 从电源 b 端经 VT2、负载 Rd 及 VT3 回电源 a 端,负载上得到电压 u_d 仍为电源电压 u_2,方向也还为上正下负,与正半周一致。此时,VT1 和 VT4 则因为 VT2 和 VT3 的导通而承受反向的电源电压 u_2 而处于截止状态。直到电源电压负半周结束,电源电压 u_2 过零时,电流 i_d 也过零,使得 VT2 和 VT3 关断。下一周期重复上述过程。

从图中可以看出,负载上的直流电压输出波形与单相半波时多了一倍,晶闸管的控制角变化范围是 0°～180°,导通角为 $\pi-\alpha$。单相桥式全控整流电路带电阻性负载电路参数的计算:

(1)输出电压平均值:

$$U_d=0.9U_2\frac{1+\cos\alpha}{2} \tag{4-3-9}$$

(2)负载电流平均值:

$$I_d=\frac{U_d}{R_d}=0.9\frac{U_2}{R_d}\frac{1+\cos\alpha}{2} \tag{4-3-10}$$

2. 电感性负载

图 4-3-9 所示为单相桥式全控整流电路带电感性负载的电路。假设电路电感很大,输出电流连续,电路处于稳态。

在电源电压 u_2 正半周时,在相当于 α 角的时刻给 VT1 和 VT4 同时加触发脉冲,则 VT1 和 VT4 会导通,输出电压 $u_d=u_2$。至电源电压过零变负时,由于电感产生的自感电动势会使

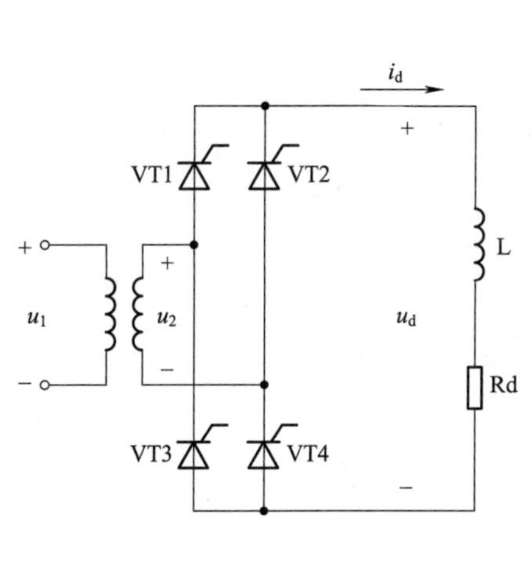

（a）电路图

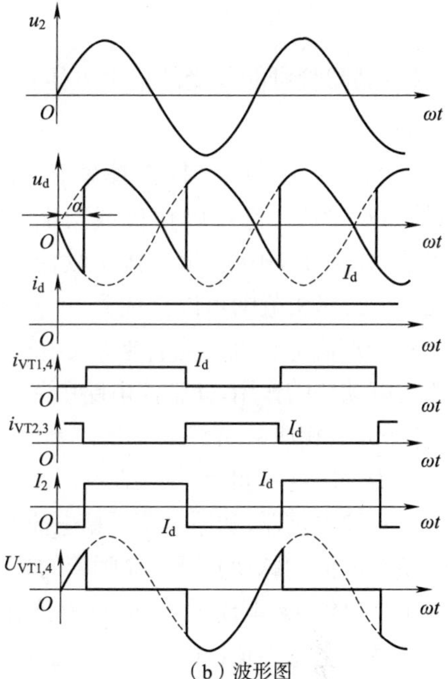

（b）波形图

图 4-3-9　单相桥式全控整流电路带电感性负载的电路及工作波形

VT1 和 VT4 继续导通，而输出电压仍为 $u_d=u_2$，所以出现了负电压的输出。此时，可关断晶闸管 VT2 和 VT3 虽然已承受正向电压，但还没有触发脉冲，所以不会导通。直到在负半周相当于 α 角的时刻，给 VT2 和 VT3 同时加触发脉冲，则因 VT2 的阳极电位比 VT1 高，VT3 的阴极电位比 VT4 低，故 VT2 和 VT3 被触发导通，分别替换了 VT1 和 VT4，而 VT1 和 VT4 将由于 VT2 和 VT3 的导通承受反压而关断，负载电流也改为经过 VT2 和 VT3 了。

由图 4-3-9(b)所示的输出负载电压 u_d、负载电流 i_d的波形可以看出，与电阻性负载相比，u_d的波形出现了负半周部分，i_d的波形则是连续的近似一条直线。这是由于电感中的电流不能突变，电感起到了平波的作用，电感越大，则电流越平稳。

两组晶闸管轮流导通，每只晶闸管的导通时间较电阻性负载时延长了，导通角为 π，与 α 无关。

单相全控桥式整流电路带电感性负载电路参数的计算：

(1)输出电压平均值：

$$U_d=0.9U_2\cos\alpha \tag{4-3-11}$$

在 $\alpha=0°$时，输出电压 U_d最大，$u_{d0}=0.9u_2$；在 $\alpha=90°$时，输出电压 U_d最小，等于零。因此移相范围是 0°～90°。

(2)负载电流平均值：

$$I_d=\frac{U_d}{R_d}=0.9\frac{U_2}{R_d}\cos\alpha \tag{4-3-12}$$

(3)流过一只晶闸管的电流的平均值和有效值：

$$I_{dT}=\frac{1}{2}I_d \tag{4-3-13}$$

$$I_T=\frac{1}{\sqrt{2}}I_d \tag{4-3-14}$$

(4)晶闸管可能承受的最大电压：

$$U_{TM}=\sqrt{2}U_2 \tag{4-3-15}$$

为了扩大移相范围，去掉输出电压的负值，提高U_d的值，也可以在负载两端并联续流二极管，如图 4-3-10 所示。接了续流二极管以后，$\alpha=0°$的移相范围可以扩大到 0°～180°。

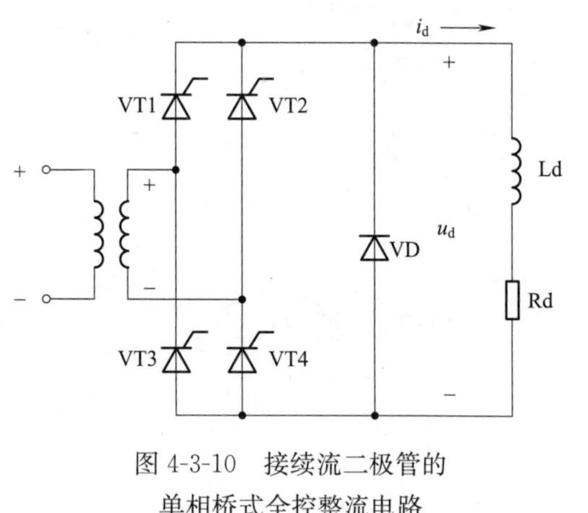

图 4-3-10　接续流二极管的单相桥式全控整流电路

对于直流电动机和蓄电池等反电动势负载，由于反电动势的作用，使整流电路中晶闸管导通的时间缩短，相应的负载电流出现断续，脉动程度高。为解决这一问题，往往在反电动势负载侧串联一平波电抗器，利用电感平稳电流的作用来减少负载电流的脉动并延长晶闸管的导通时间。只要电感足够大，电流就会连续，直流输出电压和电流就与电感性负载时一样。

知识点二　三相可控整流电路

一、三相半波可控整流电路

1. 三相半波整流电路

图 4-3-11(a)是由二极管组成的三相半波整流电路。此电路可由三相变压器供电，也可直接接到三相四线制的交流电源上。变压器二次侧相电压有效值为U_2，线电压为U_{2L}。其接法是 3 个整流管的阳极分别接到变压器二次侧的三相电源上，而 3 个阴极接在一起，接到负载的一端，负载的另一端接到整流变压器的中性线，形成回路。此种接法称为共阴极接法。

图 4-3-11(b)所示为三相交流电 u_U、u_V和 u_W波形图。u_d是输出电压的波形。由于整流二极管导通的唯一条件就是阳极电位高于阴极电位，而 3 只二极管又是共阴极连接的，且阳极所接的三相电源的相电压是不断变化的，所以哪一相的二极管导通就要看其阳极所接的相电压u_U、u_V和 u_W中哪一相的瞬时值最高，则与该相相连的二极管就会导通。其余两只二极管就会因承受反向电压而关断。例如，在图 4-3-11(b)中 ωt_1～ωt_2区间，U 相的瞬时电压值 u_U最高。因此与 U 相相连的二极管 VD1 优先导通，所以与 V 相、W 相相连的二极管 VD2 和 VD3 则分别承受反向线电压 u_{VU}、u_{WU}而关断。若忽略二极管的导通压降，此时，输出电压 u_d就等于 U 相的电源电压 u_U。同理，当 ωt_2时，由于 V 相的电压 u_V开始高于 U 相的电压 u_U而变为最高，因此电流就要由 VD1 换流给 VD2，VD1 和 VD3 又会承受反向线电压而处于阻断状态，输出电压 $u_d=u_V$。同样在 ωt_3以后，因 W 相电压 u_W最高，所以 VD3 导通，VD1 和 VD2 受反压而关断，输出电压 $u_d=u_W$。以后又重复上述过程。

可以看出，三相半波整流电路中 3 个二极管轮流导通，导通角均为 120°，输出电压 u_d是脉动的三相交流相电压波形的正向包络线，负载电流波形形状与 u_d相同。

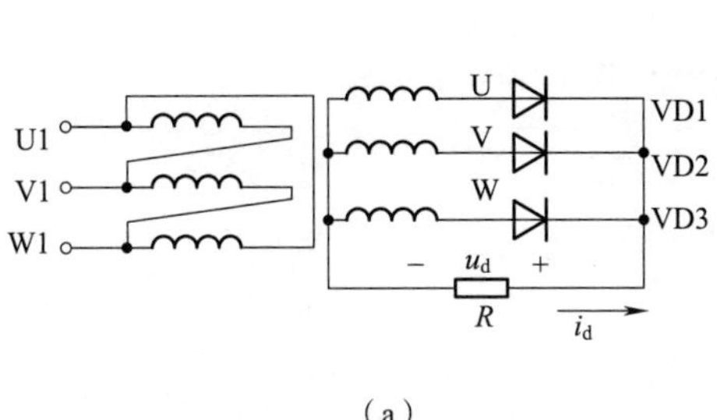

(a)

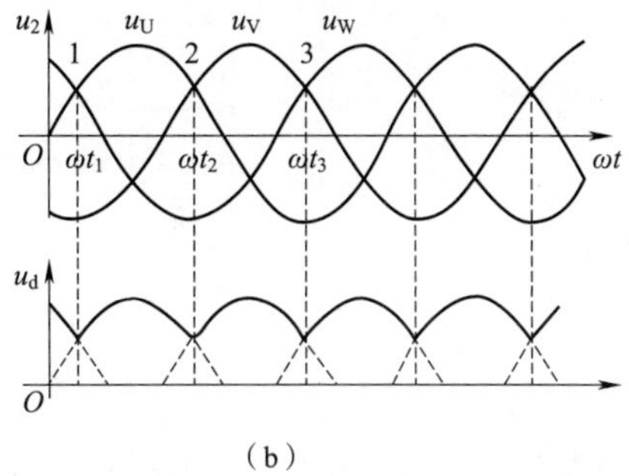

(b)

图 4-3-11　三相半波整流电路及波形

其输出直流电压的平均值 U_d 为

$$U_d = 1.17U_2 \tag{4-3-16}$$

整流二极管承受的电压的波形如图 4-3-11(b)所示。以 VD1 为例，在 $\omega t_1 \sim \omega t_2$ 区间，由于 VD1 导通，所以 u_{VD1} 为零；在 $\omega t_2 \sim \omega t_3$ 区间，VD2 导通，则 VD1 承受反向电压 u_{UV}，即 $u_{VD1} = u_{UV}$；在 $\omega t_3 \sim \omega t_4$ 区间，VD3 导通，则 VD1 承受反向电压 u_{UW}，即 $u_{VD1} = u_{UW}$。从图 4-3-11(b)中还可以看出，整流二极管承受的最大的反向电压就是相电压的峰值，即

$$U_{DM} = \sqrt{6}U_2 \tag{4-3-17}$$

从图 4-3-11(b)中还可以看到，1、2、3 这 3 个点分别是二极管 VD1、VD2 和 VD3 的导通起始点，即每经过其中一点，电流就会自动从前一相换流至后一相，这种换相是利用三相电源电压的变化自然进行的，因此把 1、2、3 点称为自然换相点。

2. 三相半波可控整流电路

三相半波可控整流电路有两种接线方式，分别为共阴极接法和共阳极接法。由于共阴极接法触发脉冲有共用线，使用调试方便，所以共阴极接法常被采用。

1)电路结构

将图 4-3-11(a)中 3 个二极管换成晶闸管就组成了共阴极接法的三相半波可控整流电路，如图 4-3-12(a)所示。电路中整流变压器的一次侧采用三角形联结，防止三次谐波进入电网。二次侧采用星形联结，可以引出中性线。3 个晶闸管的阴极短接在一起，阳极分别接到三相电源。

2)电路工作原理

(1)$0° \leqslant \alpha \leqslant 30°$。$\alpha = 0°$时，3 个晶闸管相当于 3 个整流二极管，负载两端的电流、电压波形如图 4-3-12(b)所示。晶闸管两端的电压波形，由 3 段组成：第 1 段，VT1 导通期间，为一管压降，可近似为 $u_{VD1} = 0$；第 2 段，在 VT1 关断后，VT2 导通期间，$u_{VD1} = u_U - u_V = u_{UV}$，为一段线电压；第 3 段，在 VT3 导通期间，$u_{VD1} = u_U - u_W = u_{UW}$ 为另一段线电压。如果增大控制角 α，将脉冲后移，整流电路的工作情况相应地发生变化。假设电路已在工作，W 相所接的晶闸管 VT3 导通，经过自然换相点"1"时，由于 U 相所接晶闸管 VT1 的触发脉冲尚未送到，VT1 无法导通。于是 VT3 仍承受正向电压继续导通，直到过 U 相自然换相点"1"点 30°，晶闸管 VT1 被触发导通，输出直流电压由 W 相换到 U 相。图 4-3-12(c)为 $\alpha = 30°$时的输出电压、电流波形以及晶闸管两端电压波形。

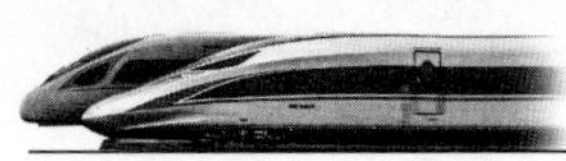

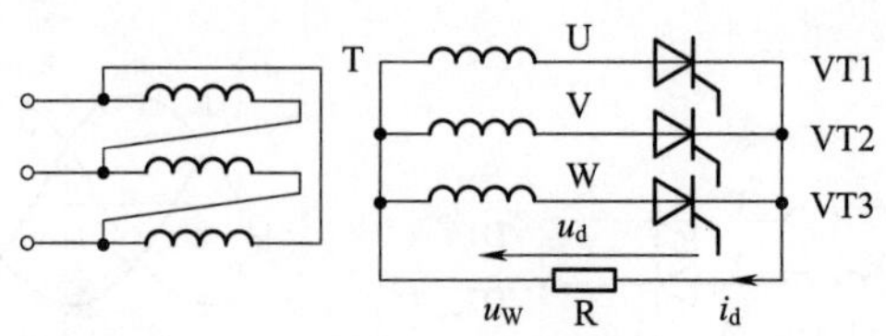

(a)三相半波可控整流电路

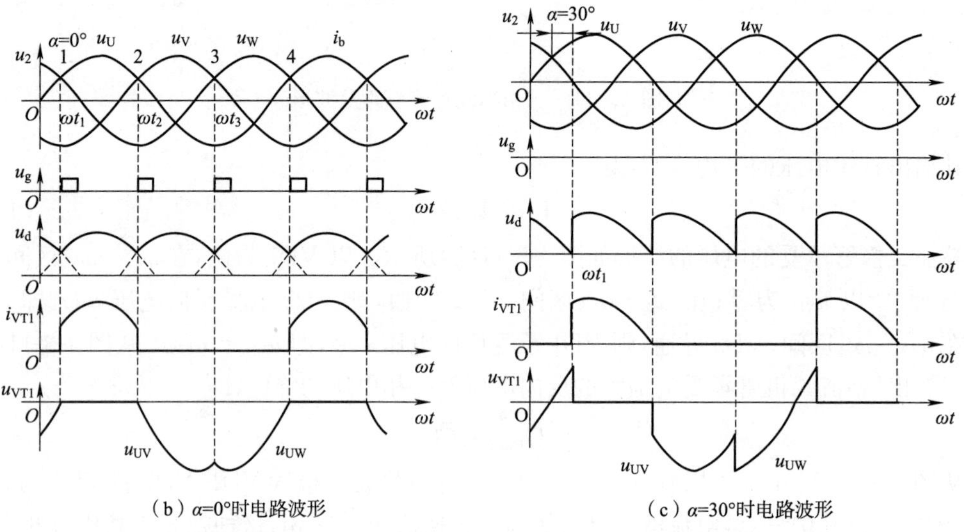
(b)α=0°时电路波形　　(c)α=30°时电路波形

图 4-3-12　三相半波可控整流电路 0°≤α≤30°时电路波形

(2)30°≤α≤150°。当触发角 α≥30°时,此时的电压和电流波形断续,各个晶闸管的导通角小于 120°,此时 α=60°的波形如图 4-3-13 所示。

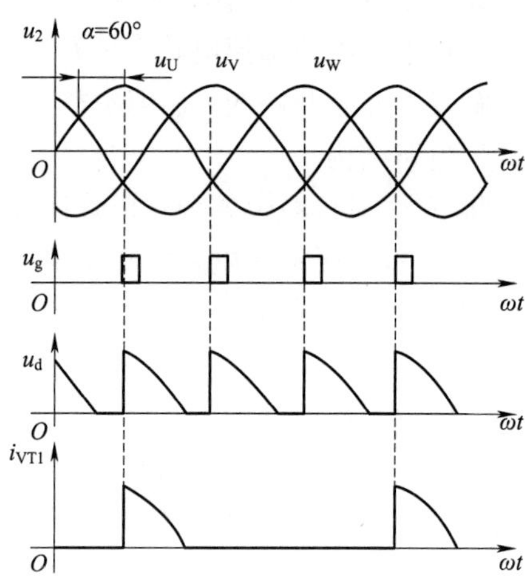
图 4-3-13　三相半波可控整流电路 α=60°的波形

3)基本的物理量计算

(1)整流输出电压的平均值:

当 0°≤α≤30°时,电流波形连续,通过分析可得

$$U_d=1.17U_2\cos\alpha \tag{4-3-18}$$

当 30°≤α≤150°时,电流波形断续,通过分析可得

$$U_d=0.675\left[1+\cos\left(\frac{\pi}{6}+\alpha\right)\right] \tag{4-3-19}$$

(2)直流输出平均电流。对于电阻性负载,电流与电压波形是一致的,数量关系为

$$I_d=U_d/R_d$$

(3)晶闸管承受的电压和控制角的移相范围。由前面的波形分析可以知道,晶闸管承受的最大反向电压为变压器二次侧线电压的峰值。电流断续时,晶闸管承受的是电源的相电压,所以晶闸管承受的最大正向电压为相电压的峰值,即

$$U_{RM}=\sqrt{2}\times\sqrt{3}U_2=\sqrt{6}U_2=2.45U_2 \tag{4-3-20}$$

由前面的波形分析还可以知道，当触发脉冲后移到 $\alpha=150°$时，此时正好为电源相电压的过零点，后面晶闸管不再承受正向电压，也就是说，晶闸管无法导通。因此，三相半波可控整流电路在电阻性负载时，控制角的移相范围是 0～150°。

二、三相桥式全控整流电路

1. 电阻性负载

1）电路组成

三相桥式全控整流电路实质上是一组共阴极半波可控整流电路与共阳极半波可控整流电路的串联，共阴极半波可控整流电路实际上只利用电源变压器的正半周期，共阳极半波可控整流电路只利用电源变压器的负半周期，如果两种电路的负载电流大小一样，可以利用同一电源变压器，即两种电路串联便可以得到三相桥式全控整流电路，电路原理图如图 4-3-14 所示。

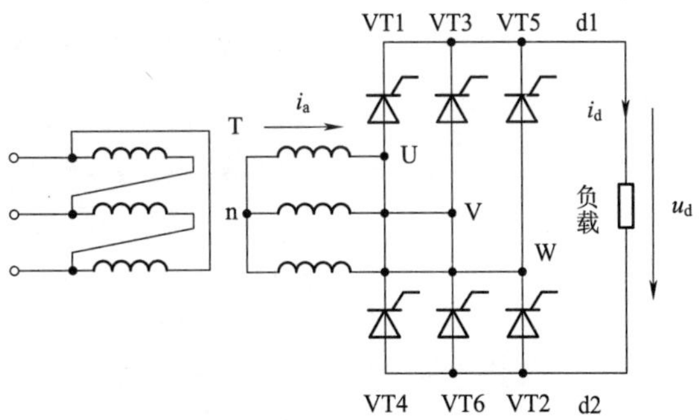

图 4-3-14　三相桥式全控整流电路原理图

2）工作原理

下面以电阻性负载为例对工作原理进行分析。当 $\alpha=0°$时，在共阴极组的自然换相点分别触发 VT1，VT3，VT5 晶闸管，共阳极组的自然换相点分别触发 VT2，VT4，VT6 晶闸管，两组的自然换相点对应相差 60°，电路各自在本组内换流，即每个晶闸管轮流导通 120°。由于中性线断开，要使电流流通，负载端有输出电压，必须在共阴极和共阳极组中各有一个晶闸管同时导通。

ωt_1～ωt_2期间，U 相电压最高，V 相电压最低，在触发脉冲作用下，VT6、VT1 同时导通，电流从 U 相流出，经 VT1 负载、VT6 流回 V 相，负载上得到 U、V 相线电压 u_{UV}。从 ωt_2开始，U 相电压仍保持电位最高，VT1 继续导通，但 W 相电压开始比 V 相更低，此时触发脉冲触发 VT2 导通，迫使 VT6 承受反压而关断，负载电流从 VT6 中换到 VT2，以此类推，在负载两端的波形如图 4-3-15 所示。

晶闸管导通情况及负载电压见表 4-3-1。

表 4-3-1　晶闸管导通情况及负载电压

导通时段	Ⅰ	Ⅱ	Ⅲ	Ⅳ	Ⅴ	Ⅵ
导通晶闸管	VT1、VT6	VT1、VT2	VT3、VT2	VT3、VT4	VT5、VT4	VT5、VT6
共阴极电压	U 相	U 相	V 相	V 相	W 相	W 相
共阳极电压	V 相	W 相	W 相	U 相	U 相	V 相
负载电压	UV 线电压 u_{UV}	UW 线电压 u_{UW}	VW 线电压 u_{VW}	UV 线电压 u_{VU}	WU 线电压 u_{WU}	WV 线电压 u_{WV}

3）三相桥式全控整流电路的特点

（1）必须有两个晶闸管同时导通才可能形成供电回路，其中共阴极组和共阳极组各一个，且不能为同一相的器件。

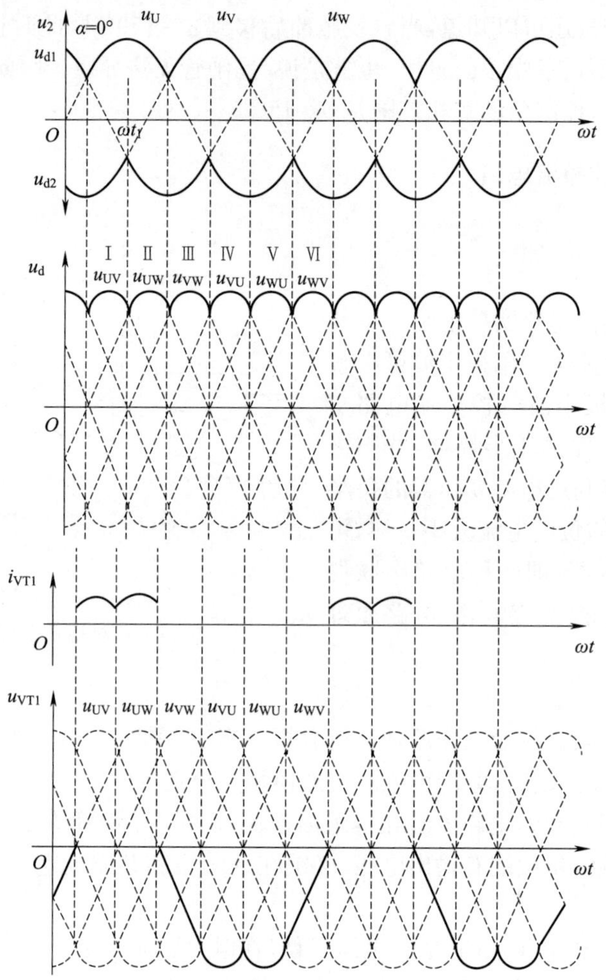

图 4-3-15　三相全控桥 $\alpha=0°$时波形

(2)对触发脉冲的要求:按 VT1—VT2—VT3—VT4—VT5—VT6 的顺序,相位依次差 60°。共阴极组 VT1、VT3、VT5 的脉冲依次差 120°,共阳极组 VT2、VT4、VT6 也依次差 120°。同一相的上下两个晶闸管,即 VT1 与 VT4、VT3 与 VT6、VT5 与 VT2 脉冲相差 180°。

触发脉冲要有足够的宽度,通常采用单宽脉冲触发或采用双窄脉冲。但实际应用中,为了减少脉冲变压器的铁芯损耗,大多采用双窄脉冲。

4)不同控制角时的波形分析

(1)$\alpha=30°$时的工作情况,如图 4-3-16 所示。

这种情况与 $\alpha=0°$时的区别在于:晶闸管起始导通时刻推迟了 30°,组成 u_d的每一段线电压因此推迟 30°。从 t_1 开始把一周期等分为 6 段,u_d波形仍由 6 段线电压构成,每一段导通晶闸管的

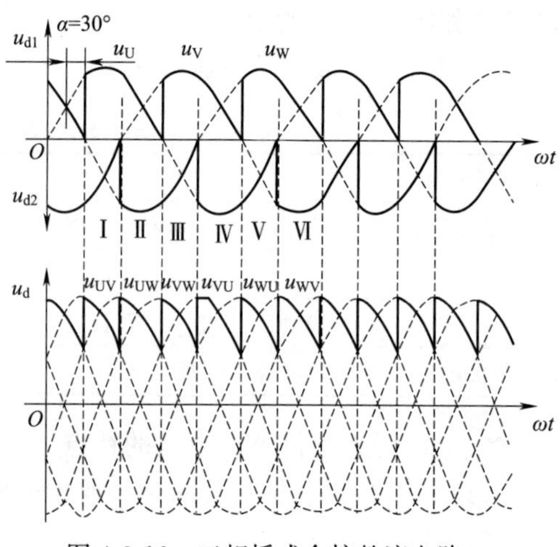

图 4-3-16　三相桥式全控整流电路 $\alpha=30°$的波形

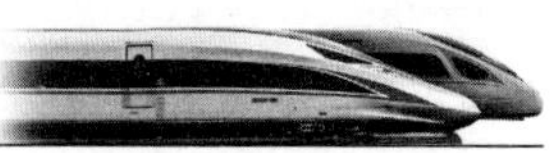

编号等仍符合表 4-3-1 的规律。变压器二次电流 i_a 波形的特点：在 VT1 处于通态的 120°期间，i_a 为正，i_a 波形的形状与同时段的 u_d 波形相同，在 VT4 处于通态的 120°期间，i_a 波形的形状也与同时段的 u_d 波形相同，但为负值。

(2)$\alpha=60°$时的工作情况，如图 4-3-17 所示。

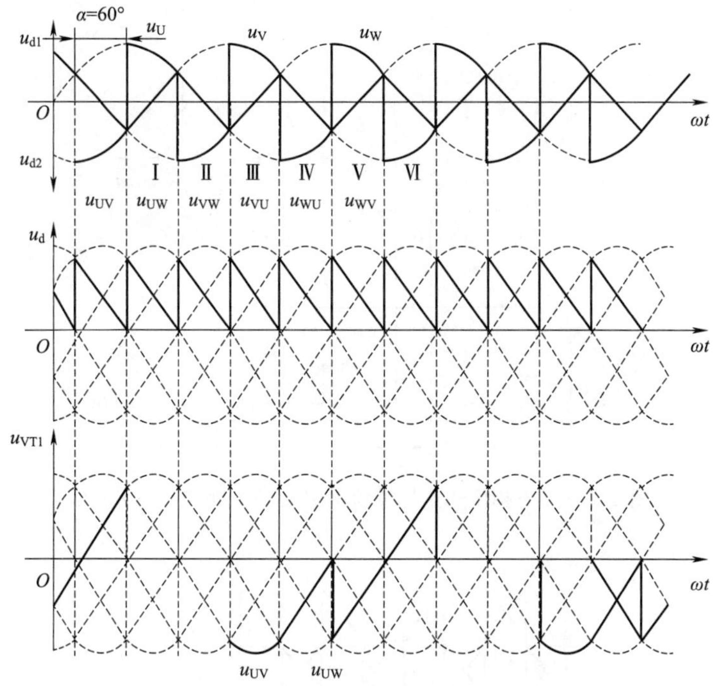

图 4-3-17　三相桥式全控整流电路 $\alpha=60°$的波形

此时 u_d 的波形中每段线电压的波形继续后移，u_d 平均值继续降低。$\alpha=60°$时，u_d 出现为零的点，这种情况即为输出电压 u_d 为连续和断续的分界点。

通过以上分析，可以得出以下结论：

当 $\alpha\leqslant60°$时，u_d 波形均连续，对于电阻性负载，i_d 波形与 u_d 波形形状一样，也连续。

当 $\alpha>60°$时，u_d 波形每 60°中有一段为零，u_d 波形不能出现负值，带电阻性负载时三相桥式全控整流电路 α 角的移相范围是 0°～120°。

2. 电感性负载

1)电路工作原理

(1)$\alpha\leqslant60°$时，u_d 波形连续，工作情况与带电阻性负载时十分相似，各晶闸管的通断情况、输出整流电压 u_d 波形、晶闸管承受的电压波形等都一样。

两种负载时的区别在于：由于负载不同，同样的整流输出电压加到负载上，得到的负载电流 i_d 波形不同。电感性负载时，由于电感的作用，使得负载电流波形变得平直，当电感足够大的时候，负载电流的波形可近似为一条水平线。$\alpha=30°$波形如图 4-3-18 所示。

(2)$\alpha>60°$时。电感性负载时的工作情况与电阻性负载时不同。电阻性负载时，u_d 波形不会出现负的部分，而阻感负载时，由于电感的作用，u_d 波形会出现负的部分，$\alpha=90°$波形如图 4-3-19 所示。可见，带电感性负载时，三相桥式全控整流电路的 α 角的移相范围为 0°～90°。

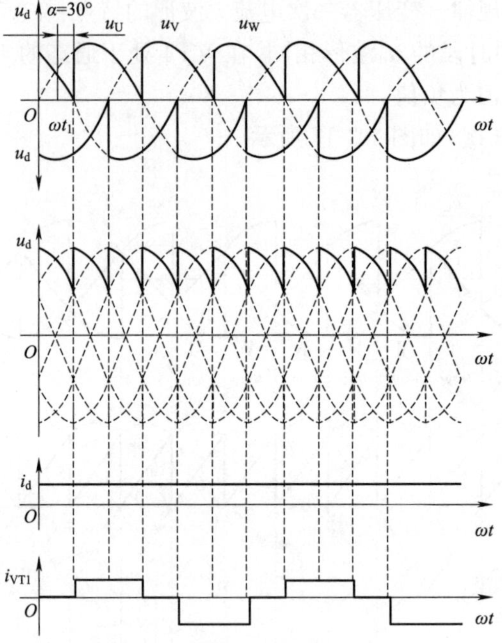

图 4-3-18　三相桥式全控整流电路电感性负载 $\alpha=30°$波形

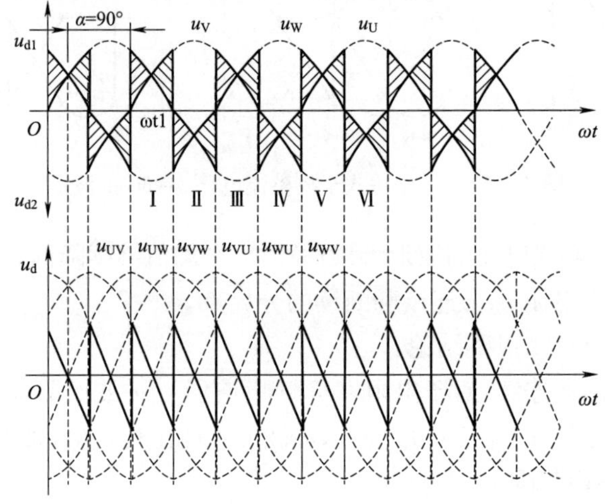

图 4-3-19　三相桥式全控整流电路电感性负载 $\alpha=90°$波形

2)基本的物理量计算

(1)整流电路输出直流平均电压

当整流输出电压连续时(即带电感性负载时,或带电阻性负载 $\alpha\leqslant60°$时)的平均值为

$$U_d=2.34U_2\cos\alpha \tag{4-3-21}$$

带电阻性负载且 $\alpha>60°$时,整流电压平均值为

$$U_d=2.34U_2\left[1+\cos\left(\frac{\pi}{3}+\alpha\right)\right] \tag{4-3-22}$$

(2)输出电流平均值为

$$I_d=U_d/R_d \tag{4-3-23}$$

知识点三　晶闸管触发电路

一、单结晶体管触发电路

要使晶闸管导通，除了加上正向阳极电压外，还必须在门极和阴极之间加上适当的正向触发电压与电流。为门极提供触发电压与电流的电路称为触发电路。对晶闸管触发电路来说，首先触发信号应该具有足够的触发功率(触发电压和触发电流)，以保证晶闸管可靠导通；其次触发脉冲应有一定的宽度，脉冲的前沿要陡峭；最后触发脉冲必须与主电路晶闸管的阳极电压同步并能根据电路要求在一定的移相范围内移相。

图 4-3-20 所示为单结晶体管触发电路，其中单结晶体管的型号为 BT33。

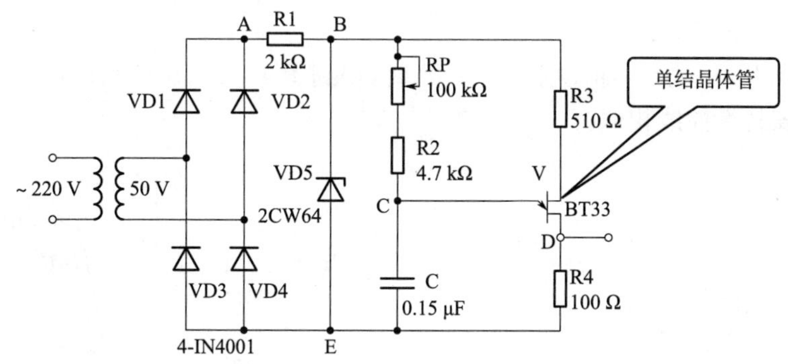

图 4-3-20　单结晶体管触发电路

1. 单结晶体管

1)单结晶体管的结构

单结晶体管的结构图如图 4-3-21(a)所示，图中 e 为发射极，b1 为第一基极，b2 为第二基极。由图可见，在一块高电阻率的 N 型硅片上引出两个基极 b1 和 b2，两个基极之间的电阻就是硅片本身的电阻，一般为 2～12 kΩ。在两个基极之间靠近 b1 的地方用合金法或扩散法掺入 P 型杂质并引出电极，称为发射极 e。它是一种特殊的半导体器件，有 3 个电极，只有 1 个 PN 结，因此称为“单结晶体管”，又因为晶体管有 2 个基极，所以又称“双极二极管”。

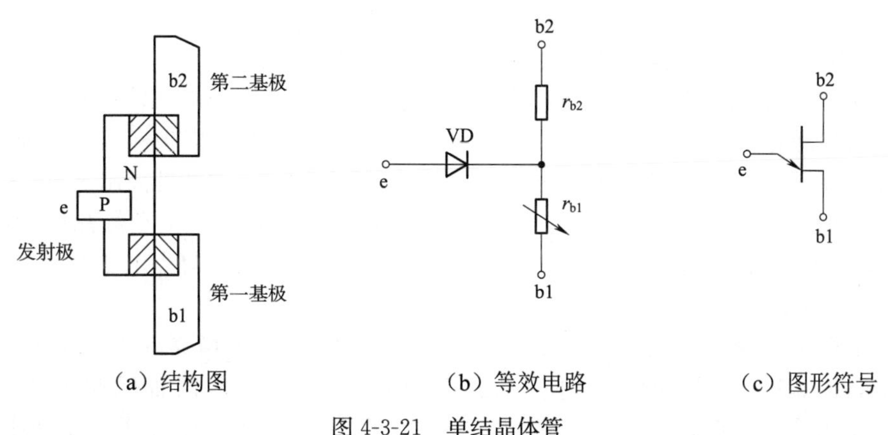

(a) 结构图　(b) 等效电路　(c) 图形符号

图 4-3-21　单结晶体管

单结晶体管的等效电路如图 4-3-21(b)所示,两个基极之间的电阻 $r_{bb}=r_{b1}+r_{b2}$。在正常工作时,r_{b1}随发射极电流大小而变化,相当于一个可变电阻。PN 结可等效为二极管 VD,它的正向导通压降常为 0.7 V。单结晶体管的图形符号如图 4-3-21(c)所示。其实物图及引脚如图 4-3-22 所示。

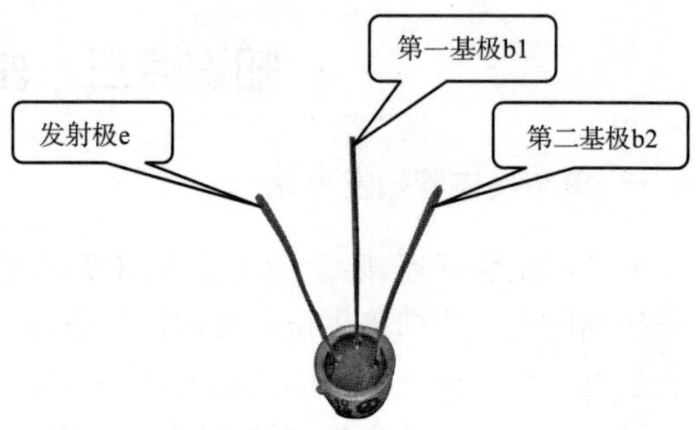

图 4-3-22 单结晶体管实物图及引脚

2)单结晶体管的伏安特性及主要参数

(1)单结晶体管的伏安特性。当两基极 b1 和 b2 间加某一固定直流电压 U_{bb}时,发射极电流 I_e与发射极正向电压 U_e之间的关系曲线 $I_e=f(U_e)$称为单结晶体管的伏安特性。实验电路图及特性如图 4-3-23 所示。

当开关 S 断开,I_{bb}为零,加发射极电压 U_e时,得到图 4-3-23(b)所示的伏安特性曲线,该曲线与二极管伏安特性曲线相似。

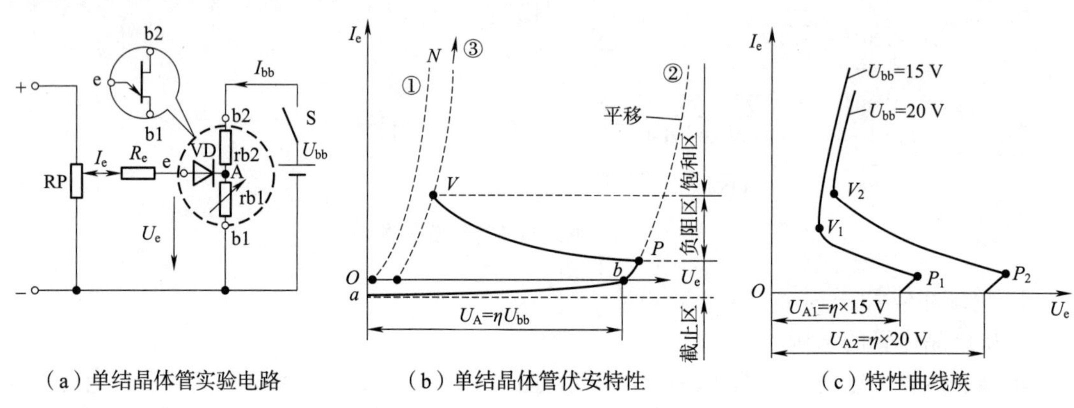

(a)单结晶体管实验电路　(b)单结晶体管伏安特性　(c)特性曲线族

图 4-3-23 单结晶体管实验电路及特性

①截止区——aP 段。当开关 S 闭合,电压 U_{bb}通过单结晶体管等效电路中的 rb1 和 rb2 分压,可得 A 点电位 U_A为

$$U_A=\frac{r_{b1}U_{bb}}{r_{b1}+r_{b2}}=\eta U_{bb} \tag{4-3-24}$$

式中,η 为分压比,是单结晶体管的主要参数,一般为 0.3～0.9。

当 U_e从零逐渐增加,但 $U_e<U_A$时,单结晶体管的 PN 结反向偏置,只有很小的反向漏电流。当 U_e增加到与 U_A相等时,$I_e=0$,即图 4-3-23 所示特性曲线与横坐标交点 b 处。进一步增加 U_e,PN 结开始正偏,出现正向漏电流,直到当发射结电位 U_e增加到高出 ηU_{bb}一个 PN 结正向压降 U_D时,即 $U_e=U_P=\eta U_{bb}+U_D$时,等效二极管 VD 才导通,此时单结晶体管由截止状态进入导通状态,并将该转折点称为峰点 P,P 点所对应的电压称为峰点电压 U_P,所对应的电流称为峰点电流 I_P。

②负阻区——PV 段。当 $U_e>U_P$时,等效二极管 VD 导通,I_e增大,这时大量的空穴载流子从发射极注入 A 点到 b1 的硅片,使 r_{b1}迅速减小,导致 U_A下降,因而 U_e也下降。U_A的下降,使 PN 结承受更大的正偏,引起更多的空穴载流子注入硅片中,使 r_{b1}进一步减小,形成更

大的发射极电流 I_e，这是一个强烈的增强式正反馈过程。当 I_e 增大到一定程度，硅片中载流子的浓度趋于饱和，r_{b1} 已减小至最小值，A 点的分压 U_A 最小，因而 U_e 也最小，得曲线上的 V 点。V 点称为谷点，谷点所对应的电压和电流称为谷点电压 U_V 和谷点电流 I_V。这一区间称为特性曲线的负阻区。

③饱和区——VN 段。当硅片中载流子饱和后，欲使 I_e 继续增大，必须增大电压 U_e，单结晶体管处于饱和导通状态。改变 U_{bb}，等效电路中的 U_A 和特性曲线中的 U_P 也随之改变，从而可获得一族单结晶体管伏安特性曲线，如图 4-3-23(c)所示。

(2)单结晶体管的主要参数。单结晶体管的主要参数有基极间电阻 r_{bb}、分压比 η、峰点电流 I_P、谷点电压 U_V、谷点电流 I_V 及耗散功率等。国产单结晶体管的型号主要有 BT31、BT33、BT35 等，BT 表示特种半导体管的含义，其主要参数见表 4-3-2。

表 4-3-2　单结晶体管的主要参数

<table>
<tr><th colspan="2">参数名称</th><th>分压比
η</th><th>基极电阻
r_{bb}/kΩ</th><th>峰点电流
$I_P/\mu A$</th><th>谷点电流
I_V/mA</th><th>谷点电压
U_V/V</th><th>饱和电压
U_{es}/V</th><th>最大反压
U_{b2emax}/V</th><th>发射极反向漏电流
$I_{e0}/\mu A$</th><th>耗散功率
P_{max}/mW</th></tr>
<tr><td colspan="2">测试条件</td><td>$U_{bb}=20V$</td><td>$U_{bb}=3V$
$I_e=0$</td><td>$U_{bb}=0$</td><td>$U_{bb}=0$</td><td>$U_{bb}=0$</td><td>$U_{bb}=0$
$I_e=I_{emax}$</td><td></td><td>U_{b2e}为最大值</td><td></td></tr>
<tr><td rowspan="4">BT33</td><td>A</td><td rowspan="2">0.45～0.9</td><td rowspan="2">2～4.5</td><td rowspan="8"><4</td><td rowspan="8">>1.5</td><td rowspan="2"><3.5</td><td rowspan="2"><4</td><td>≥30</td><td rowspan="8"><2</td><td rowspan="4">300</td></tr>
<tr><td>B</td><td>≥60</td></tr>
<tr><td>C</td><td rowspan="2">0.3～0.9</td><td rowspan="2">>4.5～12</td><td rowspan="2"><4</td><td rowspan="2"><4.5</td><td>≥30</td></tr>
<tr><td>D</td><td>≥60</td></tr>
<tr><td rowspan="4">BT35</td><td>A</td><td rowspan="2">0.45～0.9</td><td rowspan="2">2～4.5</td><td><3.5</td><td rowspan="2"><4</td><td>≥30</td><td rowspan="4">500</td></tr>
<tr><td>B</td><td>>3.5</td><td>≥60</td></tr>
<tr><td>C</td><td rowspan="2">0.3～0.9</td><td rowspan="2">>4.5～12</td><td rowspan="2">>4</td><td rowspan="2"><4.5</td><td>≥30</td></tr>
<tr><td>D</td><td>≥60</td></tr>
</table>

2. 单结晶体管张弛振荡电路

利用单结晶体管的负阻特性和电容的充放电，可以组成单结晶体管张弛振荡电路。单结晶体管张弛振荡电路的电路图和波形图如图 4-3-24 所示。

设电容初始没有电压，电路接通以后，单结晶体管是截止的，电源经电阻 Re(等于 R_2+R_P)对电容 C 进行充电，电容电压从零起按指数充电规律上升，充电时间常数为 R_eC；当电容两端电压达到单结晶体管的峰点电压 U_P 时，单结晶体管导通，电容开始放电，由于放电回路的电阻很小，因此放电很快，放电电流在电阻 R4 上产生了尖脉冲。随着电容放电，电容两端电压降低，当电容两端电压降到谷点电压 U_V 以下，单结晶体管截止，接着电源又重新对电容进行充电，如此周而复始，在电容两端会产生一个锯齿波，在电阻 R4 两端将产生一个尖脉冲波，如图 4-3-24(b)所示。

3. 单结晶体管触发电路

根据晶闸管的导通条件可知，晶闸管必须在阳极承受正向电压时，门极加触发脉冲才能导通。单结晶体管张弛振荡电路输出的尖脉冲可以用来触发晶闸管，但不能直接用作触发电路，还必须解决触发脉冲与主电路的同步问题。

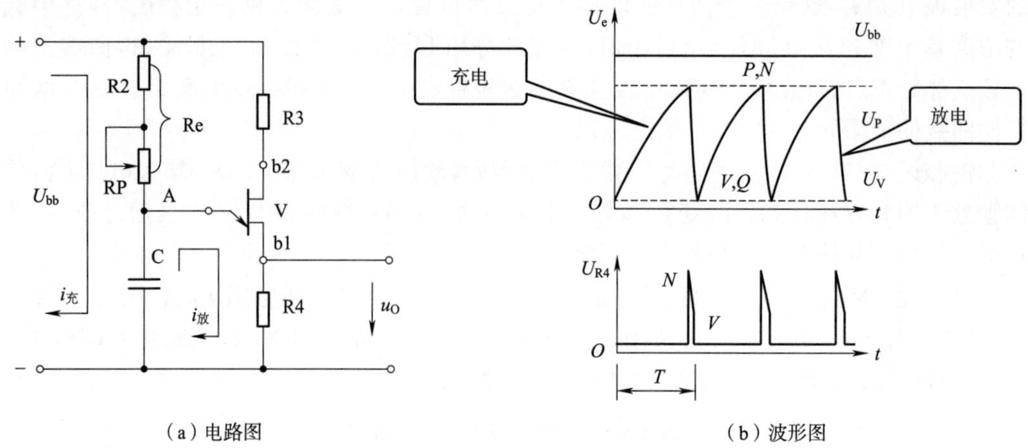

（a）电路图　　（b）波形图

图 4-3-24　单结晶体管张弛振荡电路的电路图和波形图

单结晶体管触发电路如图 4-3-20 所示，由同步电路和脉冲移相与形成两部分组成。

1)同步电路

(1)同步的概念。触发信号和电源电压在频率和相位上相互协调的关系称为同步。例如，在单相半波可控整流电路中，触发脉冲应出现在电源电压正半周范围内，而且每个周期的 α 角相同，确保电路输出波形不变，输出电压稳定。

(2)同步电路的组成。同步电路由同步变压器、桥式整流电路 VD1～VD4、电阻 R1 及稳压管 VD5 组成。同步变压器一次侧与晶闸管整流电路接在同一相电源上，交流电压经同步变压器降压、单相桥式整流后再经过稳压管稳压，削波形成一梯形波电压，作为触发电路的供电电压。梯形波电压零点与晶闸管阳极电压过零点一致，从而实现触发电路与整流主电路的同步。

(3)波形分析。单结晶体管触发电路的调试与检修主要是通过几个点的典型波形来判断元器件是否正常工作。通过理论波形与实测波形的比较来进行对比分析。

①桥式整流后脉动电压的波形。图 4-3-25 是 VD1～VD4 构成的桥式整流电路输出波形。

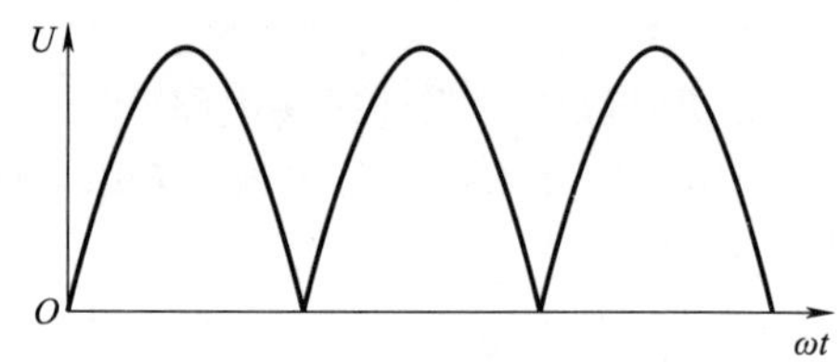

图 4-3-25　桥式整流电路输出波形

②削波后电压波形如图 4-3-26 所示，该波形是经稳压管削波后得到的梯形波。

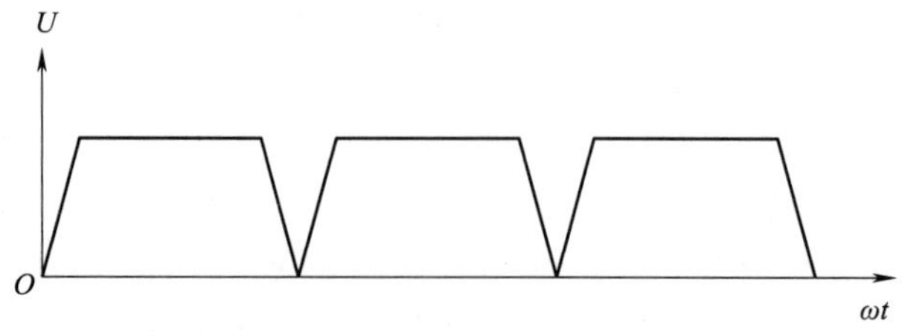

图 4-3-26　削波后电压波形

2)脉冲移相与形成

(1)电路组成。脉冲移相与形成电路实际上就是上述的张弛振荡电路。脉冲移相由电阻RP、R2和电容C组成,脉冲形成由单结晶体管、温补电阻R3、输出电阻R4组成。

改变张弛振荡电路中电容C的充电电阻的阻值,就可以改变充电的时间常数。图4-3-20中用电位器RP来实现这一变化,例如:RP↑→τ_C↑→出现第一个脉冲的时间后移→α↑→输出电压U_d↓。

(2)波形分析:

①电容电压的波形。图4-3-27是电容两端的电压波形。由于电容每半个周期在电源电压过零点从零开始充电,当电容两端的电压上升到单结晶体管峰点电压时,单结晶体管导通,触发电路送出脉冲,电容C的容量和电阻RP、R2的大小决定了电容两端的电压从零上升到单结晶体管峰点电压的时间,这种触发电路无法实现在电源电压过零点,即$\alpha=0°$时送出触发脉冲。

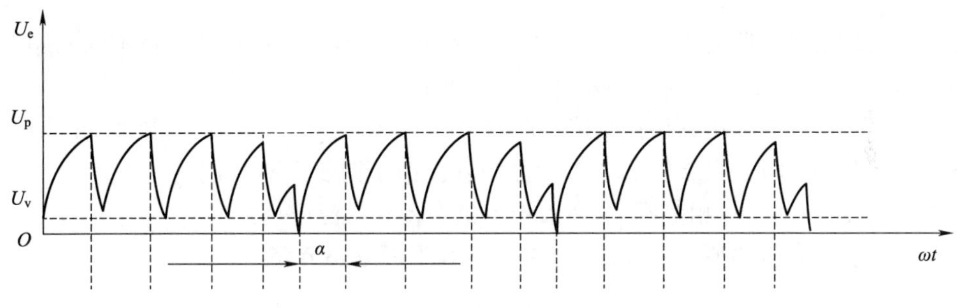

图4-3-27　电容两端的电压波形

②输出脉冲的波形。单结晶体管导通后,电容通过单结晶体管的eb1迅速向输出电阻R4放电,在R4上得到很窄的尖脉冲,如图4-3-28所示。

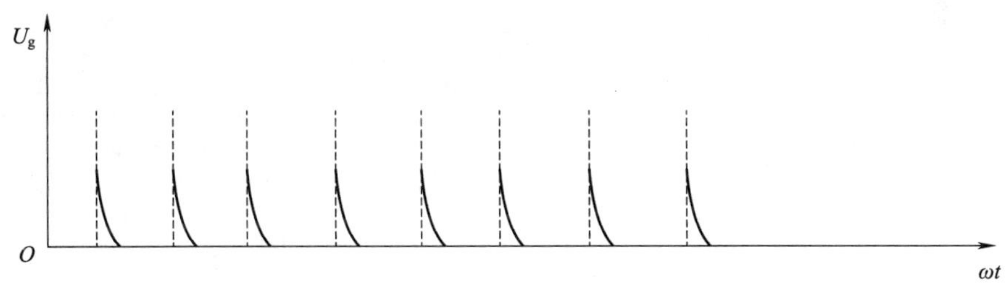

图4-3-28　输出波形

3)触发电路各元件的选择

(1)充电电阻RP、R2的选择。改变充电电阻RP、R2的大小,就可以改变张弛振荡电路的频率,但是频率的调节有一定的范围,如果充电电阻RP、R2选择不当,将使单结晶体管自激振荡电路无法形成振荡。

充电电阻RP、R2的取值范围为

$$\frac{U-U_V}{I_V}<R_P+R_2<\frac{U-U_P}{I_P} \tag{4-3-25}$$

式中　U——加于图 4-3-20 中 B-E 两端的触发电路电源电压；

U_V——单结晶体管的谷点电压；

I_V——单结晶体管的谷点电流；

U_P——单结晶体管的峰点电压；

I_P——单结晶体管的峰点电流。

(2)电阻 R3 的选择。电阻 R3 是用来补偿温度对峰点电压 U_P 的影响，通常取值范围为 200～600 Ω。

(3)输出电阻 R4 的选择。输出电阻 R4 的大小将影响输出脉冲的宽度与幅值，通常取值范围为 50～100 Ω。

(4)电容 C 的选择。电容 C 的大小与脉冲宽窄和 RP、R2 的大小有关，通常取值范围为 0.1～1 μF。

二、锯齿波同步触发电路

整流电路的触发电路有很多种，要根据具体的整流电路和应用场合选择不同的触发电路。实际中，大多情况选用锯齿波同步触发电路和集成触发器。

锯齿波同步触发电路由锯齿波形成、同步移相、脉冲形成放大环节、双脉冲、脉冲封锁等环节和强触发环节等组成。可触发 200 A 的晶闸管。由于同步电压采用锯齿波，不直接受电网波动与波形畸变的影响，移相范围宽，在大中容量中得到广泛应用。

锯齿波同步触发电路原理图如图 4-3-29 所示，下面分环节介绍。

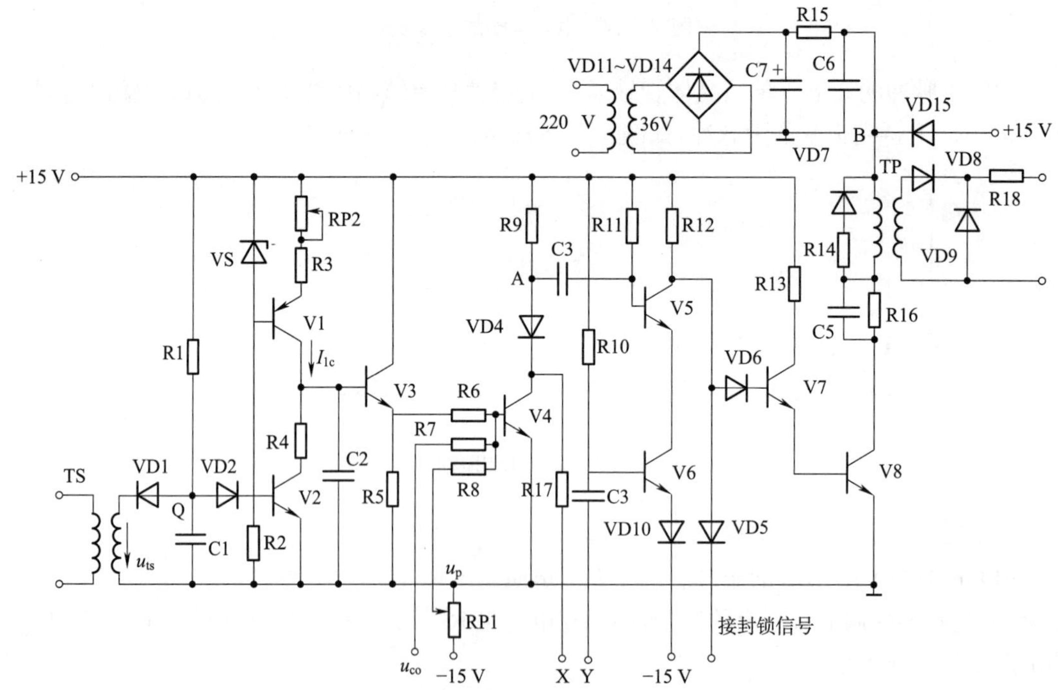

图 4-3-29　锯齿波同步触发电路原理图

1. 锯齿波形成和同步移相控制环节

1)锯齿波形成

V1、V9、R3、R4 组成的恒流源电路对 C2 充电形成锯齿波电压，当 V2 截止时，恒流源电流 I_{c1}对 C2 恒流充电，电容两端电压为 $u_{C2}=\frac{I_{c1}}{C_2}t$，其中 $I_{c1}=U_{V9}/(R_3+R_{P2})$，因此调节电位器 RP2 即可调节锯齿波斜率。

当 V2 导通时，由于 R4 阻值很小，C2 迅速放电。所以，只要 V2 周期性导通关断，电容 C2 两端就能得到线性很好的锯齿波电压。

U_{b4}为合成电压(以锯齿波电压为基础，再叠加 U_b、U_c)，通过调节 U_c来调节 α。

2)同步移相控制环节

同步移相控制环节由同步变压器 TS 和 V2 等元件组成。由前面的分析可知，脉冲产生的时刻由 V4 导通时刻决定(锯齿波电压和 U_b、U_c之和达到 0.7 V 时)，由此可见，若锯齿波电压的频率与主电路电源频率同步，即能使触发脉冲与主电路电源同步，锯齿波是由 V2 来控制的，V2 由导通变截止期间产生锯齿波，V2 截止的持续时间就是锯齿波的脉宽，V2 的开关频率就是锯齿波的频率。在这里，同步变压器 TS 和主电路整流变压器接在同一电源上，用 TS 二次电压来控制 V2 的导通和截止，从而保证了触发电路发出的脉冲与主电路电源同步。

工作时，把负偏移电压 U_b调整到某值固定后，改变控制电压 U_c，就能改变 u_{b4}波形与横轴的交点，也就改变了 V4 转为导通的时刻，即改变了触发脉冲产生的时刻，达到了移相的目的。

电路中增加负偏移电压 U_b的目的是调整 $U_c=0$ 时触发脉冲的初始位置。

2. 脉冲形成、整形和放大输出环节

(1)当 $u_{b4}<0.7$ V 时，V4 截止，V5、V6 导通，使 V7、V8 截止，无脉冲输出。

电源经 R13、R14 向 V5、V6 供给足够的基极电流，使 V5、V6 饱和导通，V5 集电极⑥点电位为−13.7 V(二极管正向压降以 0.7 V、晶体管饱和压降以 0.3 V 计算)，V7、V8 截止，无触发脉冲输出。④点电位为 15 V，⑤点电位为−13.3 V。

另外，+15 V→R11→C3→V5→V6→−15 V 对 C3 充电，极性左正右负，大小为 28.3 V。

(2)当 $u_{b4}\geqslant 0.7$ V 时，V4 导通，有脉冲输出。④点电位立即从+15 V 下跳到 1 V，C3 两端电压不能突变，⑤点电位降至−27.3 V，V5 截止，V7、V8 经 R15、VD6 供给基极电流饱和导通，输出脉冲，⑥点电位为−13.7 V 突变至 2.1 V(VD6、V7、V8 压降之和)。

另外，C3 经+15 V→R14→VD3→V4 放电和反充电，⑤点电位上升。当⑤点电位从−27.3 V 上升到−13.3 V 时，V5、V6 又导通，⑥点电位由 2.1 V 突降至−13.7 V，于是，V7、V8 截止，输出脉冲终止。

由此可见，脉冲产生时刻由 V4 导通瞬间确定，脉冲宽度由 V5、V6 持续截止时间确定。所以，脉宽由 C3 反充电时间常数($\tau=C_3R_{14}$)决定。

3. 强触发环节

晶闸管采用强触发可缩短开通时间，提高晶闸管承受电流上升率的能力，有利于改善串并联元件的动态均压与均流，增加触发的可靠性。因此，在大中容量系统的触发电路中都带有强触发环节。

图 4-3-29 中右上角强触发环节由单相桥式整流获得近 50 V 直流电压作电源,在 V8 导通前,50 V 电源经 R19 对 C6 充电,N 点电位为 50 V。当 V8 导通时,C6 经脉冲变压器一次侧、R17 与 V8 迅速放电,由于放电回路电阻很小,N 点电位迅速下降,当 N 点电位下降到 14.3V 时,VD10 导通,脉冲变压器改由+15 V 稳压电源供电。各点波形如图 4-3-30 所示。

4. 双脉冲形成环节

产生双脉冲有两种方法:内双脉冲和外双脉冲。

锯齿波触发电路为内双脉冲。晶体管 V5、V6(见图 4-3-29)构成一个"或"门电路,不论哪一个截止,都会使⑥点电位上升到 2.1 V,触发电路输出脉冲。V5 基极端由本相同步移相环节送来的负脉冲信号使 V5 截止,送出第一个窄脉冲,接着有滞后 60°的后相触发电路在产生其本相第一个脉冲的同时,由 V4 的集电极经 R12 的 X 端送到本相的 Y 端,经电容 C4 微分产生负脉冲送到 V6 基极,使 V6 截止,于是本相的 V6 又导通一次,输出滞后 60°的第二个脉冲。

对于三相桥式全控整流电路,三相电源 U、V、W 为正相序时,6 只晶闸管的触发顺序为 VT1→VT2→VT3→VT4→VT5→VT6,彼此间隔 60°,为了得到双脉冲 $U_{g1}\sim U_{g6}$,6 块触发电路板(CF)的 X、Y 可按图 4-3-31 所示方式连接。

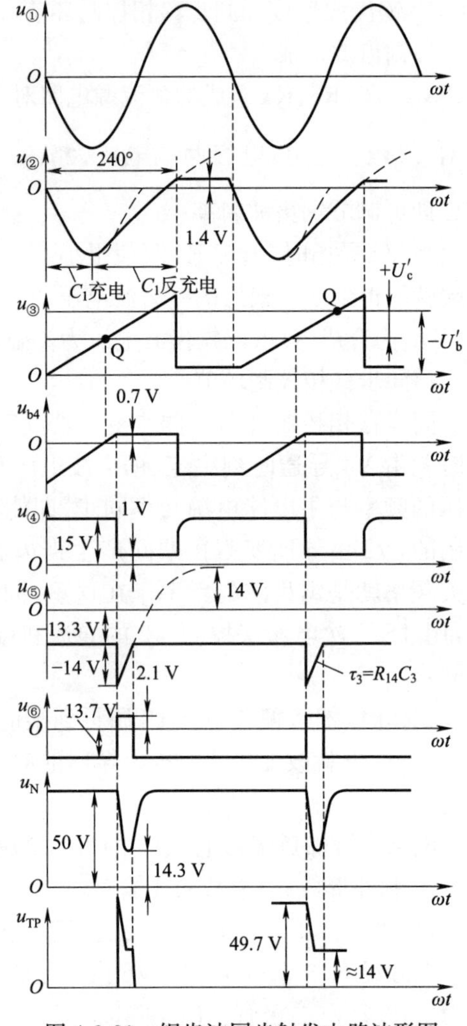

图 4-3-30　锯齿波同步触发电路波形图

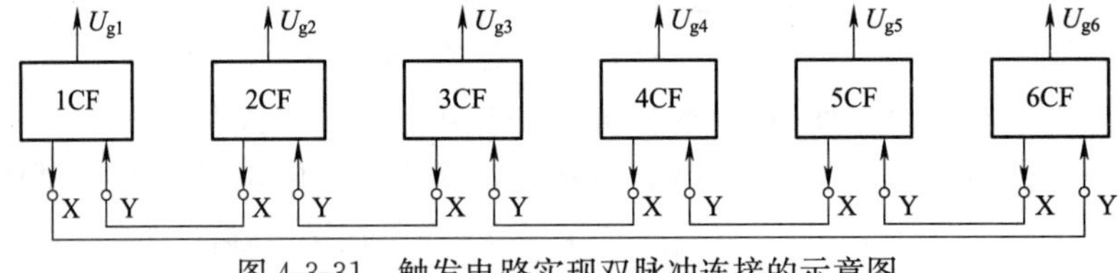

图 4-3-31　触发电路实现双脉冲连接的示意图

技能训练

训练一　调光灯电路的安装与调试

一、训练目的

(1)掌握常用电子及电力电子元器件好坏的识别方法;

(2)掌握调光灯电路的原理分析与焊接制作工艺；
(3)掌握调光灯电路的调试方法。

二、训练工器具与材料(见表 4-3-3)

表 4-3-3　训练工器具与材料

序　号	工器具名称	单　位	数　量	备　注
1	电烙铁	把	1	配烙铁架
2	数字万用表	块	1	
3	示波器	台	1	
4	机加工工具	套	1	剪刀、剥线钳、尖嘴钳、平口钳、螺丝刀、套筒扳手、镊子、电钻
5	调光灯电路元器件	套	1	

三、训练内容

识读调光灯电路原理图，分析并掌握电路的工作原理，再按照原理图和元器件明细表，对提供的元器件的好坏及型号规格进行识别，并记录结果。元器件检测完后，正确使用电烙铁等焊接工具，严格按照电路原理图选择合适的元器件进行电路的焊接组装，最后选择合适的仪表、工具对电路进行调试。

1. 电路原理分析

图 4-3-32 为调光灯实物图和电路原理图。主电路采用单相桥式半控整流电路，控制电路采用单结晶体管触发电路。

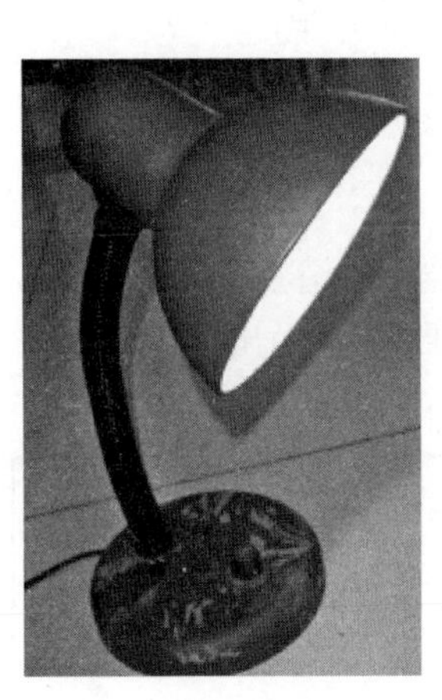

(a) 调光灯实物图

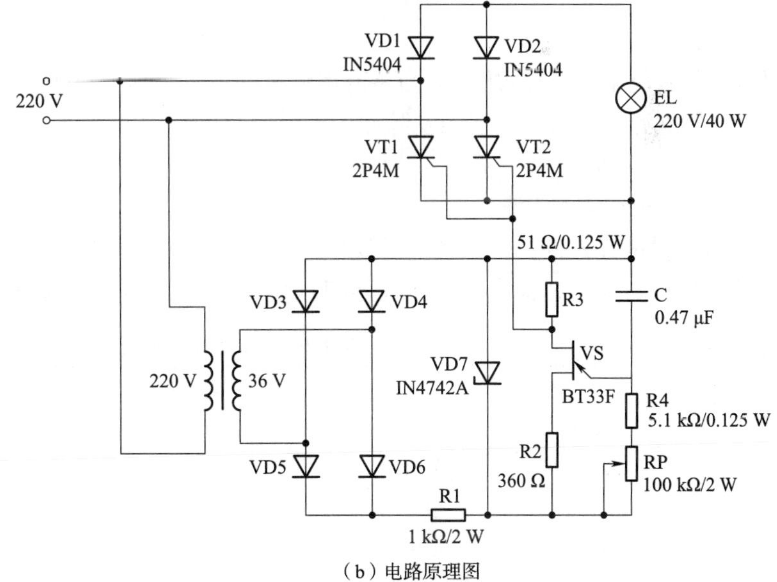

(b) 电路原理图

图 4-3-32　调光灯实物图和电路原理图

1)电路工作过程

220 V 交流电压经变压器变压输出交流 36 V，由桥式整流成直流的脉动电压，经削波、稳压电路R1、VD3形成梯形波作为触发电路的电源。调节RP电位器,即改变了对C充电时间常数,使电容C电压达到单结晶体管VS峰点电压的时间改变,调节了脉冲输出时刻,改变了VT1、VT2的导通角,即调节了灯的亮度,所以调节RP可达到调光的目的。

2)触发电路与晶闸管主电路的同步

晶闸管整流电路输出直流电压的大小,取决于触发脉冲出现的时刻。当$\alpha=0°$时,晶闸管全导通,输出电压最大,为全波整流;当$\alpha=180°$时,晶闸管不导通,输出电压最小,为0 V。由晶闸管的特性可知,晶闸管一经触发,它就保持导通状态,再触发是多余的,直到电源电压过零点,晶闸管才关断,因此晶闸管的导通取决于第一个脉冲出现的时刻。为了准确控制输出直流电压的大小,必须使主电路与触发电路同步。

(1)单结晶体管振荡器要有零起点。为了准确地控制第一个脉冲出现的时刻,单结晶体管振荡器应有一个零点,且此零点与可控整流的主电路的零点为同一个,为此,电源采用梯形波电源。尽管在一个梯形波电源供电期间,可能会输出几个触发脉冲,但对被触发的晶闸管而言,只有第一个脉冲有效。第一个触发脉冲的充电起点即为电源零点。梯形波电源结束,电容电压全部放尽,保证下一个脉冲从零开始充电,即可做到触发电路与主电路同步。

(2)主电路与触发电路采用同一交流电源。根据同步的要求,主电路的零点与触发电路的零点应是同一个,最简单的做法是采用同一相电源。主电路工作在高压状态下,触发电路工作在低电压状态时,应采用降压变压器。

3)晶闸管整流输出电压的计算

由晶闸管原理可知,晶闸管导通的条件不仅要求阳极对阴极加正向电压,同时还要求触发极有正触发脉冲。利用晶闸管构成桥式可控整流电路,其整流输出电压与触发脉冲来到的时刻有关,可表达为

$$U_0=\frac{1+\cos\alpha}{2}\times 0.9U_2$$

式中,U_2为交流电压有效值;U_0为整流后输出的平均电压;α为晶闸管的控制角。

α是电源电压的零点到触发脉冲出现时刻的电角度。可见,要获得可调的直流电压,只要改变控制角α即可。

2. 电路元器件识别

对提供的元器件的好坏及型号规格进行检测识别,选择合适的元器件,清点元器件数量,目测元器件有无明显缺陷,并在元器件明细表(见表4-3-4)中“检测结果”栏中做出标记。

表4-3-4　元器件明细表

序　号	代　号	名　称	型号规格	数　量	检测结果
1	VD1、VD2	二极管	IN5404	2	
2	VT1、VT2	晶闸管	2P4M	2	
3	EL	白炽灯	220 V,40 W	1	
4	TC	变压器	DB-10-50,220 V/50 V	1	
5	VD3～VD6	二极管	IN4007	4	
6	VD7	稳压二极管	IN4742A	1	
7	R1	电阻	RJ11-2 W-1 kΩ	1	
8	RP	电位器	100 kΩ/2 W	1	

续上表

序　号	代　号	名　称	型号规格	数　量	检测结果
9	VS	单结晶体管	BT33F	1	
10	R2	电阻	RJ11-0.25 W-360 Ω	1	
11	R3	电阻	RJ11-0.25 W-51 Ω	1	
12	R4	电阻	RJ11-0.25 W-5.1 kΩ	1	
13	C	电容	CBB-100 V/0.47 μF	1	

3. 调光灯电路的制作与调试

1)电路装配

该电路可以采用印制电路板或铆钉板进行安装。安装过程：

(1)元器件识别筛选；

(2)元器件引脚清洁；

(3)元器件成形；

(4)元器件安装焊接及引脚处理(铆钉板要连线)；

(5)组装焊接后的整体检查。

2)电路调试

调试过程是:先调控制电路,再调主电路。具体调试方法如下：

首先不接主电路,只接好控制电路;然后通电(在通电前要求检查一遍是否正确),用万用表的 50 V 直流电压挡测桥堆 VC 的直流输出端,看有没有 32 V 直流电压;如果正常,再测稳压管 VD5 两端的直流电压是否为稳压管的稳压值(正常为 19 V 左右);如果正常,再测电容 C 两端电压,看是否改变 RP 电位器电压在 2～4 V 范围内变化;如果正常,再测电阻 R3 两端电压,看是否改变 RP 电位器电压在 0.2～0.4 V 范围内变化;如果正常,表明控制电路基本工作正常。

第二步断掉电源再接上主电路,不接负载通电调试(通电前一定要检查一遍是否连接正确)。用万用表的 250 V 直流电压挡测半控桥式输出电压看是否改变 RP 电位器电压在 0～190 V 范围内变化,如果正常,表明电路工作已经正常,再接上负载即可。

3)电路测试

电路测试一般有两种方法:万用表法和示波器法。万用表法的具体过程如电路调试过程,而示波器法测量的关键点跟万用表法大体相同,A 点测整流桥直流输出端电压波形;B 点测稳压管 VD3 两端电压波形;C 点测电容 C 两端电压波形;D 点测负载 EL 两端电压波形。关键点波形图如图 4-3-33 所示。

4)故障分析与排除

该电路故障分析与排除可以采用万用表法,也可以采用示波器法,但考虑到各院校实训实验设备的条件,以下采用较为常用的万用表法,但采用示波器法更直观明了。

(1)调节 RP 电位器,白炽灯泡始终长亮。故障分析与检修流程图如图 4-3-34 所示。

(2)调节 RP 电位器,白炽灯泡始终不亮。故障分析与检修流程图如图 4-3-35 所示。

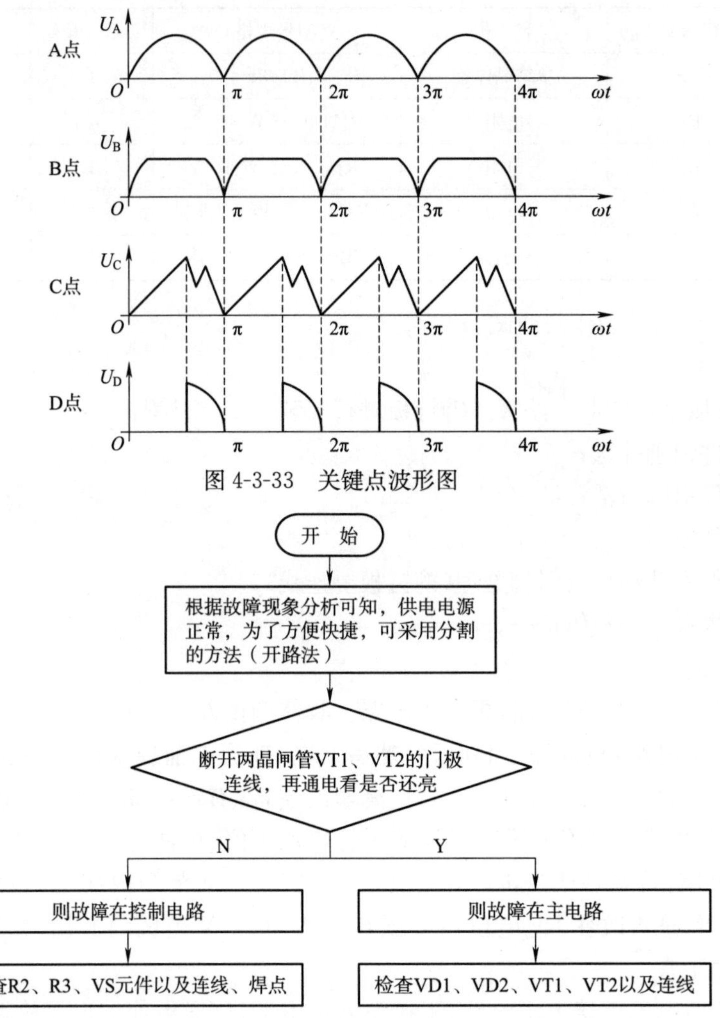

图 4-3-33 关键点波形图

图 4-3-34 白炽灯泡长亮故障分析与检修流程图

四、考核评价

考核评价表见表 4-3-5。

表 4-3-5 考核评价表(工时:1.5 h)

项目内容	配 分	评价标准	扣 分	得 分
元器件识别与检测	10 分	能按要求对所有元器件进行识别与检测。元器件识别错误,每个扣 1 分;元器件检测错误,每个扣 1 分		
导线连接	20 分	(1)导线挺直、紧贴印制电路板。导线弯曲、拱起,每处扣 2 分;板上的连接线弯曲时不呈直角,每处扣 2 分。 (2)板上的连接线呈直线或直角,且不能相交。每处相交或在正面连线扣 2 分		
焊接质量	30 分	(1)焊点均匀、光滑、一致,无毛刺、无假焊等现象;有搭锡、假焊、虚焊、漏焊、焊盘脱落、桥接、毛刺、焊料过多或过少、焊点不光滑等现象,每处扣 2 分。 (2)焊点上引线不能过长。引线过长,每处扣 2 分		

续上表

项目内容	配　分	评价标准	扣　分	得　分
电路调试与测试	30 分	按要求对电路进行调试。一次不成功扣 5 分，两次不成功扣 15 分，三次不成功扣 30 分		
安全文明操作	10 分	(1)工作台上工具摆放整齐。工具摆放不整齐，每件扣 2 分。 (2)严格遵守安全操作规程。违反安全操作规程，酌情扣 3～10 分		

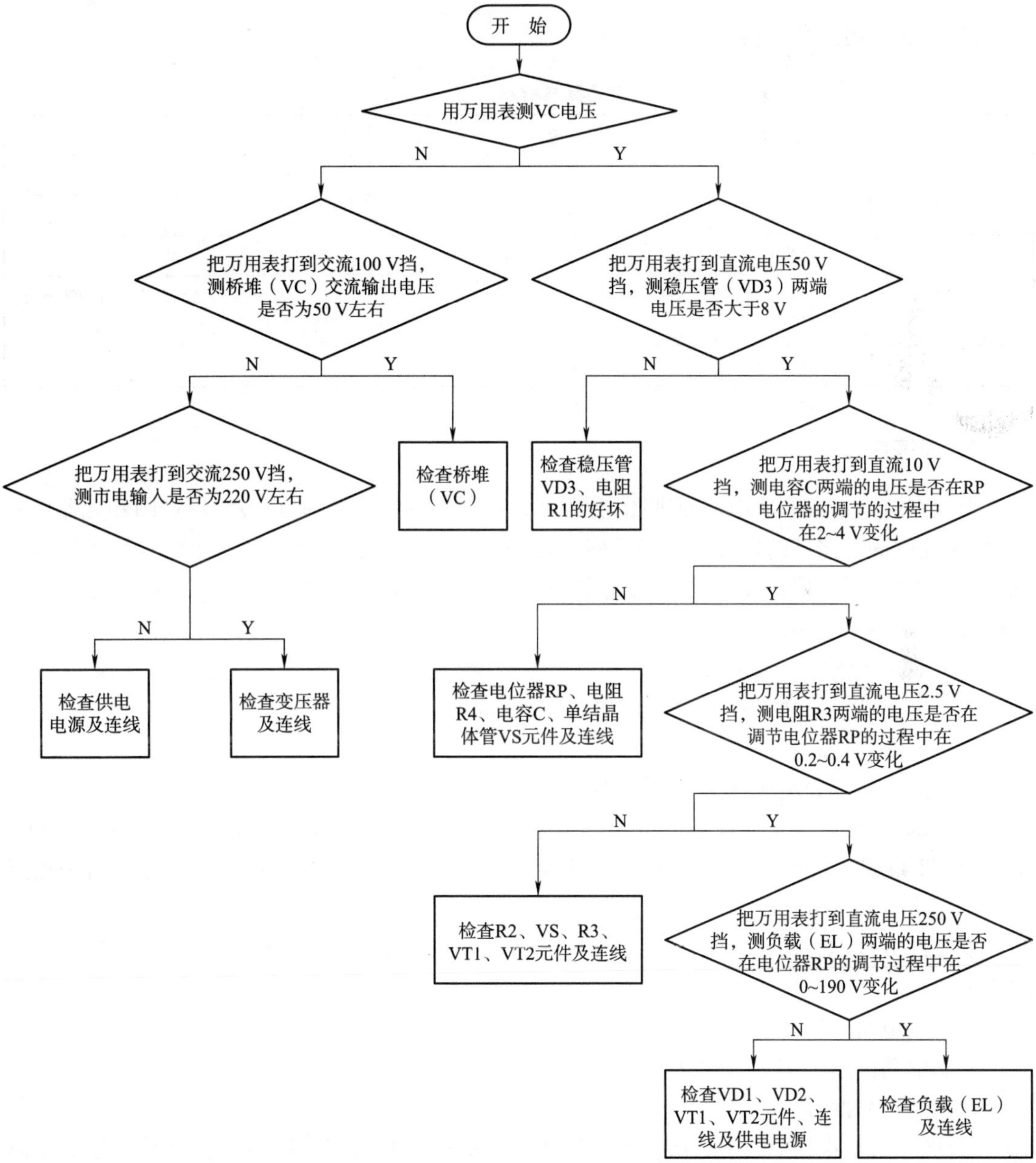

开　始

用万用表测VC电压

N

Y

把万用表打到交流100 V挡，
测桥堆（VC）交流输出电压
是否为50 V左右

把万用表打到直流电压50 V
挡，测稳压管（VD3）两端
电压是否大于8 V

N

Y

N

Y

把万用表打到交流250 V挡，
测市电输入是否为220 V左右

检查桥堆
（VC）

检查稳压管
VD3、电阻
R1的好坏

把万用表打到直流10 V
挡，测电容C两端的电压是否在RP
电位器的调节的过程中
在2~4 V变化

N

Y

N

Y

检查供电
电源及连线

检查变压器
及连线

检查电位器RP、电阻
R4、电容C、单结晶
体管VS元件及连线

把万用表打到直流电压2.5 V
挡，测电阻R3两端的电压是否在
调节电位器RP的过程中在
0.2~0.4 V变化

N

Y

检查R2、VS、R3、
VT1、VT2元件及连线

把万用表打到直流电压250 V
挡，测负载（EL）两端的电压是否
在电位器RP的调节过程中在
0~190 V变化

N

Y

检查VD1、VD2、
VT1、VT2元件、连
线及供电电源

检查负载（EL）
及连线

图 4-3-35　白炽灯泡不亮故障分析与检修流程图

扫一扫

直流电动机调速电路安装

扫一扫

直流电动机调速电路调试

训练二　直流电动机调速电路的安装与调试

一、训练目的

(1)掌握常用电子元器件好坏的识别方法;

(2)掌握直流电动机调速电路的原理分析与焊接制作工艺;

(3)掌握直流电动机调速电路的调试方法。

二、训练工器具与材料(见表 4-3-6)

表 4-3-6　训练工器具与材料

序　号	工器具名称	单　位	数　量	备　注
1	电烙铁	把	1	配烙铁架
2	数字万用表	块	1	
3	示波器	台	1	
4	机加工工具	套	1	剪刀、剥线钳、尖嘴钳、平口钳、螺丝刀、套筒扳手、镊子、电钻
5	调光灯电路元器件	套	1	

三、训练内容

识读直流电动机调速电路原理图,分析并掌握电路的工作原理,再按照原理图和元器件明细表,对提供的元器件的好坏及型号规格进行识别,并记录结果。元器件检测完后,正确使用电烙铁等焊接工具,严格按照电路原理图选择合适的元器件进行电路的焊接组装,最后选择合适的仪表、工具对电路进行调试。

1. 电路原理分析

图 4-3-36 为直流电动机调速原理图。

1)主电路工作原理

主电路由两部分组成:电枢部分与励磁部分。

电枢部分:由 220 V 交流电经 TC1 变压器从二次侧取出的 36 V 交流电压经 VD1、VD2、VT1、VT2 组成的晶闸管单相半控桥式整流,整流输出直流脉动电压,再由 L、C 组成滤波电路输出给直流电动机电枢绕组与 RP2、RP3 上。

励磁部分:他励直流电动机的励磁电压由 VC3 桥式整流得到直流电压送给电动机的励磁绕组上。

2)控制电路工作原理

控制电路由给定信号部分、反馈信号部分和触发电路部分组成。

1)给定信号部分

由 TC2 变压器其中一个二次绕组输出 30 V 的交流电压,经 VC2、C5 桥式整流滤波电路输出平滑直流电压,再经 R7、VDZ1 组成稳压电路,得到一个稳定的电压,送给电位器 RP1 上,从 RP1 中心抽头上取出给定信号。

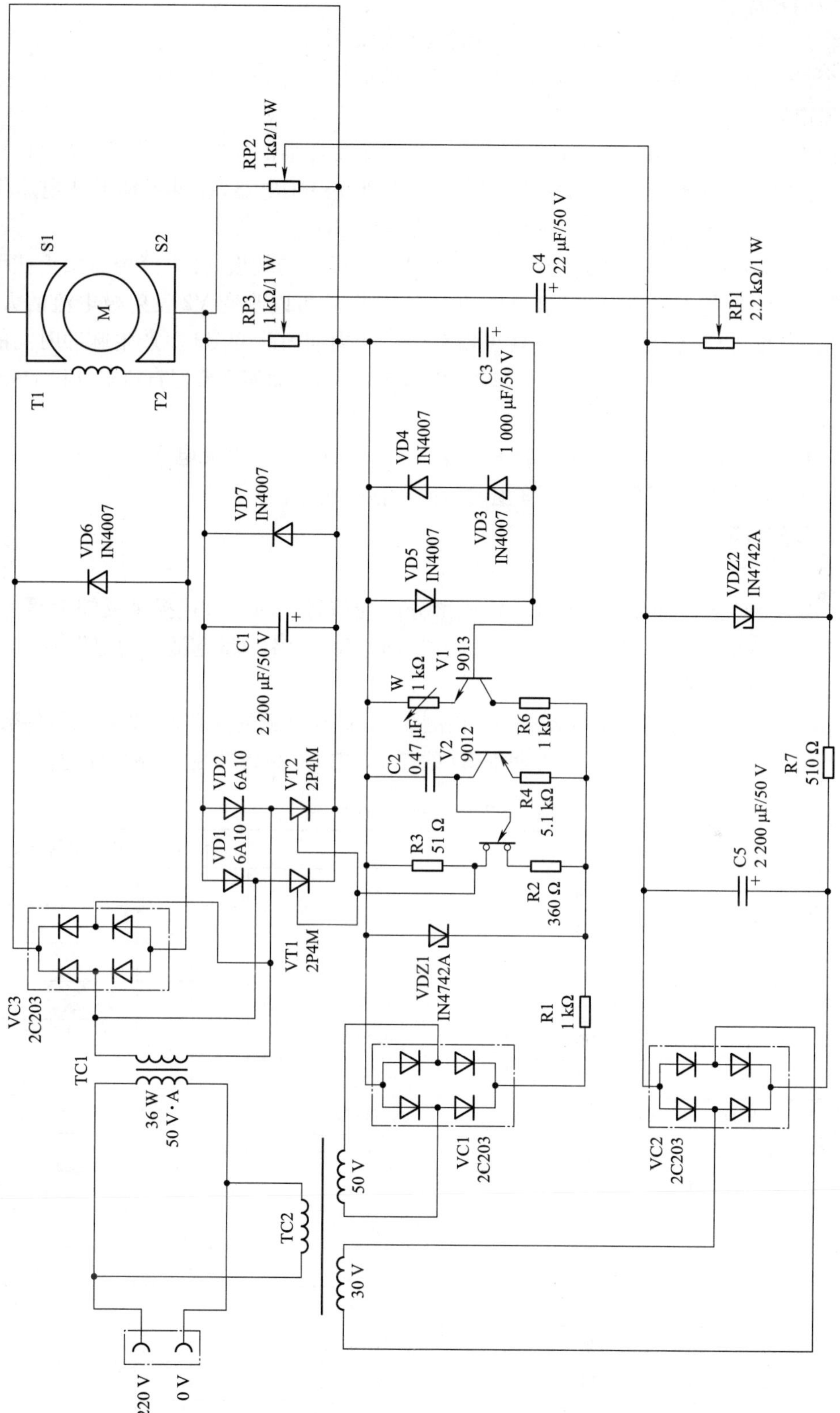

图 4-3-36　直流电动机调速原理图

2)反馈信号部分

第一个是由主控电路中 RP2 取出的一个静态反馈信号。

第二个是由主控电路中 RP3、C4 取出的动态反馈信号。

3)触发电路部分

它是由带有放大器的单结晶体管触发电路，由 TC2 变压器的其中一个绕组取出 50 V 的交流电压，经 VC1 桥式整流，再经 R1、VDZ1 组成的削波稳压电路，提供了梯形波电压供给 V1、V2、VS 及外围元件组成的放大、锯齿波形成、脉冲电压产生电路。

由给定信号与反馈信号组成的合成信号加给 V1 三极管的基极，合成信号的大小就可以改变 V1 集电极电压的大小或 V2 基极电压的大小，从而就可以改变 V2 发射极电流的大小，实现改变对 C2 电容充电的快慢。最终就可以在同一个周期内改变 R3 上产生脉冲时间的早晚，从而就可以改变半控桥的导通角，改变输出电压的大小，从而实现改变直流电动机的转速。

3)稳速过程

$U_o\downarrow\rightarrow U_{b1}\uparrow\rightarrow I_{b1}\uparrow\rightarrow I_{c1}\uparrow\rightarrow U_{c1}\downarrow\rightarrow U_{b2}\downarrow\rightarrow I_{b2}\downarrow\rightarrow I_{e2}\uparrow\rightarrow$C2 充电$\uparrow$。

$U_o\uparrow\leftarrow$VT1、VT2 导通角加大$\leftarrow$R3 上的脉冲前移$\leftarrow U_o\uparrow$。

当 U_o 下降时，调节过程相反。

4)元件作用

L、C2 组成 LC 滤波作用。RP3、C4 构成微分反馈信号。RP2 直接提供反馈信号大小。RP1 构成给定信号的大小。VD3、VD4、VD5 构成双向限幅电路。C3 起滤波稳定作用。

2. 电路元器件识别

对提供的元器件的好坏及型号规格进行检测识别，选择合适的元器件，清点元器件数量，目测元器件有无明显缺陷，并在元器件明细表(见表 4-3-7)“检测结果”栏中做出标记。

表 4-3-7　元器件明细表

序　号	代　号	名　称	型号规格	数　量	检测结果
1	VC1、VC2、VC3	整流桥	2C203	3	
2	VT1、VT2	晶闸管	2P4M	2	
3	M	直流电动机		1	
4	TC	变压器	DB-10-50　220 V/50 V/30 V	1	
5	VD3～VD7	二极管	IN4007	5	
6	VD1、VD2	二极管	6A10	4	
7	VDZ1、VDZ2	稳压二极管	IN4742A	2	
8	R1	电阻	RJ11-2W-1 kΩ	1	
9	RP2、RP3	电位器	1 kΩ/1 W	2	
10	RP1	电位器	2.2 kΩ/1 W	1	
11	VS	单结晶体管	BT33F	1	
12	R1	电阻	2 W/1 kΩ	1	
13	R2	电阻	0.25 W/360 Ω	1	
14	R3	电阻	0.25 W/51 Ω	1	
15	R4	电阻	0.25 W/5.1 kΩ	1	

续上表

序　号	代　号	名　称	型号规格	数　量	检测结果
16	R5、R6	电阻	0.25 W/1 kΩ	1	
17	R7	电阻	2 W/510 Ω	1	
18	C	电容	CBB-100 V/0.47 μF	1	
19	C1、C5	电容	2 200 μF/50 V	2	
20	C3	电容	1 000 μF/50 V	2	
21	C2	电容	0.47 μF/50 V	1	
22	C4	电容	22 μF/50 V	1	
23	V1	三极管	9013	1	
24	V2	三极管	9012	1	

3. 直流电动机调速电路的制作与调试

1)电路装配

该电路可以采用印制电路板或铆钉板进行安装。安装过程：

(1)元器件识别筛选；

(2)元器件引脚清洁；

(3)元器件成形；

(4)元器件安装焊接及引脚处理(铆钉板要连线)；

(5)组装焊接后的整体检查。

2)电路调试

RP1 调到最下端时→U_o↑→电动机转速↑→RP1 调到最上端时→U_o↓→电动机转速↓。

RP2、RP3 调到最下端时→U_o↑→电动机转速↑。

RP2、RP3 调到最上端时→U_o↓→电动机转速↓。

四、考核评价

考核评价表见表 4-3-8。

表 4-3-8　考核评价表(工时:1.5 h)

项目内容	配　分	评价标准	扣　分	得　分
元器件识别与检测	10 分	能按要求对所有元器件进行识别与检测。元器件识别错误，每个扣 1 分；元器件检测错误，每个扣 1 分		
元器件成形、插装与排列	15 分	(1)元器件按工艺要求成形。元器件成形不符合要求，每处扣 1 分。 (2)元器件插装符合插装工艺要求。插装位置、极性错误，每处扣 2 分。 (3)元器件排列整齐、标记方向一致，布局合理。元器件排列参差不齐，布局不合理，扣 3～10 分		
导线连接	10 分	(1)导线挺直、紧贴印制电路板。导线弯曲、拱起，每处扣 2 分；板上的连接线弯曲时不呈直角，每处扣 2 分。 (2)板上的连接线呈直线或直角，且不能相交。每处相交或在正面连线扣 2 分		

续上表

项目内容	配　分	评价标准	扣　分	得　分
焊接质量	25分	(1)焊点均匀、光滑、一致，无毛刺、无假焊等现象。有搭锡、假焊、虚焊、漏焊、焊盘脱落、桥接、毛刺、焊料过多或过少、焊点不光滑等现象，每处扣2分。 (2)焊点上引线不能过长。引线过长，每处扣2分		
电路调试与测试	30分	按要求对电路进行调试。一次不成功扣5分，两次不成功扣15分，三次不成功扣30分		
安全文明操作	10分	(1)工作台上工具摆放整齐。工具摆放不整齐，每件扣2分。 (2)严格遵守安全操作规程。违反安全操作规程，酌情扣3～10分		

测评题

一、单选题

1. 单相半控桥整流电路的两只晶闸管的触发脉冲依次应相差(　　)。

(A)180°　　(B)60°　　(C)360°　　(D)120°

2. α 为(　　)时，三相半波可控整流电路，电阻性负载输出的电压波形，处于连续和断续的临界状态。

(A)0°　　(B)60°　　(C)30°　　(D)120°

3. 晶闸管触发电路中，若改变(　　)的大小，则输出脉冲产生相位移动，达到移相控制的目的。

(A)同步电压　　(B)控制电压

(C)脉冲变压器变比　　(D)电源电压

4. 三相半波可控整流电路的自然换相点是(　　)。

(A)交流相电压的过零点

(B)本相相电压与相邻相电压正、负半周的交点处

(C)比三相不可控整流电路的自然换相点超前30°

(D)比三相不可控整流电路的自然换相点滞后60°

5. 如某晶闸管的正向阻断重复峰值电压为745 V，反向重复峰值电压为825 V，则该晶闸管的额定电压应为(　　)。

(A)700 V　　(B)750 V　　(C)800 V　　(D)850 V

6. 单相半波可控整流电阻性负载电路中，控制角 α 的最大移相范围是(　　)。

(A)0°～90°　　(B)0°～120°　　(C)0°～150°　　(D)0°～180°

7. 在单相全控桥整流电路中，两对晶闸管的触发脉冲，应依次相差(　　)。

(A)180°　　(B)60°　　(C)360°　　(D)120°

8. 三相半波可控整流电阻性负载电路，如果3个晶闸管采用同一相触发脉冲，α 的移相范围为(　　)。

(A)0°～60°　　(B)0°～90°　　(C)0°～120°　　(D)0°～150°

9. 在单相桥式全控整流电路中，大电感负载时，控制角 α 的有效移相范围为(　　)。

(A)$0°\sim90°$　(B)$0°\sim180°$　(C)$90°\sim180°$　(D)$0°\sim150°$

10. 三相桥式全控整流电路带电阻负载，当触发角 $\alpha=0°$时，输出的负载电压平均值为(　　)。

(A)$0.45U_2$　(B)$0.9U_2$　(C)$1.17U_2$　(D)$2.34U_2$

二、多选题

1. 三相半波可控整流电路有(　　)接线方式。

(A)三角形接法　(B)共阴极接法　(C)共阳极接法　(D)星形接法

2. 晶闸管触发电路对触发信号的要求是(　　)

(A)触发脉冲具有足够的触发功率(触发电压和触发电流)

(B)触发脉冲应有一定的宽度

(C)触发脉冲的前沿要陡峭

(D)触发脉冲必须与主电路晶闸管的阳极电压同步并能在一定的移相范围内移相

3. 单结晶体管触发电路由同步电路和脉冲移相与形成两部分(　　)组成。

(A)同步电路　(B)主电路

(C)脉冲移相与形成电路　(D)励磁电路

4. 三相桥式全控整流电路实质上是由(　　)的串联组成。

(A)一组共阴极半波可控整流电路　(B)单相桥式全控整流电路

(C)一组共阳极半波可控整流电路　(D)单相桥式半控整流电路

5. 单结晶体管的引脚有(　　)。

(A)集电极　(B)发射极　(C)第一基极　(D)第二基极

三、判断题

(　　)1. 在半控桥整流带大电感负载不加续流二极管电路中，电路出故障时会出现失控现象。

(　　)2. 在单相桥式全控整流电路中，晶闸管的额定电压应取U_2。

(　　)3. 在三相半波可控整流电路中，电路输出电压波形的脉动频率为 300 Hz。

(　　)4. 在普通晶闸管组成的全控桥式整流电路中，带电感性负载，没有续流二极管时，导通的晶闸管在电源电压过零时不关断。

(　　)5. 三相半波可控整流电路也必须要采用双窄脉冲触发。

(　　)6. KP2-5 表示的是额定电压 200 V，额定电流 500 A 的普通型晶闸管。

(　　)7. 在单结晶体管触发电路中，稳压管削波的作用是为了扩大脉冲移相范围。

(　　)8. 在三相桥式全控整流电路中，采用双窄脉冲触发晶闸管元件时，电源相序还要满足触发电路相序要求时才能正常工作。

模块五

常用电气设备的检查与调试

项目一　企业常用机床设备的检查与调试

学习目标

应知	1. 熟知摇臂钻床、万能铣床、镗床、天车(桥式起重机)等类生产设备的结构与运动形式。 2. 掌握摇臂钻床、万能铣床、镗床、天车(桥式起重机)等类生产设备的电气控制特点与电路工作原理。
应会	1. 能独立操作实训室里的模拟机床:摇臂钻床、万能铣床、镗床、天车(桥式起重机)等类生产设备。 2. 结合常用生产设备电气图纸,掌握其电气线路的调试技能。 3. 能正确使用有关工具、仪表,完成摇臂钻床、万能铣床、镗床、天车(桥式起重机)等类生产设备的电气故障检查与调试,达到设备的正常运行功能。

建议学时

理论教学 8 学时,技能训练 16 学时。

知识导入

知识点一　摇臂钻床的工作原理与故障处理

钻床是一种孔加工设备,可以用来钻孔、扩孔、铰孔、攻丝及修刮端面等多种形式的加工。按用途和结构分类,钻床可以分为立式钻床、台式钻床、多孔钻床、摇臂钻床及其他专用钻床等,是一般机械加工车间常见的机床。Z3050 摇臂钻床型号意义:

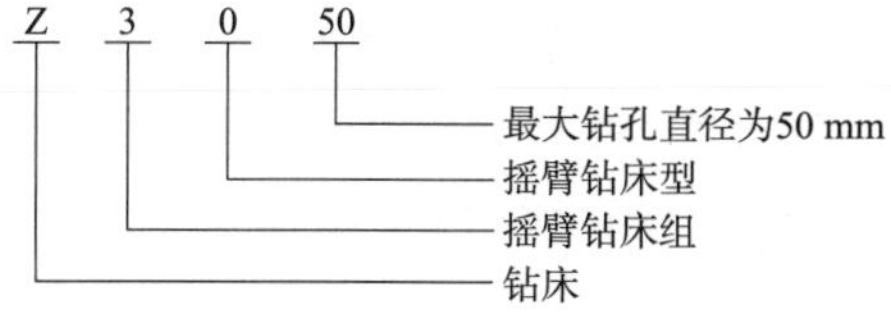

一、摇臂钻床的主要结构和运动形式

Z3050 摇臂钻床主要由底座、工作台、内立柱、外立柱、摇臂、主轴箱、主轴等组成,其外形如图 5-1-1 所示。摇臂钻床的主运动为主轴带着钻头的旋转运动,辅助运动有摇臂连同外立

柱围绕着内立柱的回旋运动,摇臂在外立柱上的上升、下降运动,主轴箱在摇臂上的左右运动,主轴带动钻头的前进移动是机床的进给运动。内外立柱、摇臂、主轴箱等部件的夹紧与放松则是利用电动机带动液压泵所提供的压力油实现的。为确保加工过程中刀具的位置不会发生变化,钻床在正常加工时外立柱与摇臂、外立柱与内立柱、主轴箱等部件必须处于夹紧状态。

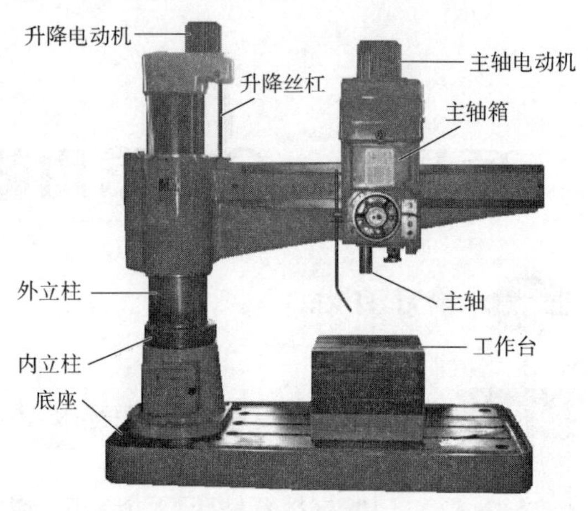

图 5-1-1　Z3050 摇臂钻床外形

二、Z3050 摇臂钻床电气线路工作原理

Z3050 摇臂钻床的电气控制原理图如图 5-1-2 所示。合上电源总开关 QS1,Z3050 摇臂钻床通电,其电磁脱扣装置可实现机床电气线路的短路保护。

1. 主电路分析

Z3050 摇臂钻床主电路共有 4 台电动机,M4 是冷却泵电动机,功率很小,由开关 QS2 直接起动和停止;M1 是主轴电动机,装在主轴箱顶部,带动主轴及进给传动系统运行,由交流接触器 KM1 控制,主轴的正反转由机械手柄操作,热继电器 FR1 是电动机 M1 的过载保护元件;M2 是摇臂升降电动机,装于主轴顶部,用接触器 KM2 和 KM3 控制正反转,因为该电动机短时间工作,故不设过载保护电器;M3 是液压泵电动机,供给夹紧装置压力油,实现摇臂和立柱的夹紧和松开。正转和反转的起动与停止由接触器 KM4 和 KM5 控制,热继电器 FR2 是液压泵电动机的过载保护元件。

2. 控制电路分析

1)主轴电动机 M1 的控制

按下起动按钮 SB2,则接触器 KM1 吸合并自锁,使主轴电动机 M1 起动运行,同时指示灯 HL3 亮。按下停止按钮 SB1,则接触器 KM1 释放,使主轴电动机 M1 停止旋转,同时指示灯 HL3 熄灭。

2)摇臂升降控制

Z3050 摇臂钻床的摇臂升降由 M2 拖动,SB3 和 SB4 分别为摇臂升、降的点动按钮,由 SB3、SB4 和 KM2、KM3 组成具有双重互锁的 M2 正反转点动控制电路。因为摇臂平时是夹紧在外立柱上的,所以在摇臂升降之前,先要使摇臂松开,再由 M2 带动摇臂升降;摇臂升降到位后,再重新将其夹紧。而摇臂的松、紧是由液压系统完成的,在电磁阀 YV 线圈得电吸合的条件下,M3 正转,正向供出压力油进入摇臂的松开油腔,推动松开机构使摇臂松开,摇臂松开后,行程开关 SQ2 动作、SQ3 复位;若 M3 反转,则反向供出压力油进入摇臂的夹紧油腔,推动夹紧机构使摇臂夹紧,摇臂夹紧后,行程开关 SQ3 动作、SQ2 复位。下面以摇臂的上升为例,分析摇臂控制的全过程。

按压摇臂上升按钮 SB3→SB3(8-11)动断触点断开,切断 KM3 线圈支路;SB3 动合触点(1-5)闭合→时间继电器 KT 线圈得电→KT 动合触点(13-14)闭合,KM4 线圈得电,M3 正转泵出正向压力油,KT 延时动合触点(1-17)闭合,电磁阀线圈 YV 得电,使液压油流入摇臂与外立柱的夹紧放松装置中→摇臂开始放松→SQ3 复位,动断触点闭合;当摇臂与外立柱完全放

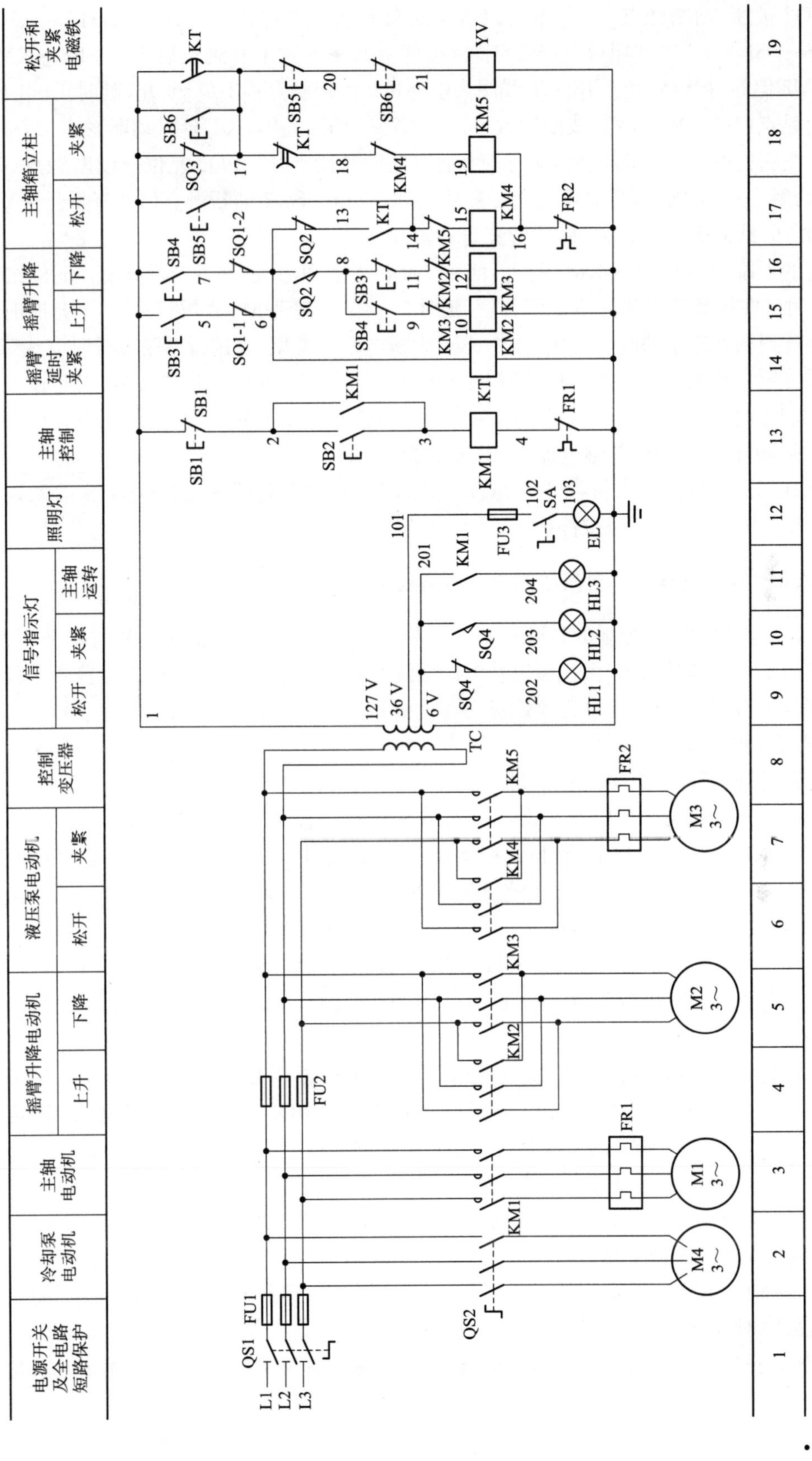

图 5-1-2　Z3050摇臂钻床的电气控制原理图

松时→SQ2 被压,动断触点(6-13)断开,KM4 线圈失电,M3 停转,停供压力油;同时,SQ2 动合触点(6-8)闭合,KM2 线圈得电,M2 正转,摇臂上升→摇臂上升到位后松开 SB3→KM2 线圈失电,M2 停转,摇臂停止上升;KT 线圈失电→KT 动合触点(13-14)断开,延时 1～3 s,KT 延时动合触点(1-17)断开,YV 线圈通过 SQ3(1-17)→仍然通电;KT 延时动断触点(17-18)闭合,KM5 线圈得电,M3 反转,泵出反向压力油→摇臂开始夹紧→SQ2 复位→动断触点(6-13)闭合,动合触点(6-8)断开,当摇臂完全夹紧后,SQ3 被压→SQ3 动断触点(1-17)断开→YV 线圈失电,KM5 线圈失电,M4 停转,摇臂停止夹紧。

摇臂的下降由 SB4 控制 KM3 得电,使 M2 反转来实现,其过程可自行分析。时间继电器 KT 的作用是在摇臂升降到位、M2 停转后,延时 1～3 s 再起动 M3 将摇臂夹紧,其延时时间视从 M2 停转到摇臂静止的时间长短而定。KT 为断电延时类型,在进行电路分析时应注意。

如果夹紧机构的液压系统出现故障,摇臂夹不紧;或者因 SQ3 的位置安装不当,在摇臂已夹紧后 SQ3 仍不能动作,则 SQ3 的动断触点(1-17)长时间不能断开,使液压泵电动机 M3 出现长期过载,因此 M3 须由热继电器 FR2 进行过载保护。

摇臂升降的限位保护由行程开关 SQ1 实现,SQ1 有两对动断触点:SQ1-1(5-6)实现上限位保护,SQ1-2(7-6)实现下限位保护。

三、Z3050 摇臂钻床常见电气故障的分析与检修

Z3050 摇臂钻床电气控制的特殊环节是摇臂升降、立柱和主轴箱的夹紧与松开。Z3050 摇臂钻床的工作过程是由电气、机械以及液压系统紧密配合实现的。因此,在维修中不仅要注意电气部分能否正常工作,而且也要注意它与机械和液压部分的协调关系。

1. 摇臂不能升降

由摇臂升降过程可知,M2 旋转,带动摇臂升降,其条件是使摇臂从立柱上完全松开后,活塞杆压合位置开关 SQ2。所以发生故障时,应首先检查位置开关 SQ2 是否动作,如果 SQ2 不能动作,常见的故障是 SQ2 的安装位置移动或已损坏。这样,摇臂虽已松开,但活塞杆压不上 SQ2,摇臂就不能升降。有时,液压系统发生故障,也会压不上 SQ2,使摇臂不能运动。由此可见,SQ2 的位置非常重要,排除故障时,应配合机械、液压调整好后紧固。

另外,M3 电源相序接反时,按上升按钮 SB4(或下降按钮 SB5),M3 反转,使摇臂夹紧,压不上 SQ2,摇臂也就不能升降。所以,在钻床大修或安装后,一定要检查电源相序。

2. 摇臂升降后,摇臂夹不紧

由摇臂夹紧的动作过程可知,夹紧动作的结束是由位置开关 SQ3 来完成的,如果 SQ3 动作过早,使 M3 尚未充分夹紧就停转。常见的故障原因是 SQ3 安装位置不合适,或固定螺丝松动造成 SQ3 移位,使 SQ3 在摇臂夹紧动作未完成时就被压下,切断了 KM5 回路,M3 停转。

排除故障时,首先判断是液压系统的故障(如活塞杆阀芯卡死或油路堵塞造成的夹紧力不够),还是电气系统的故障。对电气方面的故障,应重新调整 SQ3 的动作距离,固定好螺钉即可。

3. 立柱、主轴箱不能夹紧或松开

立柱、主轴箱不能夹紧或松开的可能原因是油路堵塞、接触器 KM4 或 KM5 不能吸合所致。出现故障时,应检查按钮 SB6、SB7 接线情况是否良好。若接触器 KM4 或 KM5 能吸合,M3 能运转,可排除电气方面的故障,则应请液压、机械修理人员检修油路,以确定是否是油路故障。

4. 摇臂上升或下降限位保护开关失灵

限位保护开关 SQ1 的失灵分两种情况：一是 SQ1 损坏，SQ1 触点不能因开关动作而闭合或接触不良使线路断开，由此使摇臂不能上升或下降；二是 SQ1 不能动作，触点熔焊，使线路始终处于接通状态，当摇臂上升或下降到极限位置后，摇臂升降电动机 M2 发生堵转，这时应立即松开 SB4 或 SB5。根据上述情况进行分析，找出故障原因，更换或修理失灵的 SQ1 即可。

5. 按下 SB6，立柱、主轴箱能夹紧，但释放后就松开

由于立柱、主轴箱的夹紧和放松机构都采用机械菱形块结构，所以这种故障多为机械原因造成(可能是菱形块和承压块的角度方向装错，或者距离不合适。如果菱形块立不起来，这是因为夹紧力调得太大或夹紧液压系统压力不够所致)，可找机械维修工检修。

知识点二　万能铣床的工作原理与故障处理

铣床可用于加工平面、斜面和沟槽。如果装上分度头，可以铣削直齿齿轮和螺旋面；如果装上圆工作台，还可以加工凸轮和弧形槽等。X62W 万能铣床型号意义：

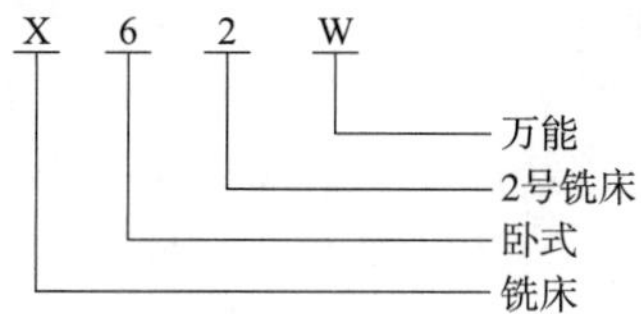

一、铣床的主要结构和运动形式

X62W 万能铣床的主要结构如图 5-1-3 所示。床身固定于底座上，用于安装和支承铣床的各个部件，在床身内还装有主轴部件、主传动装置及其变速操纵机构等。床身顶部的导轨上装有悬梁，悬梁上装有刀杆支架。铣刀则装在刀杆上，刀杆的一端装在主轴上，另一端装在刀

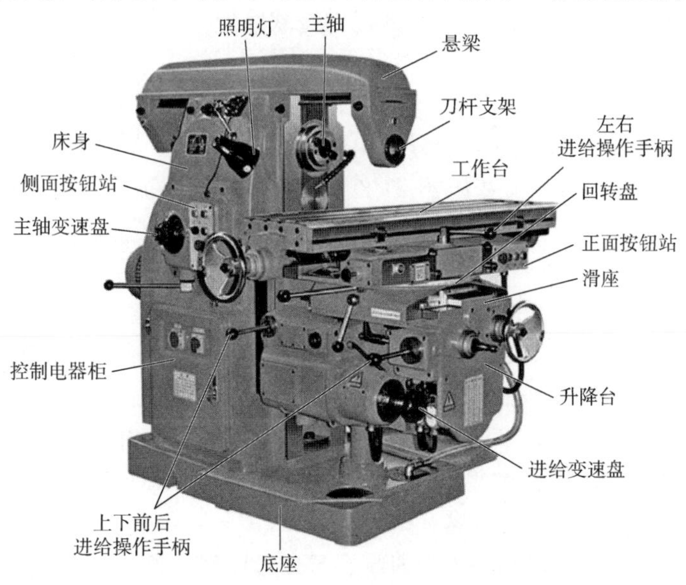

图 5-1-3　X62W 万能铣床的主要结构

杆支架上。刀杆支架可以在悬梁上水平移动,悬梁又可以在床身顶部的水平导轨上水平移动。床身的前部有垂直导轨,升降台可以沿导轨上下移动,升降台内装有进给运动和快速移动的传动装置及其操纵机构等。在升降台的水平导轨上装有滑座,可以沿导轨做平行于主轴轴线方向的横向移动;工作台又经过回转盘装在滑座的水平导轨上,可以沿导轨做垂直于主轴轴线方向的纵向移动。这样,紧固在工作台上的工件,通过工作台、回转盘、滑座和升降台,可以在相互垂直的 3 个方向上实现进给或调整运动。

由此可见,铣床的主运动是主轴带动刀杆和铣刀的旋转运动;进给运动包括工作台带动工件在水平的纵、横方向及垂直方向 3 个方向的运动;辅助运动是工作台在 3 个方向的快速移动。

二、X62W 万能铣床电气线路工作原理

X62W 万能铣床的电力拖动系统由 3 台电动机组成:主轴电动机 M1、进给电动机 M2 和冷却泵电动机 M3。主轴电动机 M1 通过主轴变速箱驱动主轴旋转,并由齿轮变速箱变速,以适应铣削工艺对转速的要求。主轴电动机能够正反转以满足顺铣和逆铣两种加工方式,在加工时通过 SA3 预先选定主轴电动机的转向。由于铣削是多刃不连续的切削,负载不稳定,所以主轴上装有飞轮,以提高主轴旋转的均匀性,消除铣削加工时产生的振动,这样主轴传动系统的惯性较大,因此主轴电动机在停机时由主轴制动,以加速主轴停转。进给电动机能够正反转,以实现 3 个方向的正反方向的进给运动和快速进给运动;主轴的旋转与进给运动通过变速箱获得不同的速度,为了使主轴和进给传动系统在变速时齿轮能够顺利地啮合,主轴电动机和进给电动机在变速时能够稍微转动一下(称为变速冲动)。X62W 万能铣床的电气控制原理图如图 5-1-4 所示。

1. 主电路

三相电源由电源引入开关 QS1 引入,FU1 作全电路的短路保护。主轴电动机 M1 的运行由接触器 KM1 控制,由换相开关 SA3 预选其转向。冷却泵电动机 M3 由 QS2 控制其单向旋转,但必须在 M1 起动运行之后才能运行。进给电动机 M2 由 KM3、KM4 实现正反转控制。3 台电动机分别由热继电器 FR1、FR2、FR3 提供过载保护。

2. 控制电路

由控制变压器 TC1 提供 110 V 工作电压,FU4 提供变压器二次侧的短路保护。该电路的主轴制动、工作台常速进给和快速进给分别由控制电磁离合器 YC1、YC2、YC3 实现,电磁离合器需要的直流工作电压由整流变压器 TC2 降压后经桥式整流器 VC 提供,FU2、FU3 分别提供交直流侧的短路保护。

1)主轴电动机 M1 的控制

M1 由交流接触器 KM1 控制。为操作方便,在机床的不同位置各安装了一套起动和停机按钮:SB2 和 SB6 装在床身上,SB1 和 SB5 装在升降台上。对主轴电动机 M1 的控制包括主轴的起动、停车与制动、变速冲动和换刀控制。

(1)起动。在起动前先按照顺铣或逆铣的工艺要求,用组合开关 SA3 预先确定 M1 的转向。按下 SB1 或 SB2→KM1 线圈得电→M1 起动运行,同时 KM1 动合辅助触点(7-13)闭合,为 KM3、KM4 线圈支路接通做好准备。

(2)停车与制动。按下 SB5 或 SB6→SB5 或 SB6 动断触点断开(3-5 或 1-3)→KM1 线圈失电,M1 停车→SB5 或 SB6 动合触点闭合(105-107)制动电磁离合器 YC1 线圈通电→M1 制动。

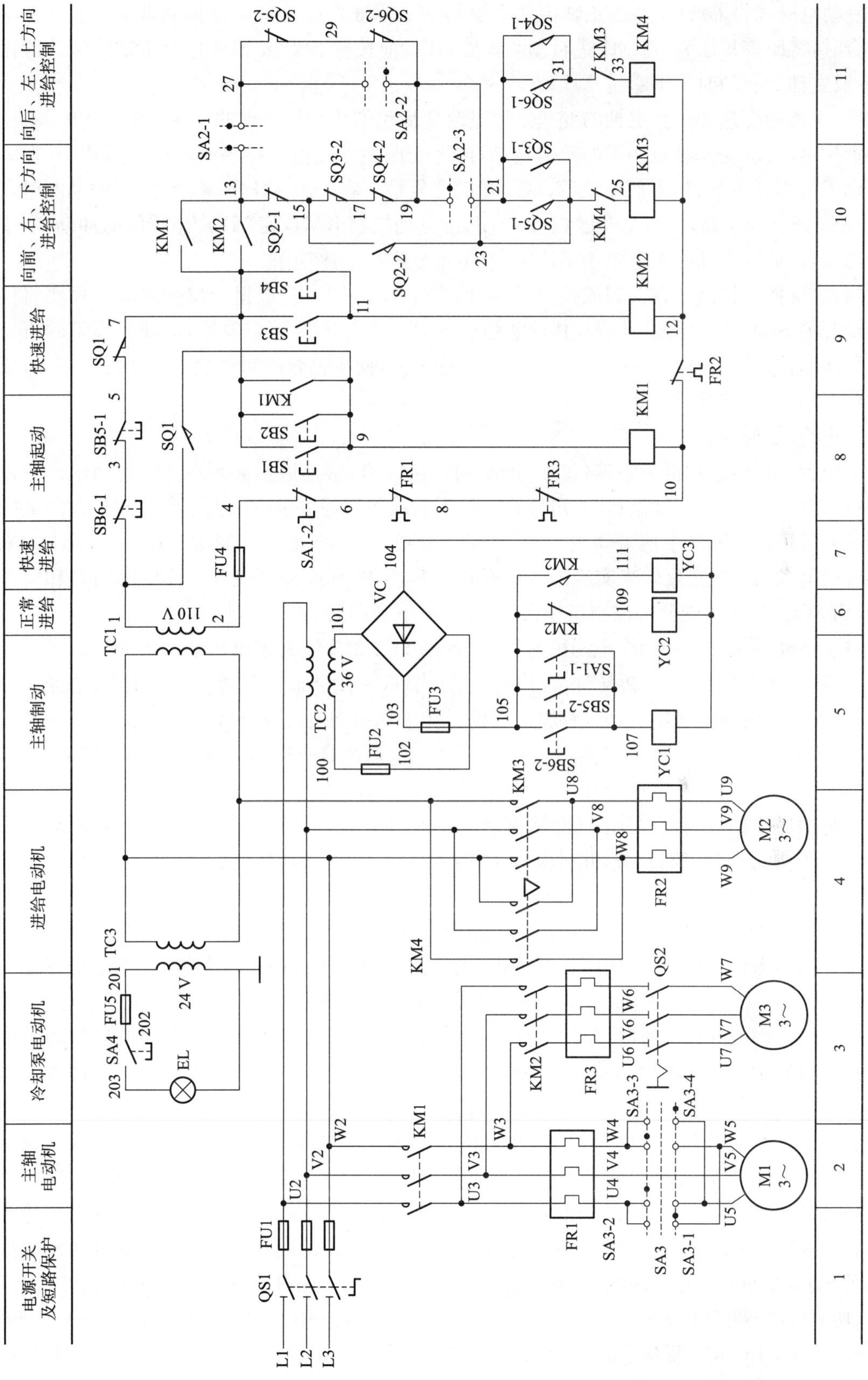

图 5-1-4　X62W万能铣床的电气控制原理图

制动电磁离合器 YC1 装在主轴传动系统与 M1 转轴相连的第一根传动轴上,当 YC1 得电吸合时,将摩擦片压紧,对 M1 进行制动。停转时,应按住 SB5 或 SB6 直至主轴停转才能松开,一般主轴的制动时间不超过 0.5 s。

(3)主轴的变速冲动。主轴的变速是通过改变齿轮的传动比实现的。在需要变速时,将变速手柄拉出,转动变速盘至所需的转速,然后再将变速手柄复位。在手柄复位的过程中,在瞬间压动了行程开关 SQ1,手柄复位后,SQ1 也随之复位。在 SQ1 动作的瞬间,SQ1 的动断触点(5-7)先断开其他支路,然后动合触点(1-9)闭合,点动控制 KM1,使 M1 产生瞬间的冲动,利于齿轮的啮合;如果点动一次齿轮还不能啮合,可重复进行上述动作。

(4)主轴换刀控制。在上刀或换刀时,主轴应处于制动状态,以避免发生事故。只要将换刀制动开关 SA1 拨至"接通"位置,其动断触点 SA1-2(4-6)断开控制电路,保证在换刀时机床没有任何动作;其动合触点 SA1-1(105-107)接通 YC1,使主轴处于制动状态。换刀结束后,要记住将 SA1 扳回"断开"位置。

2)进给运动控制

工作台的进给运动分为常速(工作)进给和快速进给,常速进给必须在 M1 起动运行后才能进行,而快速进给属于辅助运动,可以在 M1 不起动的情况下进行。工作台在 6 个方向上的进给运动是由机械操作手柄带动相关的行程开关 SQ3～SQ6,通过控制接触器 KM3、KM4 来控制进给电动机 M2 正反转来实现的。行程开关 SQ5 和 SQ6 分别控制工作台的向右和向左运动,而 SQ3 和 SQ4 则分别控制工作台的向前、向下和向后、向上运动。

进给拖动系统使用的两个电磁离合器 YC2 和 YC3 都安装在进给传动链中的第四根传动轴上。当 YC2 吸合而 YC3 断开时,为常速进给;当 YC3 吸合而 YC2 断开时,为快速进给。

(1)工作台的纵向进给运动。将纵向进给操作手柄扳向右边→行程开关 SQ5 动作→其动断触点 SQ5-2(27-29)先断开,动合触点 SQ5-1(21-23)后闭合→KM3 线圈通过(13—15—17—19—21—23—25)路径得电→M2 正转→工作台向右运动。

若将操作手柄扳向左边,则 SQ6 动作→KM4 线圈得电→M2 反转→工作台向左运动。

SA2 为圆工作台控制开关,此时应处于"断开"位置,其 3 组触点状态为:SA2-1、SA2-3 接通,SA2-2 断开。

(2)工作台的垂直与横向进给运动。工作台垂直与横向进给运动由一个十字形手柄操纵,十字形手柄有上、下、前、后和中间 5 个位置,将手柄扳至向下或向上位置时,分别压动行程开关 SQ3 或 SQ4,控制 M2 正转或反转,并通过机械传动机构使工作台分别向下和向上运动;而当手柄扳至向前或向后位置时,虽然同样是压动行程开关 SQ3 和 SQ4,但此时机械传动机构则使工作台分别向前和向后运动。当手柄在中间位置时,SQ3 和 SQ4 均不动作。下面就以向上运动的操作为例分析电路的工作情况,其余的可自行分析。

将十字形手柄扳至向上位置,SQ4 的动断触点 SQ4-2 先断开,动合触点 SQ4-1 后闭合→KM4 线圈经(13—27—29—19—21—31—33)路径得电→M2 反转→工作台向上运动。

(3)进给变速冲动。与主轴变速时一样,进给变速时也需要使 M2 瞬间点动一下,使齿轮易于啮合。进给变速冲动由行程开关 SQ2 控制,在操纵进给变速手柄和变速盘时,瞬间压动了行程开关 SQ2,在 SQ2 通电的瞬间,其动断触点 SQ2-1(13-15)先断开而动合触点 SQ2-2(15-23)后闭合,使 KM3 线圈经(13—27—29—19—17—15—23—25)路径得电,M2 正向点动。由 KM3 的通电路径可见:只有在进给操作手柄均处于零位(即 SQ3～SQ6 均不动作)时,才能进行进给变速冲动。

(4)工作台快速进给的操作。要使工作台在 6 个方向上快速进给,在按常速进给的操作方法操纵进给控制手柄的同时,还要按下快速进给按钮开关 SB3 或 SB4(两地控制),使 KM2 线圈得电,其动断触点(105-109)切断 YC2 线圈支路,动合触点(105-111)接通 YC3 线圈支路,使机械传动机构改变传动比,实现快速进给。由于 KM1 的动合触点(7-13)并联了 KM2 的一个动合触点,所以在 M1 不起动的情况下,也可以进行快速进给。

3)圆工作台的控制

在需要加工弧形槽、弧形面和螺旋槽时,可以在工作台上加装圆工作台。圆工作台的回转运动也是由进给电动机 M2 拖动的。在使用圆工作台时,将控制开关 SA2 扳至“接通”的位置,此时 SA2-2 接通而 SA2-1、SA2-3 断开。在主轴电动机 M1 起动的同时,KM3 线圈经(13—15—17—19—29—27—23—25)的路径得电,使 M2 正转,带动圆工作台旋转运动(圆工作台只需要单向旋转)。由 KM3 线圈的通电路径可见,只要扳动工作台进给操作的任何一个手柄,SQ3～SQ6 其中一个行程开关的动断触点断开,都会切断 KM3 线圈支路,使圆工作台停止运动,从而保证了工作台的进给运动和圆工作台的旋转运动不会同时进行。

3. 机床照明电路

照明灯 EL 由照明变压器 TC3 提供 24 V 的工作电压,SA4 为灯开关,FU5 提供短路保护。

三、X62W 万能铣床常见电气故障的分析与检修

X62W 万能铣床电气控制线路较常见的故障主要是主轴电动机控制电路的故障和工作台进给控制电路的故障。

1. 主轴电动机控制电路的故障

1)M1 不能起动

与前面已分析过的机床的同类故障一样,可从电源,QS1、FU1、KM1 的主触点,FR1 到换相开关 SA3,从主电路到控制电路进行检查。因为 M1 的容量较大,应注意检查 KM1 的主触点、SA3 的触点是否被熔化,有无接触不良。

此外,如果主轴换刀制动开关 SA1 仍处在“换刀”位置,SA1-2 断开;或者 SA1 虽处于正常工作的位置,但 SA1-2 接触不良,使控制电源未接通,M1 也不能起动。

2)M1 停车时无制动

重点是检查电磁离合器 YC1。如 YC1 线圈有无断线、接点有无接触不良,整流电路有无故障等。此外,还应检查控制按钮 SB5 和 SB6。

3)主轴换刀时无制动

如果在 M1 停车时主轴的制动正常,而在换刀时制动不正常,从电路分析可知应重点检查制动控制开关 SA1。

4)按下停车按钮后 M1 不停

故障的主要原因可能是:KM1 的主触点熔焊。如果在按下停车按钮后,KM1 不释放,则可断定故障是由 KM1 主触点熔焊引起的。应注意此时电磁离合器 YC1 正在对主轴起制动作用,会造成 M1 过载,并产生机械冲击。所以,一旦出现这种情况,应立即松开停车按钮,进行检查,否则会很容易烧坏电动机。

5)主轴变速时无瞬时冲动

由于主轴变速行程开关 SQ1 在频繁动作后,造成开关位置移动,甚至开关底座被撞碎或

触点接触不良,都将造成主轴无变速时的瞬时冲动。

2. 工作台进给控制电路的故障

铣床的工作台应能够进行前、后、左、右、上、下6个方向的常速和快速进给运动,其控制是由电气和机械系统配合进行的,所以在出现工作台进给运动的故障时,如果对机、电系统的部件逐个进行检查,是难以尽快查出故障所在的。可依次进行其他方向的常速进给、快速进给、进给变速冲动和圆工作台的进给控制试验,来逐步缩小故障范围,分析故障原因,然后再在故障范围内逐个对电气元件、触点、接线和接点进行检查。在检查时,还应考虑机械磨损或移位使操纵失灵等非电气的故障原因。这部分电路的故障较多,下面仅以一些较典型的故障为例来进行分析。

1)工作台不能纵向进给

此时应先对横向进给和垂直进给进行试验检查,如果正常,则说明进给电动机M2、主电路、接触器KM3和KM4及与纵向进给相关的公共支路都正常,应重点检查行程开关SQ2-1、SQ3-2及SQ4-2,即接线端编号为13—15—17—19的支路,因为只要这3对动断触点之中有一对不能闭合、接触不良或者接线松脱,纵向进给就不能进行。同时,可检查进给变速冲动是否正常,如果也正常,则故障范围已缩小到在SQ2-1及SQ5-1、SQ6-1上了。一般情况下,SQ5-1、SQ6-1两个行程开关的动合触点同时发生故障的可能性较小,而SQ2-1(13-15)由于在进给变速时,常常会因用力过猛而损坏,所以应先检查它。

2)工作台不能向上进给

首先进行进给变速冲动试验。若进给变速冲动正常,则可排除与向上进给控制相关的支路13—27—29—19存在故障的可能性;再进行向左方向进给试验,若正常,则可排除19—21和31—33—12支路存在故障的可能性。这样,故障点就已缩小到21—(SQ4-1)—31的范围内,例如,可能是在多次操作后,行程开关SQ4因安装螺钉松动而移位,造成操作手柄虽已到位,但其触点SQ4-1(21-31)仍不能闭合,因此工作台不能向上进给。

3)工作台各个方向都不能进给

此时可先进行进给变速冲动和圆工作台的控制,如果都正常,则故障可能在圆工作台控制开关SA2-3及其接线(19-21)上;但若变速冲动也不能进行,则要检查接触器KM3能否吸合,若KM3不能吸合,除了KM3本身的故障之外,还应检查控制电路中有关的电气部件、接点和接线,如接线端2—4—6—8—10—12、7—13等部分;若KM3能吸合,则应着重检查主电路,包括M2的接线及绕组有无故障。

4)工作台不能快速进给

如果工作台的常速进给运行正常,仅不能快速进给,则应检查SB3、SB4和KM2,如果这3个电器无故障,电磁离合器电路的电压也正常,则故障可能发生在YC3本身。常见的有YC3线圈损坏或机械卡死、离合器的动静摩擦片间隙调整不当等。

知识点三　镗床的工作原理与故障处理

镗床主要用于加工精确的孔和各孔间的距离要求较精确的零件,如一些箱体零件(机床主轴箱、变速箱等)。镗床的加工形式主要是用镗刀镗削在工件上已铸出或已粗钻的孔。除此之外,大部分镗床还可以进行铣削、钻孔、扩孔、铰孔等加工。镗床的主要类型有卧式镗床、坐标

镗床、金刚镗床和专用镗床等，其中以卧式镗床应用最广。下面以 T68 卧式镗床为例介绍镗床的工作原理与故障处理。T68 卧式镗床型号的意义：

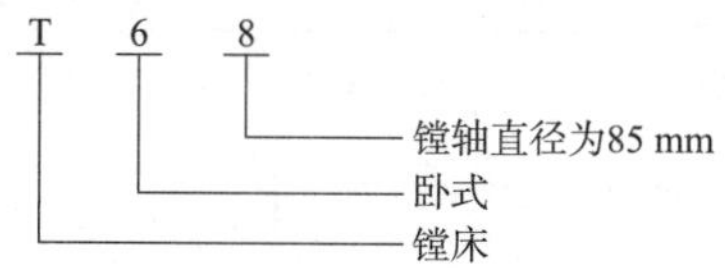

一、镗床的主要结构和运动形式

T68 卧式镗床主要由床身、前立柱、镗头架、工作台、后立柱和尾架等部分组成。其结构示意图如图 5-1-5 所示。

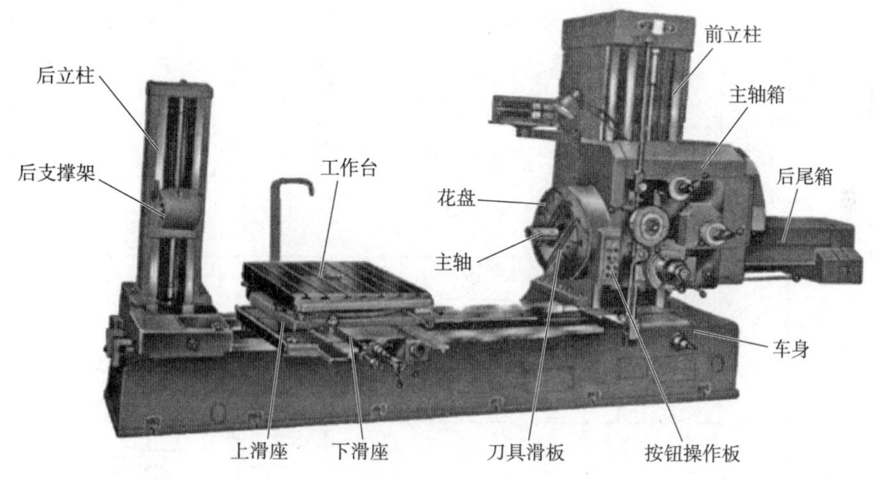

图 5-1-5　T68 卧式镗床结构示意图

T68 卧式镗床的运动形式有主运动、进给运动和辅助运动。主运动为镗轴和平旋盘的旋转运动。进给运动包括：镗轴的轴向进给运动、平旋盘上刀具溜板的径向进给运动、主轴箱的垂直进给运动、工作台的纵向和横向进给运动。辅助运动包括：主轴箱、工作台等的进给运动上的快速调位移动，后立柱的纵向调位移动，后支承架与主轴箱的垂直调位移动，工作台的转位运动。

二、T68 卧式镗床电气线路工作原理

T68 卧式镗床的主运动和进给运动都由同一台异步电动机 M1 拖动。为了适应各种形式和各种工件的加工，以及主轴较宽的调速范围，M1 多采用双速或三速笼型异步电动机拖动的滑移齿轮有级变速系统。在变速时为了齿轮的啮合，镗床的主轴与进给变速时有变速冲动过程。电动机 M1 能够正反转、点动控制以及电气反接制动。卧式镗床的各进给运动部件快速进给由 M2 电动机拖动。T68 卧式镗床电气原理图如图 5-1-6 所示。

1. 主电路分析

T68 卧式镗床电气控制线路有两台电动机：一台是主轴电动机 M1，作为主轴旋转及常速进给的动力，同时还带动润滑油泵；另一台是快速进给电动机 M2，作为各进给运动的快速移动的动力。

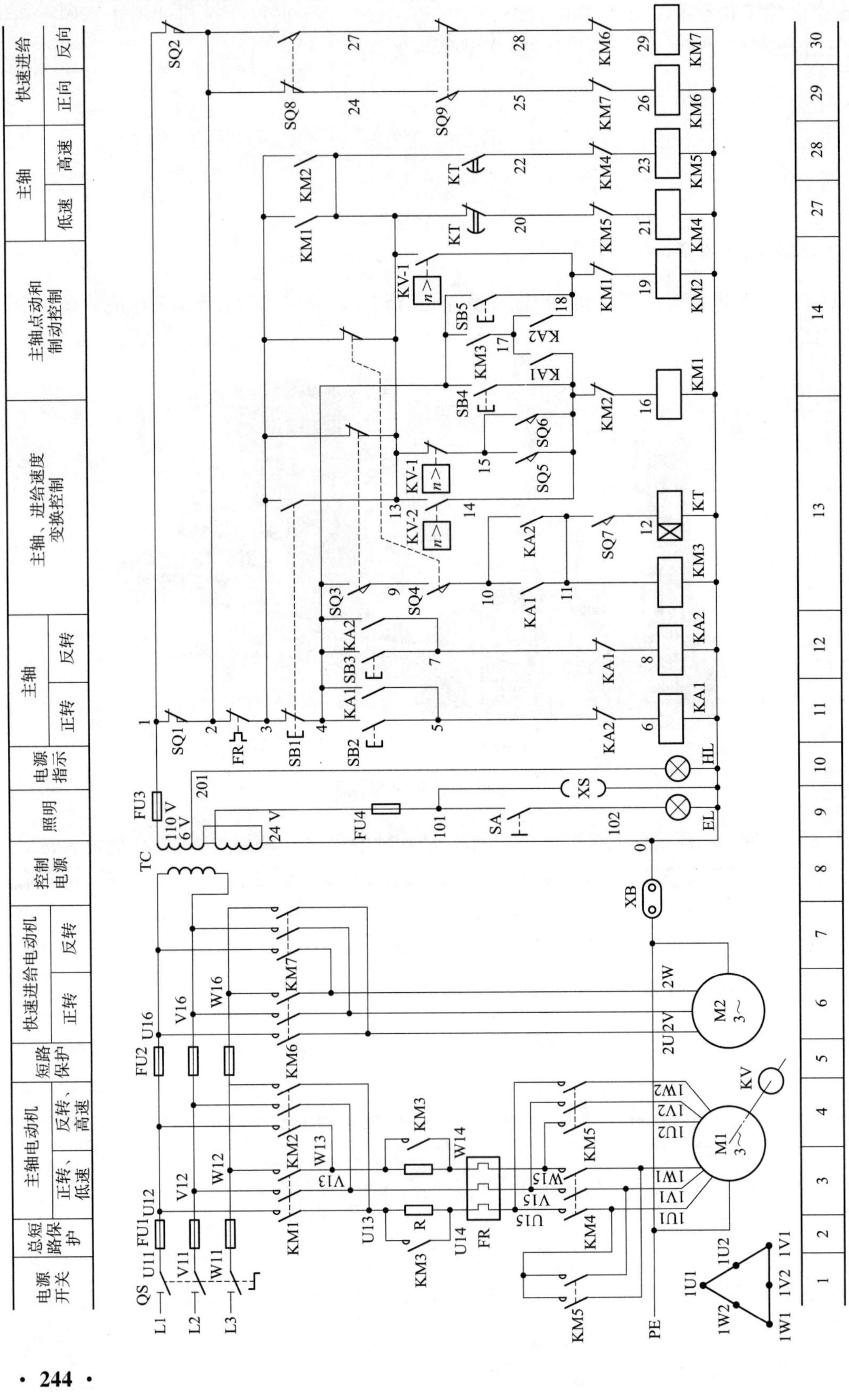

图 5-1-6　T68卧式镗床电气原理图

M1 为双速电动机，由接触器 KM4、KM5 控制：低速时 KM4 吸合，M1 的定子绕组为三角形联结，n_N＝1 460 r/min；高速时 KM5 吸合，KM5 为两只接触器并联使用，定子绕组为双星形联结，n_N＝2 880 r/min。KM1、KM2 控制 M1 的正反转。KV 为与 M1 同轴的速度继电器，在 M1 停车时，由 KV 控制进行反接制动。为了限制起动、制动电流和减小机械冲击，M1 在制动、点动及主轴和进给的变速冲动时串入了限流电阻器 R，运行时由 KM3 短接。热继电器 FR 作 M1 的过载保护。

M2 为快速进给电动机，由 KM6、KM7 控制正反转。由于 M2 是短时工作制，所以不需要用热继电器进行过载保护。

QS 为电源引入开关，FU1 提供全电路的短路保护，FU2 提供 M2 及控制电路的短路保护。

2. 控制电路分析

控制电路由控制变压器 TC 提供 110 V 工作电压，FU3 提供变压器二次侧的短路保护。控制电路包括 KM1～KM7 七个交流接触器和 KA1、KA2 两个中间继电器，以及时间继电器 KT 共十个电器的线圈支路，该电路的主要功能是对主轴电动机 M1 进行控制。在起动 M1 之前，首先要选择好主轴的转速和进给量（在主轴和进给变速时，与之相关的行程开关 SQ3～SQ6 的状态见表 5-1-1），并且调整好主轴箱和工作台的位置［在调整好后，行程开关 SQ1、SQ2 的动断触点（1-2）均处于闭合接通状态］。

1）主轴电动机正反转控制

SB2、SB3 分别为正、反转起动按钮，下面以正转起动为例。

按下 SB2→KA1 线圈得电自锁→KA1 动合触点（10-11）闭合，KM3 线圈得电→KM3 主触点闭合短接电阻 R；KA1 另一对动合触点（14-17）闭合，与闭合的 KM3 辅助动合触点（4-17）使 KM1 线圈得电→KM1 主触点闭合；KM1 辅助动合触点（3-13）闭合，KM4 得电，电动机 M1 低速起动。

同理，在反转起动运行时，按下 SB3，相继得电的元件为：KA2→KM3→KM2→KM4。

2）主轴电动机高速运行控制

若按上述起动控制，M1 为低速运行，此时机床的主轴变速手柄置于“低速”位置，微动开关 SQ7 不吸合，由于 SQ7 动合触点（11-12）断开，时间继电器 KT 线圈不得电。要使 M1 高速运行，可将主轴变速手柄置于“高速”位置，SQ7 动作，其动合触点（11-12）闭合，这样在起动控制过程中 KT 与 KM3 同时得电吸合，经过 3 s 左右的延时后，KT 的动断触点（13-20）断开而动合触点（13-22）闭合，使 KM4 线圈失电而 KM5 得电，M1 为 YY 联结高速运行。无论是当 M1 低速运行时还是在停车时，若将变速手柄由低速挡转至高速挡，M1 都是先低速起动或运行，再经 3 s 左右的延时后自动转换至高速运行。

3）主轴电动机停车制动控制

M1 采用反接制动，KV 为与 M1 同轴的反接制动控制用的速度继电器，它在控制电路中有 3 对触点：动合触点（13-18）在 M1 正转时动作，另一对动合触点（13-14）在反转时闭合，还有一对动断触点（13-15）提供变速冲动控制。当 M1 的转速达到约 120 r/min 以上时，KV 的触点动作；当转速降至 40 r/min 以下时，KV 的触点复位。下面以 M1 正转高速运行、按下停车按钮 SB1 停车制动为例进行分析：

按下 SB1→SB1 动断触点（3-4）先断开，先前得电的线圈 KA1、KM3、KT、KM1、KM5 相继失电→然后 SB1 动合触点（3-13）闭合，经 KV-1 使 KM2 线圈得电→KM4 得电→M1 三角形联结串电阻反接制动→电动机转速迅速下降至 KV 的复归值→KV-1 动合触点断开,KM2 失电→KM2 动合触点断开,KM4 失电,制动结束。

如果是 M1 反转时进行制动,则由 KV-2(13-14)闭合,控制 KM1、KM4 进行反接制动。

4)主轴电动机点动控制

SB4、SB5 分别为正、反转点动控制按钮。当需要进行点动调整时,可按下 SB4(或 SB5),使 KM1 线圈(或 KM2 线圈)得电,KM4 线圈也随之得电,由于此时 KA1、KA2、KM3、KT 线圈都没有得电,所以 M1 串入电阻低速转动。当松开 SB4(或 SB5)时,由于没有自锁作用,M1 停止运行。

5)主轴的变速控制

主轴的各种转速是由变速操纵盘来调节变速传动系统而取得的。在主轴运转时,如果要变速,可不必停车。只要将主轴变速操纵盘的操作手柄拉出(如图 5-1-7 所示,将手柄拉至②的位置),与变速手柄有机械联系的行程开关 SQ3、SQ5 均复位(见表 5-1-1),此后的控制过程如下(以正转低速运行为例):

将变速手柄拉出→SQ3 复位→SQ3 动合触点断开→KM3 和 KT 都失电→KM1 失电→KM4 失电,M1 断电后由于惯性继续旋转。

SQ3 动断触点(3-13)后闭合,由于此时转速较高,故 KV-1 动合触点为闭合状态→KM2 线圈得电→KM4 得电,电动机三角形联结进行制动,转速很快下降到 KV 的复位值→KV-1 动合触点断开,KM2、KM4 失电,断开 M1 反向电源,制动结束。

转动变速盘进行变速,变速后将手柄推回→SQ3 动作→SQ3 动断触点(3-13)断开;动合触点(4-9)闭合,KM1、KM3、KM4 重新得电,M1 重新起动。

由以上分析可知,如果变速前主电动机处于停转状态,那么变速后主电动机也处于停转状态。若变速前主电动机处于正向低速(三角形联结)状态运转,由于中间继电器仍然保持得电状态,变速后主电动机仍处于三角形联结下运转。同理,如果变速前电动机处于高速(YY)正转状态,那么变速后,主电动机仍先联结成三角形,再经 3 s 左右的延时,才进入 YY 联结高速运转状态。

表 5-1-1　主轴和进给变速行程开关 SQ3～SQ6 状态表

项目	相关行程开关的触点	①正常工作时	②变速时	③变速后手柄推不上时
主轴变速	SQ3(4-9)	+	−	−
	SQ3(3-13)	−	+	+
	SQ5(14-15)	−	−	+
进给变速	SQ4(9-10)	+	−	−
	SQ4(3-13)	−	+	+
	SQ6(14-15)	−	+	+

表中:+表示接通,−表示断开。

6)主轴的变速冲动

SQ5 为变速冲动行程开关,由表 5-1-1 可见,在不进行变速时,SQ5 的动合触点(14-15)是断开的;在变速时,如果齿轮未啮合好,变速手柄就合不上,即在图 5-1-7 中处于③的位置,则 SQ5 被压合→SQ5 的动合触点(14-15)闭合→KM1 由 13—15—14—16 支路得电→KM4 线圈支路也

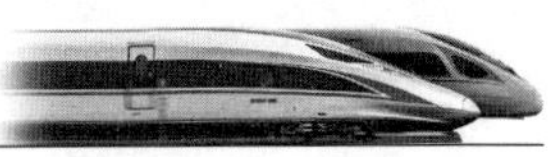

得电→M1 低速串电阻起动→当 M1 的转速升至 120 r/min 时→KV 动作，其动断触点(13-15)断开→KM1、KM4 线圈支路失电→KV-1 动合触点闭合→KM2 得电→KM4 得电，M1 进行反接制动，转速下降→当 M1 的转速降至 KV 复位值时，KV 复位，其动合触点断开，M1 断开制动电源；动断触点(13-15)又闭合→KM1、KM4 线圈支路再次得电→M1 转速再次上升……这样使 M1 的转速在 KV 复位值和动作值之间反复升降，进行连续低速冲动，直至齿轮啮合好以后，方能将手柄推合至图 5-1-7 中①的位置，使 SQ3 被压合，而 SQ5 复位，变速冲动才告结束。

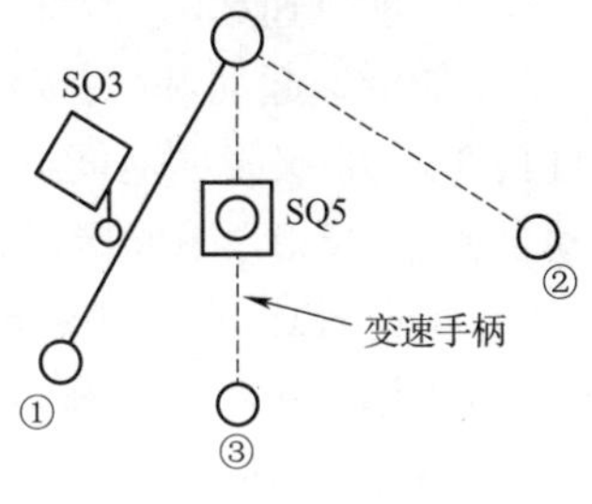

图 5-1-7　主轴变速手柄位置示意图

7)进给变速控制

与上述主轴变速控制的过程基本相同，只是在进给变速控制时，拉动的是进给变速手柄，动作的行程开关是 SQ4 和 SQ6。

8)快速移动电动机 M2 的控制

为缩短辅助时间，提高生产效率，由快速移动电动机 M2 经传动机构拖动镗头架和工作台做各种快速移动。运动部件及运动方向的预选由装在工作台前方的操作手柄进行，而控制则是由镗头架的快速操作手柄进行。当扳动快速操作手柄时，将压合行程开关 SQ8 或 SQ9，接触器 KM6 或 KM7 得电，实现 M2 快速正转或快速反转。电动机带动相应的传动机构拖动预选的运动部件快速移动。将快速移动手柄扳回原位时，行程开关 SQ5 或 SQ6 不再受压，KM6 或 KM7 失电，电动机 M2 停转，快速移动结束。

9)联锁保护

为了防止工作台及主轴箱与主轴同时进给，将行程开关 SQ1 和 SQ2 的动断触点并联接在控制电路(1-2)中。当工作台及主轴箱进给手柄在进给位置时，SQ1 的触点断开；而当主轴的进给手柄在进给位置时，SQ2 的触点断开。如果两个手柄都处在进给位置，则 SQ1、SQ2 的触点都断开，机床不能工作。

3. 照明电路和指示灯电路

由变压器 TC 提供 24 V 安全电压供给照明灯 EL。EL 的一端接地，SA 为灯开关，由 FU4 提供照明电路的短路保护，XS 为 24 V 电源插座，HL 为 6 V 的电源指示灯。

三、T68 卧式镗床常见电气故障的分析与检修

镗床常见电气故障的诊断与其他机床大致相同，但由于镗床的机电联锁较多，且采用双速电动机，所以会有一些特有的故障，现举例分析如下：

1. 主轴的转速与标牌的指示不符

这种故障一般有两种现象：第一种是主轴的实际转速比标牌指示转数增加一倍或减少一半，第二种是 M1 只有高速或只有低速。前者大多是由于安装调整不当而引起的。T68 卧式镗床有 18 种转速，是由双速电动机和机械滑移齿轮联合调速来实现的。电动机 M1 的高低速转换是靠主轴变速手柄推动微动开关 SQ7 的动合触点(11-12)通、断来实现的。如果安装调整不当，使 SQ7 的动作恰好相反，则会发生第一种故障。而产生第二种故障的主要原因是 SQ7 损坏(或安装位置移动)。如果 SQ7 的动合触点(11-12)总是接通，则 M1 只有高速；如果总是断开，则 M1 只有低速。此外，KT 的损坏(如线圈烧断、触点不动作等)，也会造成此类故障发生。

2. M1 能低速起动,但置“高速”挡时,不能高速运行而自动停机

M1 能低速起动,说明接触器 KM3、KM1、KM4 工作正常;而低速起动后不能换成高速运行且自动停机,又说明时间继电器 KT 是工作的,其动断触点(13-20)能切断 KM4 线圈支路,而动合触点(13-22)不能接通 KM5 线圈支路。因此,应重点检查 KT 的动合触点(13-22);此外,还应检查 KM4 的互锁动断触点(22-23)。按此思路,接下去还应检查 KM5 有无故障。

3. M1 不能进行正反转点动、制动及变速冲动控制

其原因往往是上述各种控制功能的公共电路部分出现故障,如果伴随着不能低速运行,则故障可能出在控制电路 13—20—21—0 支路中有断开点;否则,故障可能出在主电路的制动电阻 R 及引线上有断开点。如果主电路仅断开一相电源,电动机还会伴有断相运行时发出的“嗡嗡”声。

知识点四　天车(桥式起重机)设备工作原理与故障处理

桥式起重机是一种用来起吊和放下重物并在短距离内水平移动的起重机械,又称天车、行车、吊车。桥架型起重机是桥架在高架轨道上运行,桥式起重机的桥架沿铺设在两侧高架上的轨道纵向运行,起重小车沿铺设在桥架上的轨道横向运行。桥式起重机可分为简易梁桥式起重机、普通桥式起重机和冶金专用桥式起重机 3 种。常见的有 5t、10t 单钩起重机及(15/3)t、(20/5)t 等双钩起重机。桥式起重机外形如图 5-1-8 所示。

图 5-1-8　桥式起重机外形

一、桥式起重机的主要结构及运动形式

(20/5)t 桥式起重机结构示意图如图 5-1-9 所示。

起重小车电动机通过减速器,带动卷筒转动,使钢丝绳绕上卷筒或从卷筒放下,以升降重物。(20/5)t 桥式起重机小车上的提升机构有 20t 的主钩与 5t 的副钩。起重小车是经常移动的,提升机构、小车上的电动机、电磁抱闸的电源通常采用滑触线和电刷供电,由加高在大车上的辅助滑触线来供给,转子电阻也是通过辅助滑触线与电动机连接的。

桥架又称大车,由一台电动机带动长传动轴驱动两边的主动车轮驱动。大型的起重机桥架两边的主动车轮各用一台电动机驱动。

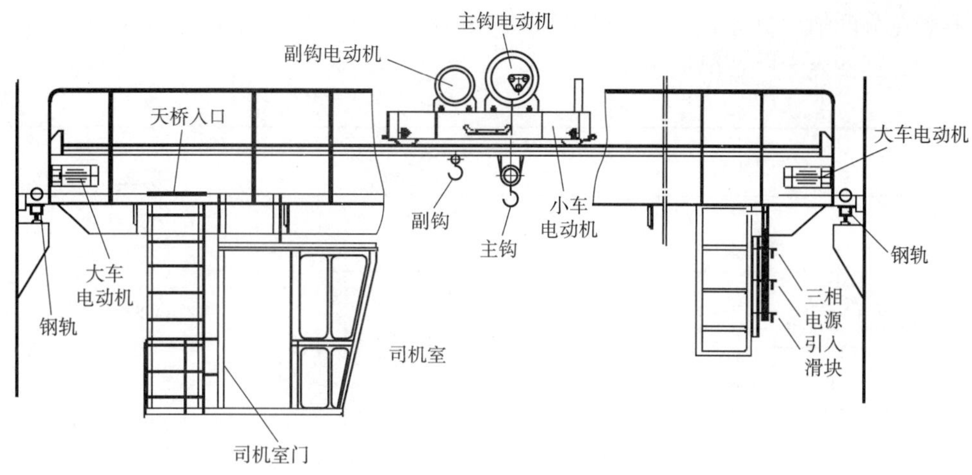

图 5-1-9　(20/5)t 桥式起重机结构示意图

司机室是操纵起重机的吊舱，也称操纵室、驾驶室。司机室内有大、小车移动机构控制装置、提升机械控制装置以及起重机的保护装置等。司机室一般固定在主梁的一端，上方开有通向桥架走台的舱口，供检修人员进出上桥架(天桥)之用。

桥式起重机的运动形式有 3 种(以坐在司机室内操纵的方向为参考方向)：起重机由大车电动机驱动大车运动机械沿车间基础上的大车轨道做左右运动；小车与提升机构由小车电动机驱动小车运动机构沿桥架上的轨道做前后运动；起重电动机驱动提升机构带动重物做上下运动。因此，桥式起重机挂着物体在厂房内可做上、下、左、右、前、后 6 个方向的运动来完成物体的移动。

二、10t 交流桥式起重机电气线路工作原理

起重机的工作需要适应经常移动的环境，小型起重机采用软电缆供电，随着大车或小车的移动，供电电缆随之伸展和叠卷，一般桥式起重机常用滑线和电刷供电。三相交流电源接到沿车间长度方向架设的 3 根主滑线上，再通过电刷引到起重机的电气设备上，首先进入驾驶室中的保护盘上的总电源开关，然后再向起重机各电气设备供电。对于小车及其上的提升机构等电气设备，则经位于桥架另一侧的辅助滑线来供电。10t 交流桥式起重机电气控制原理图如图 5-1-10 所示。

10t 交流桥式起重机的三相电源由 QS1 引入，KM 为控制电路电源的接触器。过电流继电器 KI0～KI4 提供过电流保护，其中 KI1～KI4 为双线圈式，分别保护 M1、M2、M3 与 M4；KI0 为单线圈式，串联在主电路的一相电源线中，作总电路的过电流保护。

10t 交流桥式起重机有 4 台绕线型异步电动机：起重机(吊钩)电动机 M1、小车驱动电动机 M2、大车驱动电动机 M3 和 M4，分别由 3 台凸轮控制器直接控制电动机的起停、正反转、调速和制动。QM1 控制吊钩电动机 M1、QM2 控制小车驱动电动机 M2、QM3 同步控制大车驱动电动机 M3 与 M4；R1～R4 分别为 4 台电动机转子电路串入的调速电阻；YB1～YB4 分别为 4 台电动机的制动电磁铁，其三相电磁线圈与 M(定子绕组)并联。

凸轮控制器 QM1、QM2 各有编号为 1～12 的 12 对触点，其操作手轮右旋 1～6 挡、左旋 1～6挡加上 1 个中间位置(称为“零位”)共有 13 个挡位，12 对触点分别控制 M1、M2 正反转与

调速,其触点分断情况见表 5-1-2;QM3 有 17 对触点同步控制两台绕线型异步电动机 M3、M4 正反转与调速,触点分断情况见表 5-1-3。

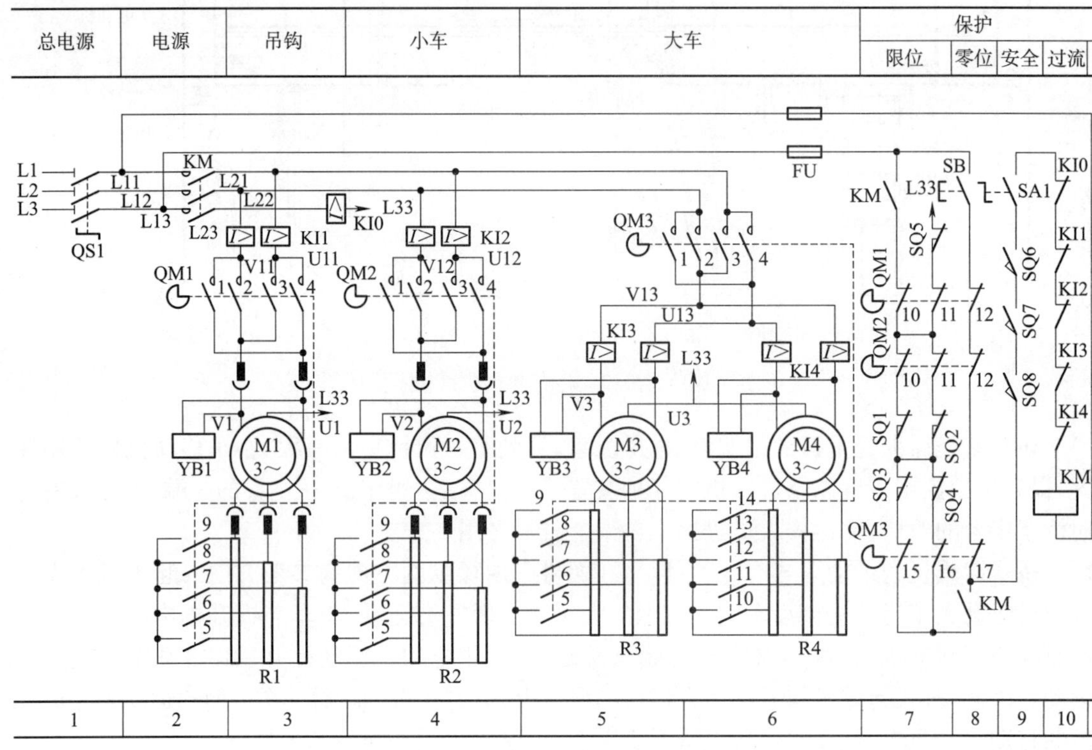

图 5-1-10 10t 交流桥式起重机电气控制原理图

表 5-1-2 凸轮控制器 QM1、QM2 触点分断情况表

触点编号	吊钩下降 小车向前						QM1 QM2	吊钩上升 上车向后					
	6	5	4	3	2	1	0	1	2	3	4	5	6
1								×	×	×	×	×	×
2	×	×	×	×	×	×							
3								×	×	×	×	×	×
4	×	×	×	×	×	×							
5	×	×	×	×	×				×	×	×	×	×
6	×	×	×	×						×	×	×	×
7	×	×	×								×	×	×
8	×	×										×	×
9	×												×
10	×	×	×	×	×	×							
11								×	×	×	×	×	×
12							×						

×—表示触点闭合。

表 5-1-3　凸轮控制器 QM3 触点分断情况表

触点编号	大车向左						QM3	大车向右					
	6	5	4	3	2	1	0	1	2	3	4	5	6
1	×	×	×	×	×	×							
2								×	×	×	×	×	×
3	×	×	×	×	×	×							
4								×	×	×	×	×	×
5	×	×	×	×	×				×	×	×	×	×
6	×	×	×	×						×	×	×	×
7	×	×	×								×	×	×
8	×	×										×	×
9	×												×
10	×	×	×	×	×				×	×	×	×	×
11	×	×	×	×						×	×	×	×
12	×	×	×								×	×	×
13	×	×										×	×
14	×												×
15	×	×	×	×	×	×							
16								×	×	×	×	×	×
17							×						

1. 电动机定子电路

如图 5-1-10 所示电路，桥式起重机在每次起动前，应先将 QM 置于零位，由表 5-1-2、表 5-1-3 可知，QM 的触点 10、11、12 在零位接通；然后合上电源开关 QS，按下起动按钮 SB，接触器 KM 线圈通过 QM 的触点 12 得电，KM 的 3 对动合主触点闭合，接通 M 的电源，然后可以用 QM 操作电动机 M 的运行。QM 的触点 10、11 与 KM 的动合触点一起构成正转或反转时的自锁电路。凸轮控制器 QM 的触点 1～4 用以控制 M 的正反转。由表 5-1-2 可见，QM 右旋 6 个挡位触点 2、4 均接通，M 正转；而左旋 6 个挡位则是触点 1、3 接通，以改变电动机电源的相序，使电动机 M 反转；在零位时，4 对触点均断开。

2. 电动机转子电路

凸轮控制器 QM 的触点 5～9 用以控制 M 的转子电阻 R，以实现对 M 起动和转速的调节。由表 5-1-2 可知，这 5 对触点在中间零位均断开，而在左、右旋各 6 挡的通断情况是完全对称的：在(左、右旋)第 1 挡触点 5～9 均断开，三相不对称电阻 R 全部串入 M 的转子电路，此时 M 的转速最低；QM 置第 2、3、4、5 挡时触点 5、6、7、8 依次接通，将 R 逐级不对称地切除，电动机的转速逐步升高；当置第 6 挡时触点 5～9 全部接通，R 全部被切除，电动机转速最高。

由以上分析可见，凸轮控制器是用触点 1～9 控制电动机的正、反转起动，在起动过程中逐段切除转子电阻，以调节电动机的起动转矩和转速：从第 1 挡到第 6 挡电阻逐渐减小至全部切除，转速逐渐升高。

3. 保护电路

图 5-1-10 所示电路有欠电压、零电压、零位、过电流、安全保护和行程终端限位保护共 6

种保护功能。

1)欠电压保护

接触器 KM 本身具有欠电压保护的功能。当电源电压不足时(低于额定电压的 85%),KM 因电磁吸力不足而复位,其动合主触点和自锁触点都断开,从而切断电源。

2)零电压保护与零位保护

凸轮控制器的零位保护触点 QM1 和 QM2 的触点 12 和 QM3 的触点 17 与起动按钮 SB 相串联,在每次起动时,必须将凸轮控制器旋回中间的零位,使零位触点 12 与 17 接通,才能够按下 SB 接通电源,这就防止在控制器还置于左、右旋的某一挡位,电动机转子电路串入的电阻较小的情况下起动电动机,造成较大的起动转矩和电流冲击,甚至造成事故。这一保护作用称为“零位保护”。触点 12 与 17 只有在零位时才接通,在其他 10 个挡位均断开,称为零位保护触点。

3)过电流保护

起重机采用熔断器 FU 作短路保护。采用过电流继电器作电路的过电流保护。过电流继电器 KI0~KI2 的动断触点串联在 KM 线圈支路中,一旦出现过电流便切断 KM,从而切断电源。

4)安全保护

SA1 为事故紧急开关,平常 SA1 处于闭合状态,一旦发生事故或出现紧急情况,可断开 SA1,紧急停车。SQ6 是舱口安全开关,SQ7 和 SQ8 是横梁栏杆门的安全开关,平时驾驶舱门和横梁栏杆门都应关好,将 SQ6、SQ7、SQ8 都压合,若有人进入桥架进行检修时,这些门开关就被打开,即使按下 SB 也不能使 KM 线圈支路得电。

5)行程终端限位保护

行程开关 SQ1、SQ2 分别作小车的右行和左行的行程终端限位保护,其动断触点分别串联在 KM 的自锁支路中。以小车右行为例分析保护过程。将 QM2 右旋→M2 正转→小车右行,若行至行程终端还不停下→碰 SQ1→SQ1 动断触点断开→KM 失电→切断电源;此时只能将 QM2 旋回零位→重新按下 SB→KM 得电(并通过 QM2 的触点 11 及 SQ2 的动断触点自锁)→重新接通电源→将 QM2 左旋→M2 反转→小车左行,退出右行的行程终端位置。

行程开关 SQ3、SQ4 分别作大车的前进与后退行程终端限位保护,SQ5 作吊钩上升的限位保护,它们的保护原理相仿。各电器及触点的保护作用见表 5-1-4。

表 5-1-4 行程终端限位保护电器及触点的保护作用

运行方向		驱动电动机	凸轮控制器及保护触点		限位保护行程开关
吊钩	向上	M1	QM1	11	SQ5
小车	前行	M2	QM2	10	SQ1
	后行			11	SQ2
大车	左行	M3、M4	QM3	15	SQ3
	右行			16	SQ4

三、10t 交流桥式起重机常见电气故障的分析与检修

(1)合上保护盘上的刀开关 QS 时,操作电路的熔断器 FU1 熔断。故障原因:可能是操作电路中与保护机构相连接的一相接地,应检查绝缘电阻,并消除接地现象。

(2)按下起动按钮 SB1 后，主接触器 KM 不能接通。故障原因：可能是刀开关 QS 或紧急开关 SA1 未合上；或是线路无电压，或操作电路的熔断器 FU1 烧断；或是凸轮控制器放在工作位置上；或驾驶室门及顶盖未关好(SQ1～SQ3 未闭合)；或是接触器 KM 线圈坏了。可针对以上故障原因进行检查，采取相应的措施进行处理。

(3)当主接触器 KM 接通后，引入线上的熔断器 FU1 立即熔断。这是由于这一相对地短路，应找出对地短路点予以排除。

(4)当凸轮控制器合上后，过电流继电器(KI0、KI1、KI2、KI3)动作。故障原因：可能是过电流继电器的整定值不合适，应重新调整过电流继电器的过电流保护值，使其为电动机额定电流的 225%～250%；或是电动机定子线路有对地短路现象，可用绝缘电阻表找出绝缘损坏的地方进行处理；或是机械部分卡死，应检查机械部分并消除故障。

(5)当凸轮控制器合上时电动机不转动。故障原因：可能是电动机缺相，或线路上无电压；或是控制器接触指与铜片未接触；或是电动机转子电路断线，或集电器发生故障。可做进一步检查，确定故障原因，并采取相应措施进行排除。

(6)凸轮控制器合上后，电动机仅能朝一个方向转动。检查控制器中定子电路或终端开关电路中的接触指与铜片之间的接触是否良好，若接触不好可调整接触指，使它与铜片接触良好；检查终端开关工作是否正常，如果工作不正常，应予以调整或更换；检查接线是否有错误，找出故障并消除。

(7)电动机功率不足，速度减慢。此时，应检查制动器是否完全松开，若没有松开，可调整制动机构；检查转子或电枢电路中的起动电阻是否完全短接，可检查控制器，并调整其接触指；检查电源线路电压是否过低；检查机械结构是否卡住。

(8)当终端开关(SQ1～SQ5)动作时，相应的电动机不断电。故障原因：可能是终端开关电路有短路现象，或接到控制器的线路次序错乱，可检查有关的线路并排除故障。

(9)在起重机运行中，接触器 KM 有短时间断电现象。故障原因：可能是接触器线圈电路中联锁触点的压力不足，或电路中有接触不良的地方，应进一步检查确定故障原因并排除。

(10)操作控制器切断后，接触器 KM 不释放。故障原因：可能是操作电路中有对地短路现象，找出短路点并排除。

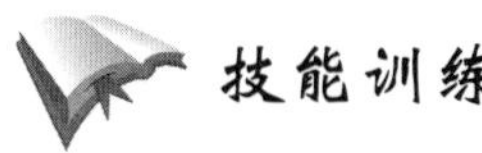

技能训练

扫一扫

Z3050摇臂钻床控制

扫一扫

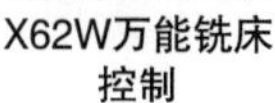

X62W万能铣床控制

训练　企业常用机床设备的检查与调试

一、训练目的

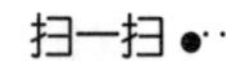

扫一扫

10T天车控制

(1)能独立操作实训室里的模拟机床：摇臂钻床、万能铣床、镗床、天车(桥式起重机)等生产设备，观察电气与机械相关动作。

(2)了解摇臂钻床、万能铣床、镗床、天车(桥式起重机)等生产设备的结构与运动形式，掌握其电气控制线路的工作原理。

(3)使用有关工具、仪表，正确完成摇臂钻床、万能铣床、镗床、天车(桥式起重机)等生产设备的电气故障检查与调试，达到设备正常运行功能。

二、训练工器具与材料(见表 5-1-5)

表 5-1-5 训练工器具与材料

序 号	工器具名称	单 位	数 量	备 注
1	电工常用工具	套	1	
2	万用表	台	1	
3	Z3050 摇臂钻床(含电气原理图)	台	1	
4	X62W 万能铣床(含电气原理图)	台	1	
5	T68 镗床(含电气原理图)	台	1	
6	10t 天车(含电气原理图)	台	1	

三、训练内容

1. 训练要领

(1)结合教材、指导教师讲授,学习 Z3050 摇臂钻床、X62W 万能铣床、T68 镗床、10t 天车的电气控制原理。

(2)结合教材、指导教师操作示范独立操作实训室里的模拟机床设备:Z3050 摇臂钻床、X62W 万能铣床、T68 镗床、10t 天车,观察电气开关动作情况。

(3)指导教师在模拟机床设备上设置隐蔽的电气故障,由学生进行机床电气故障的检查与调试,掌握电气故障的排查方法。

2. 机床电气控制训练

1)Z3050 摇臂钻床训练

(1)Z3050 摇臂钻床的操作:摇臂钻床送电→摇臂上升→摇臂下降→立柱放松→立柱夹紧→主轴旋转→主轴停止→钻床断电。

(2)在操作过程中,结合 Z3050 摇臂钻床电气原理图,观察 Z3050 摇臂钻床电气开关的动作情况。

(3)Z3050 摇臂钻床电气故障检查与调试:指导教师在 Z3050 摇臂钻床电气控制屏柜上设两处隐蔽故障,由学生单独排除故障。

2)X62W 万能铣床训练

(1)X62W 万能铣床的操作:铣床送电→主轴电动机方向选择→主轴起动→主轴停车制动→主轴起动→主轴的变速冲动→主轴起动→主轴换刀控制。

工作台常速进给:工作台纵向操作手柄扳至向左→扳至中间位→扳至向右→扳至中间位。工作台纵向操作手柄扳至向上→扳至中间位→扳至向下→扳至中间位。工作台纵向操作手柄扳至向前位→扳至中间位→扳至向后→扳至中间位。

工作台快速进给:工作台纵向操作手柄扳至任一进给位→起动主轴→快速进给→铣床断电。

(2)在操作过程中,结合 X62W 万能铣床电气原理图,观察 X62W 万能铣床电气开关的动作情况。

(3)X62W 万能铣床电气故障检查与调试:指导教师在 X62W 万能铣床电气控制屏柜上设两处隐蔽故障,由学生单独排除故障。

3)T68 镗床训练

(1)T68 镗床的操作:镗床送电→主轴低速选择→主轴正转→主轴停车制动→主轴反转→主轴停车制动→主轴高速选择→主轴正转→主轴停车制动→主轴反转→主轴停车制动→主轴正向点动→主轴反向点动→主轴变速(冲动)→进给变速(冲动)→快速移动电动机 M2 正转→快速移动电动机 M2 反转→镗床断电。

(2)在操作过程中,结合 T68 镗床电气原理图,观察 T68 镗床电气开关的动作情况。

(3)T68 镗床电气故障检查与调试:指导教师在 T68 镗床电气控制屏柜上设两处隐蔽故障,由学生单独排除故障。

4)10t 天车训练

(1)10t 天车的操作:10t 天车送电→大车、小车与吊钩的凸轮控制器手柄均扳至零位→按下起动按钮 SB→小车向前→小车向后→大车向左→大车向右→吊钩向下→吊钩向上→吊钩超高终端 SQ5 动作→吊钩凸轮控制器手柄扳回零位→重起 KM→重复操作其他方向的运行与限位保护→10t 天车断电。

(2)在操作过程中,结合 10t 天车电气原理图,观察 10t 天车电气开关的动作情况。

(3)10t 天车电气故障检查与调试:指导教师在 10t 天车电气控制屏柜上设两处隐蔽故障,由学生单独排除故障。

四、考核评价

教师在 Z3050 摇臂钻床、X62W 万能铣床、T68 镗床、10t 天车机床设备中设置两处故障,由学生任意抽取一台机床进行考核,考核评价表见表 5-1-6。

表 5-1-6 考核评价表(工时:0.5 h)

项目内容	配 分	评价标准	扣 分	得 分
生产设备的操作	20 分	能独立操作模拟机床。操作错误,每处扣 3 分		
电气原理图的识读	30 分	能正确识读机床电气原理图。不会识读,每处扣 3 分		
电气故障检查与调试	30 分	(1)能正确分析故障的处理步骤。分析错误,每处扣 3 分。 (2)能正确使用仪表检查故障。检查方法错误,每处扣 3 分。 (3)能排除机床全部故障。不能排除故障,每处扣 10 分		
安全文明生产	20 分	(1)进行安全文明生产。违反操作规程,产生不安全因素,扣 20 分;严重者,直接取消考试资格。 (2)着装正确,保持工位整洁卫生。着装防护用品不齐,每项扣 3 分;工位不整洁,每处扣 3 分		

测评题

一、单选题

1. X62W 万能铣床上要求主轴电动机起动时,进给电动机才能起动,这种控制方式称为(   )。

(A)顺序控制 (B)多地控制 (C)自锁控制 (D)联锁控制

2. T68 卧式镗床常用(   )制动。

(A)反接 (B)能耗 (C)电磁离合器 (D)电磁抱闸

3. 起重机采用熔断器(　　)作短路保护。

(A)FD　　(B)FC　　(C)FF　　(D)FU

4. 司机室是操纵起重机的吊舱,也称操纵室、(　　)。

(A)主控室　　(B)驾驶室　　(C)控制室

5. 桥式起重机主钩电动机放下空钩时,电动机工作在(　　)状态。

(A)正转电动　　(B)反转电动　　(C)倒拉反转　　(D)再生发电

6. T68 卧式镗床主轴电动机点动时,定子绕组接成(　　)。

(A)星形　　(B)三角形　　(C)双星形　　(D)无要求

二、多选题

1. 机床设备电气原理图一般分为(　　)两部分组成。

(A)安装接线图　　(B)主电路图　　(C)控制电路图　　(D)电气元件布置图

2. X62W 万能铣床的电力拖动系统由(　　)组成。

(A)主轴电动机 M1　　(B)进给电动机 M2

(C)冷却泵电动机 M3　　(D)辅助电动机 M4

3. T68 卧式镗床主要由(　　)等部分组成。

(A)床身　　(B)前立柱　　(C)镗头架　　(D)工作台

(E)后立柱　　(F)尾架

三、判断题

(　　)1. 在 Z3050 摇臂钻床中,M2 及 M4 两台电动机不加过载保护时长期工作。

(　　)2. 机械驱动的起重机械中必须使用钢丝绳。

(　　)3. 测绘较复杂机床电气设备的电气控制线路图时,应以单元电路的主要元器件作为中心。

(　　)4. Z3050 摇臂钻床中,摇臂升降电动机的正反转控制接触器,不允许同时得电动作,以防止电源短路事故发生。在上升和下降控制电路中只采用了接触器的辅助触点互锁。

(　　)5. T68 卧式镗床主轴停车时有电磁离合器对主轴进行制动。

(　　)6. 在 X62W 万能铣床电气线路中采用了两地控制方式,其控制按钮按串联规律连接。

项目二　轨道交通车辆控制线路的检查与调试

学习目标

应知	1. 掌握轨道交通车辆电气控制线路的工作原理。 2. 掌握轨道交通车辆电气控制线路图的识图规则。 3. 掌握轨道交通车辆电气控制线路的分析调试方法。 4. 掌握轨道交通车辆电气控制线路的故障检测方法。
应会	1. 能读懂轨道交通车辆电气控制线路图。 2. 能排除轨道交通车辆电气控制线路故障。 3. 能正确地操作控制电路检测仪器、仪表和工具。

建议学时

理论教学 10 学时，技能训练 8 学时。

知识导入

知识点一　轨道交通车辆控制线路图识读基础

一、常用电气设备符号及其说明

1. 器件代号及触点标注

如图 5-2-1 所示，设备的线圈图形符号旁边标注器件代号和位置代号，所有该设备的各触点旁边也标注同一代号，如图 5-2-1 中司机室占有继电器线圈旁边标注器件代号＝22-K101，位置代号＋115，其触点旁边也标注了同样的代号。电路原理图设备代号、位置号相同，在原理图中不同位置的符号表示同一电器在电路中不同位置的控制关系。

在触点旁边，除了元件代号和位置外，还标注了信号源目标参考坐标，如图 5-2-1 中，触点＝22-K101 的信号源坐标为＝22/10.5。

电路图中触点还标注了触点号，继电器、接触器等的电气联锁用两位数字标注。第一位表示触点顺序编号，第二位则成对出现，“13、14”表示一对常开触点；“21、22”表示一对常闭触点。

2. 动合触点、动断触点

电路中，动合触点、动断触点是对设备处于自然状态下，即电器的工作线圈未得电、按钮未被按下时的触点状态而言的，若其触点是断开的即为动合触点（常开触点、正联锁），若其触点是闭合的即为动断触点(常闭触点、反联锁)。当设备被操作(电器线圈得电)时,动合触点闭合,动断触点断开。

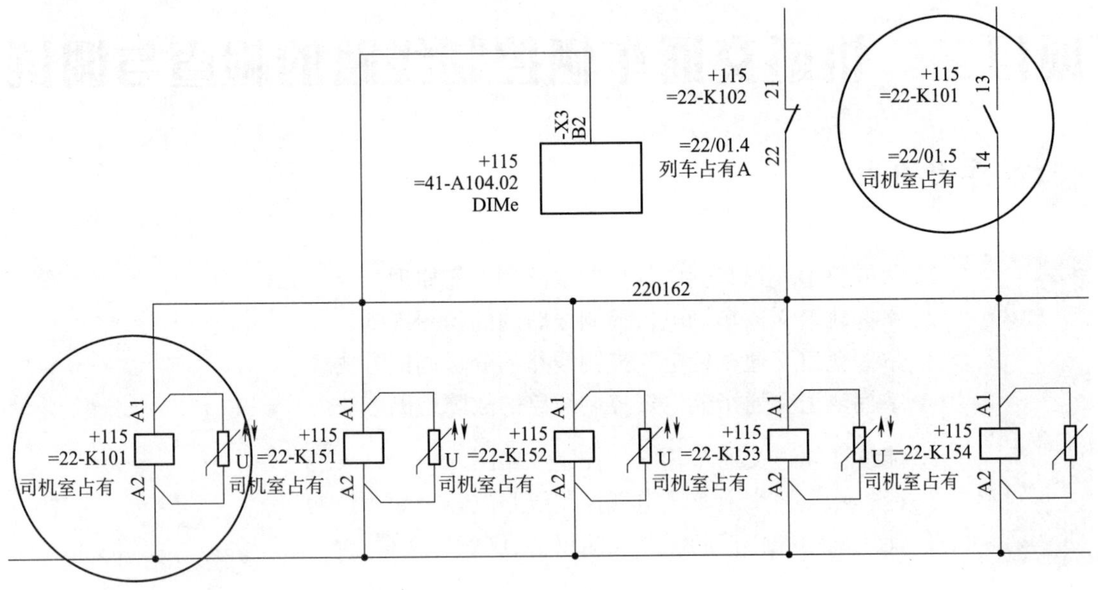

图 5-2-1　器件代号及触点标注

3. 位置触点

对于某些组合电器的触点,除标出其所属电器的代号外,还应标明该触点的接通位置,如图 5-2-2 所示,当司控器开关打 F 前进位时,S12 动作,S13 保持原始状态;当司控器开关打 R 后退位时,S13 动作,S13 保持原始状态,当司控器开关打中立位时,两组触点都不动作。

+111
=22-A101
司控器
-X1
08
F
-S12O
R
F
-S13O
R
-X1
10
-X1
09

图 5-2-2　司控器触点动作示意图

二、电路图识图

1. 轨道交通车辆电气控制线路功能组

为了区分不同功能的电路,通常采用 2 位数字编号进行电路的功能组分组。轨道交通车辆电气控制线路图主要功能组见表 5-2-1。

表 5-2-1　轨道交通车辆电气控制线路图主要功能组

数字编号	电路类型	数字编号	电路类型
=10	主电路(高压电路)	=60	空调电路
=20	牵引/制动控制电路	=70	辅助设备电路
=30	辅助供电电路与辅助电路	=80	车门控制电路
=40	检测和信息电路	=90	特殊设备电路
=50	照明电路		

2. 设备及元件的代号及位置标注

设备及元件的代号一般为 3 位，用数字与字母组合而成，如图 5-2-3 所示。

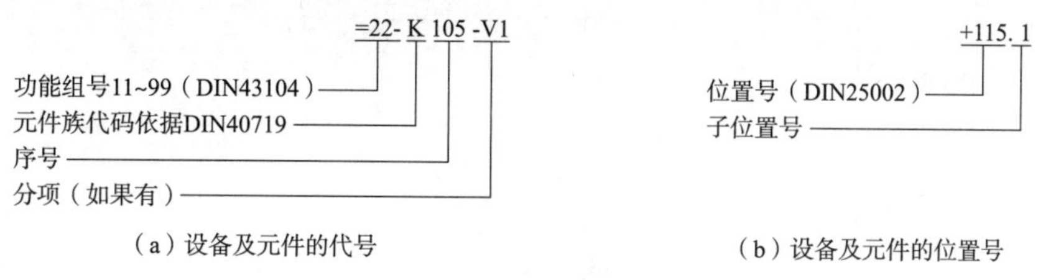

图 5-2-3　设备及元件的代号及位置标注

3. 触点的信号源坐标标注

在电器触点旁边，还会标注触点的信号源坐标，如图 5-2-4 所示。信号源坐标的前两位为信号源的功能组号，中间两位是该信号源在其功能组内的原理图页序号（图号），最后是信号源在该图页中 X 向的分区号。

4. 电器的触点索引号

为方便识读电路，在电器线圈下方，给出了该电器所有触点及触点在电路图中的位置索引号，如图 5-2-5 中=22-K102 的 1 号触点旁边标注了=72/03.5，即代表该继电器的第一组触点（动合）处于=72 功能分区的第 3 张图的 X 方向的第 5 区，2 号触点旁边标注了=22/01.7，即代表该继电器的第二组触点（动断）处于=22 功能分区的第 1 张图的 X 方向的第 7 区，第三、四组触点旁边没有任何标注，则代表这两组触点在该电路中悬空，没有使用。

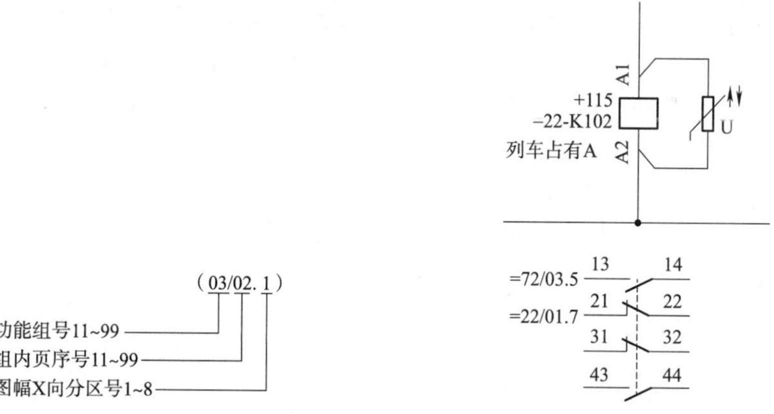

图 5-2-4　触点的信号源坐标标注　　图 5-2-5　电器的触点索引号

5. 线号标注

线号标注如图 5-2-6 所示，同一电位点的导线线号相同，每经过一个元件，线号变化一位。线号一般按照一定的规律连续编号。线号前两位为功能组号，中间两位为功能组内页序号（图号），后两位为在该图页中的导线序号。

6. 导线的来源与去向标注

导线的来源与去向与设备触点信号源标注方法一致，前两位表示其所在电路的功能组号，中间两位表示处于该类电路的第几张图纸，最后一位表示其处在该张图纸中 X 方向的第几区。例如图 5-2-7 所示，=32/02.4 表示该导线来源于低压电源控制电路(=32 功能组)第 2 张图纸的第 4 区，=22/04.1 表示该导线来源于列车控制电路(=22 功能组)第 4 张图纸的第 1 区。

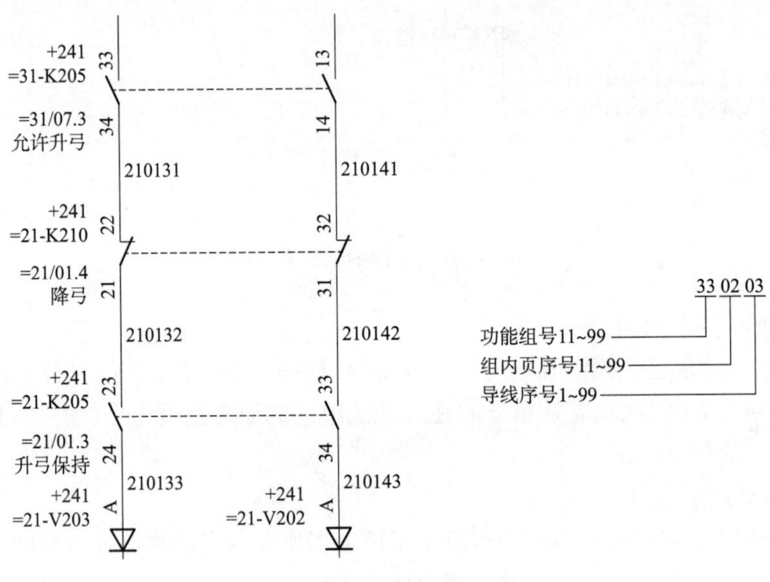

图 5-2-6　线号标注

7. 车钩装置和压力开关的触点标注

自动车钩与永久车钩的触点连接方式不同。永久车钩采用弹性触点连接形式，自动车钩为了保证可靠连接，采用弹性触点并联连接形式。图 5-2-8(a)所示为电气车钩设备点 9Y06 为 1 车 2 位端车钩电气接线盒的连接，63 与 64 为不可伸缩触点，263 与 264 为可伸缩弹性触点，在另一单元的 C 车 2 位端车钩电气接线盒与之相连接的分别是可伸缩触点和不可伸缩触点，这样保证列车过弯道时每对触点都能够可靠连接。

压力开关在电路图中的标注符号如图 5-2-8(b)所示。压力开关符号上下的参数为其动作整定值。当气压大于 7 bar 时，节点 01-04 闭合；当气压小于 6 bar 时，节点 01-02 闭合；当气压在 6～7 bar 之间时，节点保持先前状态，图中箭头方向即为节点分合方向。

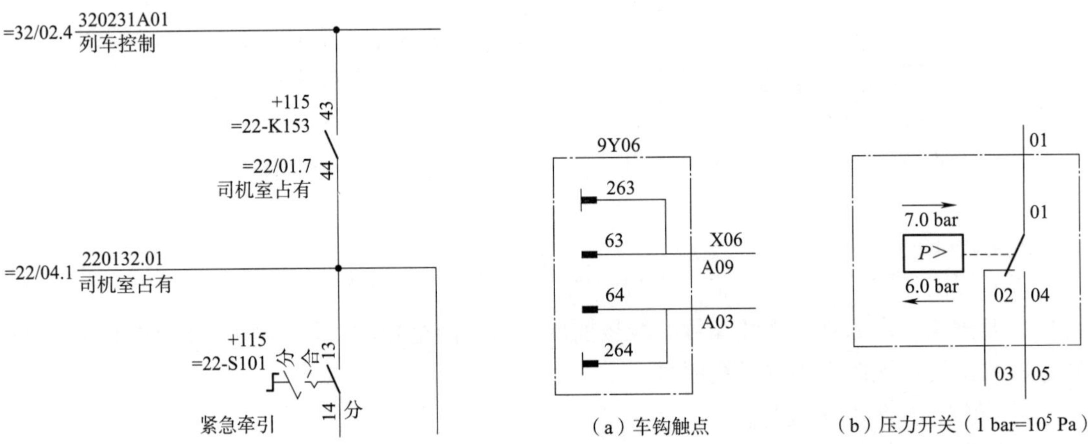

图 5-2-7　导线的来源与去向标注

(a) 车钩触点　(b) 压力开关 (1 bar=10^5 Pa)

图 5-2-8　轨道交通车钩触点和气压开关电路符号

8. 电路图的分区

为了方便查找，城市轨道交通车辆电路图借用平面坐标形式定位。横向用数字"1，2，…，8"均分，纵向用字母"A，B，…，F"均分。每张电路图中有文字区描述电路功能，说明电路的功能类型、图名、功能组号和页码。

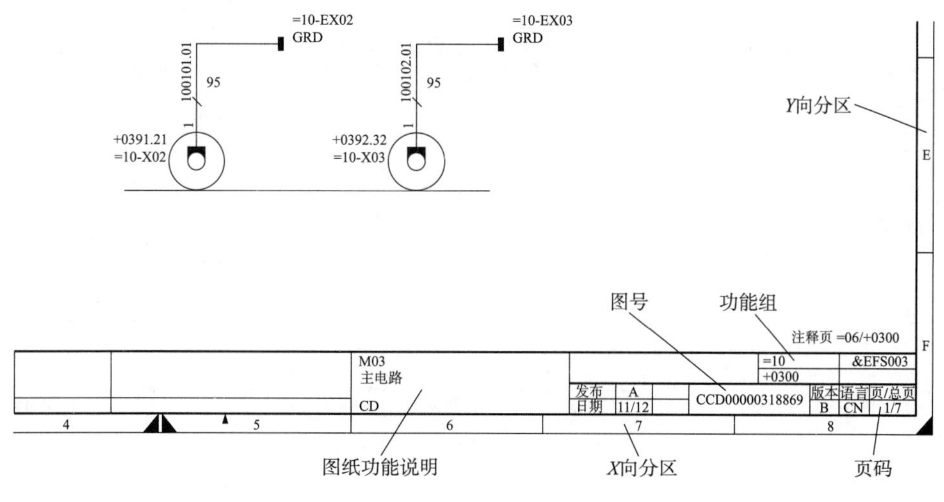

图 5-2-9 电路图的分区和信息栏

知识点二 城轨车辆典型控制回路分析

一、驾驶室占有电路分析

在非 ATB(自动折返)情况下，拧司控器钥匙，闭合 S01，DC 110 V 电通过=22-K102 的动断触点 31-32 使=22-K101 等 5 个接触器得电，从而=22-K101 的动合触点 33-34 闭合，即该电路自锁(本占有端的=22-K102 得电，使得=22-K102 的动断触点 31、32 断开)。另外=22-K101 的动合触点 13-14 闭合，DC 110 V 通过二极管后，经过中间车的贯通线通往另外半组列车，使另一边 TC06e 车的=22-K102 得电，该 TC06e 的=22-K102 的 31-32 触点断开，这样便从电气上保证在一端(TC01/TC06)车占有后，另外一端的(TC01/TC06)车无法同时占有，具体如图 5-2-10 所示。

二、受电弓控制电路分析

受电弓控制电路如图 5-2-11 所示，当列车满足升弓条件，即本端司机室占有(=22-K151 的 43-44 触点闭合)、紧急停车回路得电(紧急停车的红色蘑菇按钮没有被按下，=22-K108 的 53-54 触点闭合)、允许升弓(三位模式选择开关在受电弓位，=31-K205 的 33-34 和 13-14 触点闭合)、本弓没有被隔离(=21-S205 没有断开)的情况下，按升弓按钮=21-S02，升弓保持=21-K205 接触器得电，触点 13-14 和 23-24 闭合，升弓电磁阀=21-Y01 得电，受电弓升起。此时松开升弓按钮，=21-K205 即可通过自身 13-14 触点接通 110 V 保持吸合状态。降弓时，按降弓按钮=21-S01，触点 21-22 断开，触点 13-14 闭合，降弓=21-K210 得电，相应的触点 21-22 和 31-32 断开，=21-Y01 失电，受电弓降下。升、降弓指令通过车厢与车厢之间的接线到另外半组未占有的列车，这样便可以达到控制整列车受电弓的作用。

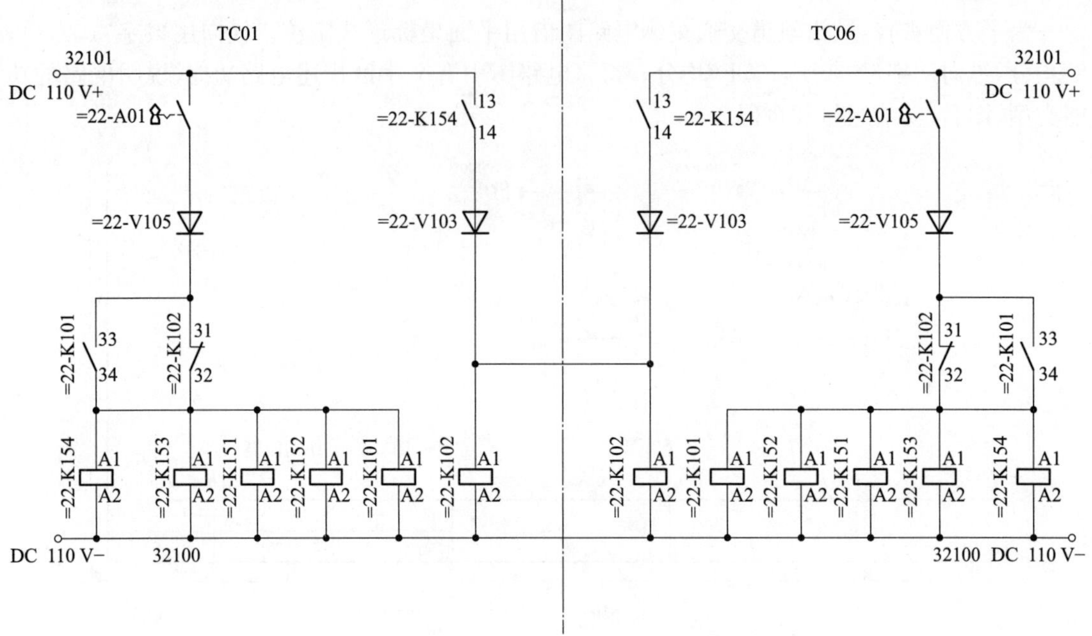

图 5-2-10　司机室占有电路

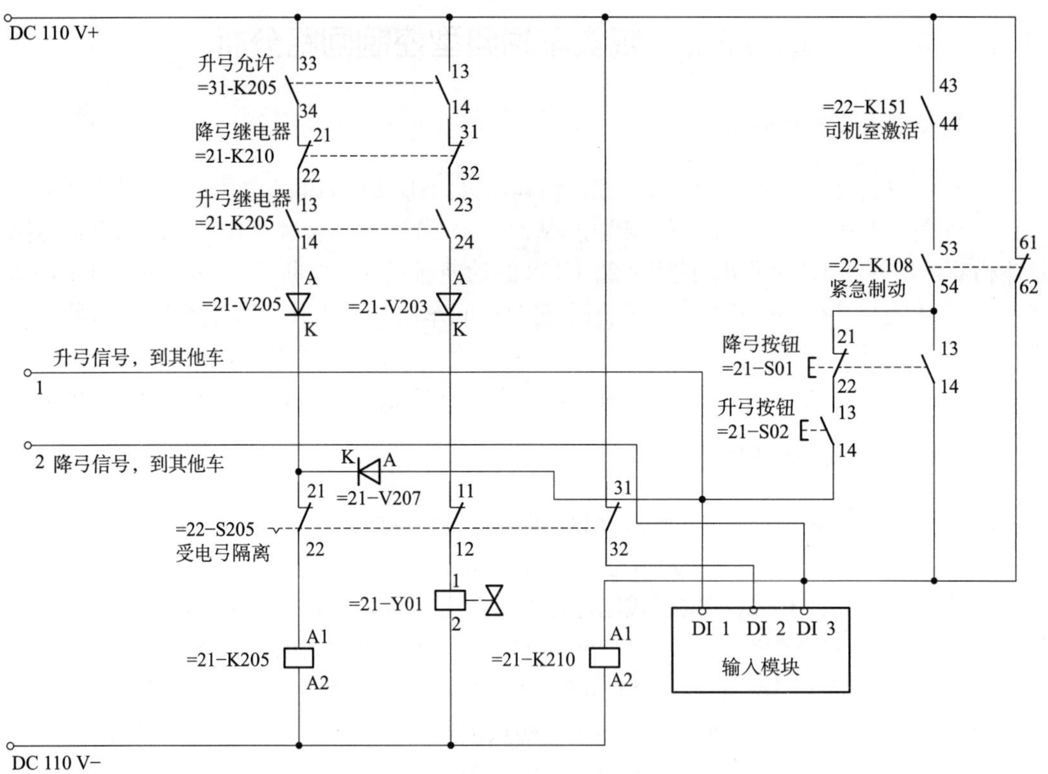

图 5-2-11　受电弓控制电路

当列车紧急制动回路被激发时，紧急继电器＝22-K108 失电，＝22-K108 的 53-54 触点断开，61-62 触点闭合，降弓继电器＝21-K210 通过 61-62 触点得电激活，受电弓降弓。

三、城轨车辆客室照明控制电路分析

城轨车辆客室照明控制电路(单节车)如图 5-2-12 所示，当客室照明开关＝52-S01 打至 ON 位，开关＝52-S01 的 3-4 触点闭合，1-2 触点保持断开，DC 110 V 经 320461 线，＝52-S01 开关 3-4 触点，520274 线，防反流二极管＝52-V108，520275 线，为照明继电器＝52-K101、＝52-K102 线圈通电。同时，520275 线经＝52-V104 为客室照明指示灯＝52-S01 红色指示灯供电。

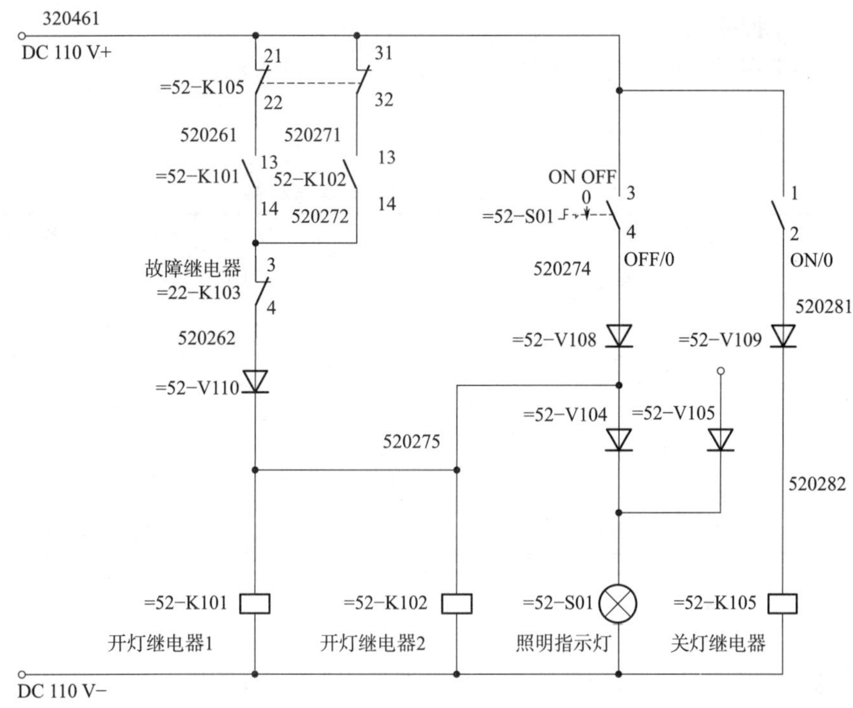

图 5-2-12　城轨车辆客室照明控制回路

照明继电器＝52-K101、＝52-K102 线圈得电后动作，两个继电器的动合触点 13-14 闭合。

DC 110 V 经 320461 线，经过照明关闭继电器＝52-K105 动断触点 21-22、31-32，从 520261 线、520271 线分别经照明继电器＝52-K101、＝52-K102 的动合触点至 520272 线，经故障继电器＝22-K103 动断触点，520262 线，防反流二极管＝52-V110，为照明继电器＝52-K101、＝52-K102 线圈供电，形成自锁(＝52-S01 为自复位开关，当操作者松手以后，其触点会自动回零断开)。

当需要关闭客室照明时，将客室照明开关＝52-S01 打至 OFF 位，开关＝52-S01 的 1-2 触点闭合，3-4 触点保持断开，DC 110 V 经 320461 线，＝52-S01 开关 1-2 触点，520281 线，防反流二极管＝52-V109，520282 线，为照明关继电器＝52-K105 线圈通电。

照明关继电器＝52-K105 线圈得电后动作，照明关继电器＝52-K105 动断触点 21-22、31-32 断开，将照明继电器＝52-K101、＝52-K102 线圈的自锁回路切断，从而断开照明继电器＝52-K101、＝52-K102 线圈电源，客室照明被关闭。

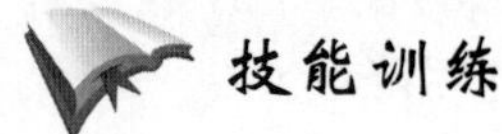

技能训练

训练一　受电弓控制电路的检查与调试

扫一扫
受电弓控制电路的检查与调试

一、训练目的

(1)掌握城轨车辆受电弓升降弓控制电路原理。

(2)掌握受电弓升降弓控制电路的调试方法。

(3)掌握受电弓控制电路常见的故障分析与处理方法。

二、训练工器具与材料(见表 5-2-2)

表 5-2-2　训练工器具与材料

序　号	工器具名称	单　位	数　量	备　注
1	数字万用表	块	1	
2	中号螺丝刀	把	2	一字头、十字头各 1 把
3	小号螺丝刀	把	2	一字头、十字头各 1 把
4	压线钳	把	2	管状端子、护套端子各 1 把
5	剥线钳	把	1	
6	斜口钳	把	1	
7	受电弓模拟电路板	套	1	带直流稳压电源

三、训练内容

识读受电弓控制电路原理图,分析并掌握电路的工作原理;然后对照原理图,对受电弓模拟电路板的电路进行调试。检测电路功能是否正常,如电路功能不正常,选用合适的仪表和工具排查并修复电路故障。

1. 电路原理分析

受电弓控制电路原理图如图 5-2-13 所示,当司机激活列车,打开司机室钥匙开关,占有本侧司机室后,列车占有继电器 22-K151 动合触点闭合,在列车无触发紧急制动的情况下,紧急停车继电器 22-K108 线圈得电,动合触点闭合,动断触点断开,当按下升弓按钮＝21-S02 时,升弓按钮＝21-S02 动合触点闭合,电源经＝22-K151 动合触点,101-004 线,＝22-K108 动合触点,101-005 线,降弓按钮＝21-S01 动断触点,101-006 线,＝21-S02 动合触点,101-001 线,防反流二极管 101-V01,101-008 线,给升弓保持继电器＝101-K02 线圈通电,升弓保持继电器＝101-K02 动合触点闭合。

如果受电弓升弓条件满足,则允许升弓继电器＝31-K205 动合触点闭合,直流电源经 101-009 线,允许升弓继电器＝31-K205 动合触点,101-013 线,降弓继电器＝101-K01 动断触点,101-014 线,升弓保持继电器＝101-K02 动合触点,101-015 线,防反流二极管＝101-V03,101-008 线,给升弓保持继电器＝101-K02 线圈供电,形成自锁。

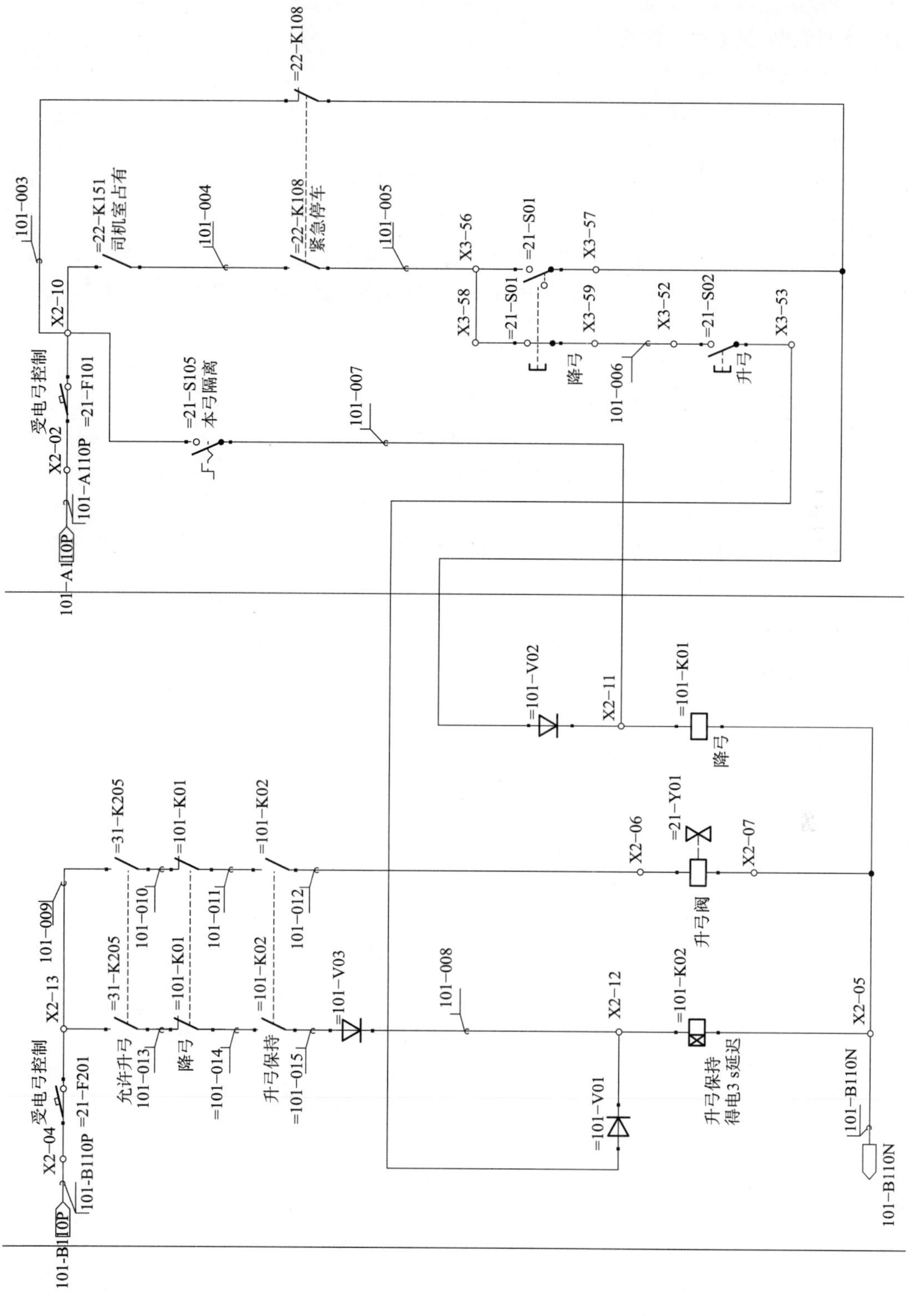

图 5-2-13　受电弓控制电路原理图

直流电源经101-009线,允许升弓继电器=31-K205动合触点,101-010线,降弓继电器=101-K01动断触点,101-011线,升弓保持继电器=101-K02动合触点,101-012线,给升弓阀=21-Y01线圈供电,受电弓气囊充气,受电弓升起。

按下降弓按钮时,降弓按钮=21-S01动断触点断开,动合触点闭合,101-005线和升弓保持继电器=101-K02线圈之间通路被切断,101-005线不能为=101-K02线圈供电,同时,101-005线经降弓按钮=21-S01动合触点,101-002线,防反流二极管=101-V02,为降弓继电器101-K01线圈供电,降弓继电器101-K01得电动作,降弓继电器=101-K01动断触点断开,升弓保持继电器=101-K02线圈,升弓阀=21-Y01线圈全部失电,受电弓排气降弓。

当列车运行过程中紧急制动被激活时,紧急停车继电器断电,紧急停车继电器=22-K108触点复位,101-003线经紧急停车继电器=22-K108的动断触点,101-002线,防反流二极管=101-V02,为降弓继电器=101-K01线圈供电,实现紧急降弓。

当司机操作本弓隔离时,101-003线经本弓隔离开关=21-S105,101-007线,为降弓继电器=101-K01线圈供电,实现降弓。

2. 电路检查与调试

(1)按照电路图对电路的功能进行测试,判断电路功能是否正常。如果电路出现故障,则观察并分析电路故障现象。

(2)根据电路的故障现象,分析电路产生故障可能的原因,并选择合适的仪表、工具进行进一步检查、测试,查找故障点。

(3)选择合适的工具和仪器,排除修复电路故障。

四、考核评价

考核评价表见表5-2-3。

表5-2-3 考核评价表(工时:2 h)

项目内容	配 分	评价标准	扣 分	得 分
工具、仪表操作	10分	(1)工具、仪表选用正确。工具、仪表选用错误,每次扣2分。 (2)仪表、工具操作规范。仪表、工具操作不规范,每项扣2分		
电路检测与调试	20分	(1)能根据电路原理检测电路功能。电路功能测试遗漏,每项扣5分。 (2)能准确判断电路功能是否正确。电路功能及现象判断错误,每项扣3分		
故障排除	30分	排除并修复电路故障。电路故障点未确定准确,每项扣10分;电路故障点确认,但未能修复,每项扣5分		
故障排查分析	30分	(1)根据电路故障现象和电路原理进行故障分析。未写详细分析过程,每项扣3分;未进行分析,每项扣5分;分析错误,每项扣5分。 (2)写出具体的故障点。故障点写错或未写,每项扣5分;故障点未精确描述,每项扣1~3分		
安全文明操作	10分	(1)工作台上工具摆放整齐。工具摆放不整齐,每件扣2分。 (2)严格遵守安全操作规程。违反安全操作规程,酌情扣3~10分		

训练二　城轨车辆车门监视电路的检查与调试

一、训练目的

(1)掌握城轨车辆车门监视电路工作原理。

(2)掌握城轨车辆车门监视电路的调试方法。

(3)掌握城轨车辆车门监视电路常见的故障分析与处理方法。

二、训练工器具与材料(见表 5-2-4)

表 5-2-4　训练工器具与材料

序　号	工器具名称	单　位	数　量	备　注
1	数字万用表	块	1	
2	中号螺丝刀	把	2	一字头、十字头各 1 把
3	小号螺丝刀	把	2	一字头、十字头各 1 把
4	压线钳	把	2	管状端子、护套端子各 1 把
5	剥线钳	把	1	
6	斜口钳	把	1	
7	车门控制模拟电路板	套	1	带直流稳压电源

三、训练内容

识读城轨车辆车门监视电路原理图,分析并掌握电路的工作原理;然后对照原理图,对车门控制模拟电路板的电路进行调试。检测电路功能是否正常,如电路功能不正常,选用合适的仪表和工具排查并修复电路故障。

1. 电路原理分析

城轨车辆车门监视电路原理图如图 5-2-14 所示,电路通过控制列车左(右)门关好继电器的得、失电以及各车门指示灯的亮、灭来实现车门监视功能。

车门控制微型断路器(=81-F101)为车门控制和监视部分电路总电源开关,断开时,车门监视回路无电;电路正常工作时,=81-F101 处于闭合位。

本单元司机室占有后,司机室占有继电器=22-K153 得电,其动合触点闭合,左右门关好继电器=81-K110、=81-K109 才能够得电,否则无法对车门状态进行监视。

A、B、C 车每节车的左右两侧车门各设置了一个车门状态监控继电器,左右司机室门各设置了一个门关好继电器。在司机室占有继电器有效的情况下,当某侧所有客室车门关好且锁闭、司机室门关好后,该侧全部车门状态监控继电器得电,其动合触点闭合,导通电源 301-A110P 到门关好继电器线圈的通路,该侧门关好继电器可以得电,反之串联的任意一个监控继电器未得电,则该侧的门关好继电器不能得电。

如果列车左侧任意一个车门监视继电器不得电,则列车左门关好继电器=81-K110 失电,则其动断触点闭合,电源经=81-F101,302-001 线,=81-K110 动断触点,302-011 线,防反流二极管=302-V01,302-012 线,点亮=81-S101D 左门开指示灯;左门关好继电器=81-K110 动合触点断开,=81-S103D 左门关指示灯失电熄灭。

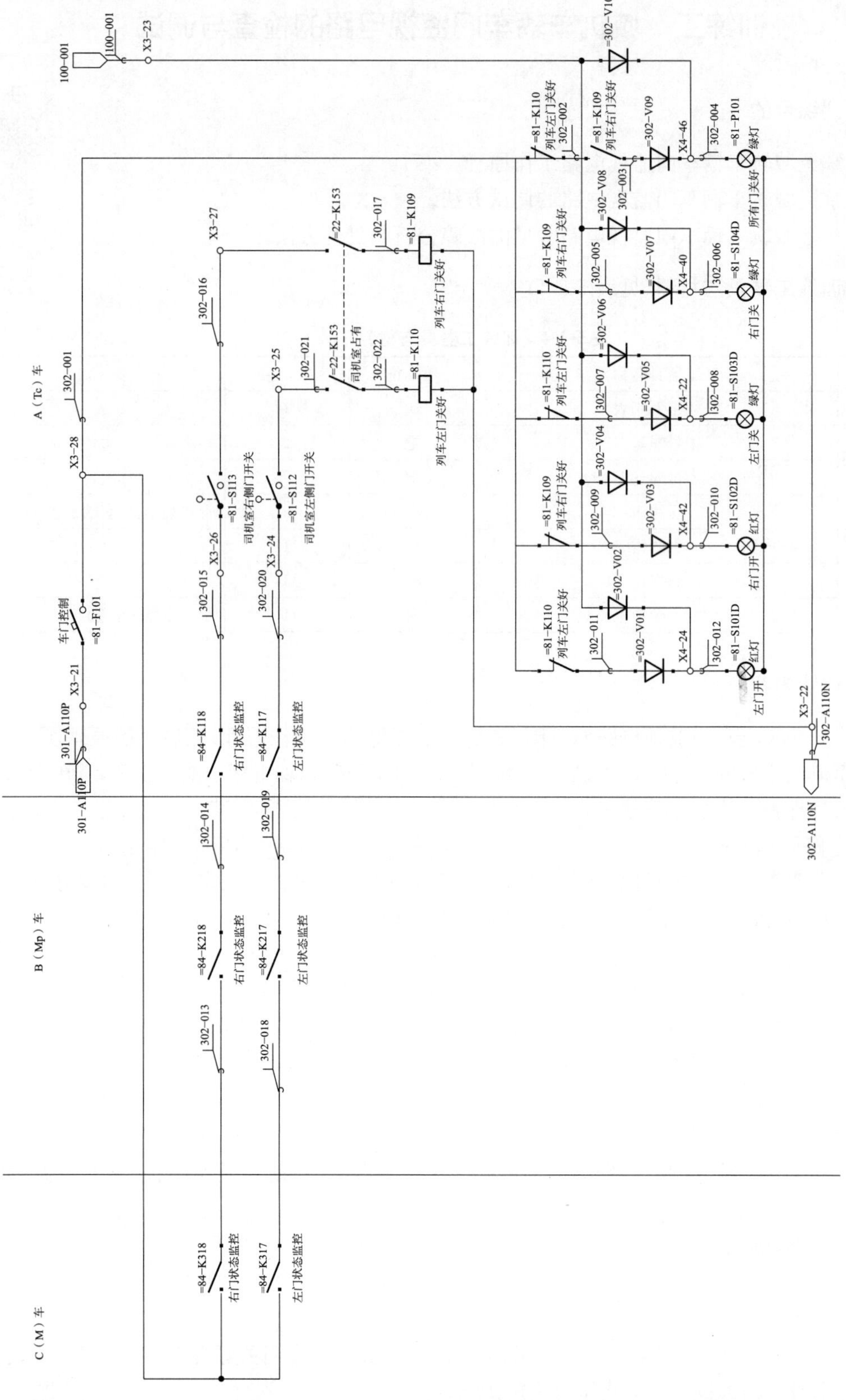

图 5-2-14　城轨车辆车门监视电路原理图

如果列车左门关好继电器=81-K110得电，则其动合触点闭合，电源经=81-F101，302-001线，=81-K110常开触点，302-007线，防反流二极管=302-V05，302-008线，点亮=81-S103D左门关指示灯；左门关好继电器=81-K110动断触点断开，=81-S101D左门开指示灯失电熄灭。

如果列车右侧任意一个车门监视继电器不得电，则列车右门关好继电器=81-K109失电，则其动断触点闭合，电源经=81-F101，302-001线，=81-K109动断触点，302-009线，防反流二极管=302-V03，302-010线，点亮=81-S102D右门开指示灯；右门关好继电器=81-K109动合触点断开，=81-S104D右门关指示灯失电熄灭。

如果列车右门关好继电器=81-K110得电，则其动合触点闭合，电源经=81-F101，302-001线，=81-K109动合触点，302-005线，防反流二极管=302-V07，302-006线，点亮=81-S104D右门关指示灯；右门关好继电器=81-K109动断触点断开，=81-S102D右门开指示灯失电熄灭。

2. 电路检查与调试

(1)按照电路图对电路的功能进行测试，判断电路功能是否正常。如果电路出现故障，则观察并分析电路故障现象。

(2)根据电路的故障现象，分析电路产生故障可能的原因，并选择合适的仪表、工具进行进一步检查、测试，查找故障点。

(3)选择合适的工具和仪器，排除修复电路故障。

四、考核评价

考核评价表见表5-2-5。

表5-2-5　考核评价表(工时:2 h)

项目内容	配　分	评价标准	扣　分	得　分
工具、仪表操作	10分	(1)工具、仪表选用正确。工具、仪表选用错误，每次扣2分。 (2)仪表、工具操作规范。仪表、工具操作不规范，每项扣2分		
电路检测与调试	20分	(1)能根据电路原理检测电路功能。电路功能测试遗漏，每项扣5分。 (2)能准确判断电路功能是否正确。电路功能及现象判断错误，每项扣3分		
故障排除	30分	排除并修复电路故障。电路故障点未确定准确，每项扣10分；电路故障点确认，但未能修复，每项扣5分		
故障排查分析	30分	(1)根据电路故障现象和电路原理进行故障分析。未写详细分析过程，每项扣3分；未进行分析，每项扣5分；分析错误，每项扣5分。 (2)写出具体的故障点。故障点写错或未写，每项扣5分；故障点未精确描述，每项扣1～3分		
安全文明操作	10分	(1)工作台上工具摆放整齐。工具摆放不整齐，每件扣2分。 (2)严格遵守安全操作规程。违反安全操作规程，酌情扣3～10分		

测评题

一、单选题

1. 继电器、接触器等的电气联锁用两位数字标注，触点号为21-22的触点是(　　)。
   (A)动合触点　　(B)动断触点　　(C)主触点

2. 某开关触点如图 5-2-15 所示,该开关打到什么位时其触点状态会闭合(　　)。

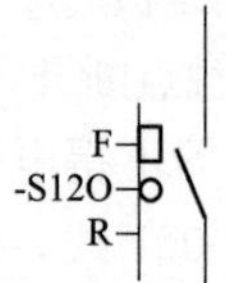

图 5-2-15　某开关触点

(A)O 位　　(B)R 位　　(C)F 位　　(D)都不正确

3. 下面表示牵引/制动控制电路和车门控制电路功能编码正确的是(　　)。

(A)=10、=20　　(B)=20、=80

(C)=80、=20　　(D)=40、=50

4. 城轨车辆电气控制线路线号标注时,同一电位点的导线线号(　　)。

(A)相同　　(B)不同　　(C)随意标注

5. 城轨车辆电气控制线路线号标注时,6 位线号的中间两位是(　　)。

(A)功能组号　　(B)功能组内图页序号

(C)导线序号　　(D)都不是

6. 导线的来源与去向与设备触点信号源标注方法一致,(　　)表示其所在电路的功能组号(　　)。

(A)最后一位　　(B)最后两位　　(C)中间两位　　(D)前两位

7. 一端 Tc 车占有后,另外一端的 Tc 车无法同时占有,是通过(　　)继电器来实现的。

(A)=31-K102　　(B)=21-K103　　(C)=31-K105　　(D)=22-K102

8. 紧急停车继电器=22-K108 失电以后,下面说法正确的是(　　)。

(A)受电弓会降弓　　(B)司机室占有继电器失电

(C)=21-K205 失电　　(D)=21-K210 失电

二、判断题

(　　)1. 为了方便查找,城市轨道交通车辆电路图借用平面坐标形式定位。横向用数字"1,2,…,8"均分,纵向用字母"A,B,…,F"均分。

(　　)2. 列车激活以后,按下升弓按钮,就可以实现升弓

(　　)3. 导线的来源与去向与设备触点信号源标注方法一致。

(　　)4. 城轨车辆某一侧任意一个车门未关好,则该侧的车门状态监控继电器不得电,该侧门关好指示灯将不会点亮。

(　　)5. 城轨车辆控制线路线号标注时,每经过一个接点,线号变化一位,线号一般按照一定的规律连续编号。

附录

附录 A

轨道交通电气设备装调职业技能等级标准

（2021 年 2.0 版）

中国中车集团有限公司制定

2021 年 12 月发布

目　次

前　言

本标准按照 GB/T 1.1—2020《标准化工作导则　第 1 部分：标准化文件的结构和起草规则》的规定起草。

本标准起草单位：中车青岛四方机车车辆股份有限公司、中车长春轨道客车股份有限公司、中车唐山机车车辆股份有限公司、中车株洲电力机车有限公司、中车齐车集团有限公司、中车株洲电力机车研究所有限公司、中车株洲电机有限公司、中车永济电机有限公司、湖南铁道职业技术学院、常州铁道高等职业技术学校、常州机电职业技术学院、长沙航空职业技术学院等（排序不分先后）。

本标准主要起草人：吴新林、段树华、曾金传、罗昭强、张莹、娄树国、苗苗、赵太平、罗伟、李彦坤、黄召明、曹炜洲、张华、王亚彬、杨学军、强惠萍、刘小春、杨梦勤、张蕾、孙洲等（排名不分先后）。

1 范围

本标准规定了轨道交通电气设备装调职业技能的能力要求等级、主要职责及职业技能要求。

本标准适用于轨道交通电气设备装调职业技能培训、考核与评价,相关用人单位的人员聘用、培训与考核可参照使用。

2 规范性引用文件

下列文件对于本文件的应用是必不可少的。凡注日期的引用文件,仅注日期的版本适用于本文件。凡是不注日期的引用文件,其最新版本(包括所有的修改单)适用于本文件。

GB 50034—2013 《建筑照明设计标准》

GB 50052—2009 《供配电系统设计规范》

GB 50054—2011 《低压配电设计规范》

GB 50055—2011 《通用用电设备配电设计规范》

GB 50303—2015 《建筑电气工程施工质量验收规范》

GB 50311—2016 《综合布线系统工程设计规范》

3 术语和定义

国家、行业标准界定的以及下列术语的定义适用于本标准。

3.1 轨道交通 Rail Transit

是指运营车辆需要在特定轨道上行驶的一类交通工具或运输系统,即轮轨形式的交通运输系统。最常见类型有:传统铁路、城市轨道交通。

3.2 电气设备 Electrical Equipment

是指利用高低压电器、电子元件、可编程控制器、变频器、触摸屏以及计算机网络通信等器件构成的电气控制设备的统称。

3.3 装调 Alignment

即为装配与调试的统称。是指利用专业知识、方法和工具,将某一需求实现成为具有一定功能产品的技能。

3.4 工作领域 Areas of work

是将职业岗位或岗位群所涉及的职业活动,按工作性质和要求分解成若干个工作范畴或范围。

3.5　工作任务　Work Assignment

是职业和岗位的工作内容，是通过对从业者的实际工作提炼、概括而形成的具有普遍性、稳定性的工作内容。

3.6　职业技能要求　Skill Requirements

是完成工作任务所需职业素养、专业知识和技术技能的综合体现。

3.7　PLC　Programmable Logic Controller

一种专门为在工业环境下应用而设计的数字运算操作的电子装置。采用可以编制程序的存储器，用来在其内部存储执行逻辑运算、顺序运算、计时、计数和算术运算等操作的指令，并能通过数字式或模拟式的输入和输出，控制各种类型的机械、电气或生产过程。

3.8　PID　Proportion Integration Differentiation

比例积分微分的缩写。P 的作用是比例，能够加快调节速度。I 的作用是减小误差，从而消除静差。D 的作用是改善系统的动态性能。

3.9　GB　Guo Biao

即 GB 国家标准，“国”“标”两个字汉语拼音的第一个字符。

3.10　LED　Light Emitting Diode

发光二极管的英文缩写，简称 LED。它是一种通过控制半导体发光二极管的显示方式，用来显示文字、图形、图像、动画、行情、视频、录像信号等各种信息的显示屏幕。

4　适用院校专业

4.1　参照原版专业目录

中等职业学校：电力机车运用与检修、内燃机车运用与检修、铁道车辆运用与检修、电气化铁道供电、城市轨道交通车辆运用与检修、城市轨道交通供电、机电技术应用、电气运行与控制、电气技术应用、机电设备安装与维修、电子电器应用与维修等专业。

高等职业学校：铁道机车车辆制造与维护、铁道通信信号设备制造与维护、动车组检修技术、铁道机车、铁道车辆、铁道供电技术、城市轨道交通车辆技术、城市轨道交通机电技术、自动化生产设备应用、机电设备安装技术、电机与电器技术、机电设备维修与管理、数控设备应用与维修、机电一体化技术、智能控制技术、电气自动化技术等专业。

高等职业教育本科学校：城市轨道交通设备与控制、智能制造工程、电气工程及其自动化、智能控制技术、自动化技术与应用等专业。

应用型本科学校：轨道交通电气与控制、轨道交通信号与控制、机电技术教育、智能制造工程、智能车辆工程、电气工程及其自动化、自动化、电机电器智能化、电气工程与智能控制、智能装备与系统等专业。

4.2 参照新版职业教育专业目录

中等职业学校:电力机车运用与检修、内燃机车运用与检修、铁道车辆运用与检修、电气化铁道供电、城市轨道交通车辆运用与检修、城市轨道交通供电、智能设备运行与维护、机电技术应用、电气设备运行与控制、智能化生产线安装与运维、电子电器应用与维修等专业。

高等职业学校:铁道机车车辆制造与维护、高速铁路动车组制造与维护、城市轨道交通车辆制造与维护、轨道交通通信信号设备制造与维护、铁道机车运用与维护、铁道车辆技术、动车组检修技术、铁道供电技术、智能制造装备技术、机电设备技术、电机与电器技术、机电一体化技术、智能机电技术、智能控制技术、电气自动化技术等专业。

高等职业教育本科学校:轨道交通车辆工程技术、轨道交通智能控制装备技术、高速铁路动车组技术、铁道机车智能运用技术、城市轨道交通设备与控制技术、智能制造工程技术、装备智能化技术、电气工程及自动化、智能控制技术、自动化技术与应用等专业。

应用型本科学校:轨道交通电气与控制、轨道交通信号与控制、机电技术教育、智能制造工程、智能车辆工程、电气工程及其自动化、自动化、电机电器智能化、电气工程与智能控制、智能装备与系统等专业。

5 面向职业岗位(群)

轨道交通电气设备装调(初级):主要面向电器元件检测、电气产品生产制造与运用维护等职业岗位,主要完成电器元件检查与测量、简单电气设备安装与调试等工作,从事电器元件检查与测量、简单电气设备安装与调试等工作。

轨道交通电气设备装调(中级):主要面向电气产品设计改造、生产制造、运维等职业岗位,主要完成电气产品设计、安装、调试、维护与检修等工作,从事电气产品设计、安装、调试、维护与检修等工作。

轨道交通电气设备装调(高级):主要面向电气产品设计、研发、制造、运维等职业岗位,主要完成高端智能化电气产品设计与研发、安装与调试、维护与检修等工作,从事高端智能化电气产品设计与研发、安装与调试、维护与检修等工作。

6 职业技能要求

6.1 职业技能等级划分

轨道交通电气设备装调职业技能等级分为三个等级:初级、中级、高级。三个级别依次递进,高级别涵盖低级别职业技能要求。

轨道交通电气设备装调(初级):根据工作任务要求,从事电子电器检测、电气安装、简单电气电路调试等工作。

轨道交通电气设备装调(中级):根据产品技术文件要求,从事轨道装备电气控制设计、改造、安装、调试、维护等工作。

轨道交通电气设备装调(高级):根据业务的需求,从事现代智能化轨道装备电气控制系统设计、研发、编程、组态、通信、调试、维护等工作。

6.2　职业技能等级要求描述

表 1　轨道交通电气设备装调职业技能等级要求(初级)

工作领域	工作任务	职业技能要求
1. 工具与仪表使用、安全用电	1.1 安全用电	1.1.1 能独立根据任务要求,正确选择工具、仪表,测量绝缘参数。 1.1.2 能独立根据任务要求,合理选择导线截面。 1.1.3 能独立分辨颜色标志、标示牌标志和型号标志的使用。 1.1.4 能根据触电现场,进行触电急救的处理。 1.1.5 能根据电气火灾现场,进行电气火灾的处理
	1.2 安全防护用具	1.2.1 会正确使用高、低压验电器。 1.2.2 会正确使用携带型接地线。 1.2.3 会正确使用绝缘手套及绝缘靴、垫及绝缘棒等
	1.3 工具的使用	1.3.1 会正确使用螺丝刀、钢丝钳、斜口钳、压线钳、电工刀及剥线钳等工具,达到熟练程度。 1.3.2 会正确使用扳手、手锯、锉刀等工具,达到熟练程度。 1.3.3 会正确使用液压、气动等常用工具,达到一般会用程度。 1.3.4 会正确操作使用手电钻、热风枪、束带枪等手持式电动工具,达到熟练程度。 1.3.5 会正确操作使用力矩扳手、力矩螺丝刀等装调专用工具,达到一般会用程度
	1.4 仪表的使用	1.4.1 会正确操作使用电压表、电流表、钳形电流表、功率表及电度表等。 1.4.2 会正确操作使用万用表。 1.4.3 会正确操作使用兆欧表。 1.4.4 会正确操作使用接地电阻测量仪。 1.4.5 会正确操作使用单臂电桥、双臂电桥。 1.4.6 会正确操作使用示波器
2. 轨道交通简单电气控制电路的安装与调试	2.1 低压电器的检测与调试	2.1.1 能独立应用常用工具、仪表进行轨道交通载运装备常用主令电器(如:按钮、转换开关等)的检测与调试,达到能正确判断质量好坏标准。 2.1.2 能独立应用常用工具、仪表进行轨道交通载运装备典型接触器(如:交流接触器、直流接触器等)的检测与调试,达到能正确判断质量好坏标准。 2.1.3 能独立应用常用工具、仪表进行轨道交通载运装备典型继电器(如:交流继电器、直流继电器等)的检测与调试,达到能正确判断质量好坏标准
	2.2 配电系统、照明线路的装调	2.2.1 能独立根据任务要求,使用常用工具、仪表进行轨道交通载运装备配电设备(如:低压配电、照明控制、应急充电等)的安装、维护与保养,达到设备正常运行标准。 2.2.2 能独立根据任务要求,正确选择轨道交通载运装备配电系统与照明线路中的断路器大小。 2.2.3 能独立根据任务要求,使用常用工具进行轨道交通载运装备导线敷设及连接,达到工艺要求标准。 2.2.4 能独立根据任务要求,使用常用工具进行轨道交通载运装备中触摸开关、感应开关的安装,达到工艺安装要求标准。 2.2.5 能独立根据任务要求,使用常用工具进行轨道交通载运装备漏电自动开关的安装,达到工艺安装要求标准。 2.2.6 能独立根据任务要求,使用常用工具进行轨道交通载运装备中电能计量设备的安装,达到工艺安装要求标准。 2.2.7 能独立根据任务要求,使用常用工具进行轨道交通载运装备中白炽灯、日光灯、电子荧光灯、LED 灯等灯具的安装,达到工艺安装要求标准

续上表

工作领域	工作任务	职业技能要求
2. 轨道交通简单电气控制电路的安装与调试	2.3 直流电动机典型控制电路的装调	2.3.1 能独立根据任务要求,使用常用工具、仪表进行轨道交通载运装备中直流电动机正、反转、调速及能耗制动的控制安装与调试,达到电气功能控制要求。 2.3.2 能独立根据任务要求,使用常用工具、仪表进行轨道交通载运装备中直流电动机的正、反转、调速及能耗制动控制线路的故障排除,恢复电气功能控制要求
	2.4 交流电动机典型控制电路的装调	2.4.1 能独立根据任务要求,使用常用工具、仪表进行单相交流异步电动机绕组接线,达到工艺安装要求标准。 2.4.2 能独立根据任务要求,使用常用工具、仪表进行轨道交通载运装备上单相交流异步电动机典型正反转控制安装、接线与调试,达到工艺安装、接线要求及控制功能。 2.4.3 能独立根据任务要求,使用常用工具、仪表进行轨道交通载运装备上三相交流异步电动机典型启动控制电路安装、接线与调试,达到工艺安装、接线要求及控制功能。 2.4.4 能独立根据任务要求,使用常用工具、仪表进行轨道交通载运装备上三相交流异步电动机典型正反转控制电路安装、接线与调试,达到工艺安装、接线要求及控制功能。 2.4.5 能独立根据任务要求,使用常用工具、仪表进行轨道交通载运装备上三相交流异步电动机典型时间原则控制电路安装、接线与调试,达到工艺安装、接线要求及控制功能。 2.4.6 能独立根据任务要求,使用常用工具、仪表进行轨道交通载运装备上三相交流异步电动机典型行程原则控制电路安装、接线与调试,达到工艺安装、接线要求及控制功能
3. 轨道交通中简单电子电路的装调	3.1 电子元件识别与检测	3.1.1 会正确使用常用仪表,独自完成电阻的类别、功率、阻值的判别,到达选型和质量好坏判别标准。 3.1.2 会正确使用常用仪表,独自完成电容的类别、容量、耐压及质量的判别,到达选型和质量好坏判别标准。 3.1.3 会正确使用常用仪表,独自完成电感的类别、功率、阻值的判别,到达选型和质量好坏判别标准。 3.1.4 会正确使用常用仪表,独自完成二极管、三极管管脚及质量的判别,到达选型使用和质量好坏判别标准。 3.1.5 会正确使用常用仪表,独自完成单结晶体管、晶闸管类别、型号、管脚及质量的判别,到达选型使用和质量好坏判别标准。 3.1.6 能正确识别常用与非门、三端稳压等集成块型号与管脚,到达选型使用和质量好坏判别标准。 3.1.7 能正确识别常用运算放大器集成块型号与管脚,到达选型使用和质量好坏判别标准
	3.2 简单电子电路焊接与调试	3.2.1 能正确操作使用电子焊接工具,按照焊接工艺要求,独立完成轨道交通电气设备中点焊、对焊、印制电路板焊等。 3.2.2 能根据任务要求,独立完成电子电路的元器件安装、布局等,达到工艺要求。 3.2.3 能根据任务要求,独立完成电子电路的连线焊接,达到工艺要求。 3.2.4 能根据任务要求,读懂电气原理,应用电子焊接工具、仪表,独立完成轨道交通电气设备中简单电路(如:稳压电源电路、可控硅保护电路等)的安装与调试,达到安装工艺和控制功能要求

表 2　轨道交通电气设备装调职业技能等级要求(中级)

工作领域	工作任务	职业技能要求
1. 轨道交通电气设备中常用高低压电器器件的检查与调试	1.1 接触器的拆装、检查与调试	1.1.1 能使用有关工具,正确完成轨道交通载运装备中直流接触器的拆装,达到拆卸工艺要求。 1.1.2 能根据任务要求,使用有关工具、仪表,正确完成轨道交通载运装备中直流接触器的检查与调试,达到安装工艺和控制功能要求。 1.1.3 能使用有关工具,正确完成轨道交通载运装备中交流接触器的拆装,达到拆卸工艺要求。 1.1.4 能根据任务要求,使用有关工具、仪表,正确完成轨道交通载运装备中交流接触器的检查与调试,达到安装工艺和控制功能要求
	1.2 高压隔离开关的检查与调试	1.2.1 能使用有关工具,正确完成轨道交通载运装备中高压隔离开关的拆装,达到拆卸工艺要求。 1.2.2 能根据任务要求,使用有关工具、仪表,正确完成轨道交通载运装备中高压隔离开关的检查与调试,达到安装工艺和控制功能要求
	1.3 万能转换开关的拆装、检查与调试	1.3.1 能根据任务要求,使用有关工具、仪表,正确完成轨道交通载运装备中万能转换开关的拆装,并实现三相异步电动机正反转的万能转换开关控制,达到拆卸工艺要求。 1.3.2 能根据任务要求,使用有关工具、仪表,正确完成轨道交通载运装备中万能转换开关的拆装,并实现三相电压监测的万能转换开关控制,达到安装工艺和控制功能要求
2. 轨道交通电气设备中典型电气控制电路的设计、安装与调试	2.1 典型继电电气控制电路设计、安装与调试	2.1.1 能根据任务要求,进行轨道交通载运装备中典型电动机启动、制动控制电路设计,并会使用有关工具、仪表,独立正确完成该电路的安装与调试,达到安装工艺和控制功能要求。 2.1.2 能根据任务要求,进行轨道交通载运装备中典型电动机时间原则控制电路的设计,并会使用有关工具、仪表,独立正确完成该电路的安装与调试,达到安装工艺和控制功能要求。 2.1.3 能根据任务要求,进行轨道交通载运装备中典型电动机行程原则控制电路的设计,并会使用有关工具、仪表,独立正确完成该电路的安装与调试,达到安装工艺和控制功能要求。 2.1.4 能根据任务要求,进行轨道交通载运装备中典型双速电机控制电路的设计,并会使用有关工具、仪表,独立正确完成该电路的安装与调试,达到安装工艺和控制功能要求
	2.2 简单可编程控制器电气控制电路设计、安装与调试	2.2.1 能根据任务要求,使用可编程控制器(PLC)进行轨道交通载运装备中简单控制电路的设计,达到符合控制功能要求。 2.2.2 能根据任务要求及设计的简单控制电路,使用有关工具、仪表,会独立正确完成相应电路的安装、接线与调试,达到安装工艺和控制功能要求
	2.3 简单变频器电气控制电路设计、安装与调试	2.3.1 能根据任务要求,使用变频器进行轨道交通载运装备中简单变频器电气调速控制电路的设计,并会使用有关工具、仪表,独立正确完成相应电路的安装、接线与调试,达到安装工艺和控制功能要求。 2.3.2 能根据任务要求,使用变频器、PLC 进行轨道交通载运装备中简单电气调速系统的设计,并会使用有关工具、仪表,独立正确完成相应电路的安装、接线与调试,达到安装工艺和控制功能要求
3. 轨道交通电气设备中常用电子电路的安装与调试	3.1 常用模拟电子电路的安装与调试	3.1.1 能根据任务要求,使用有关工具、仪表,独立正确完成轨道交通载运装备中典型功率放大电路的安装与调试。 3.1.2 能根据任务要求,使用有关工具、仪表,独立正确完成轨道交通载运装备中典型放大电路的安装与调试,达到安装工艺和控制功能要求

续上表

工作领域	工作任务	职业技能要求
3. 轨道交通电气设备中常用电子电路的安装与调试	3.2 常用数字电子电路的安装与调试	3.2.1 能根据任务要求,使用有关工具、仪表,独立正确完成轨道交通载运装备中典型组合逻辑电路与时序电路的安装与调试,达到安装工艺和控制功能要求。 3.2.2 能根据任务要求,使用有关工具、仪表,独立正确完成轨道交通载运装备中典型单稳态、双稳态及多谐振荡应用电路的安装与调试,达到安装工艺和控制功能要求。 3.2.3 能根据任务要求,使用有关工具、仪表,独立正确完成轨道交通载运装备中典型集成运放驱动电路的安装与调试,达到安装工艺和控制功能要求
	3.3 常用电力电子电路的安装与调试	3.3.1 能根据任务要求,使用有关工具、仪表,独立正确完成轨道交通载运装备中典型单相可控整流电路的安装与调试,达到安装工艺和控制功能要求。 3.3.2 能根据任务要求,使用有关工具、仪表,独立正确完成轨道交通载运装备中典型单相交流调压电路的安装与调试,达到安装工艺和控制功能要求。 3.3.3 能根据任务要求,使用有关工具、仪表,独立正确完成轨道交通载运装备中典型开关电源电路的安装与调试,达到安装工艺和控制功能要求
4. 轨道交通常用电气设备的检查与调试	4.1 轨道交通载运装备部件加工生产设备的检查与调试	4.1.1 能独立操作摇臂钻床,观察电气与机械相关动作,使用有关工具、仪表,正确完成电气故障检查与调试,达到设备正常运行功能。 4.1.2 能独立操作万能铣床,观察电气与机械相关动作,使用有关工具、仪表,正确完成电气故障检查与调试,达到设备正常运行功能。 4.1.3 能独立操作镗床,观察电气与机械相关动作,使用有关工具、仪表,正确完成电气故障检查与调试,达到设备正常运行功能。 4.1.4 能独立操作天车(桥式起重机)等类生产设备,观察电气与机械相关动作,使用有关工具、仪表,正确完成电气故障检查与调试,达到设备正常运行功能
	4.2 轨道交通载运装备部件产品设备(装置)的检查与调试	4.2.1 能独立操作像机车照明电路、机车受电弓控制电路、机车主断路器控制电路等类似部件产品设备或装置,观察电气与机械相关动作,使用有关工具、仪表,正确完成电气故障检查与调试,达到设备正常运行功能。 4.2.2 能独立操作像车辆 380 V 及 DC 600 V 供电控制电路、电源照明控制柜、应急电源柜、电子防滑器、轴温报警器、空调装置等类似部件产品设备或装置,观察电气与机械相关动作,使用有关工具、仪表,正确完成电气故障检查与调试,达到设备正常运行功能

表 3　轨道交通电气设备装调职业技能等级(高级)

工作领域	工作任务	职业技能要求
1. 轨道交通中较复杂电子电路的设计、安装与调试	1.1 复杂模拟电子电路的设计、安装与调试	1.1.1 能根据任务要求,进行轨道交通载运装备中典型多级放大电路的设计,并会使用有关工具、仪表,独立正确完成该电路的安装与调试,达到安装工艺和控制功能要求。 1.1.2 能根据任务要求,进行轨道交通载运装备中典型复杂集成运放电路的设计,并会使用有关工具、仪表,独立正确完成该电路的安装与调试,达到安装工艺和控制功能要求。 1.1.3 能根据任务要求,进行轨道交通载运装备中典型多谐振荡电路的设计,并会使用有关工具、仪表,独立正确完成该电路的安装与调试,达到安装工艺和控制功能要求。 1.1.4 能根据任务要求,进行轨道交通载运装备中典型综合模拟电子电路的设计,并会使用有关工具、仪表,独立正确完成其电路的安装与调试,达到安装工艺和控制功能要求

续上表

工作领域	工作任务	职业技能要求
1. 轨道交通中较复杂电子电路的设计、安装与调试	1.2 复杂数字电子电路的设计、安装与调试	1.2.1 能根据任务要求，进行轨道交通载运装备中典型时序逻辑电路的设计，并会使用有关工具、仪表，独立正确完成该电路的安装与调试，达到安装工艺和控制功能要求。 1.2.2 能根据任务要求，进行轨道交通载运装备中典型组合逻辑电路的设计，并会使用有关工具、仪表，独立正确完成该电路的安装与调试，达到安装工艺和控制功能要求。 1.2.3 能根据任务要求，进行轨道交通载运装备中典型计数电路的设计，并会使用有关工具、仪表，独立正确完成该电路的安装与调试，达到安装工艺和控制功能要求。 1.2.4 能根据任务要求，进行轨道交通载运装备中典型综合简谐振荡、多谐振荡等应用电路的设计，并会使用有关工具、仪表，独立正确完成该电路的安装与调试，达到安装工艺和控制功能要求。 1.2.5 能根据任务要求，进行轨道交通载运装备中典型综合数字电子电路的设计，并会使用有关工具、仪表，独立正确完成该电路的安装与调试，达到安装工艺和控制功能要求
	1.3 复杂电力电子电路的设计、安装与调试	1.3.1 能根据任务要求，进行轨道交通载运装备中典型单相可控硅整流电路的设计，并会使用有关工具、仪表，独立正确完成该电路的安装与调试，达到安装工艺和控制功能要求。 1.3.2 能根据任务要求，进行轨道交通载运装备中典型单相逆变电路的设计，并会使用有关工具、仪表，独立正确完成该电路的安装与调试，达到安装工艺和控制功能要求。 1.3.3 能根据任务要求，进行轨道交通载运装备中典型三相可控整流电路的设计，并会使用有关工具、仪表，独立正确完成该电路的安装与调试，达到安装工艺和控制功能要求。 1.3.4 能根据任务要求，进行轨道交通载运装备中典型三相交流调压电路的设计，并会使用有关工具、仪表，独立正确完成该电路的安装与调试，达到安装工艺和控制功能要求
2. 轨道交通电气设备中特种电机控制的接线与调试	2.1 步进电机的接线与调试	2.1.1 能根据任务要求，独立正确设置使用步进驱动器，达到控制功能要求。 2.1.2 能根据任务要求，进行步进驱动系统控制电路设计，并会使用有关工具、仪表，独立正确完成该电路的安装与调试，达到安装工艺和控制功能要求
	2.2 伺服电机的接线与调试	2.2.1 能根据任务要求，独立正确设置使用伺服驱动器，达到控制功能要求。 2.2.2 能根据任务要求，进行伺服驱动系统控制电路设计，并会使用有关工具、仪表，独立正确完成该电路安装与调试，达到安装工艺和控制功能要求
3. 轨道交通电气设备中综合性现代电气控制系统的设计安装与调试	3.1 PLC、变频器组成的综合轨道装备电气控制系统的设计、安装与调试	3.1.1 能根据任务要求，会编写 PLC 程序实现变频器各种运行控制。 3.1.2 能根据任务要求，使用模拟量输入输出模块，会编写 PLC 程序实现功能控制。 3.1.3 能根据任务要求，会编写 PLC 程序实现 PID 闭环控制。 3.1.4 能根据任务要求，应用 PLC 功能指令，会编写 PLC 程序进行工程实例控制。 3.1.5 能根据任务要求，使用 PLC、变频器进行电路设计，并会使用有关工具、仪表，独立正确完成轨道交通载运装备中典型的综合电气控制系统的安装与调试
	3.2 PLC、变频器、触摸屏组成的综合轨道装备电气控制系统的设计、安装与调试	3.2.1 能独立正确选用、连接触摸屏。 3.2.2 能独立正确设置触摸屏与 PLC 之间的通信参数。 3.2.3 能独立正确编辑和修改触摸屏组态画面。 3.2.4 能根据任务要求，编写程序实现 PLC、变频器、触摸屏之间相互控制。 3.2.5 能根据任务要求，使用 PLC、变频器、触摸屏等器件，进行轨道交通列车典型控制系统设计、安装与调试，达到安装工艺和控制功能要求

续上表

工作领域	工作任务	职业技能要求
3. 轨道交通电气设备中综合性现代电气控制系统的设计安装与调试	3.3 主从站 PLC 控制系统的设计、安装与调试	3.3.1 能独立正确完成主从站 PLC 之间的连接。 3.3.2 能独立正确设置主从站 PLC 之间通信参数。 3.3.3 能根据任务要求,编写主从站程序实现 PLC 主从站之间远程相互控制。 3.3.4 能根据任务要求,采用主从站 PLC 之间通信原理,进行轨道交通列车重联典型控制系统设计、安装与调试,达到安装工艺和控制功能要求
4. 轨道交通中复杂电气设备的检查与调试	4.1 轨道交通载运装备部件加工现代化先进电气设备的检查与调试	4.1.1 能独立操作数控车,观察设备相关动作,使用有关工具、仪表,正确完成设备的检查与调试,达到符合设备运行功能要求。 4.1.2 能独立操作数控铣,观察设备相关动作,使用有关工具、仪表,正确完成设备的检查与调试,达到符合设备运行功能要求。 4.1.3 能独立操作数控加工中心,观察设备相关动作,使用有关工具、仪表,正确完成设备的检查与调试,达到符合设备运行功能要求
	4.2 轨道交通载运装备总成的检查与调试	4.2.1 能独立操作轨道交通机车车辆牵引传动与控制系统设备,观察各设备相关动作,使用有关工具、仪表等,正确完成轨道交通机车车辆整车的检查与调试,达到符合设备运行功能要求。 4.2.2 能独立操作轨道交通城轨车辆牵引传动与控制系统设备,观察各设备相关动作,使用有关工具、仪表等,正确完成轨道交通城轨车辆整车的检查与调试,达到符合设备运行功能要求。 4.2.3 能独立操作轨道交通高速列车动车组牵引传动与控制系统设备,观察各设备相关动作,使用有关工具、仪表等,正确完成轨道交通高速列车动车组整车的检查与调试,达到符合设备运行功能要求

附录B　轨道交通电气设备装调职业技能等级（中级）理论考核模拟试题

注意事项

1. 考核时间：90 min。
2. 本试卷依据国家教育部颁布的《轨道交通电气设备装调职业技能等级证书标准》命制。
3. 请首先按要求正确填写姓名、身份证号和准考证号。
4. 请仔细阅读各种题目的回答要求，在规定的地方作答。
5. 不要做其他无关的内容。

项目	一	二	三	总分
得分				

一、单项选择(第1题～第60题。选择一个正确的答案，将相应的序号字母填入题内的括号中。每题1分，满分60分。)

1. 隔离开关不可以拉、合(　　)电路。
(A)电压互感器　(B)电流互感器　(C)避雷器

2. 断路器的额定电流决定了断路器的(　　)。
(A)绝缘水平　(B)允许通过的最大工作电流
(C)灭弧能力

3. 断路器用于在故障情况下，在继电保护装置的作用下(　　)。
(A)发出故障信号　(B)迅速断开电路
(C)不应切断电路　(D)限制故障电流的大小

4. 目前我国电气化铁路的牵引供电制式采用(　　)交流制。
(A)单相工频(25 kV,50 Hz)　(B)单相工频(25 kV,60 Hz)
(C)三相工频(2.5 kV,50 Hz)　(D)三相工频(2.5 kV,60 Hz)

5. 下列关于梯形图叙述错误的是(　　)。
(A)按自上而下、从左到右的顺序排列
(B)所有继电器既有线圈，又有触点
(C)一般情况下，某个编号继电器线圈只能出现一次
(D)梯形图中的继电器不是物理继电器，而是软继电器

6. S7-1200 CPU集成有6个高速计数器。其中3个的最高输入频率为(　　)，另外三个为30 kHz。

(A) 50 kHz (B) 60 kHz (C) 70 kHz (D) 100 kHz

7. S7-1200 CPU 最多可添加( )个 RS-485 或 RS-232 串行通信模块。

(A)三 (B)四 (C)五 (D)六

8. 在 PLC 编程中,最常用的编程语言是( )。

(A) LAD (B) STL (C) FBD (D) C

9. S7-1200 CPU 最多可连接( )个扩展模块。

(A) 2 (B) 7 (C) 8 (D) 11

10. 在放大电路中某三极管的各极电位分别是 2 V、6 V、2.7 V,则 3 个电极分别是( )。

(A) b、c、e (B) c、b、e (C) e、c、b (D) e、b、c

11. 共射极放大电路的交流输出波形上半周失真时为( )。

(A)饱和失真 (B)截止失真 (C)交越失真 (D)放大失真

12. 共射极放大电路的交流输出波形出现截止失真时,应该( )偏置电阻。

(A)增大 (B)减小 (C)取消 (D)不变

13. 在放大电路中,测得某三极管的 3 个电极的静态电位分别为 0 V、-10 V、-9.3 V,则此三极管是( )。

(A) NPN 型硅管 (B) NPN 型锗管 (C) PNP 型硅管 (D) PNP 型锗管

14. 为了使放大电路 Q 点上移,应使基本放大电路中偏置电阻的值( )。

(A)增大 (B)不变 (C)减小

15.( )是判别电路中负反馈与正反馈的基本方法。

(A)欧姆定律 (B)瞬时极性法 (C)戴维宁定理 (D)楞次定律

16. 电流源的特点是( )。

(A)交流电阻大,直流电阻小 (B)交流电阻小,直流电阻大

(C)交流电阻大,直流电阻大 (D)交流电阻小,直流电阻小

17. 交流反馈是指( )。

(A)只存在于阻容耦合电路中的负反馈 (B)变压器耦合电路中的负反馈

(C)交流通路中的负反馈 (D)放大正弦信号时才有的负反馈

18. 直接耦合放大电路存在零点漂移的原因主要是( )。

(A)电阻阻值有误差 (B)三极管参数的分散性

(C)三极管参数受温度影响 (D)受输入信号变化的影响

19. 放大电路在高频信号作用下放大倍数下降的原因是( )。

(A)耦合电容和旁路电容的影响 (B)三极管极间电容和分布电容的影响

(C)三极管的非线性特性 (D)放大电路的静态工作点设置不合适

20. 在输入量不变的情况下,若引入反馈后( ),则说明引入的是负反馈。

(A)输入电阻增大 (B)输出量增大

(C)净输入量增大 (D)净输入量减小

21. 桥式正弦波振荡电路由两部分电路组成,即串并联选频网络和( )。

(A)基本共射放大电路 (B)基本共集放大电路

(C)反相比例运算电路 (D)同相比例运算电路

22. 集成运放内部实际上是一个高增益的直接耦合放大器,它由输入级、( )、输出级

和偏置电路等四部分组成。

(A)中间级　(B)缓冲级　(C)耦合级　(D)放大级

23. 通常有(　　)、图解法和等效电路法 3 种方法分析放大电路的性能。

(A)预估法　(B)估算法　(C)比较法　(D)测量法

24. 放大器的输入电阻高,表明其放大微弱信号能力(　　)。

(A)强　(B)弱　(C)一般

25. 射极跟随器具有(　　)的特点。

(A)电流放大倍数高　(B)电压放大倍数高

(C)电压放大倍数近似于 1 且小于 1　(D)输入电阻高

26. 引入并联负反馈,可使放大器的(　　)。

(A)输出电压稳定　(B)反馈环内输入电阻增加

(C)反馈环内输入电阻减小

27. 产生正弦波自激振荡的稳定条件是(　　)。

(A)引入正反馈　(B) $|AF|>1$　(C) $AF=1$

28. 引入负反馈后放大电路的通频带(　　)。

(A)变窄　(B)不变　(C)展宽

29. 在 RC 电路的充电过程中,电容器两端的电压(　　)。

(A)不能突变　(B)恒定不变　(C)等于电源电压　(D)不确定

30. 在 RC 电路的充电过程中,电容器的充电速度与 R 和 C 的关系为当电阻不变时电容越大,电容电压上升就越(　　)。

(A)快　(B)慢　(C)不变　(D)不确定

31. 非门电路的逻辑功能是(　　)。

(A)有“0”出“0”,全“1”出“1”　(B)同出“1”,异出“0”

(C)有“0”出“1”,有“1”出“0”　(D)有“0”出“1”,全“1”出“0”

32. RC 微分电路输出信号取自 RC 电路中(　　)。

(A)电阻 R 两端　(B)电容 C 两端　(C)电源电压

33. RC 积分电路输出信号取自 RC 电路中(　　)。

(A)电阻 R 两端　(B)电容 C 两端　(C)电源电压

34. 与非门电路的逻辑功能是(　　)。

(A)同出“1”,异出“0”　(B)有“1”出“1”,全“0”出“0”

(C)同出“0”,异出“1”　(D)有“0”出“1”,全“1”出“0”

35. RC 微分电路的时间常数应(　　)输入的矩形波脉冲宽度。

(A)远小于　(B)远大于　(C)等于

36. RC 积分电路的时间常数应(　　)输入的矩形波脉冲宽度。

(A)远小于　(B)远大于　(C)等于

37. 或非门电路的逻辑功能是(　　)。

(A)全“0”出“1”,有“1”出“0”　(B)有“1”出“1”,全“0”出“0”

(C)同出“0”,异出“1”　(D)有“0”出“1”,全“1”出“0”

38. 在 RC 电路的充电过程中,电容器的充电速度与 R 和 C 的关系为当电容不变时电阻越小,电容电压上升就越(　　)。

(A)快　　(B)慢　　(C)不变　　(D)不确定

39. 异或门电路的逻辑功能是(　　)。

(A)全“0”出“1”,有“1”出“0”　　(B)一组全“1”出“0”,各组有“0”出“1”

(C)同出“0”,异出“1”　　(D)有“0”出“1”,全“1”出“0”

40. 脉冲的沿位于幅度10%和90%之间的时间间隔是(　　)。

(A)上升沿　　(B)下降沿　　(C)高电平　　(D)低电平

41. 三相半波可控整流电路的自然换相点是(　　)。

(A)交流相电压的过零点

(B)本相相电压与相邻相电压正、负半周的交点处

(C)比三相不可控整流电路的自然换相点超前30°

(D)比三相不可控整流电路的自然换相点滞后60°

42. 单相半波可控整流电阻性负载电路中,控制角α的最大移相范围是(　　)。

(A) 0°～90°　　(B) 0°～120°　　(C) 0°～150°　　(D) 0°～180°

43. 在单相桥式全控整流电路中,大电感负载时,控制角α的有效移相范围是(　　)。

(A) 0°～90°　　(B) 0°～180°　　(C) 90°～180°　　(D) 0°～150°

44. 晶闸管触发电路中,若改变(　　)的大小,则输出脉冲产生相位移动,达到移相控制的目的。

(A)同步电压　　(B)控制电压　　(C)脉冲变压器变比　(D)电源电压

45. 单相全控桥整流电路中的两只晶闸管的触发脉冲,依次相差(　　)。

(A) 180°　　(B) 60°　　(C) 360°　　(D) 120°

46. T68卧式镗床常用(　　)制动。

(A)反接　　(B)能耗　　(C)电磁离合器　　(D)电磁抱闸

47. 起重机采用熔断器(　　)作短路保护。

(A) FD　　(B) FC　　(C) FF　　(D) FU

48. 司机室是操纵起重机的吊舱,也称操纵室、(　　)。

(A)主控室　　(B)驾驶室　　(C)控制室

49. 桥式起重机主钩电动机放下空钩时,电动机工作在(　　)状态。

(A)正转电动　　(B)反转电动　　(C)倒拉反转　　(D)再生发电

50. T68镗床主轴电动机点动时,定子绕组接成(　　)。

(A)星形　　(B)三角形　　(C)双星形　　(D)无要求

51. 某开关触点如下图所示,该开关打到什么位时其触点状态会闭合(　　)。

F
-S12 O
R

(A) O位　　(B) R位　　(C) F位　　(D)都不正确

52. 下面表示牵引/制动控制电路和车门控制电路功能编码正确的是(　　)。

(A) =10、=20　　(B) =20、=80　　(C) =80、=20　　(D) =40、=50

53. 城轨车辆电气控制线路线号标注时,同一电位点的导线线号(　　)。

(A)相同　(B)不同　(C)随意标注

54. 城轨车辆电气控制线路线号标注时,6 位线号的中间两位是(　　)。

(A)功能组号　(B)功能组内图页序号

(C)导线序号　(D)都不是

55. 导线的来源与去向与设备触点信号源标注方法一致,(　　)表示其所在电路的功能组号。

(A)最后一位　(B)最后两位　(C)中间两位　(D)前两位

56. 一端 Tc 车占有后,另外一端的 Tc 车无法同时占有,这是通过(　　)继电器来实现的。

(A)=31-K102　(B)=21-K103　(C)=31-K105　(D)=22-K102

57. 紧急停车继电器=22-K108 失电以后,下面说法正确的是(　　)。

(A)受电弓会降弓　(B)司机室占有继电器失电

(C)=21-K205 失电　(D)=21-K210 失电

58. 单相半控桥整流电路的两只晶闸管的触发脉冲依次应相差(　　)。

(A) 180°　(B) 60°　(C) 360°　(D) 120°

59. α 为(　　)时,三相半波可控整流电路,电阻性负载输出的电压波形处于连续和断续的临界状态。

(A)0°　(B) 60°　(C) 30°　(D) 120°

60. 与非门的输入为 A、B、C,当(　　)时输出为 1。

(A)$A=B=C=1$　(B)$A=B=1,C=0$

(C)$A=B=C=0$　(D)$A=C=1,B=0$

二、多选题(第 61 题～第 70 题。选择正确的答案,将相应的序号字母填入题内的括号中。每题 1 分,满分 10 分。)

61. 电路中的负荷为(　　)时,恢复电压不等于电源电压,不利于电弧熄灭。

(A)电阻性负载　(B)电感性负载

(C)电容性负载　(D)电阻性负载和电感性负载

62. 时速 350 公里中国标准动车组采用的受电弓是(　　)。

(A)CX-GI 型　(B)TSG3-630/25 型　(C)DSA200 型　(D)DSA380 型

63. 变频器加速时间设定过小,会(　　)。

(A)烧坏电动机　(B)烧坏变频器

(C)增加电动机的电流　(D)引发电流速断保护功能动作

64. 变频器的外配器件中(　　)用于抗干扰。

(A)短路器　(B)制动电阻　(C)输入滤波器　(D)输出滤波器

65. 负反馈按采样和求和方式的不同可分为(　　)。

(A)电压串联负反馈　(B)电流串联负反馈

(C)电压并联负反馈　(D)电流并联负反馈

66. 通用集成运放电路由(　　)组成。

(A)输入级　　(B)中间级　　(C)输出级　　(D)偏置电路

67. 任何复杂的逻辑电路都是用(　　)组合而成的。

(A)与非门　　(B)或门　　(C)非门　　(D)与门

68. 三相桥式全控整流电路实质上是由(　　)串联组成的。

(A)一组共阴极半波可控整流电路　　(B)单相桥式全控整流电路

(C)一组共阳极半波可控整流电路　　(D)单相桥式半控整流电路

69. T68 型卧式镗床主要由(　　)等部分组成

(A)床身　　(B)前立柱　　(C)镗头架　　(D)工作台

(E)后立柱　　(F)尾架

70. 三相半波可控整流电路接线方式有(　　)。

(A)三角形接法　　(B)共阴极接法　　(C)共阳极接法　　(D)星形接法

三、判断题(第 71 题~第 100 题。将判断结果填入括号中。正确的填"√",错误的填"×"。每题 1 分,满分 30 分。)

(　　)71. 隔离开关只能分断额定电流,不能分断短路电流。

(　　)72. 合格的高压开关柜必须具有"五防"功能。

(　　)73. 真空断路器可以频繁操作。

(　　)74. 断路器的分闸时间越短越好。

(　　)75. S7-1200 CPU 集成有多种总线接口,包括 Profinet、Profibus。

(　　)76. PTO 为高速脉冲串输出,它总是输出占空比为 50%的方波脉冲。

(　　)77. 利用 JUMP 指令,可以从主程序(OB)跳转到子程序(FC、FB)中。

(　　)78. 通过工厂复位,可以将 S7-1200 CPU 中存储的程序清除,也可以同时清除 CPU 所使用的 IP 地址。

(　　)79. 变频器矢量控制模式下,一只变频器只能带一台电动机。

(　　)80. 矢量控制方式是变频器的高性能控制方式,特别是低频转矩性能优于 u/f 恒转矩控制方式。

(　　)81. 通常一台新的 MM440 变频器一般需要经过参数调试、外观调试、功能调试 3 个步骤进行调试。

(　　)82. 硅二极管的开启电压为 0.5 V 左右,锗二极管为 0.1 V 左右。

(　　)83. 在运算电路中,集成运放的反相输入端均为虚地。

(　　)84. 功率放大电路的最大输出功率是指在基本不失真情况下,负载上可能获得的最大交流功率。

(　　)85. 只要是共射放大电路,输出电压的底部失真都是饱和失真。

(　　)86. 若放大电路的放大倍数为负,则引入的反馈一定是负反馈。

(　　)87. 负反馈放大电路的放大倍数与组成它的基本放大电路的放大倍数量纲相同。

(　　)88. 在运算电路中,集成运放的反相输入端均为虚地。

(　　)89. 为使输出电压稳定,稳压电源的输出电阻应愈大愈好。

(　　)90. 电压负反馈稳定输出电压,电流负反馈稳定输出电流。

(　　)91. RC 充电时间可以用时间常数来衡量,小则慢,大则快。

(　　)92. 凡是非正弦规律变化的电压或电流都可称为脉冲。

(　　)93. RC放电时间可以用时间常数来衡量,大则慢,小则快。

(　　)94. 三相半波可控整流电路必须要采用双窄脉冲触发。

(　　)95. KP2-5表示的是额定电压200 V,额定电流500 A的普通型晶闸管。

(　　)96. 在单结晶体管触发电路中,稳压管削波的作用是为了扩大脉冲移相范围。

(　　)97. 机械驱动的起重机械中必须使用钢丝绳。

(　　)98. 测绘较复杂机床电气设备的电气控制线路图时,应以单元电路的主要元器件作为中心。

(　　)99. 列车激活以后,按下升弓按钮,就可以实现升弓。

(　　)100. 导线的来源与去向与设备触点信号源标注方法一致。

附录C 轨道交通电气设备装调职业技能等级(中级)操作考核模拟试题

一、准备通知单

1. 试卷说明

(1)本试卷命题以可行性、技术性、通用性为原则编制。

(2)本试卷所考核的内容针对考核站点设备而制定。

(3)本试卷中各项技能考试时间均不包括准备时间。在具体的考试中,各考核站点应该把每一试题考试准备的时间考虑进去。

(4)本试卷中每一道试题必须在规定的时间内完成,不得延时;在某一试题考核中节余的时间不能在另一试题考核中使用。

2. 工具、材料和设备的准备

工具、材料和设备的准备仅针对1名考生而言,考核站点应根据考生人数确定具体数量。下表所示为完整的中国中车集团轨道交通电气设备装调职业技能等级(中级)操作技能考核工具、材料和设备准备通知单。

试题1:万能转换开关的拆装、接线与调试

准备要求:

序号	名　称	型号与规格	单位	数量	备　注
1	万用表	自定	块	1	
2	电工通用工具	验电笔、螺丝刀(包括十字螺丝刀、一字螺丝刀)、镊子、尖嘴钳等	套	1	
3	圆珠笔	自定	支	1	
4	万能转换开关	LW5-16/D5723/4	只	1	
5	劳保用品	绝缘鞋、工作服等	套	1	
6	塑料铜芯线	BVR 1 mm^2	m	若干	
7	三相电源	三相	处	2	

考核时间:60 min。

试题2:电气控制线路的设计、安装与调试

准备要求:

序号	名　称	型号与规格	单位	数量	备　注
1	三相五线交流电源	~3×380 V/220 V,20 A	处	1	
2	操作台	自定	套	1	

续上表

序号	名　称	型号与规格	单位	数量	备　注
3	万用表	自定	块	1	
4	装配通用工具	验电笔、钢丝钳、螺丝刀(包括十字螺丝刀、一字螺丝刀)、电工刀、尖嘴钳、活扳手、剪刀等	套	1	
5	装配专用工具	剥线钳、裸端子压线钳、绝缘护套端子压线钳、针式管形压线钳、热风枪、记号笔等	套	1	
6	圆珠笔	自定	支	1	
7	劳保用品	绝缘鞋、工作服等	套	1	
8	空气断路器	DZ47-63/3P D20	只	1	
9	空气断路器	DZ47-63/2P D20	套	1	
10	时间继电器	ZHRT1-M2/AC 220 V	只	1	或其他满足要求的通电延时继电器
11	交流接触器	CJ20-10 380 V或CJX2-0910　380 V并带辅助触点F4-22	只	3	
12	组合三联按钮	LAY37(每个组合按钮至少包含自复位红色、绿色按钮各1个,每个按钮含1对常开触点和1对常闭触点)	套	2	
13	热继电器	JRS2-63(4～6.3 A)	只	1	
14	接线端子排	TD2020	条	1	
15	网孔板	结合实际自定	块	1	
16	导轨	结合实际自定	条	2	安装好在网孔板上
17	线槽板	结合实际自定	m	若干	安装好在网孔板上
18	螺钉	结合实际自定	只	若干	安装好在网孔板上
19	塑料铜芯线	BVR 1.5 mm^2	m	20	
20	塑料铜芯线	BVR 1 mm^2	m	40	
21	管型针式端子	1 mm^2 VE1008	个	150	
22	叉式绝缘护套线环	UT　ϕ1.5～4	个	50	
23	叉式绝缘护套线环	UT　ϕ1.5～3	个	50	
24	叉式裸套线环	OT　ϕ1～3	个	20	
25	叉式裸套线环	OT　ϕ1～4	个	20	
26	热缩管	ϕ4	m	0.5	
27	热缩管	ϕ6	m	0.5	
28	异型线号管	ϕ2.5	m	2	
29	扎带	3×150	根	20	
30	黑色蛇皮网电线保护套管	ϕ10	m	1	
31	电缆线(试车线)	1.5 m×3+1 m×1(结合实际自定)	根	2	每根长度2 m
32	三相异步电动机	380 V	台	1	

考核时间:150 min。

试题 3:电子电路的安装与调试

准备要求:

序号	名　　称	型号与规格	单位	数量	备　注
1	单相交流电源	220 V、20 A 及 5 孔插座	处	1	
2	操作台	自定	套	1	
3	万用表	自定	块	1	
4	装配通用工具	螺丝刀(包括十字螺丝刀、一字螺丝刀)、电工刀、尖嘴钳、剥线钳、剪刀、镊子等	套	1	
5	电烙铁	35 W 左右或自定	把	1	
6	示波器	自定	台	1	
7	变压器(TC)	220 V/12 V,50 V·A	只	1	
8	二极管	IN4001	只	6	
9	晶闸管(VT)	2P4M 或 KP10	只	2	
10	白炽灯(EL)	220 V,40 W 含灯座	套	1	
11	晶闸管(VT)	MCR100-6	只	2	
12	白炽灯	12 V(带灯座)	套	1	
13	电容(C)	0.47 μF	只	1	
14	电容(C)	0.1 μF	只	1	
15	电阻(R1)	2 kΩ,(1/8) W	只	1	
16	电阻(R2)	330 Ω,(1/8) W	只	1	
17	电阻(R3)	100 Ω,(1/8) W	只	1	
18	电阻(R4)	10 kΩ,(1/8) W	只	1	
19	电位器(RP)	100 kΩ,2 W	只	1	
20	稳压二极管(VW)	9 V/0.5 W	只	1	
21	单结晶体管(VS)	BT33	只	1	
22	焊接万能板	结合实际自定	块	1	
23	焊锡丝	ϕ0.5	m	若干	
24	软铜导线	ϕ0.5	m	若干	

考核时间:90 min。

试题 4:电气设备控制线路的检查与调试

准备要求:

序号	名　　称	型号与规格	单位	数量	备　注
1	三相四线交流电源	~3×380 V/220 V,20 A	处	1	
2	万用表	自定	块	1	
3	装配通用工具	验电笔、钢丝钳、螺丝刀(包括十字螺丝刀、一字螺丝刀)、电工刀、尖嘴钳、活扳手、剪刀等	套	1	
4	圆珠笔	自定	支	1	
5	记号笔	极细	支	1	
6	劳保用品	绝缘鞋、工作服等	套	1	
7	装配专用工具	压线钳、剥线钳等	套	1	
8	电气设备控制线路装置	机床设备(或自定)铣床等	套	1	配备相应图样
9	透明胶布	自定	卷	1	
10	调试相关材料	自定	套	1	

考核时间:45 min。

二、考核试题

试题 1:万能转换开关的拆装、接线与调试

1. 本题分值

100 分。

2. 考核时间

60 min。

3. 考核形式

现场操作。

4. 考核要求

(1)正确穿戴好操作时的防护用品。

(2)画出 1 个 3 位 3 节的万能转换开关实现两路三相电源供电切换,过程为:1 路电源供电→停止供电→2 路电源供电的切换控制电路原理图,并写出其触点通断状态表(作答在下面的空白处)。

(3)对万能转换开关进行拆装,实现 1 路电源供电→停止供电→2 路电源供电电路的切换控制。

(4)按照原理图与触点通断状态表,进行接线与调试。

(5)在考核过程中,注意人身和设备的安全。

5. 画图作答

试题 2:电气控制线路的设计、安装与调试

1. 本题分值

100 分。

2. 考核时间

150 min(其中设计规定 30 min)。

3. 考核形式

现场操作。

4. 考核要求

(1)某一生产设备用一台三相异步鼠笼型异步电动机拖动,此电动机可以两地控制。通过操作任意一地的起动按钮可以实现电动机星-三角起动、通过操作任意一地的停止按钮可以实现电动机停车控制。试设计电路原理图,并具有必要的保护和联锁措施。同时,根据原理图画出电路的接线图。

(2)能够按照电气原理图要求进行元器件安装:

①按规程正确安装元器件。

②安装牢固整齐。

③不损坏元器件。

④安装前应对元器件进行检查。

(3)能够按电气原理图与布置接线图要求进行布线:

①按图安装接线正确,无漏线、错线。

②线路敷设整齐、合理。

③导线压接牢固、规范,不伤线芯。

④号码管齐全,标注数字方向正确。

⑤板外导线要进行绑扎处理并符合工艺要求,同时,板外的裸线环要进行热缩管处理并符合工艺要求。

(4)进行通电调试:

①通电前必须认真检查。

②一次试车成功。

③保护电器整定值正确(按电动机 4 kW 计算)。

(5)在考核过程中,注意人身和设备的安全:

①遵守安全操作规程。

②正确使用工具及仪器仪表。

③不发生安全事故,场地整洁。

5. 电气原理图

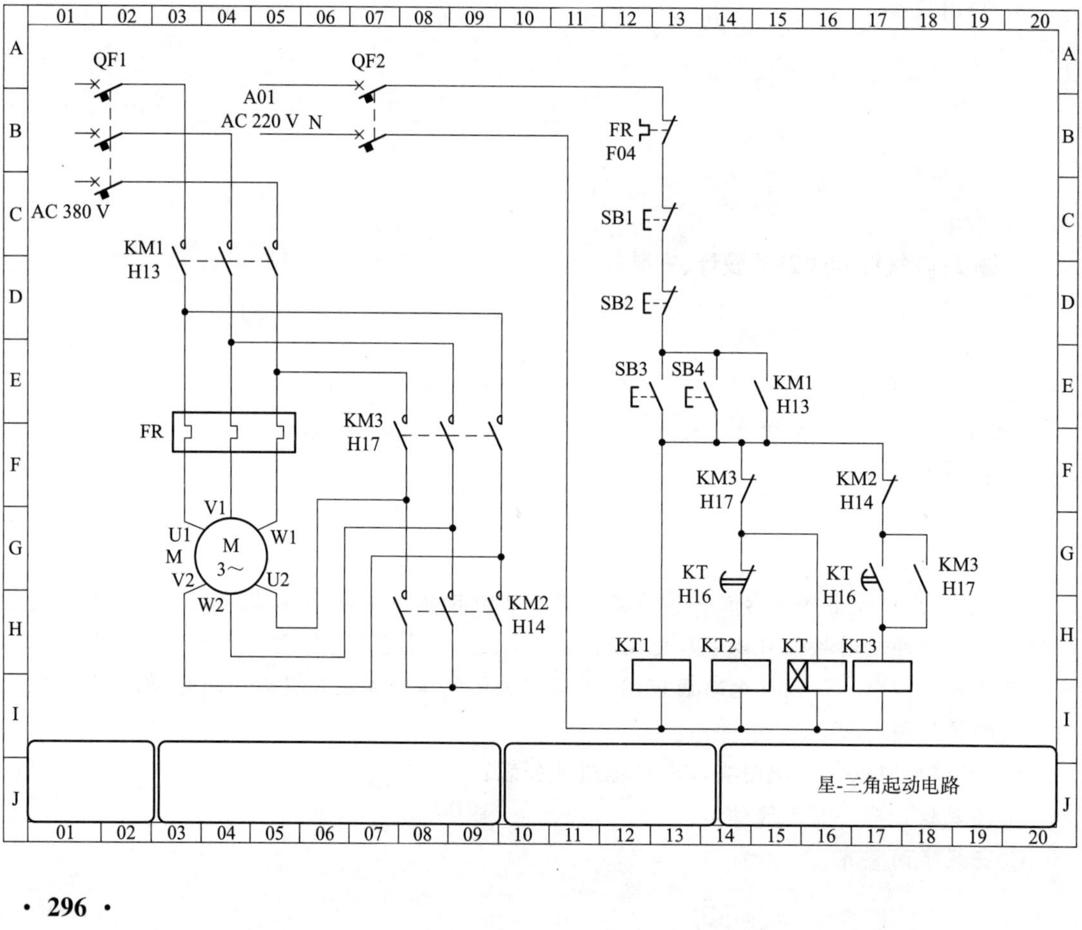

星-三角起动电路

主电路采用 BVR 1.5 mm^2 线，控制电路采用 BVR 1 mm^2 线，电动机的连线采用电缆线 1.5 m×3+1 m×1，按钮采用 BVR 1 mm^2；主电路所有线环采用绝缘护套线环，板内控制电路所有线环采用针式管形护套线环，板外控制电路都采用裸线环。

试题 3：电子电路的安装与调试

1. 本题分值

100 分。

2. 考核时间

90 min。

3. 考核形式

现场操作。

4. 考核要求

(1)装接前先要检查元器件的好坏，核对元器件数量和规格，选择正确的元器件。如在调试中发现元器件损坏，则按损坏元器件扣分。

(2)正确使用工具和仪表，装接质量要可靠，装接技术要符合工艺要求。

(3)在规定时间内，按图样的要求进行正确、熟练地安装，正确连接仪器与仪表，能正确进行调试。

(4)在所焊接、调试好的电子线路板上，用万用表测量变压器二次电压、稳压管两端电压，将结果记录在后面的表中；用示波器分别测出 A、B 两个点的信号，并根据示波器显示的信号波形，画出波形图记录在后面的表中。

(5)在考核过程中，注意人身和设备的安全。

5. 原理图

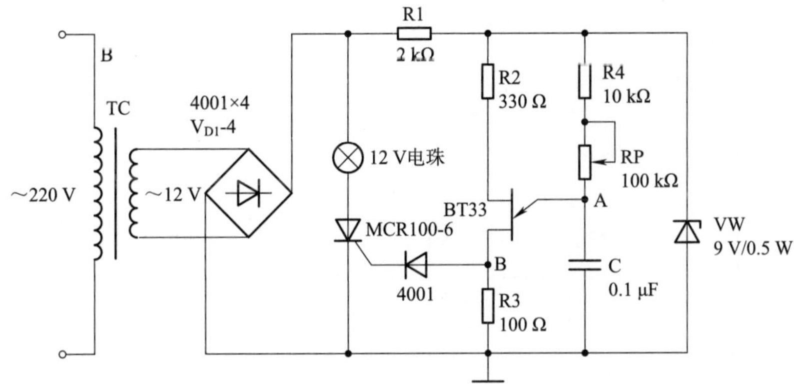

6. 元器件清单

序号	名　称	型号与规格	单位	数量	备　注
1	变压器(TC)	220 V/12 V,50 V·A	只	1	
2	二极管	1N4001	只	6	
3	晶闸管(VT)	2P4M 或 KP10	只	2	
4	白炽灯(EL)	220 V,40 W(含灯座)	套	1	
5	晶闸管(VT)	MCR100-6	只	2	

续上表

序号	名　称	型号与规格	单位	数量	备　注
6	白炽灯	12 V(带灯座)	套	1	
7	电容(C)	0.47 μF	只	1	
8	电容(C)	0.1 μF	只	1	
9	电阻(R1)	2 kΩ,(1/8) W	只	1	
10	电阻(R2)	330 Ω, (1/8)W	只	1	
11	电阻(R3)	100 Ω, (1/8)W	只	1	
12	电阻(R4)	10 kΩ, (1/8) W	只	1	
13	电位器(RP)	100 kΩ, 2 W	只	1	
14	稳压二极管(VW)	9 V/0.5 W	只	1	
15	单结晶体管(VS)	BT33	只	1	
16	焊接万能板	结合实际自定	块	1	
17	焊锡丝	ϕ0.5	m	若干	
18	软铜导线	ϕ0.5	m	若干	

7. 作答表

测试点	万用表测量的电压值	波形图
A点		
B点		
变压器 TC 二次电压		
稳压二极管 VW 两端电压		

试题 4:电气设备控制线路的检查与调试

1. 本题分值

100 分。

2. 考核时间

45 min。

3. 考核形式

现场操作。

4. 考核要求

(1)根据所给电气设备,在通电调试前,首先对电气设备进行检查,确认可通电后,方可通电:

①首先检查电气设备有无短路问题。

②检查元器件是否安装正确、牢固可靠。

③检查线号标注正确合理,有无漏错。

④检查布线是否正确合理,有无漏错。

(2)能正确操作电气设备控制线路,理解控制动作与工作过程是否正常。

(3)正确的使用工具仪表,对电气设备控制线路进行检测与调试,使设备控制与动作完全正常。

(4)调试过程中,不能损坏仪器仪表与器件。

(5)调试完毕后,恢复设备正常工作原貌。

(6)调试完毕后,写出调试前的电气设备动作与工作中存在的问题与现象,以及通电调试过程和处理过程及具体位置。

(7)在考核过程中,注意人身和设备的安全。

5. 电气原理图(依据具体考核设备而定)

6. 检查与调试报告表

项目	检查与调试报告栏	备注
出现的问题与现象		
问题可能存在的部位		
问题分析		
问题检查过程		

三、考核试题记录表

序号	试题名称	配分	得分	考评员签字	备注
1	万能转换开关的拆装、接线与调试	100			
2	电气控制线路的设计、安装与调试	100			
3	电子电路的安装与调试	100			
4	电气设备控制线路的检查与调试	100			
操作技能考核结论		□通过			
		□不通过			

统分人：　　　　年　月　日

试题 1:万能转换开关的拆装、接线与调试配分、评分标准

序号	主要内容	考核要求	评分标准	配分	扣分	得分
1	根据题目内容作出原理图及触点通断状态表	(1)题意理解正确。 (2)画出万能转换开关组合原理图。 (3)画出触点通断状态表	(1)题意理解不清楚,扣 5 分。 (2)画不出组合后控制原理图,每处错误扣 3 分。 (3)画不出触点通断状态表,每处错误扣 3 分	25		
2	拆转换开关	(1)解体步骤正确。 (2)按规定全部解体。 (3)解体无零件失落	(1)步骤、方法不正确,每处扣 3 分。 (2)未全部解体,扣 5 分。 (3)零件失落,每件扣 5 分	10		
3	转换开关装配组合	(1)组装步骤正确。 (2)装配时无零件失落。 (3)符合原始技术参数。 (4)符合触点通断表	(1)步骤、方法不正确,每处扣 3 分。 (2)零件失落,每件扣 5 分。 (3)参数达不到技术要求,每处扣 3 分。 (4)不符合触点通断表,每处扣 3 分	25		
4	检测与调试	(1)挡位定位准确。 (2)各部件装配正确。 (3)能实现控制要求	(1)定位不准确,扣 5 分。 (2)装配不正确,每件扣 5 分。 (3)不能实现控制功能,扣 10 分	30		
5	安全文明操作	(1)工作服、绝缘鞋、工作帽穿戴整齐,电工工具佩带好。 (2)考试完毕应保持工具仪表完好无损。 (3)保持工位卫生。 (4)无违章和事故发生	(1)防护用品不齐,每件扣 1 分。 (2)工具、仪表有损坏,每件扣 2 分。 (3)工具乱丢乱放及考完工位不清洁,每处扣 1 分。 (4)违反安全操作扣 10 分,对发生事故重大者取消考核资格	10		
备注			合计	100		
			考评员签字	年　月　日		

统分人:　　　　年　月　日　　　核分人:　　　　年　月　日

试题 2:电气控制线路的设计、安装与调试配分、评分标准

序号	主要内容	考核要求	评分标准	配分	扣分	得分
1	设计电路	按要求正确设计出电气原理图	(1)画错一个图形符号扣 1 分。 (2)写错一个文字符号扣 1 分。 (3)不能达到所要求工作程序: ①主回路,每处扣 3 分; ②控制回路,每处扣 4 分	20		
2	元器件安装	(1)按规程正确安装元器件。 (2)安装牢固、整齐。 (3)不损坏元器件。 (4)安装前应对元件检查	(1)不能按规程正确安装,扣 3 分。 (2)元件松动、不整齐,每件扣 1 分。 (3)损坏元器件,每件扣 5 分。 (4)不用仪表检查,每件扣 1 分	10		

续上表

序号	主要内容	考核要求	评分标准	配分	扣分	得分
3	布线、接线	(1)按图安装接线正确,无漏线、错线。 (2)线路敷设整齐、合理。 (3)导线压接牢固、规范,不伤线芯。 (4)号码管齐全,标注数字方向正确。 (5)板外导线要进行绑扎处理并符合工艺要求,板外裸线环要进行热缩管处理并符合工艺要求。 (6)电源和电动机配线、按钮和行程开关接线要接到端子排上,要注明引出端子标号。 (7)安装完毕应盖好盖板	(1)按图安装接线不正确,漏线、错线,每处扣1分;导线不经过端子板每根线扣1分,每个接线螺钉压接线超过两根,每处扣1分。 (2)导线未进入线槽,有跨接,每处各扣1分,导线进出线槽不整齐美观扣3分。 (3)导线压接不规范、接点松动、接头露铜过长、毛刺、压绝缘层,每处扣1分。 (4)损伤导线绝缘或线芯,每根扣1分。 (5)导线绑扎、热缩管不符合工艺要求,每处扣1分。 (6)电源和电动机配线、按钮和行程开关接线未接到端子排上,引出端子未注明标号,每处扣1分。 (7)完成后每少盖一处盖板扣2分	30		
4	通电试车	在保证人身和设备安全的前提下,通电试验一次成功,能正确写出该电路的功能	(1)时间继电器或热继电器没有整定值或错误各扣5分。 (2)电路配错熔体,每处扣1分。 (3)一次试车不成功扣15分;二次试车不成功扣20分,没有试车扣25分	30		
5	安全文明生产	(1)必须穿戴劳动防护用品。 (2)工具仪表摆放规范整齐,仪表完好无损。 (3)保持工位整洁	(1)违反安全操作扣10分,发生事故者取消考核资格。 (2)工具仪表乱丢乱放扣5分,损坏扣10分。 (3)考核结束场地不清洁、扣5分	10		
备注			合计	100		
			考评员签字	年　月　日		

统分人:　　　　　　年　月　日　　　核分人:　　　　　　年　月　日

试题3:电子电路的安装与调试配分、评分标准

序号	主要内容	考核要求	评分标准	配分	扣分	得分
1	元器件筛选、检测与替换	(1)能用仪器仪表筛选出元件。 (2)能测出元件参数、判断出引脚极性。 (3)能对标称值缺少的元件尽快采用合理的元件替换	(1)不能筛选元件,每件扣3分。 (2)不能判别元件参数与引脚极性,每件扣3分。 (3)不能对标称值缺少的元件尽快采用合理的元件替换,每件扣2分	15		

续上表

序号	主要内容	考核要求	评分标准	配分	扣分	得分
2	按图焊接	正确使用工具和仪表,焊接质量可靠,焊接技术符合工艺要求	(1)布局不合理,扣 3 分。 (2)焊点粗糙、拉尖、有焊接残渣,每处扣 1 分。 (3)元件虚焊、气孔、漏焊、松动、损坏,每件扣 1 分。 (4)引线过长、焊剂不擦干净,每处扣 1 分。 (5)元器件的标称值不直观、安装高度不合要求,每件扣 1 分。 (6)焊接时损坏或误测元器件,每件扣 5 分。 (本项不倒扣分)	25		
3	通电调试	在规定时间内,利用仪器仪表通电调试	(1)通电调试不成功扣 10 分;焊完没有调试扣 15 分;没有焊完扣 20 分。 (2)调试过程中损坏元件,每件扣 5 分	25		
4	测试	用万用表和示波器测量有关电压值及波形,并记录在相应的表格中	(1)不会使用万用表进行测量,扣 10 分。 (2)测量过程中,操作步骤每错 1 步扣 2 分。 (3)测量有关电压值错误,每处扣 3 分。 (4)测量有关波形错误,每处扣 5 分	25		
5	安全文明操作	(1)必须穿戴劳动防护用品。 (2)工具仪表摆放规范整齐,仪表完好无损。 (3)保持工位整洁	(1)违反安全操作扣 10 分,发生事故者取消考核资格。 (2)工具仪表乱丢乱放扣 5 分,损坏仪表扣 10 分。 (3)考试结束场地不清洁扣 5 分	10		
备注			合计	100		
			考评员签字	年　月　日		

统分人:　　　　　　年　月　日　　　　核分人:　　　　　　年　月　日

试题 4:电气设备控制线路的检查与调试配分、评分标准

序号	主要内容	考核要求	评分标准	配分	扣分	得分
1	调试前检查	(1)通电前,应做必要的检查。 (2)检查元器件是否安装正确合理、牢固可靠。 (3)检查线号标注正确合理,有无漏错。 (4)检查布线是否正确合理,有无漏错	(1)通电前,没有做检查,扣 5 分。 (2)元器件安装不正确合理、牢固可靠,没有检查出,每件扣 1 分。 (3)线号标注不正确合理,有漏错,没有检查出,每处扣 1 分。 (4)布线不正确合理,有漏错,没有检查出,每处扣 1 分	10		

续上表

序号	主要内容	考核要求	评分标准	配分	扣分	得分
2	通电调试	(1)正确的使用工具仪表进行调试。 (2)通电操作电气设备,观察设备控制动作与工作过程。 (3)根据操作过程,分析判断电气设备控制线路是否正常,存在问题并进行处理。 (4)调试完毕后,恢复原貌(布线、线号、线槽等)	(1)不能正确的使用工具仪表进行调试,扣10分。 (2)没有通电操作电气设备,观察设备控制动作与工作过程,扣10分。 (3)不能根据操作过程,分析判断电气设备控制线路是否正常,对存在问题不能进行处理,每处扣15分。 (4)调试完毕后,没有恢复原貌,每处扣5分	60		
3	调试后总结	(1)写出通电调试操作设备控制动作与工作的问题现象。 (2)写出问题可能存在的部位。 (3)正确写出问题分析。 (4)正确写出问题检查与调试过程	(1)没有写出通电调试操作设备控制动作与工作的问题现象,每处扣2分。 (2)没有写出问题可能存在的部位,每处扣3分。 (3)不能正确写出问题分析,每处扣5分。 (4)不能正确写出问题检查与调试过程,每处扣3分	20		
4	安全文明操作	(1)工作服、绝缘鞋、工作帽穿戴整齐,电工工具佩带好。 (2)考核完毕应保持工具、仪表完好无损 (3)保持工位卫生 (4)无违章和事故发生	(1)防护用品不齐,每件扣1分。 (2)工具、仪表有损坏,每件扣2分。 (3)工具乱丢乱放及考完工位不清洁,每处扣1分。 (4)违反安全操作扣10分,对发生事故重大者取消考核资格	10		
备注			合计	100		
			考评员签字	年　月　日		

统分人:　　　　　　年　月　日　　核分人:　　　　　　年　月　日